```
ros@ros-VirtualBox: ~
File  Edit  View  Search  Terminal  Help
(base) ros@ros-VirtualBox:~$ cd /home/ros
(base) ros@ros-VirtualBox:~$ ls
anaconda3  Downloads          Pictures          snap               Videos
Desktop    examples.desktop   Public            STARTrosconfig.sh
Documents  Music              PycharmProjects   Templates
(base) ros@ros-VirtualBox:~$ ls -la STARTrosconfig.sh
-rw-rw-r-- 1 ros ros 106 May 17 13:26 STARTrosconfig.sh
(base) ros@ros-VirtualBox:~$ chmod +rwx STARTrosconfig.sh
(base) ros@ros-VirtualBox:~$ ls -la STARTrosconfig.sh
-rwxrwxr-x 1 ros ros 106 May 17 13:26 STARTrosconfig.sh
(base) ros@ros-VirtualBox:~$ ls
anaconda3  Downloads          Pictures          snap               Videos
Desktop    examples.desktop   Public            STARTrosconfig.sh
Documents  Music              PycharmProjects   Templates
(base) ros@ros-VirtualBox:~$
```

图 3-43　让 STARTrosconfig. sh 脚本变为可执行

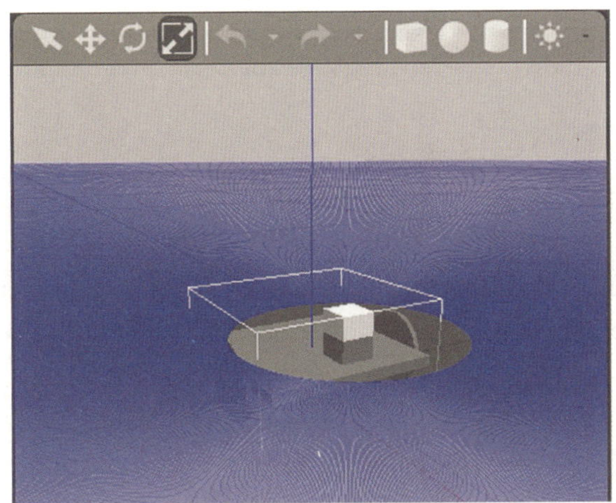

图 5-2　探测车和 LiDAR 传感器：蓝色区域是传感器的覆盖范围，灰色圆圈是 LiDAR 的盲区

图 5-3　探测车和工作中的 LiDAR 传感器

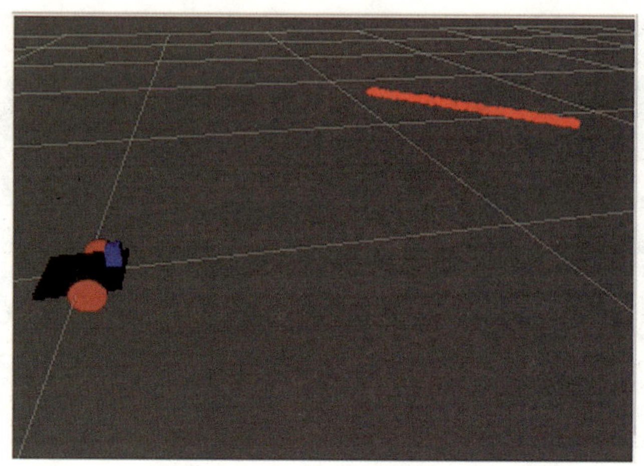

图 5-5　探测车将正方体“看作”一条边界线

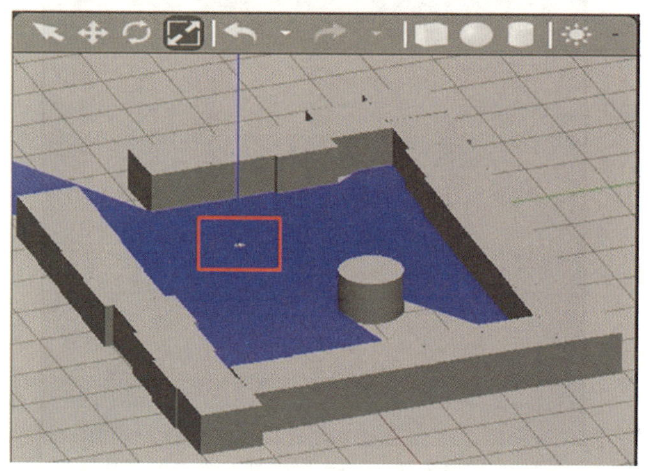

图 6-2　生成的金字塔地下墓穴和 AI 探测车

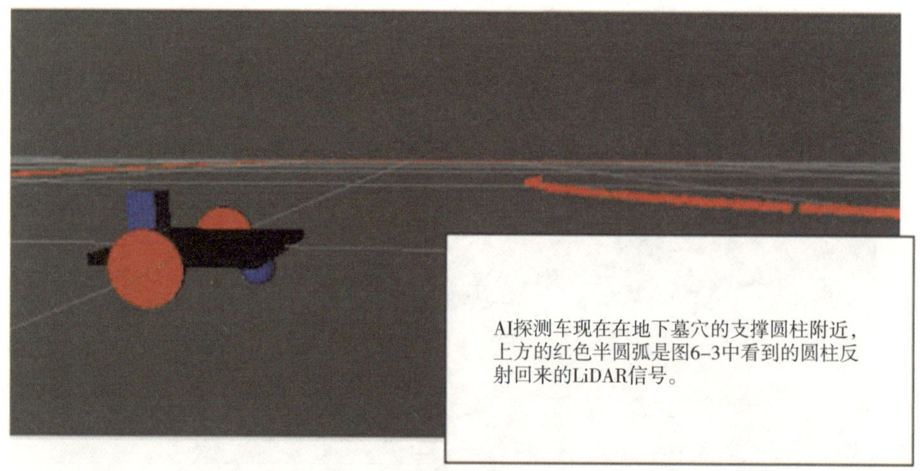
AI探测车现在在地下墓穴的支撑圆柱附近，
上方的红色半圆弧是图6–3中看到的圆柱反
射回来的LiDAR信号。

图 6-4　RViz 中 AI 探测车探索地下墓穴的数据显示

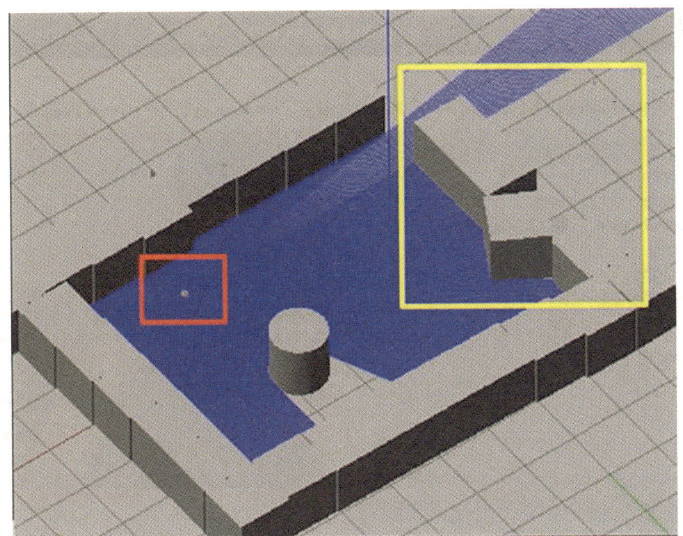

图 6-13　AI 探测车（红色框）和坍塌的墙体（黄色框）

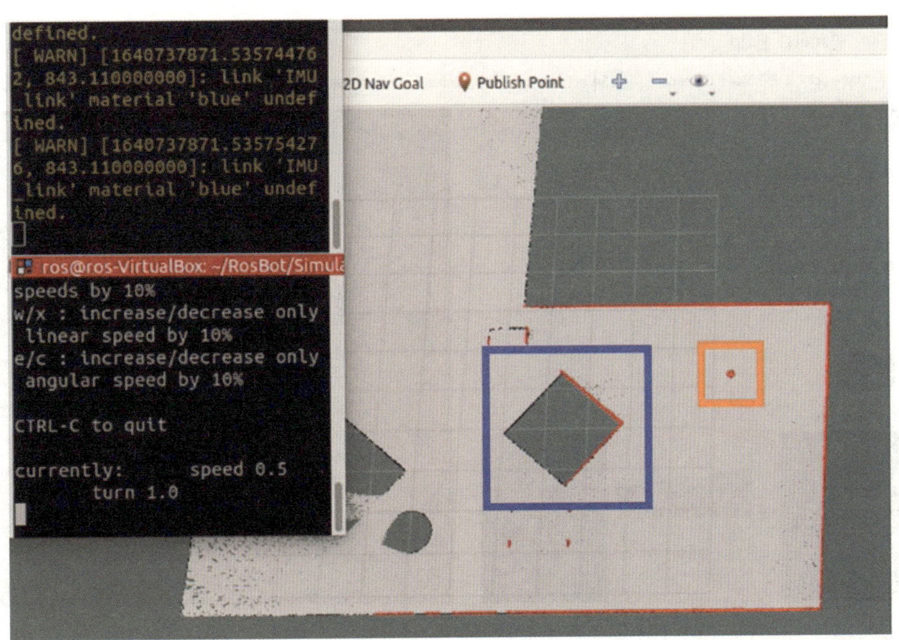

图 7-7　当探测车探索时，slam_gmapping 节点更新地图

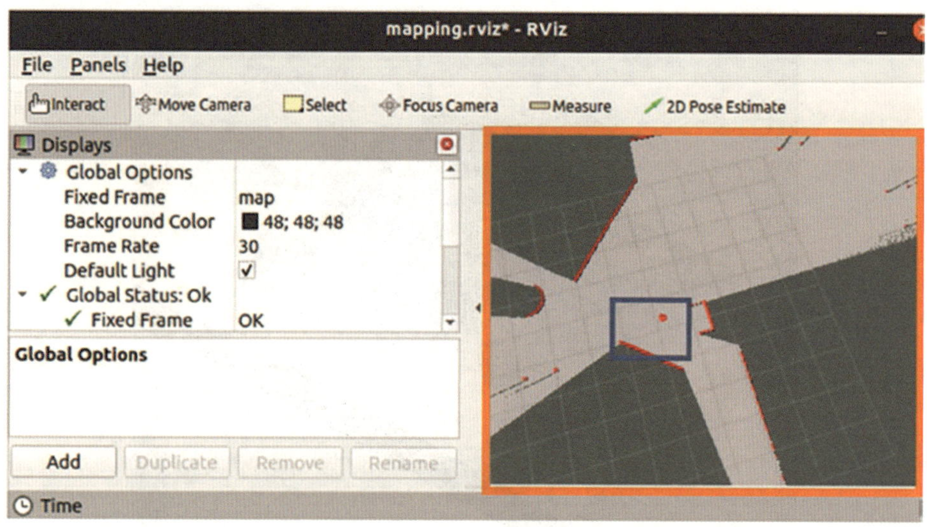

图 7-9　在 Gazebo 中带有激光扫描数据（红色点）的初始化 RViz 界面，蓝色框中的红线貌似是一堵墙，但这是一个错误

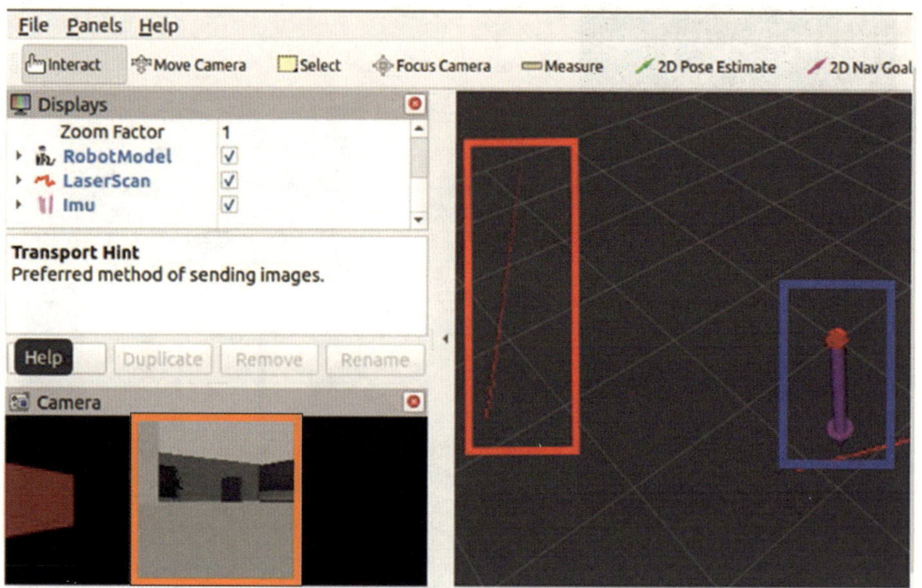

图 7-10　成功启动 RViz 环境，其中有探测车和用线框框起来的传感器数据（相机——橙色框，LaserScan——红色框，IMU——蓝色框）

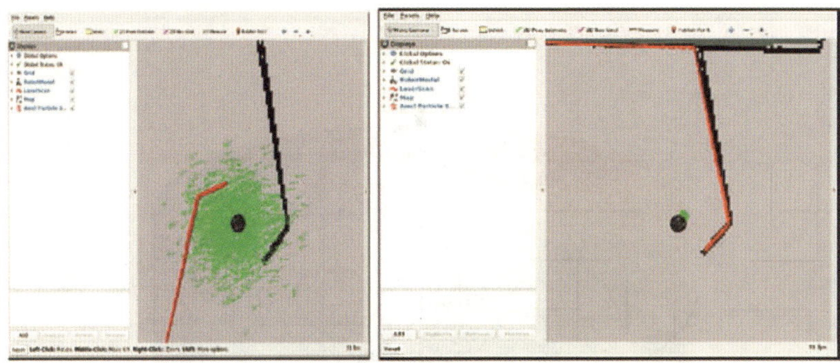

图 7-20　在左边我们能看到探测车的激光扫描(红色)、大团的箭头云(绿色)以及地图边界的轮廓(黑色线)。在右边我们可以看到一旦获取探测车的正确姿态，并且激光扫描覆盖准地图边界，表示不确定性的绿色箭头云就会最小化

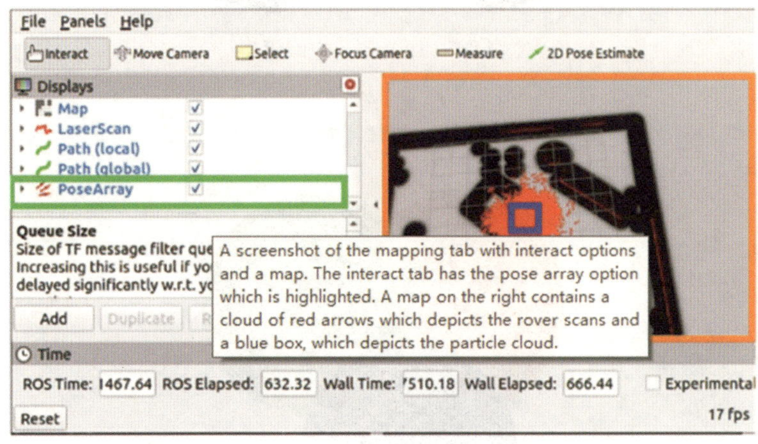

图 7-22　探测车的红色箭头/粒子云与蓝色框交叠

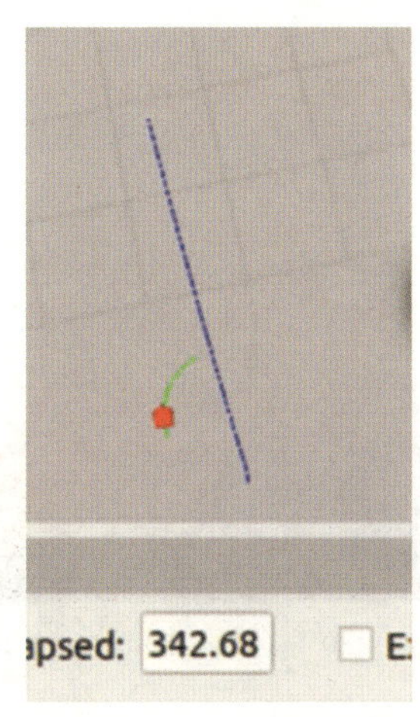

图 7-23　蓝线是全局路径，浅绿色是局部路径

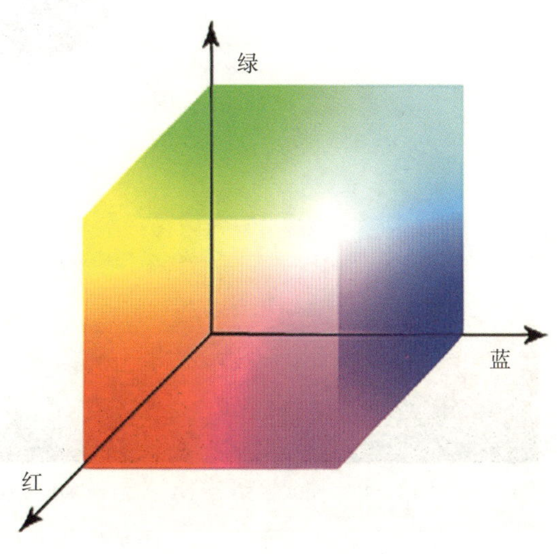

图 8-4　RGB 颜色空间向灰度空间的转换

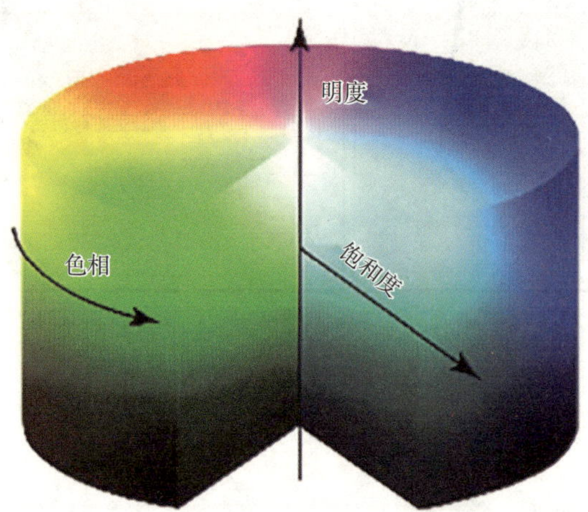

图 8-5　HSV 颜色空间模型

图 8-6　在相机图像数据流中应用简单的颜色滤波器

图 8-7　在色相通道中定义颜色

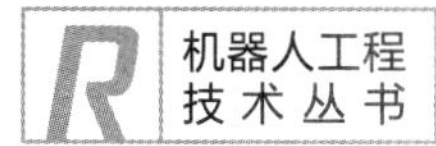

INTELLIGENT AUTONOMOUS DRONES WITH COGNITIVE DEEP LEARNING

Build AI-Enabled Land Drones with the Raspberry Pi 4

基于认知深度学习的 智能自主无人系统 设计与开发

[美] 大卫·艾伦·布吕博 (David Allen Blubaugh) 斯蒂芬·D.哈伯 (Steven D. Harbour) 本杰明·西尔斯 (Benjamin Sears) 迈克尔·J.芬德勒 (Michael J. Findler) 著

胡训强 倪小清 徐瑜 译

机械工业出版社
CHINA MACHINE PRESS

图书在版编目（CIP）数据

基于认知深度学习的智能自主无人系统设计与开发 / (美) 大卫 · 艾伦 · 布吕博 (David Allen Blubaugh) 等著 ; 胡训强, 倪小清, 徐瑜译. -- 北京 : 机械工业出版社, 2025. 8. -- (机器人工程技术丛书). -- ISBN 978-7-111-78695-5

Ⅰ. TP273

中国国家版本馆 CIP 数据核字第 2025MN5022 号

机械工业出版社（北京市百万庄大街 22 号　邮政编码 100037）
策划编辑：朱　劼　　　　责任编辑：朱　劼　章承林
责任校对：张勤思　马荣华　景　飞　责任印制：任维东
北京科信印刷有限公司印刷
2025 年 9 月第 1 版第 1 次印刷
185mm × 260mm · 17.75 印张 · 3 插页 · 449 千字
标准书号：ISBN 978-7-111-78695-5
定价：109.00 元

电话服务　　　　网络服务
客服电话：010-88361066　　机 工 官 网：www.cmpbook.com
010-88379833　　机 工 官 博：weibo.com/cmp1952
010-68326294　　金 书 网：www.golden-book.com
封底无防伪标均为盗版　　机工教育服务网：www.cmpedu.com

THE TRANSLATOR'S WORDS

译者序

近年来随着深度学习、强化学习的高速发展，人工智能迎来了自己的“第三波浪潮”。人们迫切希望将人工智能的最新成果与传统行业结合起来，创造出新的产品，替代人类去完成一些危险或不方便从事的工作。于是，无人机、无人车辆、无人潜航器等让人眼花缭乱的产品应运而生，也促进了若干行业新风口的诞生。

在这个大背景下，越来越多的从业人员或爱好者热切地希望自己能尽快投身到人工智能的开发中，并创造出属于自己的优秀产品。为此，机械工业出版社引入了这本书，书中以认知深度学习和无人探测车的制作为主线，介绍了构建智能自主无人探测车的各项关键技术，希望能为有志于投身人工智能行业的读者在实践上提供帮助。全书共分为 13 章和 3 个附录，正文可以划分为三个部分，第一部分为第 1～3 章，对成功搭建无人探测车的基础知识和必要工具进行了介绍；第二部分为第 4～8 章，对无人探测车所涉及的操作系统、开发环境、仿真环境、导航和控制、即时地图生成、计算机视觉等重要技术进行了全面的阐述；第三部分为第 9～13 章，可以视为理论深化部分，希冀读者能在前面实践的基础上更全面地掌握相关理论和技术，从而提升自己在实际工作中的规划和设计能力。书中的源代码可以在 https://github.com/Apress/Intelligent-Autonomous-Drones-with-Cognitive-Deep-Learning 上获取。本书内容详尽，实例丰富，将理论与实践相结合，是一本难得的好书。

全书由胡训强(第 4～8 章及附录)、倪小清(第 1～3 章及第 9、10 章)、徐瑜(第 11～13 章)共同翻译完成。我们很荣幸能成为本书的译者，在这里要感谢机械工业出版社的编辑给予我们的信任。由于人工智能及相关技术的进展日新月异，加之译者的技术和语言水平有限，书中难免会出现不准确甚至错误之处，恳请读者通过邮箱 10185014@qq.com 告知我们，在此向您表示感谢!

最后，感谢所有为本书顺利付梓而付出艰辛劳动的人们!

译者

2024 年 12 月于广州

CONTENTS

目 录

CHAPTER1

第1章

探测车平台概览

请想象这样的场景：你是一位有抱负的工程师，同时也是先进技术与资源(Advanced Technologies & Resources，ATR)公司的创始人。你的公司刚刚和埃及政府及埃及文物最高委员会签订了一份价值数百万美元的合同。埃及政府希望能对金字塔的内部区域进行探索，包括在吉萨大金字塔内部发现的洞穴、井和坑。但是，其中存在一个难题，一些洞穴和井容易突然塌陷，还可能存在未知的“陷阱”，这些陷阱是由金字塔的建造者设置的。此外，如一氧化碳之类的有毒气体已经在金字塔的墓穴中郁积了4500多年，这使这些区域的探索充满了危险。

埃及政府希望能够在不派遣人类探险家或考古学家进入这些不安全并且可能致命的洞穴或井的情况下，完成对这些区域的探索。但是，他们也无法派出标准的机器人，因为连接的线缆或许会对金字塔的内部结构和人工制品造成无法弥补的损坏。同样，他们也无法派出无线机器人，因为无线电和数据链的信号会随着操作人员和机器人之间的距离增加而衰减。因此，你必须设计开发出一台完全自主的人工智能(Artificial Intelligence，AI)探测车，并对其进行编程、模拟和制作，最终将其部署到感兴趣的区域(Area Of Interest，AOI)，这台探测车必须能够探索未知的区域，并且不会由于塌陷或未被发现的陷阱而迷失方向。因为数据链可能会丢失信号，所以你必须在AI探测车中加入自适应智能。在金字塔底部这些未开发的洞穴和井中，确实有可能找到胡夫法老和哈夫拉法老丢失的宝藏(见图1-1)。

图1-1　埃及吉萨金字塔和墓穴

注意　AI 探测车需要尽可能地依靠自己的力量，使自己能够在预定的墓穴探索任务中幸存下来。

1.1　本章目标

通过阅读本章内容，读者能够达到以下目标：

- 理解需求规格说明的重要性。
- 为本项目制定需求规格说明。
- 了解 AI 探测车的基本组成部分。
- 认识到选择正确底盘的重要性。
- 认识到机器人操作系统(Robotic Operating System，ROS)的重要性。
- 认识到自动驾驶仪的重要性。
- 认识到任务规划软件的重要性。
- 了解智能功耗分析的概念。

定义需求规格说明：你必须写下 AI 探测车为了完成任务应该做的事情，例如“避障”“探索新区域”等，这些都属于非正式形式的“需求”。定义初始需求可以为我们规划开发指明方向。正规而言的话，软件需求规格说明(Software Specifications and Requirements，SSR)的制定会促使我们对希望系统能做什么进行思考。我们希望制作一台应用了认知深度学习的陆基 AI 探测车，用于完成探查危险未知环境的任务。

SSR 是成功完成软件项目开发的关键所在，现在我们对 SSR 进行分解。需求是系统必须做的事情(探测车必须避开其路径上的障碍)，规格说明则是如何满足需求的技术规范(如果障碍物在右前方，并且与探测车的距离小于 1m，那么探测车就要左转)。随着对系统的探索、修正和更新，SSR 也会进行修订。SSR 会有自己的生命历程，最终的结果可能是读者在开发之初没有想到的。

我们可以把需求划分为功能性需求和非功能性需求。例如，“在执行任务过程中，探测车应当根据操作人员的命令返回”就是一项功能性需求，功能性需求通常是由操作人员主导或监督执行的需求。另外，“如果电池电量降到 50%以下，探测车应当返回”则是一项非功能性需求，此时无须操作人员输入，探测车就会返回。

注意　如果我们选择其他编程环境(Ada、C/C++、MATLAB、Java 等)，AI 探测车的功能相同。选择编程环境属于功能性需求，这是因为我们可以在开发环境或者 IDE 中查看源代码。

需求的源头多种多样(包括访谈、观察、表单、开发人员等)，通常难以理解。软件设计师使用统一建模语言(Universal Modeling Language，UML)来更好地理解需求，特别是 UML 用例图可以辅助我们理解功能性需求。对用例的进一步开发会引入一条通向成功、前置条件和后置条件以及测试的可选路径，然后它们又会反过来让我们生成规格说明。规格说明是规范化的需求，任何称职的程序员都可以将它们作为要编写的功能的大纲来阅读，规格说明是独立于编程语言的。

这也就意味着如果没有合理的需求，我们就不会获得良好的功能规格说明。我们将使用 UML 来确保所有项目合作伙伴(无论从事技术工作与否)都能理解系统解决方案的逻辑与结构。

1.2　认知深度学习子系统

我们要研制的探测车必须能在没有 GPS 或数据链的情况下，在封闭的区域进行搜索，因此，系统必须能够自行思考。为此，我们将使用认知深度学习系统(见图 1-2)，该系统使用了由较小规模的深度学习神经网络组成的网络，在这个大网络当中，各个小网络相互协作。认知系统能够在不具备任何经验的情况下获得次优解，换句话说，AI 探测车能够在意想不到的新环境下自主运行。

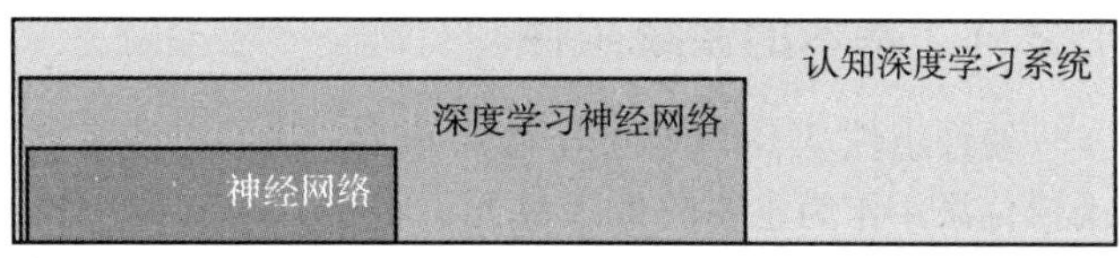

图 1-2　认知深度学习系统

创建认知深度学习系统所必需的硬件和软件组件包括树莓派 4、机器人操作系统(Robotic Operating System，ROS)以及 QGIS。树莓派 4 是硬件大脑，ROS 协调树莓派 4 所需的传感器，而 QGIS 是认识深度学习系统数据的主要使用者(见图 1-3)。

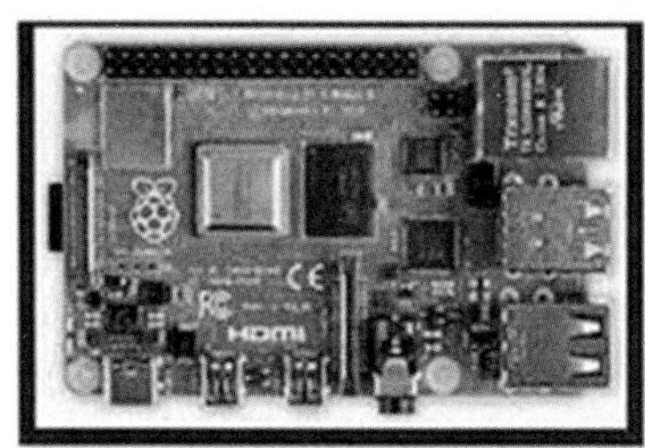

树莓派 4

QGIS

机器人操作系统

图 1-3　树莓派 4、QGIS 和 ROS 的协作

我们之所以为认知深度学习系统选择上述硬件和软件组件，是基于如下所述的理由：

1）树莓派 4 可以处理认知深度学习控制器所需的大量计算和命令，它还可以通过控制输入和输出设备来控制速度、方向、轨迹和导航。就其尺寸而言，它性能卓越，并且具有出色的扩展能力，带有 USB 和通用输入输出(General Purpose Input-Output，GPIO)接口。

2) ROS 可以对模拟和实际的 AI 探测车进行控制，它可以让我们快速地使认知深度学习系统与外部传感器和执行器进行交互。ROS 包含诸如同步定位与地图构建(Simultaneous Localization and Mapping，SLAM)和用于导航的 QGIS 等内部库。

3) QGIS 在其“地图”上显示传感器和位置数据，QGIS 对于制定路径和路径点而言必不可少，这些路径点可以让 AI 探测车反复造访感兴趣的区域。QGIS 通过 ROS 与认知深度学习系统进行通信。

1.2.1　基本的系统组件

硬件组件从 GoPi 探测车套件开始，我们将该套件作为底盘。在这个套件上，我们将利用树莓派 4 作为主要的处理单元，将 Pixhawk 4 用作自动驾驶仪。传感器则包括激光雷达(Light Detection and Ranging，LiDAR)扫描传感器和标准的 RGB 摄像头。

软件组件则从 Ubuntu Linux 18.4 开始，我们将其用作项目开发的主机操作系统，GoPiGo 使用的操作系统是 ROS。我们使用的编程语言是 Python 3.0。为了辅助对 AI 探测车进行测试和开发，我们使用了机器人模拟器 Gazebo 和 RViz。

1.2.2　系统的基本原理

1. 系统接口

树莓派 4 的 USB 接口可以连接多种设备，比如 Intel 的神经计算棒、Pixhawk 4，甚至可能与地面控制站自身也存在接口。

2. 用户界面

用户界面将由地面控制站提供，该控制站将在 Python 开发环境中进行开发。

3. 硬件接口

1)树莓派 4 当中有 4 个 USB 接口，树莓派 4 还可以与 Intel 的神经计算棒连接，以获取更高等级的认知处理能力，我们将在后面对此进行讨论。

2)树莓派 4 有一个 GPIO 接口，用于连接传感器和执行器。

3)树莓派 4 有无线模块，用于连接互联网，或者连接充当地面控制站的 PC。

4)Pixhawk 4 有控制器局域网(Controller Area Network，CAN)、以太网、串行外设接口(Serial Peripheral Interface，SPI)、集成电路互连总线(Inter-Integrated Circuit，I2C)和 USB 等接口。

5)树莓派 4 有一个摄像头接口。

4. 软件编程需求

1)需要使用支持低级设备(如 USB、SPI 和 I2C)的编程语言(Python)。

2)多线程：机器人中有多个传感器和执行器，因此必须能够支持多线程。

3)任意的 Python 开发环境。

4)树莓派 4 操作系统固件。

5)ROS 能与树莓派 4、QGIS 应用程序、传感器、执行器和自动驾驶仪进行交互。

6)Pixhawk 4 的固件和任务规划软件。

7)考虑 Python 作为编程语言的性能。Python 具有足够的能力来处理高带宽传感器(如摄像头和 LiDAR)生成的数据。

5. 通信接口

下面给出的清单并不完整，需要在实践中予以补充完善。

1)树莓派 4 具有以太网、Wi-Fi、CAN、SPI、I2C 等模块。

2)Pixhawk 4 自动驾驶仪具有 CAN、SPI、I2C 和以太网等模块。

6. 存储限制

1)树莓派 4 带有 LPDDR4-2400 型号内存，容量可以是 1GB、2GB 或者 4GB。

2)可以对树莓派 4 进行升级，使其挂载 500GB 的固态硬盘。

3)Pixhawk 4 带有若干附加内存用于编程，但现在容量限制为 128KB(千字节)。

1.2.3 设计约束

1. 行动

1)搜索、回收、定位和救援。

2)在未知环境中定位感兴趣的目标和/或威胁。

3)对未知环境进行探索。

4)运送物品或包裹。

2. 场地适应需求

现在不予讨论，因为该需求可能会发生变化。

3. 产品功能

1)树莓派 4、Pixhawk 4 自动驾驶仪和地面控制站之间能够进行通信，对于自主式陆基 AI 探测车而言，这是三个主要的通信节点。

2)AI 探测车所有的智能功能都会执行相应的行动。

4. 用户特征

用户有能力部署探测车，让其自主执行地面任务。

5. 限制条件、假设和依赖

1)探测车电池电量的限制。

2)AI 探测车可能会遭遇的地形。

3)随着探测车研制过程的展开，我们将会发现更多的限制条件。

1.2.4 其他需求

1. 外部接口需求

1)自主式陆基 AI 探测车的外部电路接口需求主要表现为连接其内部树莓派 4、Pixhawk 4 自动驾驶仪以及比例积分微分(Proportional Integral Differential，PID)控制器上各类设备的电压和电流需求。

2)我们将在 AI 探测车内部发现其他外部接口需求。

2. 功能性需求

满足上述所有需求。

3. 性能需求

1)随着本书内容的展开，我们将逐步认识到 AI 探测车的实时特性。

2)这也将促使我们对 SSR 以及后续依赖于 SSR 的 UML 图和用例进行修订。

4. 逻辑数据库需求

现在对此不予讨论，但是，我们可以补充完善陆基 AI 探测车中的 GIS 应用程序，以便支持未来版本的数据库需求。

1.2.5 软件系统特性

1. 可靠性

对于具备自动驾驶和自动探索功能的陆基 AI 探测车而言，其可靠性最为重要。我们会看到软件规格说明、UML 用例图以及 AI 探测车模拟器对构建功能完备的系统起到的作用。我们还会看到，随着 SSR 的迭代，从一开始可靠性就被融入 AI 探测车系统中。

2. 可用性

1）自主式 AI 探测车必须能够响应传感器数据，并且必须能快速地将信息以命令形式发送给其执行器和动力装置。

2）自主式 AI 探测车必须能与地面控制站之间收发数据。

3）自主式 AI 探测车必须能够有效利用 GIS 信息，并根据这些空间数据做出决策。

3. 安全性

1）自主式 AI 探测车必须具有态势感知能力，并能对环境中的威胁做出反应。

2）它还必须能够避开探索区域或地形中的一些潜在危险区域，这些区域会导致 AI 探测车被困在碎石、岩石或障碍物当中。

4. 可维护性

1）必须能够凭借测试、文档和升级对 AI 探测车的软硬件进行维护。

2）必须在 SSR、UML 图和用例等图表中对 AI 探测车的软件进行文档说明，并对其进行维护。软件源代码、UML 或用例图中的后续修改必须一致，这意味着只要对源代码进行了修改，就必须更新 UML 图，以此反映软件中的特定修改之处，反之也是如此。

3）AI 探测车的硬件也必须有相应的文档，并且必须有符合规格说明的清晰的原理图。硬件的任何修改，也必须通过更新硬件原理图和/或规格说明得以体现。

5. 可移植性

Python 可以让我们导出和测试 AI 探测车以及地面控制站中的控制软件，控制软件可以在多个平台上运行，这些平台包括树莓派 4、开发用的笔记本计算机，甚至有可能是基于云的互联网系统，这些平台可用于对同样的 Python 程序进行测试和分析。

1.2.6 体系架构

1. 功能划分

1）要对软件组件进行划分。

2）硬件元件之间同样也存在划分。

3）随着本书内容的推进，我们将决定如何划分这些功能组件/元件。

2. 功能描述

1）功能性硬件描述如下：

我们把树莓派 4（可能带有扩展的 Intel 神经计算棒）与自动驾驶仪连接，而自动驾驶仪与 PID 或者控制电力电子设备连接，控制电力电子设备为 AI 探测车提供电力和电气控制信号。自动驾驶仪或笔记本计算机与树莓派 4 之间的无线网络可以让陆基 AI 探测车与地面控制站之间收发信息。

2）非功能性软件描述如下：

在树莓派 4 中有多个 Python 程序运行，它们负责认知深度学习、AI 探测车套件的驾驶系统控制以及与 Pixhawk 4 自动驾驶仪的通信软件接口。在地面控制站内同样也有 Python 程序，负责操作人员与 AI 探测车的远程连接。

3. 控制描述

1）软件和硬件必须能让陆基 AI 探测车规避障碍并完成任务。此外，操作人员可以修正 AI 探测车做出的决策。

2）AI 探测车必须能够接入传感器，例如陀螺仪、惯性测量单元、加速度计以及 GPS，这样可以对 AI 探测车的轨迹、速度和加速度进行必要的控制。

3）认知深度学习算法能够从传感器接收数据，这样可以让 AI 探测车在轨迹、速度和加速度正确的误差范围内有效地探索未知环境。

所有这些都必须集成到一个封闭的反馈控制系统当中。

1.3 AI 探测车统计分析

为什么要针对 AI 探测车的研发使用统计分析？

很多想要完成复杂项目的人只关注创建一个可工作的原型，但是由于树莓派 4 中的存储资源有限，因此我们要对软件实现进行统计分析，进行这种分析的目的在于识别、定位并消除源代码中效率低下的部分。

我们将回顾针对认知深度学习网络进行优化的技术。在计算机科学领域，优化旨在精确描述程序的运行时间特性，以此提高其效率。我们将逐步对 AI 探测车运行系统的算法、实现和优化进行分析。我们还可以利用相同的实现方法来解决 AI 探测车套件中认知深度学习节点、树莓派 4、Pixhawk 4 自动驾驶仪以及 PID 控制电子元器件之间的通信问题。

我们会利用这些优化技术解决通信或控制问题，还会研究树莓派 4 中的视觉处理程序，以确定计算机视觉算法是否会对认知任务规划程序或控制程序的近实时处理造成影响。

因此，我们还要重温一些标准问题，例如：

1）我应该收集 AI 探测车的哪些测量数据？

2）我应该对 AI 探测车的哪些数据或命令输入进行测试？

3）我应该如何解读和分析来自 AI 探测车的测试数据？

这些问题非常重要，当我们在机器人模拟环境中对探测车进行测试后，这些问题也就有了答案。如果我们对模拟结果感到满意，那么我们就能确信探测车的运行系统是功能完善的。然后我们就能将经过模拟训练认知的 AI 控制器的镜像下载到实际的树莓派 AI 探测车当中，这就相当于为 AI 探测车创建一个“数字孪生品”。

实验性算法技术通过定位问题所在来促进更好的算法设计，这样就能改善控制和认知深度学习程序，例如决策与控制、分级存储和任务分析。

我们用贝叶斯非参数方法来研究认知深度学习中的非参数回归和分类，这决定了认知深度学习程序和/或模型中存在的不确定性。并且，这种不确定测试还有两个示例，第一个示例处理的是如何确定 AI 探测车与墙壁边缘之间的距离，第二个示例确定 AI 探测车在什么地形上运行，这种地形分析将包括对周边地形拓扑的“可行”或“不可行”分析，以确定地形对于 AI 探测车行驶是否安全。这也有助于理解 AI 探测车所需的任务分析。

1.3.1 底盘的选择

项目的核心部分是用于机器人控制和任务寻路的认知智能引擎，它创建了一个适应性极强的机器人平台。因此，我们可以使用很多不同类型的机器人底盘。轮式底盘的优点是可以获取良好的效率，同时机械实现也比较简单。

使用轮式底盘的另一个优点是能为机器人提供良好的平衡，这意味着 AI 探测车的四个轮子都能与地面形成良好的接触，而认知深度学习引擎则不必适应不稳定的运动系统的运动状态。但是，认知学习引擎需要能够适应出现的问题，例如某一个轮子损坏，因此，要求 AI 探测车必须有一个悬挂系统，以便能够在不平坦的地形上保持恒定的车轮接触。

AI 探测车需要关注与牵引力、稳定性、操纵性以及控制相关的问题。任何可以搭配树莓派 4 和 Pixhawk 4 自动驾驶仪的现成的 AI 探测车套件都可以与本书配合使用。关键点在于轮子能够提供所需的牵引力和稳定性，使得 AI 探测车能够在所需的地形上运动。如果 AI 探测车的轮子无法适应其自主任务期间的速度、加速度、急速转弯和轨迹，那该怎么办呢？在本章结尾有一张市面上可用的机器人套件列表，可以用来完成本书中的练习。

1.3.2 机器人操作系统

机器人操作系统(ROS)被设计为一个具有适应性的平台，可以支持业余爱好者、学生和有抱负的工程师开发机器人软件，ROS 平台集成了工具、库和开发环境，可以帮助简化创建复杂且适应性强的机器人平台的过程。这些工具包含用于模拟如 AI 探测车的机器人系统的仿真环境、传感器、物理特性、时间特性、AI 探测车与环境的动态特性。ROS 可以让我们迈出认知自主控制的 AI 探测车系统的第一步，ROS 还可以让我们引入 SLAM 三维映射算法，让我们利用地理信息学的最新进展来针对感兴趣的目标分析环境。所有这些功能都以库的形式提供，当我们在 Python 开发环境中编写认知深度学习程序时，可以导入和引用这些库。

1.3.3 Pixhawk 4 自动驾驶仪

Pixhawk 4 自动驾驶仪用于车辆的非决策控制，同时也可简化输入和输出之间的连接。决策源自操作人员对于车辆状况和状态的评估，自动驾驶仪是一种典型的嵌入式计算机系统，用于控制车辆执行器，对车辆进行 PID 控制。

自动驾驶仪用于行进误差校正，并将校正结果返回树莓派 4 内部的认知深度学习程序中。认知智能引擎和自动驾驶仪协同工作，能够校正任何误差，并返回所需的任务参数。因此，我们可以采用两种自动驾驶仪控制结构，第一种涉及 AI 探测车自身的位置，第二种则涉及 AI 探测车的速度和/或轨迹变化率。因此，Pixhawk 4 自动驾驶仪总是能够保证 AI 探测车会按照所需的位置运动。如果认知处理器决定要让探测车高速前行，并且进行急剧的转弯，就可能会导致 AI 探测车在执行任务时翻车，自动驾驶仪将通过给认知处理器发出危险警告，防止出现这种可能。

AI 探测车会从模拟中接受训练，并会在执行任务期间从运行过程中得到额外的训练和强化。使用 Pixhawk 4 自动驾驶仪增加了额外的备选电子设备，其中，数据链可以让操作人员接管 AI 探测车的指控权。使用 Pixhawk 4 自动驾驶仪的另一个好处是可以通过任务规划软件让操作人员确定任务状态，使 AI 探测车与地面控制站取得远程联系。

1.3.4 AI 探测车任务分析

AI 探测车需要执行哪些地面操作，取决于它的任务，任务既可能是简单的“跟随路径”操作，也可能是较为复杂的操作。

对于每个 AI 探测车的任务而言，会用到如下所示的八条规则：

1)定义任务。AI 探测车需要面临的挑战。

2)确定完成任务所需的操作。AI 探测车需要完成的目标。

3)操作规划。这包含 AI 探测车需要内置何种传感器、电源，以及悬挂系统。

4)风险评估。在 AI 探测车执行任务时是否存在相关的威胁、危险或不确定性。

5)沟通风险评估。确保工程师、程序员等了解 AI 探测车将会执行的任务。

6)管理和最小化风险(风险管理)。确保 AI 探测车能够有效地避开所有障碍和危险。

7)执行任务。

8)监控和重新评估。检测认知深度学习程序作为 AI 探测车自主控制器的效果。

1.3.5 AdruPilot 任务规划器软件

AdruPilot 任务规划器(AdruPilot Mission Planner，AMP)是在地面控制站中使用的软件，它可以被集成到 Python 开发环境当中，AMP 可以为 AI 探测车提供如下一些功能：

1)使用地图确定路径点。AI 探测车从一个路径点驶向下一个路径点，并利用其认知能力在连续的路径点之间感知和避开途中的障碍物。

2)从下拉菜单中选择任务指令。因此，在任务执行过程中，操作人员可以取得对 AI 探测车的最终控制权。

3)下载任务日志文件并对其进行分析。人们能够查看 AI 探测车在执行任务的过程中表现如何(即任务执行过程中是否出现了碰撞)。

4)针对“车体”配置 AMP，在这里“车体”是指 AMP 所支持的四轮驱动 AI 探测车系统的实际底盘。

5)与 PC 飞行模拟器或者可编程开发环境连接，搭建一个完整的支持人工智能的 AI 探测车半实物模拟器。这种接口能力可以通过 GIS 库(QGIS、Grass GIS、Google Earth)让 Python 环境与任务规划器软件进行交互。我们可以在每次任务前对认知引擎进行全面的测试。

6)在 AMP 的串口终端观察 AI 探测车的输出。

1.3.6 AI 探测车功耗分析

在金字塔的内部探测必然会对探测车的续航能力有所要求。在开发过程中的模拟阶段会进行功耗分析，以此提高探测车的续航能力。探测车的功耗会在开发的后续阶段得到改进，不断提高续航时间和电源利用率。AI 探测车的续航性能适用通用法则，即当电池电量降到 50%时，探测车就会掉头返航，返航操作会使用由 AI 系统确定的效率最高的路径。

1.3.7 AI 探测车的面向对象编程

面向对象编程(Object-Oriented Programming，OOP)的优势在于开发更为快速，成本也更低，并且软件可维护性也更好。但是，OOP 的学习曲线十分陡峭，所开发的软件运行较慢，并且会占用更多的内存。因此，我们会使用 UML 来辅助编写探测车程序。

OOP 范式用到了对象和类的概念，类可以视作对象的模板，对象拥有自己的属性(具备的特性)和方法(能够执行的动作)，所有对象和类都可以在 UML 格式中建模和评估。

1.3.8 组件清单

1)树莓派 4 模块。

2)Intel 神经计算棒——USB 驱动的协处理器。

3) Robotic 人工智能套件。

4) 带有现代 PC 处理器的通用笔记本计算机。

5) 最新版的 Pixhawk 4 自动驾驶仪模块。

6) 最新版的 ROS 软件。

7) 最新版的 AMP 软件。

8) StarUML 或其他 UML 开发环境。

1.3.9 树莓派探测车套件清单

1) 德克斯特工业生产的 GoPiGo 机器人探测车平台。

2) 针对树莓派 4B/3B+项目的 Yahboom 树莓派机器人套件，带有高清摄像头、可编程的四轮驱动机器人小车以及面向成人的电子教育套装(不包含树莓派)。

3) Adeept 生产的面向树莓派 3 代 B+/B 型以及树莓派 2B 的 Mars Rover PiCar-B Wi-Fi 智能机器车套件，能够进行语音识别、基于 OpenCV 进行目标跟踪以及进行视频传输，它是用于进行 STEM 教育的机器人，带有 PDF 格式的使用说明。

4) 四轮驱动的机器人底盘套件，带有针对 Arduino/树莓派的 4 个 TT 电机。

在本书的项目中选择的是 GoPiGo 机器人探测车平台，也可以使用其他套件。

1.4 本章练习

1) 你会对最初的 1.1 版本的软件需求规格说明文档进行哪些额外的修改？

2) 为什么在为机器人进行深度学习系统开发的最初阶段，软件需求规格说明文档非常关键？

3) 为什么统计方法对发现深度学习系统和机器人的效率低下问题如此关键？

4) 统计方法可以用来确定深度学习网络的不确定性问题吗？如果可以，应该怎么做？为什么？

5) 什么是实验算法？它是怎么帮助我们优化 AI 探测车的相关技术的？

CHAPTER2

第2章 AI探测车平台设计与分析

我们的目标是开发能够在埃及金字塔内执行探测任务的自主式AI探测车，但这样的AI系统十分复杂，难以理解。利用第1章中的背景知识，我们将采用"绘图"的方式来更好地理解这个复杂的问题。我们会用UML中的各种图来理解系统的结构和行为。模型是对复杂概念的简化表示，例如，牛顿第二定律试图解释动量这个物理概念，它是很好的近似描述，但并非100%正确，因为它忽略了重力、摩擦力等要素，但牛顿第二定律依然对我们有帮助。

所以，为了帮助我们理解复杂的探测车系统，我们会使用UML图为不好理解的问题构建模型，UML图在构建结构和行为模型时大有帮助。UML最值得称道之处在于，它可以帮助我们理解模糊的、定义含糊的问题，能够让我们从问题的非正式描述转到正式的需求和规格说明上来。你并不需要用花里胡哨的软件来绘制UML图，因为你可以手绘这些图形。利用UML开发的软件最显著的优势之一是有些UML软件会根据类图定义的结构生成简单的骨架代码。

首先，我们在非常高的层次上对问题进行建模，并不需要事先了解所有内容，只需要了解问题的"范畴"即可。如果对问题有足够的理解，能够创建一套完整的解决方案，我们就会停下来。如果仍然无法理解如何解决我们面临的问题，那么可以对模型中不完全理解的部分进行扩展，以便掌握更多的解决方案。我们可以从提出一个解决方案入手，如果遇到困难，那么可以回退一步，通过更详细的建模来对问题的这个困难部分进行检查。

尽管UML图和洞穴壁画看上去十分相似，但是它们对于高层建模或理解复杂系统很有帮助。

2.1 本章目标

通过阅读本章内容，读者可以有以下收获：

- 重温AI探测车的软件需求规格说明。
- 使用UML对AI探测车进行面向对象的软件开发。
- 创建UML用例来满足需求。
- 理解功能性和非功能性需求之间的差异。
- 明确AI探测车的功能性和非功能性需求。
- 学习如何处理AI探测车中的复杂性问题。
- 理解软件和硬件设计中的五个层级。
- 回顾本章需要使用的软件工具。
- 掌握AI探测车的静态和动态特性。

2.2 将问题置于应用场景中

了解什么属于系统和什么不属于系统是我们的第一步，这定义了系统的应用场景。为此，我们首先要用一个“黑盒”来表示 AI 探测车。黑盒系统意味着我们知道它的输入和输出，但是并不了解输入是如何产生输出的(见图 2-1)。

应当用通俗易懂的语言而非技术术语来定义系统，我们可以这样尝试着第一次描述系统目标：“一台可以探索未知环境的智能探测车”。这样的描述简单直接，但它完整吗？至少在目前，我们可以认为它“足够完整”，但是在稍后我们能够更好地理解问题时，会对其进行扩展。

图 2-1　黑盒系统

如前所述，系统的应用场景为我们提供了系统的描述，其中提到了系统中包含什么(探索任务、智能等)和不包含什么(搜救任务、机器人杀手等)。尽管场景图并非 UML 形式，但是我们仍然可以创建一个场景图——我们从系统描述入手，将其视为一个黑盒。接下来，我们要尝试弄清楚什么人或什么事物会与我们的黑盒进行交互，与系统交互的对象称为角色。在本书中，角色被绘制为椭圆形。

在探索问题中，我们从一个角色开始。这个角色通过“启动探测车”“为探测车导航”以及“结束探测车正在执行的任务”，像操纵遥控汽车一样“操纵”探测车(见图 2-2)。

接下来，我们要尝试定义交互是什么。我们并不关心交互是如何实现的，只是将它们列出来而已。监督器并非像遥控汽车一样直接控制探测车，而是规划任务，并告诉探测车“启动任务”“停车”“转弯”等(见图 2-3)。我们可以指导探测车进行“停车”“左转”等操作。由于探测车是自主式的，因此它必须观察环境并为自己提供输入，以完成“转向”“停车”“转弯”等操作。请注意，每一个交互的形式都是动词搭配名词或动词。

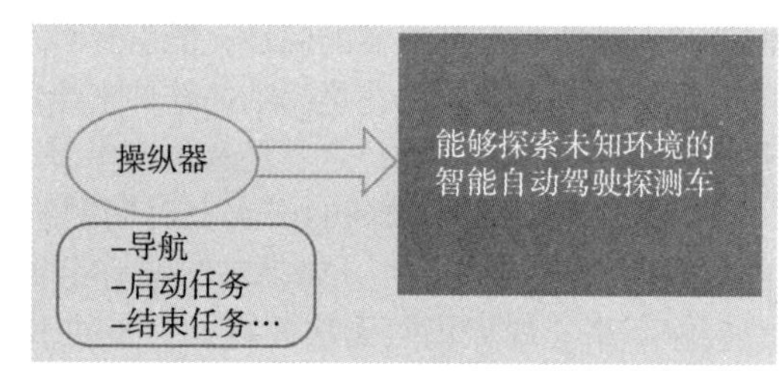

图 2-2　添加角色

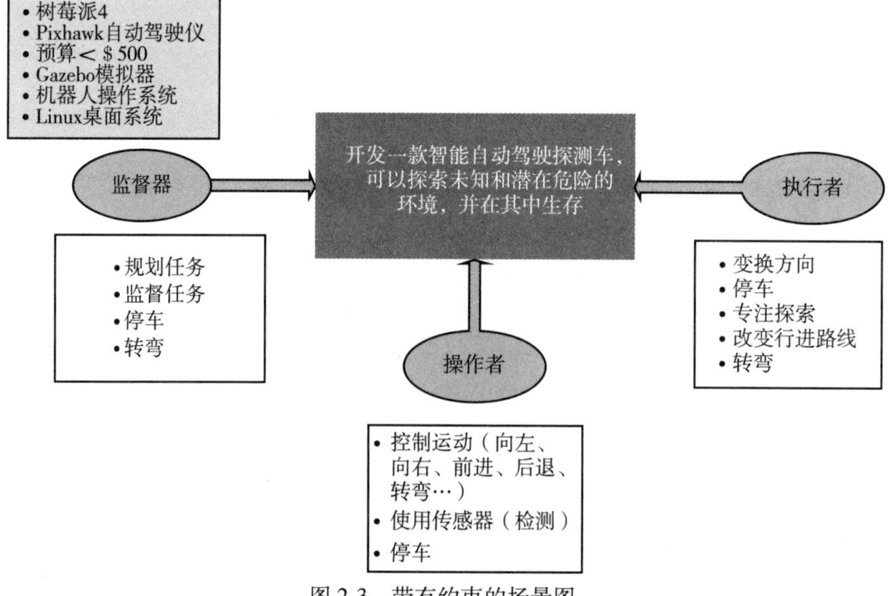

图 2-3　带有约束的场景图

场景图的最后一步是弄清楚我们的系统会有哪些限制条件，这些限制条件被称为约束，它们可能基于硬件、软件或商业原因被提出。例如，我们会用到树莓派 4——这意味着我们会拥有一个基于 Arm Cortex-A72 的四核 1.5GHz 处理器，但它没有很快的运行速度。该处理器最多支持 4GB 内存。Pixhawk 4 是自动驾驶仪系统芯片，因此我们受限于其功能。我们购买整套系统的支出不会超过 500 美元，这些都属于在一开始就要记录下来的必要约束，这样我们才能在限定的约束范围内去寻求解决方案(见图 2-3)。

到这里，我们已经掌握了足够的知识，可以开始理解这个问题了，尽管还没有足够的信息来完成解决方案，但是对问题的复杂性已经略知一二。显然，整个项目比图 2-3 中所描述的要复杂得多，但是当我们能更为充分地理解面临的问题时，可以对这张图进行修改。场景图还能帮助我们理解功能性和非功能性需求，约束就是非功能性需求的例子，每个角色下的清单则是功能性需求的实例。

2.3 为 AI 探测车绘制第一版静态 UML 图

我们接下来讨论的内容是为 AI 探测车开发一套基础的自适应导航系统。“自适应”一词的含义是指机器人能自主停下，并避免与其行驶路线上遇到的障碍物发生碰撞。我们接下来将开发出感知和避障功能，这可以让探测车找到替代路线，以帮助其绕过原有路线上的障碍物。AI 探测车的替代行驶路线功能，对于其进入和探索埃及大金字塔底部的井、洞穴、墓室和地下墓穴时避免遭遇障碍物至关重要。

对 AI 探测车的每个组件进行静态建模的目的是设计 AI 探测车的硬件部分、内部的软件组件以及环境(模拟的或者实际的)之间的接口。这样做是为了搭建正在开发中的 AI 探测车的静态结构，以便在 AI 探测车自适应导航组件(本例)的开发初始阶段绘制类图，这对开发满足 AI 探测车近实时需求的 Python 程序尤为重要。因此，可以通过对连接 AI 探测车各种软件和硬件组件的系统类进行静态建模，来绘制系统场景类图。例如图 2-4 所示的类图。

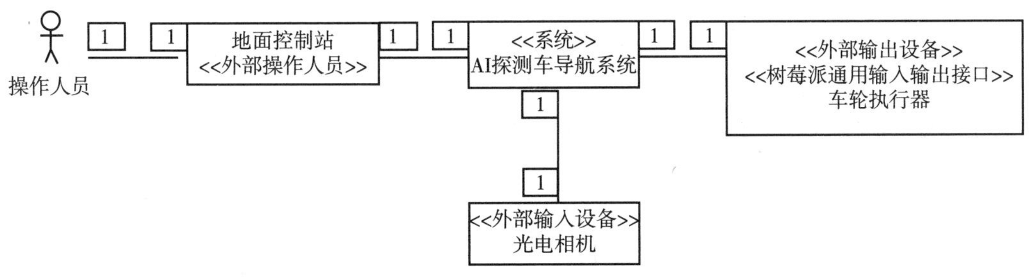

图 2-4 相机导航类图

现在我们已经对如图 2-3 所示的第一个用例开发了场景类图，场景类图揭示了系统需要怎样与外部设备或角色进行交互。AI 探测车的导航系统通过地面控制站从操作人员那里接受指令，然后这条指令告诉探测车它在栅格中行进的目的地。在我们的例子中，选择将光电相机接入 AI 探测车的导航系统。也可以接入其他传感器，例如 LiDAR、超声波和接近传感器。场景类图的关键需求对应于 AI 探测车的导航系统、所连接的相机传感器以及通过树莓派 GPIO 获取输出的车轮驱动机构之间的交互，以及与地面控制站和操作人员之间的交互。我们还可以很容易地在系统中添加一个计时器，以便系统能够向车轮驱动机构发送更新指令，这样可以让车轮驱动机构对方向变化的响应更加灵敏。

绘制静态类图能够为构建AI探测车的自适应导航组件的动态模型打下基础。构建静态模型则是解决将导航组件解析成系统中的对象这个问题。该过程的关键部分是确定导航组件的外部接口，这些接口对象包括车轮驱动机构接口、地面控制站接口以及传感器接口。现在，我们需要考虑如何开发能够让AI探测车正确工作所必需的对象，这些控制对象对于在用例和导航组件静态模型中所定义的对象之间提供协调和协作是非常必要的。控制对象的例子有协调器、状态依赖控制、任务计时器、相机控制以及相机视觉信号处理。此外，还会有内存对象，它包含了导航控制能够运行所需要的内存，内存对象存储的内容包括导航地图(可能会用QGIS)、确定下来的行驶路线以及当前地图位置(可能是来源于GPS数据)。当AI探测车从当前位置移动到目标位置时，使用当前地图位置和任务计时器可以让我们开发出任务持续时间以及耗电率特性的预报功能。我们还可以使用任务计时器来确定AI探测车是否陷入了无法脱离的位置，以及AI探测车是否会因为到达预定目标位置的时间令人不满意，而需要关闭电源并保存电力。探测车倾翻到一侧或被困住，从而无法继续前进到达最终的目的地，像这样的事件都需要利用我们的任务计时器进行处理。我们也可以将任务计时器和导航计时器指定为同一个计时器。任务或导航控制计时器由导航控制对象控制。还需要指出一点，导航控制对象自身最终是由认知深度学习引擎对象控制，我们目前正处于创建该对象的过程当中。

在我们为导航系统创建对象结构时，可以看到我们把定位器和路径规划器算法添加到导航系统的内部结构当中。凭借面向对象编程范式的优势，我们可以测试各种类型的定位器和路径搜索算法来完成分析与测试，并确定哪一种算法的计算效率最高。例如，我们可以通过统计分析来确定在探索金字塔地下墓穴的任务中，A^*算法是否适合作为主要的路径搜索算法。同样，我们可以来看一下如图2-5所示的导航系统的类结构图。

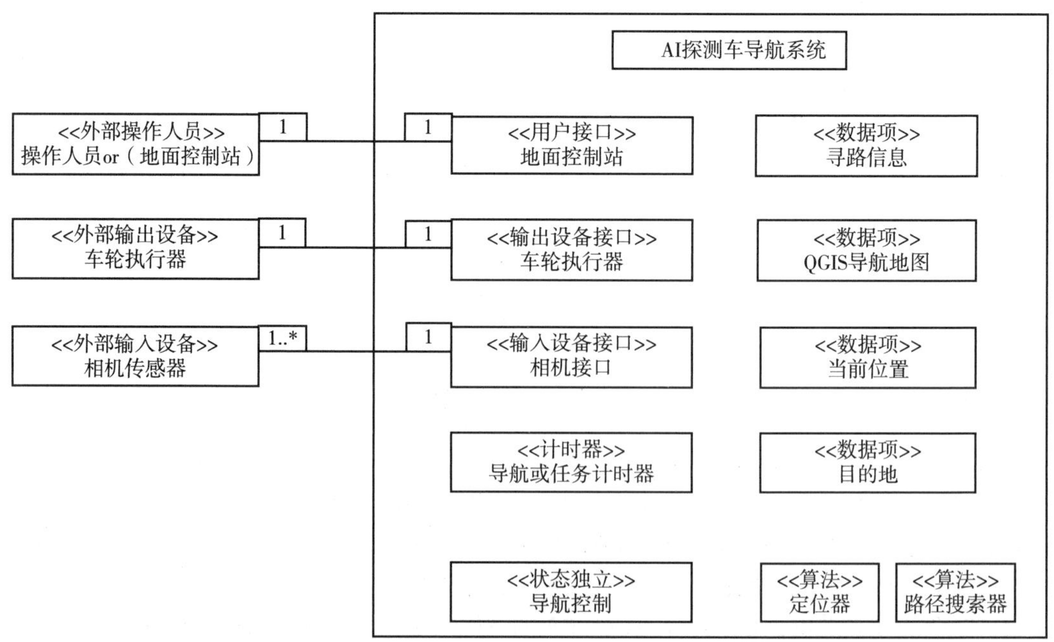

图2-5　AI探测车导航系统的类结构图

2.4 为 AI 探测车绘制第一版动态 UML 图

动态建模的目的是获取和理解 AI 探测车系统的动态特性，以便我们掌握其后续组成部分。值得注意的是，动态图用到了在用对象表示 AI 探测车导航系统结构过程中所确定的初始用例和绘制的静态图，如图 2-5 所示。

到现在为止，我们已经能明显看到面向对象的设计方法如何让我们能够开发出具有可伸缩复杂性的系统同时也能够直观地看到探测车的软件和硬件结构。现在我们从开发模块化控制结构开始入手，它在最初由深度学习网络组成，之后在深度学习网络的基础上构建起认知架构。模块化控制结构还可以让我们创建适用于接入元件(例如 LiDAR 和相机传感器)的特殊组件。这些软件组件中的每一个都是组成 AI 探测车的最终制成品的一部分。

在第 3 章中学习的 ROS 也可以让我们开发通用机器人控制软件包，该软件包基于 AirSim 和 Gazebo 仿真和真实系统中的组件。最新版本的 ROS 中的模块化和灵活性特性允许我们对内置认知引擎的复杂机器人系统做开发实验。使用 ROS 还可以让我们集成用于运动学、动力学、控制、决策、有限态势感知和软硬件接口的组件，这些组件要么是类，要么是对象，这些类和对象可以添加到 ROS 的开源开发环境当中，也可以从其中移除。

在开发实际的动态模型之前，我们需要回顾上一节 AI 探测车静态建模中所讨论过的导航任务业务流程。导航任务最开始是由深度学习程序控制，之后由在深度学习基础上构建的认知引擎控制，该任务必然要在面向对象框架内建立模型，因为其中包含了很多交互和控制组件。其中需要解决的一个难题是作为导航主要目标之一的自我定位。发送给导航系统的信息是目标位置到目的地的方向和距离。AI 探测车还必须能够处理由于传感器和环境不确定性导致的误差。因此，我们要讨论一下业务模型图，它表示了 AI 探测车的认知学习导航系统究竟如何运行。该系统采用分层开发，AI 探测车以及决策认知深度学习引擎都只有在通过处理传感器数据规划行驶路线后才会有所动作。认知深度学习系统可以让探测车在像金字塔地下墓穴这样没有物体移动的静态环境中完成能够连续感知的导航任务。一旦执行导航任务，那么 AI 探测车就完成了从所有可用传感器获取信息的一个新循环，然后以认知深度学习引擎生成的一条移动指令(前、后、左、右)作为结束。在本书的后续章节中，每个向前或向后移动指令所表示的距离值，以及向左或向右指令表示的攻角值都由认知深度学习引擎自身产生。

注意　我们将仔细审阅和描述有关业务逻辑的各个小节，业务逻辑描述了用于探索金字塔地下墓穴和外部结构的 AI 探测车所需的导航和认知深度学习流程。业务逻辑对于帮助我们创建 UML 类图至关重要。这部分内容需要仔细阅读和深入理解。

流程的第一部分必须从业务逻辑图本身的起点开始。当自适应导航任务开始时，以方框表示的第一个流程是获取来自激光雷达、超声波、接近传感器和树莓派 4 相机的传感器读数。执行的第一个流程(流程都用图中的方框表示)是传感器读数，然后读取的信息会被发送到传感器数据的资源数据库当中。在业务逻辑图中所有的数据库都被表示为圆柱形。传感器数据是传感器流程检索到的所有传感器空间坐标的列表，其中的数据一般使用笛卡

儿坐标系。这些坐标通常是矢量的终点，矢量从探测车开始，到金字塔地下墓穴中检测到的障碍物结束。这意味着坐标表示探测车在获取传感器数据时所处的位置，以及相应的由同一传感器检测到的物体的传感器数据点坐标和计算得到的距离。如图 2-6 所示的是 AI 探测车自适应导航任务初始阶段的 UML 业务逻辑图。

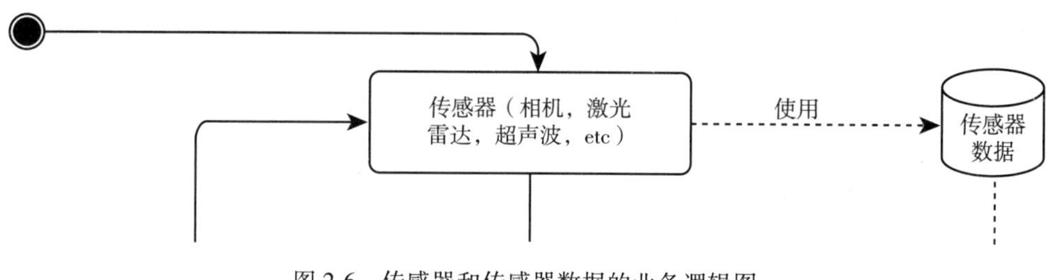

图 2-6 传感器和传感器数据的业务逻辑图

注意 在本书的相应章节中，会对 AI 探测车自适应任务的每个流程和数据库从概念上和逻辑上进行详细描述。请记住，这些内容事关 AI 探测车的生存。

一旦传感器流程结束，就要执行其他流程。下一个流程是 SLAM 和视觉处理分析流程。SLAM 是一种统计算法，用于处理二维或三维地图以及由此确定探测车在不断扩大的地图中的位置。我们还将讨论 SLAM 的地图处理如何由于内存分配问题而受到限制。对于本书中所讨论的 AI 探测车，我们将专注于 SLAM 的二维表示，以确定探测车的位置，以及它在地下墓穴中执行任务时可能需要进行哪些路径调整。局部地图基于其位置的估计，然后将局部地图整合到全局地图当中，以帮助 AI 探测车导航到目标位置。SLAM 利用多个估计值，这些估计值之后可以整合来自多个传感器的信息。然后 SLAM 可以确定 AI 探测车的位置，并将其更新到传感器数据库当中。另一种可以在 SLAM 中使用的算法是图像处理，它使用单目或双目相机来确定物体的位置，使 AI 探测车从一个点移动到另一个点时执行感知和避障操作。

一旦位置和传感器数据库得到更新，下一步就是执行占用栅格流程，该流程将传感器数据转换为栅格中某一点或某个区域内存在障碍物的概率的细分栅格地图，然后上传局部地图，这就是为什么局部地图必须是最新的，并不断聚焦于 AI 探测车的位置。一旦上传完成，局部地图就被整合进全局地图，全局地图也会使用 GIS 软件包 QGIS 作为数据库。图 2-7 所示的是描述 AI 探测车自适应导航任务中该流程的 UML 业务逻辑图。

最后一个流程涉及认知深度学习，它直接控制路径规划过程，路径规划是认知智能引擎的主要职责和特性之一。认知引擎会提供最新版本的全局地图数据库，以及导航任务所需的目标和 AI 探测车的估计位置。然后由认知深度学习引擎生成行驶路径方案，探测车之后就会跟随生成的行驶路径，行驶路径本质上是由直线插值得到的笛卡儿坐标，以便探测车进行遍历，因此，每条直线对于 AI 探测车的车轮执行器而言都是一个特定的行驶动作。此外，路径还取决于探测车的物理尺寸，因为尺寸大小决定了探测车周边的区域是否存在空隙。认知引擎还会定期更新路段，路段实际上直接向车轮执行结构发出如何遵循路径行驶方案的命令。如果不是所有的目标点都到达了，那么整个循环就会重新来一遍，这就是如图 2-8 所示的 UML 图中出现菱形决策框的原因。

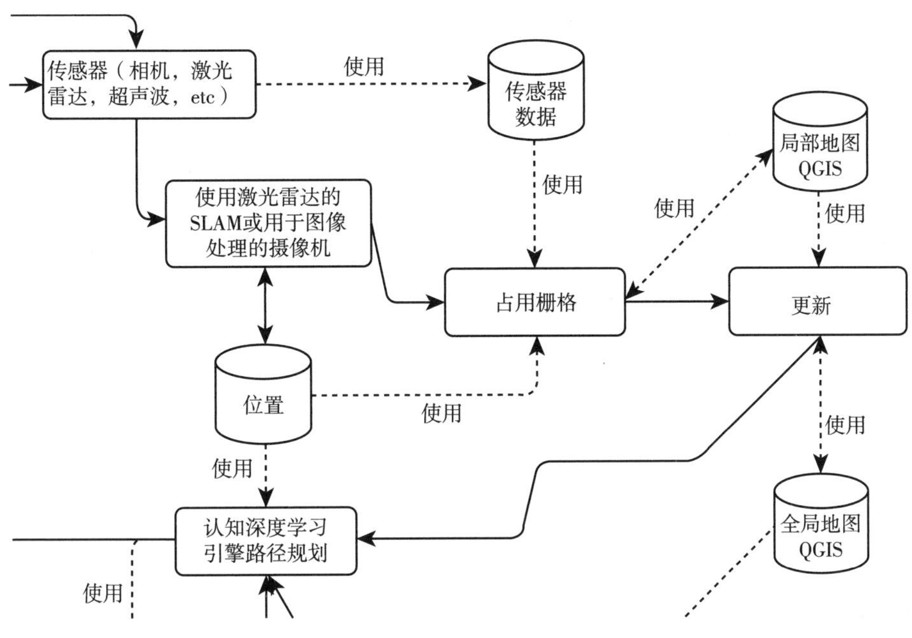

图 2-7 SLAM 和认知处理的业务逻辑图

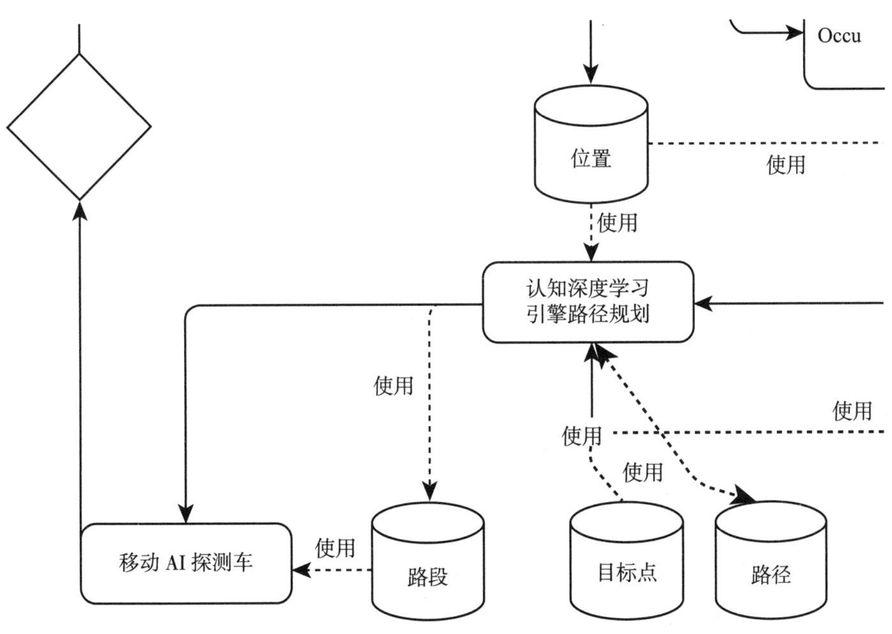

图 2-8 路段和移动命令的业务逻辑图

注意 现在，可以根据如下所示的 UML 业务逻辑图来理解由认知引擎控制的完整的自适应导航任务(见图 2-9)。

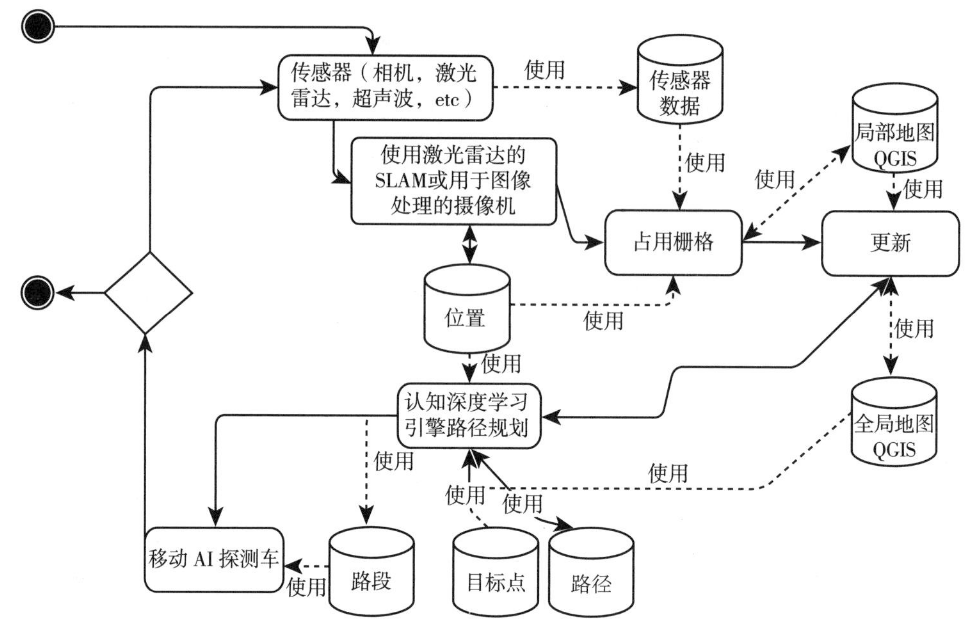

图 2-9　AI 探测车系统的完整的业务逻辑

2.5　为 AI 探测车绘制第一版动态 UML 类图

实现自适应导航需求意味着必须遵守并执行操作人员设定的目标，包括在 AI 探测车内部运行的认知深度学习引擎也要遵循这些目标。因此，我们将目标或任务设置为主要的超类，它比表示 AI 探测车软件架构的软件系统完整结构还要重要。GOALS 超类负责表示 AI 探测车要探访的目标点，因此，它会用到 AI_Rover 类和 Cognitive_Deep_Learning_Planning 类，GOALS 超类中的主要函数或算法是为了设定目标点，并检查这些目标点是否都已经被访问到。这也是用来表示 AI 探测车在某个金字塔内执行探索任务的进度或完成百分比的另一种方法。此外，将 GOALS 作为超类有助于构建一个基本的包容架构，我们可以在这个架构中获取系统的目标点，并让探测车驶往每个目标点。

我们现在来创建 UML 类图。我们将每次添加一个类的层级，以便读者对 AI 探测车的 UML 类架构有一个完整的了解。它其实也是 AI 探测车的完整的程序结构，其中包含各部分之间正确的相互关联。因此，我们首先要构建的类是 GOALS，它描述了 AI 探测车需要抵达的所有目标点。图 2-10 展示的是 GOALS 的 UML 类图。

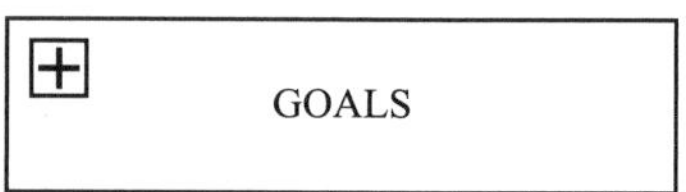

图 2-10　AI 探测车的 GOALS 的 UML 类图

与超类 GOALS 相关联的有两个主要的子类，第一个相关联的子类是 AI_Rover，这个子类负责描述认知深度学习系统中所使用的 AI 探测车的类型，AI_Rover 类中至少包含一个车轮执行器和一个传感器的组合。Wheel_Actuator 类负责与电机控制器交互并向其发送命令，电机控制器驱动 AI 探测车驶向由认知深度学习控制器确定的下一个路径点或者下一条路径。Wheel_Actuator 类还有自己的子类，比如 Heading 类和 Steering_Controls 类。Heading 类决定了 AI 探测车在由认知深度学习控制器确定的路径内行驶的常速度。Steering_

Controls 类则负责为车轮执行器分配正确的转向或(车轮转弯)速度来让 AI 探测车转弯。Heading 类和 Steering_Controls 类一般会和特定的探测车平台的 PID 控制器交互，这类 PID 控制器通常被设计为树莓派 4 模块之外的硬件闭环控制器组件。

第二个与 GOALS 超类相关联的子类是 Cognitive_Deep_Learning_Planning 类，当 AI 探测车在金字塔内执行任务时，这个类负责进行正确的决策分析、有限的态势感知以及感知障碍并避开障碍特性。Cognitive_Deep_Learning_Planning 类的首要目标是为对 AI 探测车至关重要的导航任务制定出正确的路径规划方案。这里的导航必须是自适应的，以便 AI 探测车在进退维谷时能找到替代路径。因此，Cognitive_Deep_Learning_Planning 类必须使用 MAP 类，MAP 类是局部地图和全局地图的超类。Cognitive_Deep_Learning_Planning 类主要关注到达 GOALS 超类中提及的目标点，它会生成全局路径以及被发送到 AI 探测车的车轮执行器的实际路段。Cognitive_Deep_Learning_Planning 类需要能够访问一些方法来获取和发送与 AI 探测车下一路段有关的信息，下一路段的规划与 AI 探测车的当前位置有关，上述的这些方法有 Set_Goal、Determine_Global_Path 和 Get_Path_Segment，当 AI 探测车需要在电池耗尽之前寻找到替代行驶路径时，认知深度学习控制器就会用到这些方法。图 2-11 所示为上述我们已经学习讨论过的这些类的 UML 类图。

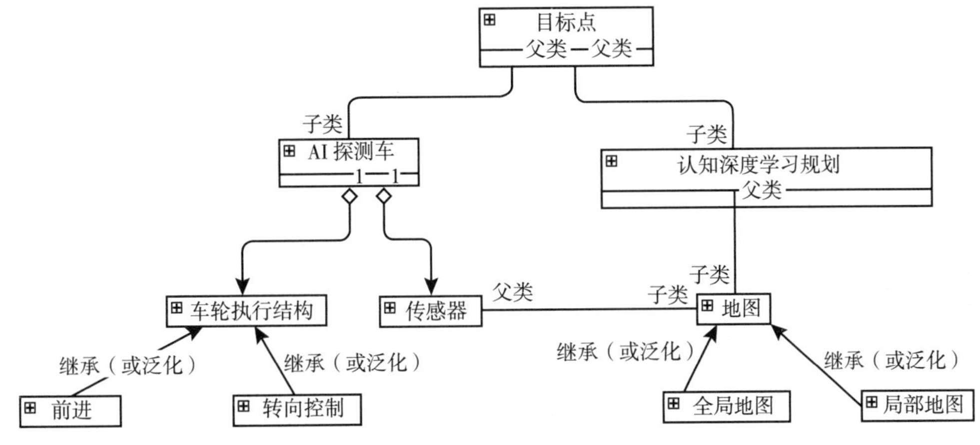

图 2-11　AI 探测车的 UML 类图的第一阶段

根据 Sensor 类可以开发得到 AI 探测车体系架构中的很多不同类型的传感器，比如推进传感器、接近传感器、跟踪传感器、测距传感器、位置传感器、速度传感器和加速度传感器。从 Sensors 类我们还可以得到其他一些传感器，比如 LiDAR、超声波传感器以及单目和双目相机，这些传感器都可以根据项目投资人和开发商的需求进行开发。由于我们是在像树莓派这样的数字平台上进行操作，因此必须使用离散形式的时间增量。在离散时间步长中，AI 探测车的结构必须实现 time_increment 的一个实例。其他一些方法包括 START、STOP、SetUpdateTime、GetUpdateTime、S_Variance、G_Variance 和 READ。READ 函数返回从传感器获取的信息，例如，Position 类从编码器中获取信息。但随着时间的推移，编码器会输出错误的值，使用源于 SLAM 和视觉处理传感器(例如：相机)可以让这些错误的位置值通过 MAP 类中的定位方法得到校正，MAP 类是我们在第二阶段要讨论的最后一个类。Range 类表示 AI 探测车中的测距传感器。测距传感器实际上是一种能处理单目相机(只有一个镜头的相机)获取的信息的一种算法，它基于对物体边缘到 AI 探测车之间的距离估计，使用三角函数法来确定到目标点的距离。一般情况下这些传感器要么是双目相机，要么是激光测距仪，或者是超声波传感器，通常使用这类传感器来估计物体表面与 AI 探测车所在位置之间的距离。测距传感器在 AI 探测车体系架构第一阶段的创建 MAP 和 SLAM 处理类的过程中也会充当重要的角色。当 SLAM 处理金字塔位于地下墓穴的通道时，处理行进过程中的盲点十分重要。我们也会讨论在这个方面有帮助作用的传感器。

LiDAR 传感器及其对应的类，能够检测到 AI 探测车前方是否存在物体，这决定了物体相对于 AI 探测车位置的方位角(方向)。

跟踪传感器及其对应的类负责对目标进行视觉跟踪，但是，该功能可能直接被集成到认知深度学习引擎当中。因此，我们会转而用 Cognitive_Deep_Learning_Planning 类来实现这个功能。但是，我们也可以不在认知系统中实现视觉跟踪功能，而是让跟踪传感器充当实现视觉跟踪的辅助角色。

Stereo_Vision 类也会用到双目相机来确定目标点与 AI 探测车位置之间的距离，这个功能需要来自相机和测距传感器的信息。测距传感器可以是接近传感器，也可以是激光测距传感器。因此，现在我们见识一下认知深度学习系统的最后一幅主要的结构图，如图 2-12 所示的 UML 图，它已经与 AI 探测车的其他控制结构进行了整合。

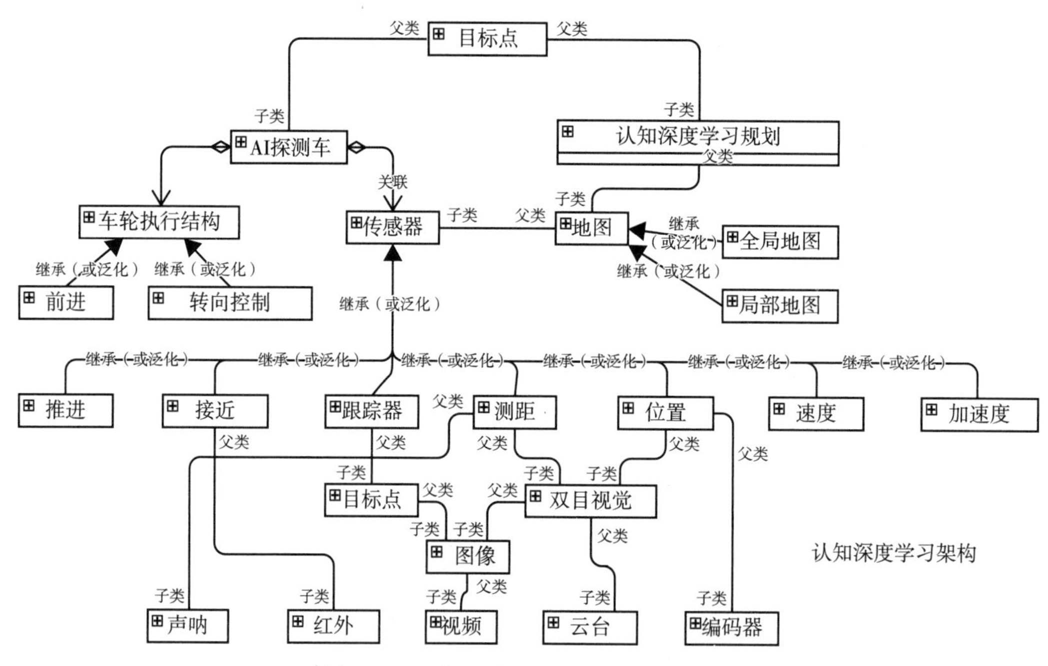

图 2-12 AI 探测车 UML 类图的第二阶段

2.6 为 AI 探测车绘制第一版动态 UML 序列图

我们接下来要学习的是动态 UML 序列图。下文中的序列图可以让我们仔细研究对象之间的交互，这些对象能够让 AI 探测车在金字塔以及其他未知环境中自主运行。这些序列图还揭示了在软件体系架构中，消息何时被发送到不同的对象这样的时间事件。如果我们来看一下全局地图，就会发现它允许金字塔中的环境既可以有静态变化，也可以有动态变化，我们还可以看到根据从 LiDAR、超声波传感器或者单目/双目相机获取的新传感器数据而产生的 SLAM 变化，是如何让局部地图(AI 探测车周边的即时区域)更新自己以及全局地图的。全局地图的更新处理能够校正 AI 探测车在金字塔中的估计位置，当金字塔中的未知环境由于某种原因发生了意想不到的重大变化时，这一点更为重要。我们可以举个例子来说明这种重大变化，比如金字塔内部发生了灾难性的坍塌或塌方，并且存在结构性的破坏，使得原定的 AI 探测车的行驶路径方案变得不可行。这意味着 isGlobalMapChanged 方法可以表明原来已知的金字塔内部的全局地图被完全打乱，我们需要认知深度学习引擎生成另一个或者更新原有的行驶路径方案，让 AI 探测车完成其任务目标。

现在我们来看一下认知导航和控制的 UML 序列图(见图 2-13)，此时，AI 探测车正在探索的金字塔内部环境没有剧烈的变化，因此，全局地图也没有更新，这种情况下，可以按照时间顺序列出事件，如下：

1)首先，我们可以看到 USER 类设置和定义了目标点，并开启了 Start 流程。

2)上述步骤结束后，GOAL 类向 AI_Rover 类发送一个启动消息，该消息会启动 PID 电子设备。我们还可以进一步扩展这幅序列图，为其再添加一幅图，用于执行 PID 电子设备的诊断检查，以确定 AI 探测车套件的运转是否正常。请考虑将这一点作为本章的练习。

3)AI_Rover 类接着调用 Position 类的方法，也就是说从 PixHawk 4 自动驾驶仪的 GPS 和/或全局地图获取信息，进行位置估计。

4)AI_Rover 类调用 Range 类的方法，从全局地图获取信息。

5)GOALS 类将所需完成的目标点和任务发送给认知深度学习引擎，然后认知深度学习引擎推导出路径方案，认知深度学习引擎充当的是 AI 探测车的控制器。

6)认知深度学习控制器发出请求，确定 AI 探测车在金字塔地下墓穴入口或内部的物理和地理空间位置。这个请求由认知深度学习控制器直接发送给 AI_Rover 类。

7)AI_Rover 类向 Position 类发送 READ 指令，Position 类用于处理 PixHawk 4 自动驾驶仪、PID 电子设备以及树莓派 4 之间的信息。

8) AI_Rover 处理 Position 类返回的 PositionValue 数据。

9)接着 AI_Rover 类将 PositionValue 数据返回给发出请求的 Cognitive_Deep_Learning_Planning 类。

10)认知深度学习引擎请求调用 Global_Map 类的 GetMap 方法，获取当前全局地图的信息，此时 AI 探测车位于全局地图的中心。

11) Gloabal_Map 类将 MAP_DETAIL 数据和请求返回给 Cognitive_Deep_Learning_Planning 类。

12)认知深度学习控制器根据从全局地图中获取的当前信息，确定 AI 探测车要执行的最佳行驶路径。

13)在认知深度学习引擎内执行 FindPathWays 方法，根据当前信息计算确定最佳路径。

14)Cognitive_Deep_Learning_Planning 类向 GOAL 类发送 PathwayFound 消息，告知其已经找到了行驶方案。

15)Cognitive_Deep_Learning_Planning 类向 Global_Map 类发送 HasMAPChanged 消息。

16)如果 Global_Map 类向 Cognitive_Deep_Learning_Planning 类返回消息 NO，那么 Cognitive_Deep_Learning_Planning 类就向 AI_Rover 类发送 ReadPosition 请求消息，然后 AI_Rover 类向 Position 类发送 READ 消息。

17) Position 类向 AI_Rover 类发回包含位置数据的 PositionValue 消息，然后 AI_Rover 类

又将 PositionValue 消息发回给 Cognitive_Deep_Learning_Planning 类。

18）向 GOALS 类发送 PathSegmentDerived 消息。

19）GOALS 类向 AI_Rover 类发送 MOVE 指令，该指令以表示路径方案的 PathSegmentDerived 作为参数，接着 MOVE 指令又被作为消息发送给 Wheel_Actuator 类。此时，探测车应当开始向由 Cognitive_Deep_Learning_Planning 类确定的路径段移动，Cognitive_Deep_Learning_Planning 类在 AI 探测车的软件层次架构中充当自适应导航器。

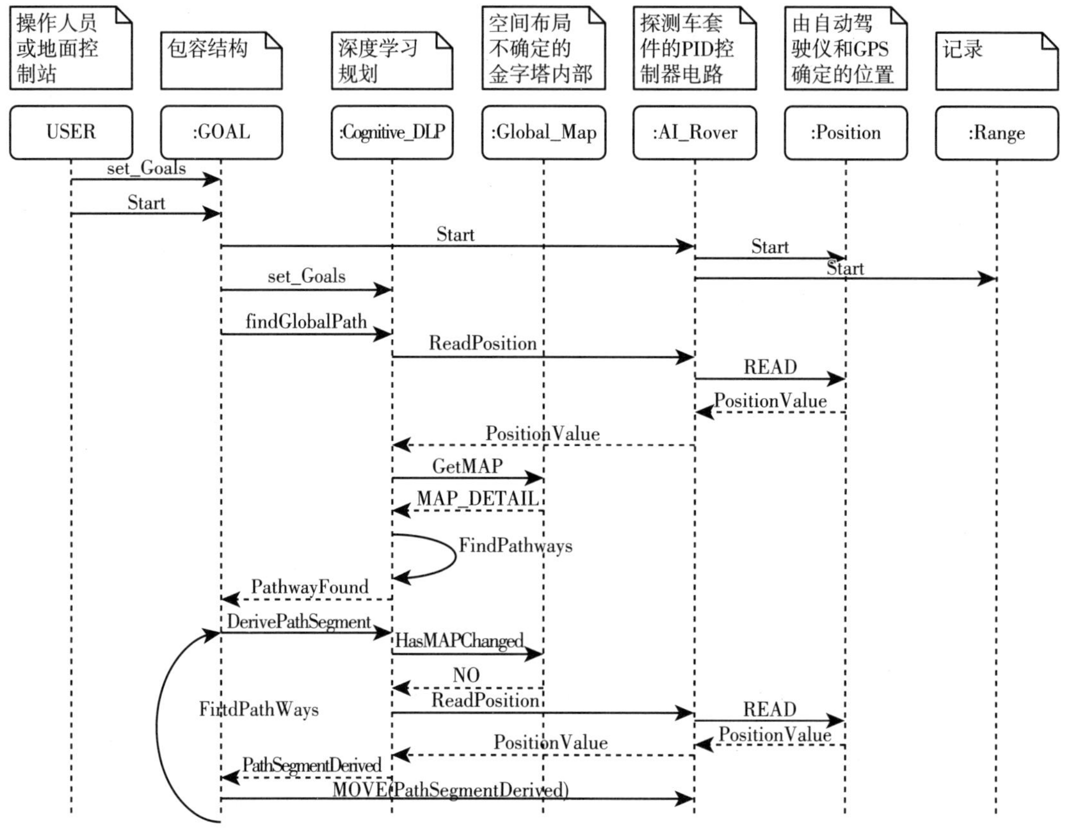

图 2-13　认知导航和控制的 UML 序列图

SLAM 和视频处理的 UML 序列图（见图 2-14）描述了基于 SLAM 或图像处理数据更新而更新局部和全局地图的流程，AI 探测车探索的环境无论是静态的，还是不断变化或动态的，这个流程都会发生。具体如下：

1）AI_Rover 类向 Position 类和 Range 类发送启动消息。

2）局部地图向 Range 类发送 READ 消息，并从 Range 类接收 RANGE 消息。

3）局部地图向 Position 类发送 READ 消息，并从 Position 类接收 POSITION 消息。

4）局部地图自行更新。

5）局部地图更新全局地图。

6）在局部地图类中执行 SLAM_VIDEO_Proc 方法，然后它再次更新局部地图。

7）AI 探测车将被置于局部地图中心。

上述流程是不断循环往复的。

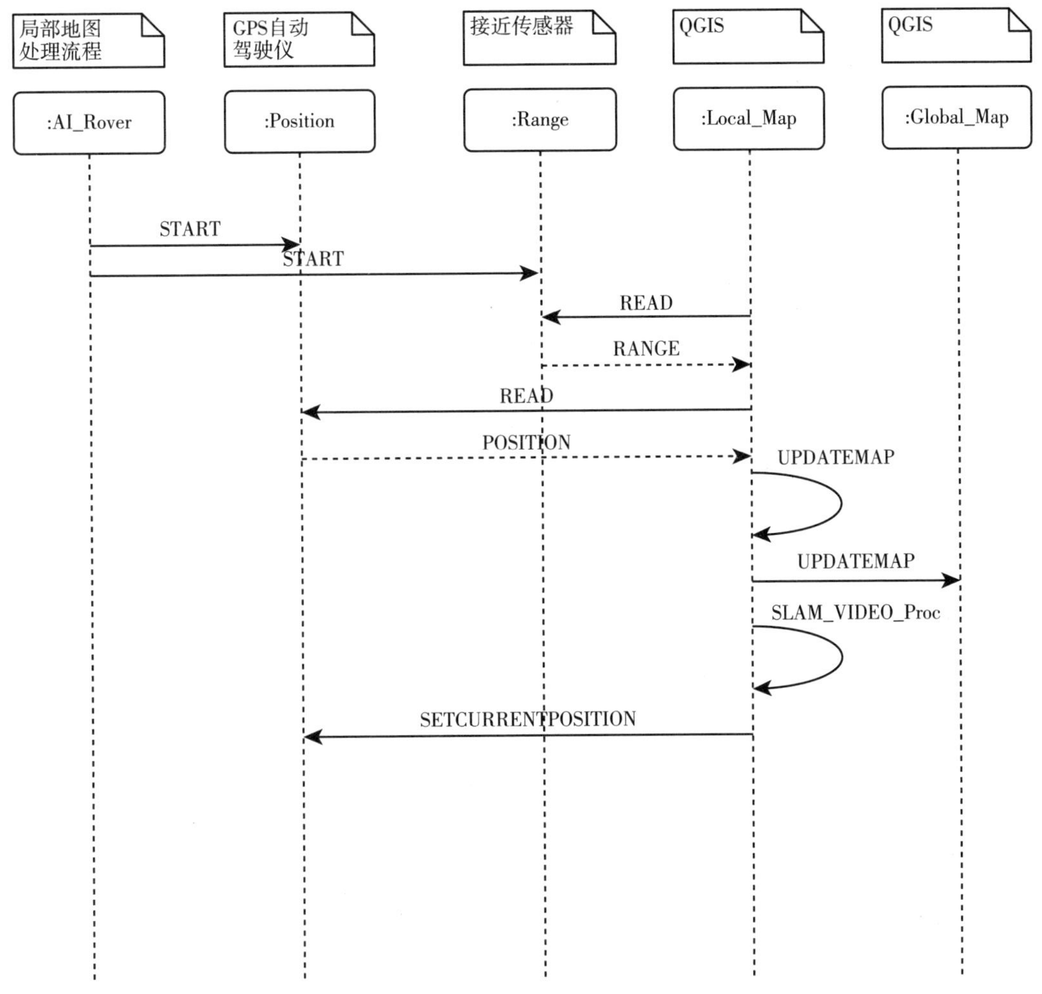

图 2-14 SLAM 和视频处理的 UML 序列图

全局地图发生过剧烈变化时的 UML 序列图(见图 2-15)描述的是金字塔内部环境的全局地图或者局部地图发生了可被探测的急剧变化时的情形，举个例子来说，这种急剧变化可能是金字塔内的地面或通道发生意料之外的坍塌。因此，对于 AI 探测车而言，具有足够的适应性来计算得到新的行驶路径方案至关重要。认知深度学习引擎应该具有一定程度的有限态势感知能力，以确定继续执行任务究竟是明智之举还是取险之道。这个过程的具体步骤如下所述：

1)局部地图向全局地图发送 UPDATEMAP 消息，全局地图随之更新。

2)GOALS 类发送 DERIVEPATHSEGMENT 请求消息。

3)Cognitive_Deep_Learning_Planning 类向 Global_Map 类发送 isGlobalMapChanged 请求消息。

4)如果 Global_Map 类返回 YES 响应消息，那么 Cognitive_Deep_Learning_Planning 类就会向 AI_Rover 类发送 READPOSITION 指令。

5)POSITION 数据消息会被返回给 Cognitive_Deep_Learning_Planning 类，该类向 Global_Map 类发送 GetMap 请求消息，接着 Global_Map 类会向 Cognitive_Deep_Learning_Planning 类

返回 MAP_DETAIL 数据消息。

6）Cognitive_Deep_Learning_Planning 类找到替代的行驶路径，并将相应的信息发送给 GOALS 类。

7）GOALS 类会向 AI_Rover 类发送替代的行驶路径方案和 MOVE 指令（MOVE 指令带有 PathSegmentDerived 参数），在 AI_Rover 类中，Wheel_Actuator 应当正确地调节行进和转向。

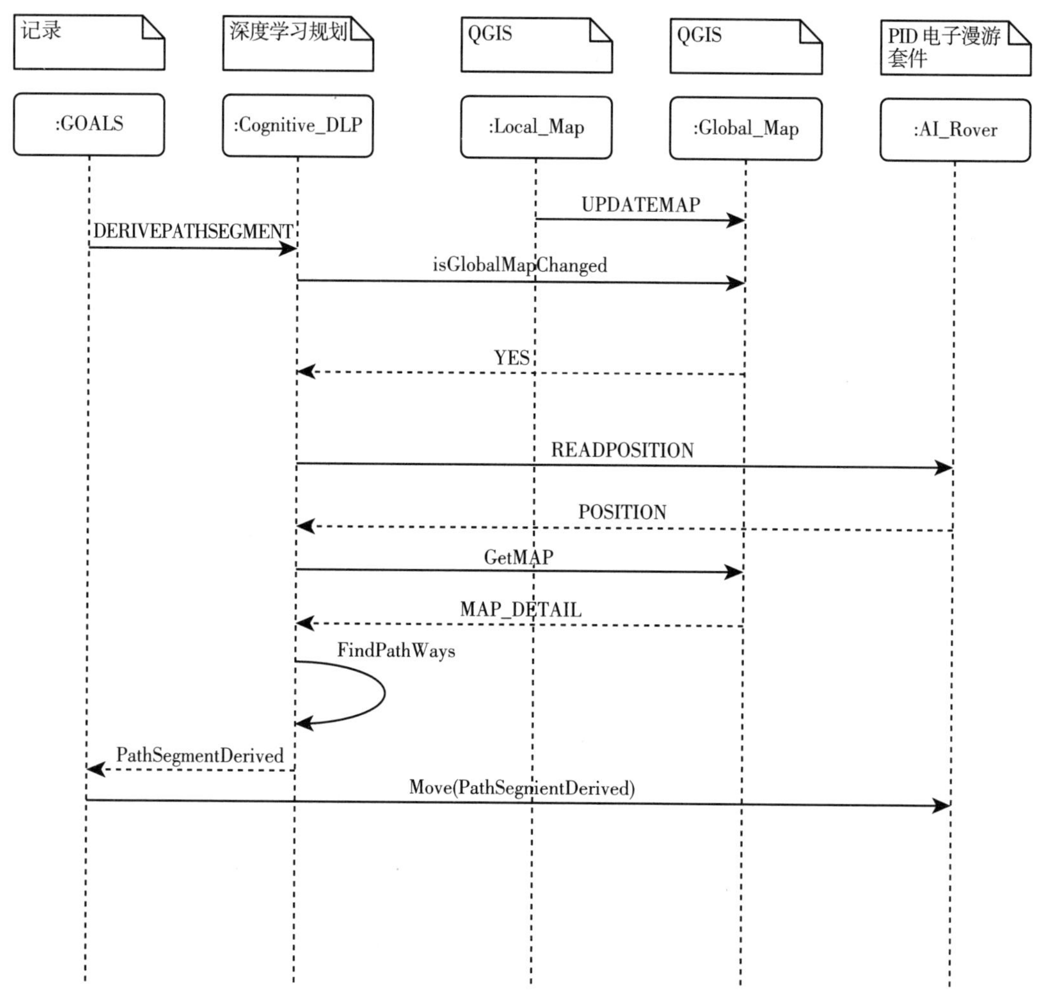

图 2-15　全局地图发生过剧烈变化时的 UML 序列图

2.7　本章小结

现在，我们已经学习并熟知了多种软件和系统的设计分析方法，其中一种方法就是绘制 UML 用例图，它可以帮助我们开发这种相当复杂且具备自动驾驶能力、适应性强的智能探测车系统，并满足功能性和非功能性需求。我们学习过的业务逻辑图和类图展示了模块化的类之间如何相互关联以及如何相互发送信息。举个例子，请思考一下控制器类 Cognitive_Deep_Learning_Planning 如何充当 AI 探测车的自适应导航器？使用这些 UML 图可以让我们快速指明和审视 AI 探测车自动驾驶平台研发过程中所涉及的一些非常困难的复杂问题。

我们已经展示了如何使用 UML 面向对象概念对自适应 AI 探测车系统进行建模。首先由 SLAM 校准探测车的位置，路径规划则由 Cognitive_Deep_Learning_Planning 类在栅格系统中执行。对于静态和动态环境我们都予以了考虑，并且提出了一种软件层次架构，该架构允许在动态环境中进行导航，如果不这样做，那么在动态环境中进行导航的计算成本将非常高。系统所涉及的对象以及对象之间如何进行交互，都在本章的 UML 图中进行了描述。所有这些都由 GOALS 类控制，GOALS 类充当指挥员或驾驶员，而 Cognitive_Deep_Learning_Planning 控制器类则在 AI 探测车探索金字塔内部地下世界时充当自适应导航器。

利用这些 UML 图可以让我们实现 AI 探测车的控制软件系统，因为这些 UML 图可以自动生成为 Python 源代码。有多种开发环境可以做到这一点，例如 Modelio UML、Papyrus IBM Eclipse、Rational ROSE、Microsoft Visual Studio 等。通过使用 UML 图，可以帮助我们把控这样一种先进探测车系统的复杂性。只要规格说明或需求发生了任何变化，我们可以像在任何软件开发项目中所期望的那样对这些变化进行管理。

2.8 本章练习

1）请仔细查看业务逻辑图，请问在何处需要引入自动驾驶仪?

2）请再仔细查看类图，请问在何处需要引入自动驾驶仪?

3）UML 图为何能帮助我们理解类之间的交互以及数据和消息交换?

4）统计方法可以用来确定深度学习网络的不确定性问题吗? 如果可以，应该怎么做，为什么?

CHAPTER3

第3章

安装 Linux 和开发工具

在开发探测车之前，我们必须安装正确的工具。“工欲善其事，必先利其器”，我们需要这些工具来支持我们的项目。AI 探测车需要使用 ROS，而 ROS 运行在 Linux 操作系统之上，Linux 会为我们提供一个简单的文本编辑器以及 Python 编程语言。我们还需要一个模拟器来测试探测车的运行情况，因此，我们需要安装支持 ROS 的 Gazebo 和 RViz。最后，我们假定大多数读者使用的都是 Windows 操作系统，因此，我们需要用 VirtualBox 将上述软件安装到虚拟机中。

3.1 本章目标

我们在本章中将学习以下内容：

- 在 Windows 操作系统中安装 Oracle 公司的 VirtualBox。
- 在 VirtualBox 中安装 Linux 操作系统的 Ubuntu 20.04.4 版。
- 掌握 ROS 环境变量密钥。
- 安装 ROS。
- 首次启动 ROS。
- 学习重要的 ROS 命令。
- 安装 Anaconda。
- 学习开发探测车原型所必需的 Ubuntu 命令。
- 什么是 ROS 的启动文件？
- 运行 Gazebo 和 RViz 来测试探测车系统。

我们必须考虑以下先决条件：

1）如果你打算使用 Linux 操作系统作为主机操作系统，那么就不必安装 VirtualBox。

2）要针对 Ubuntu 的版本考虑 ROS 的不同版本。我们要使用的是 Noetic ROS，它专用于 Ubuntu 20.04.4。请确保你的 ROS 版本正确地匹配 Linux 版本。这一点在安装 VirtualBox 和 Ubuntu 时非常重要。

3）安装的顺序也很重要，必须依次安装：VirtualBox、Ubuntu、Anaconda、ROS。其他顺序都可能导致问题发生。

4）Ubuntu 20.04.x 也被称为 Focal Fossa，在本书中我们简称其为 Ubuntu。同样，我们也把所用的 Noetic ROS 简称为 ROS。

5）尽管本书所讲述的 shell 命令都是针对 Noetic ROS 的，但是这些命令与早期的 ROS（例如 Kinetic 和 Indigo）兼容。

3.2　安装 VirtualBox 软件

安装 VirtualBox 的目的是创建虚拟机，以便在与日常所用的操作系统不同的操作系统上开发和运行程序。虚拟机实际上是对目标操作系统的模拟，我们希望在 Windows 系统上模拟 Ubuntu 20.04.4 操作系统（也有针对 Mac OS 和 Linux 的 VirtualBox 版本）。安装好 VirtualBox 之后，我们需要安装一个 Ubuntu 20.04.4 虚拟机，这个虚拟的操作系统将充当我们的 ROS 开发环境。虚拟机实质上是一个运行完整操作系统（例如 Ubuntu 20.04.4）的程序。实际运行 Microsoft Windows 的计算机充当主机，而 Ubuntu 20.04.4 则充当客户机。

VirtualBox 中的 Ubuntu 客户机操作系统是本书中探测车最为基础的测试和开发环境。

1）请按照链接 www.virtualbox.org/wiki/Downloads 中的相关内容安装 VirtualBox，在主机操作系统列表中选择 Microsoft Windows，然后安装 VirtualBox 软件，如图 3-1 中的方框所示。要想在其他主机操作系统中安装 VirtualBox，请参见 www.virtualbox.org/manual/ch02.html。

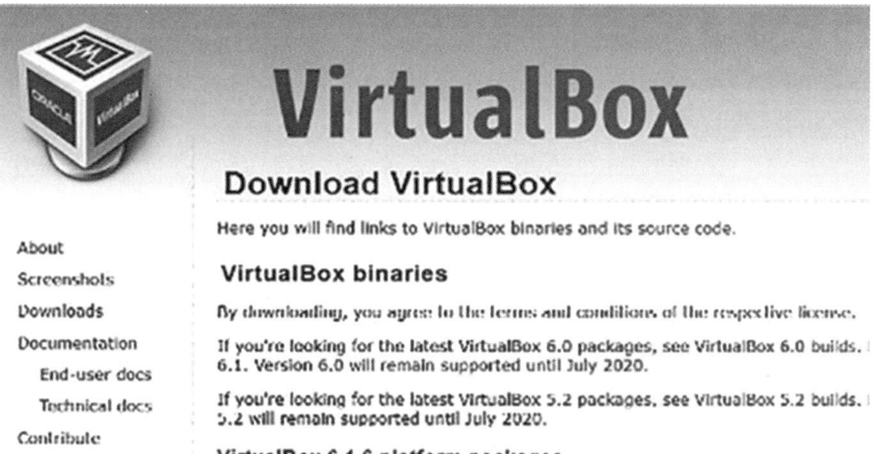

图 3-1　下载 VirtualBox

2）VirtualBox 可执行文件下载完成之后，请找到该文件并双击运行，看到如图 3-2 所示的界面，单击“Next”按钮。

3）在弹出的窗口中接受默认设置，直到看到重置网络的警告信息为止（见图 3-3）。单击“Yes”按钮，VirtualBox 开始安装。

安装好 VirtualBox 后，双击图标运行程序，并新建虚拟机，步骤如下：

1）程序启动后，你会在窗口中看到如图 3-4 所示的区域。要想新建虚拟机，请单击“New”按钮。如果你没看到图中的功能条，那么也可以单击工具栏中的“Tools”→“New”来新建虚拟机。

2）在如图 3-5 所示的界面中填写安装信息，单击“Next”按钮。此时并不会安装操作系统，它只是后续步骤的序章而已。

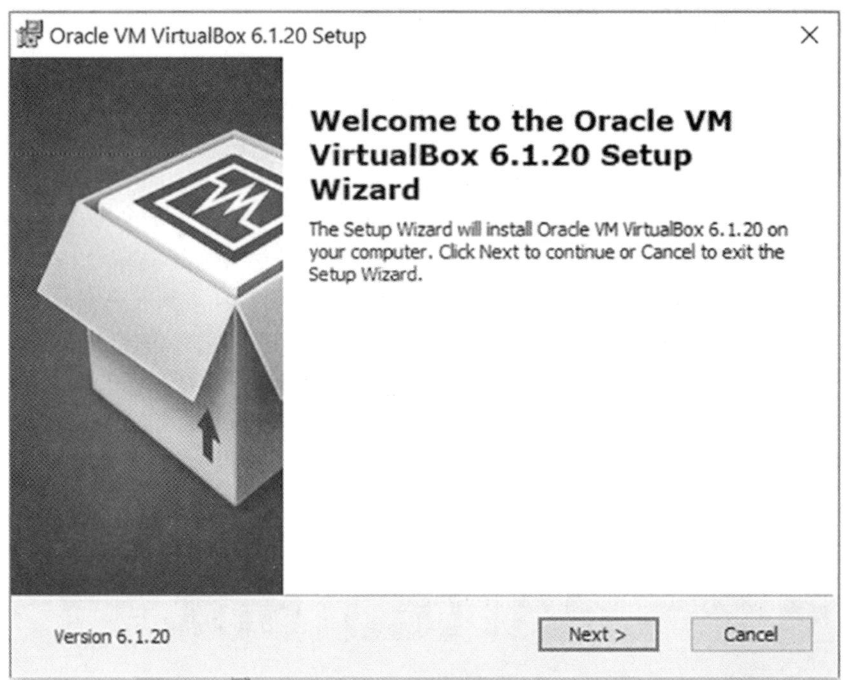

图 3-2　安装 VirtualBox 1

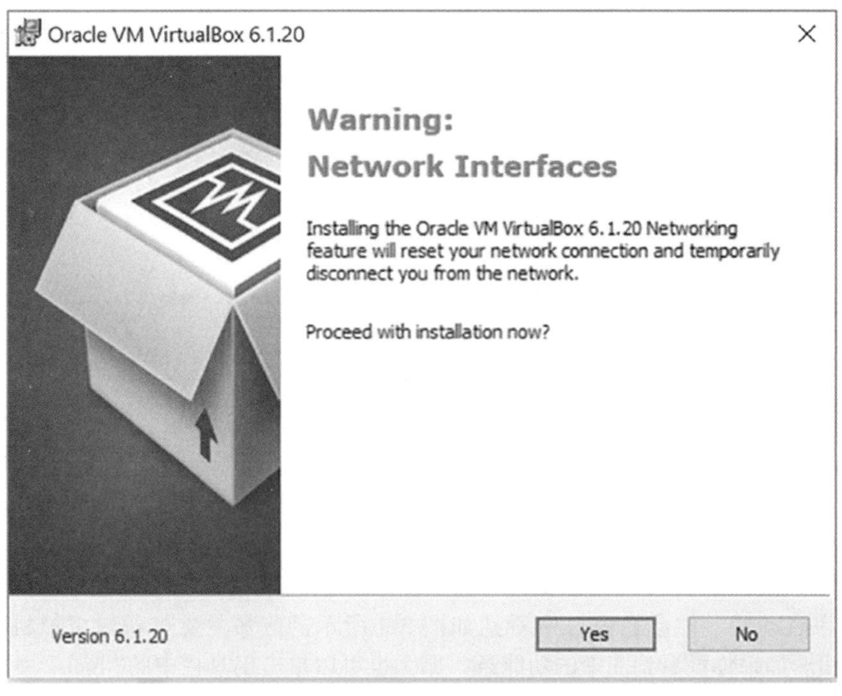

图 3-3　安装 VirtualBox 2

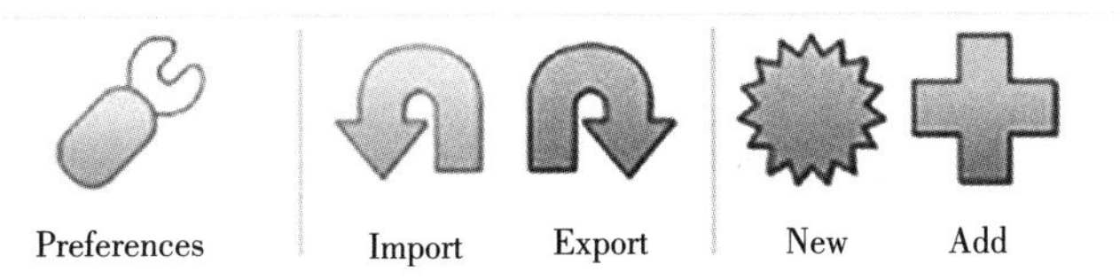

图 3-4 在 VirtualBox 中创建虚拟机 1

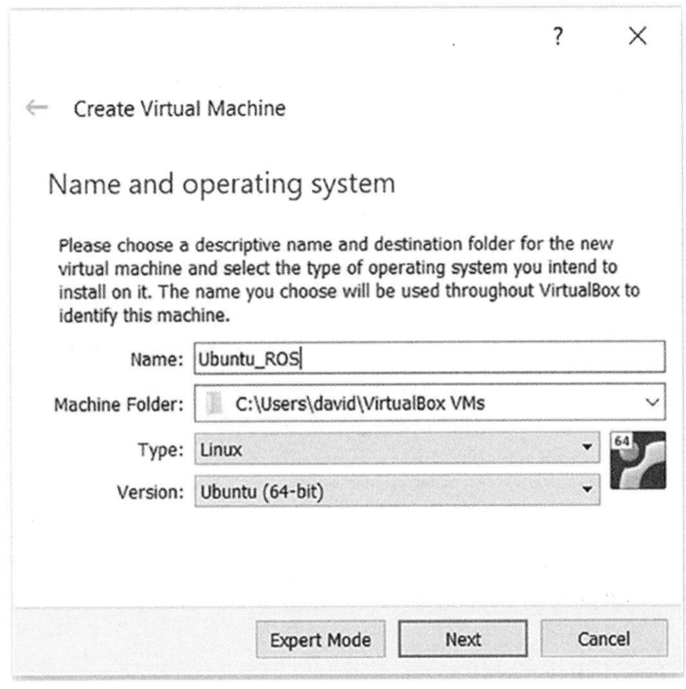

图 3-5 在 VirtualBox 中创建虚拟机 2

3）接下来为虚拟机分配内存，默认内存大小是 1024 MB，但是我们至少要分配 2048 MB（见图 3-6）。你可以分配更多内存，但 2048 MB 已经足够了。

4）根据如图 3-7 所示的默认设置，在物理硬盘上创建虚拟硬盘，因为之前没有创建过虚拟硬盘，因此需要新建一个。

5）接受如图 3-8 所示的虚拟硬盘的默认类型，我们选择默认的 VDI 类型，因为它针对 VirtualBox 进行了优化。

6）接受如图 3-9 所示的物理硬盘存储类型的默认设置，我们选择动态分配类型，因为这种分配类型下的容量大小可以自动扩展和缩减。

7）最后，设置虚拟硬盘的位置和支持的最大容量（见图 3-10），默认的位置为第 2 步中所填写的路径。

8）现在虚拟机就新建完成了，如图 3-11 中的方框所示。

现在所完成的只是创建了一个空的虚拟硬盘，接下来我们要在其中安装 Ubuntu 操作系统。

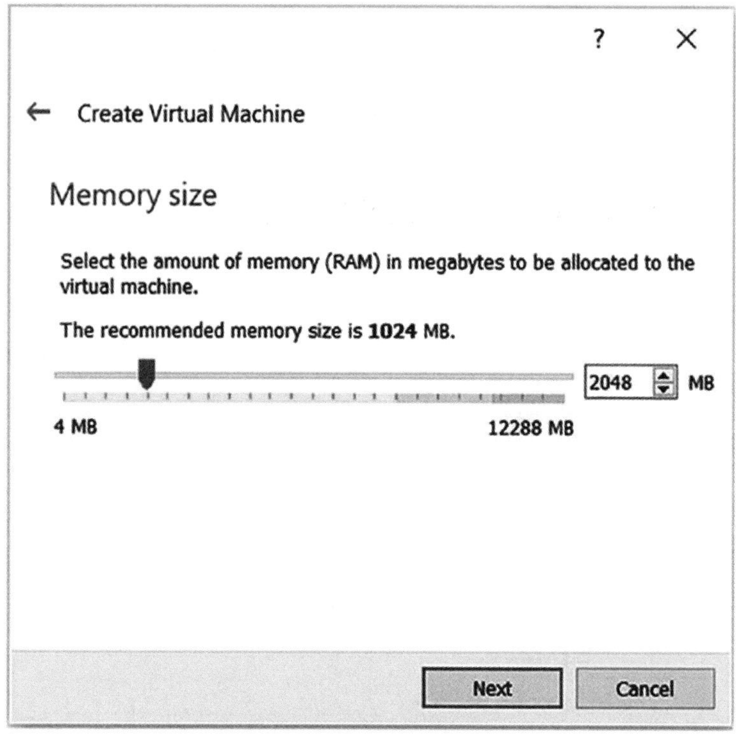

图 3-6 为虚拟机分配内存

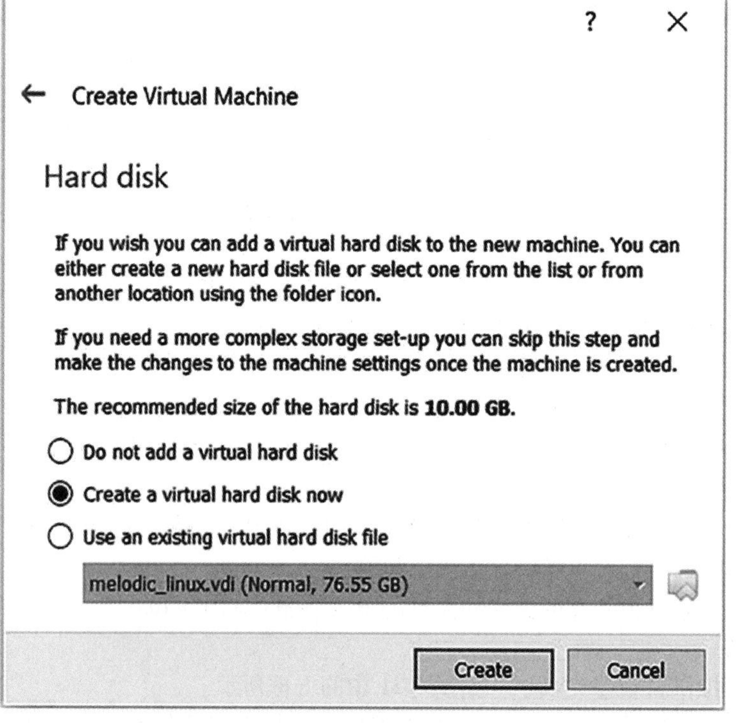

图 3-7 创建虚拟硬盘

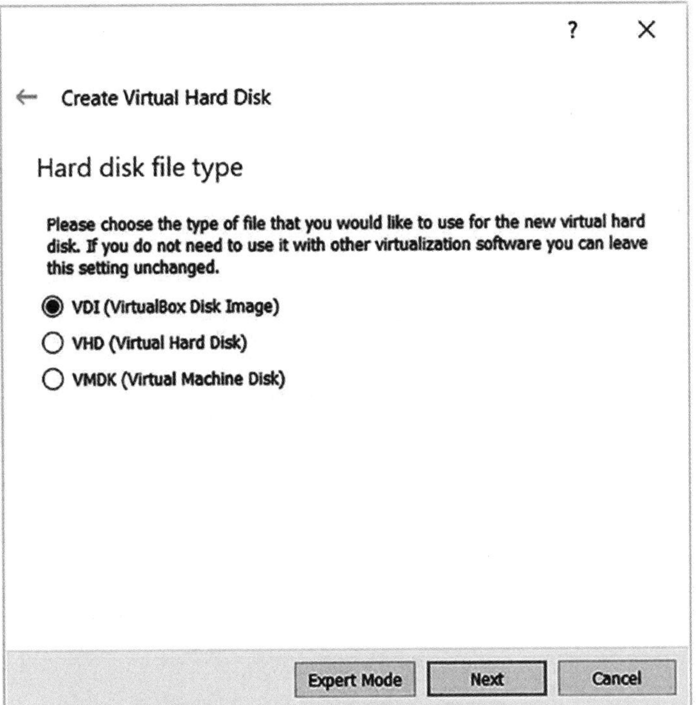

图 3-8　设置虚拟硬盘类型

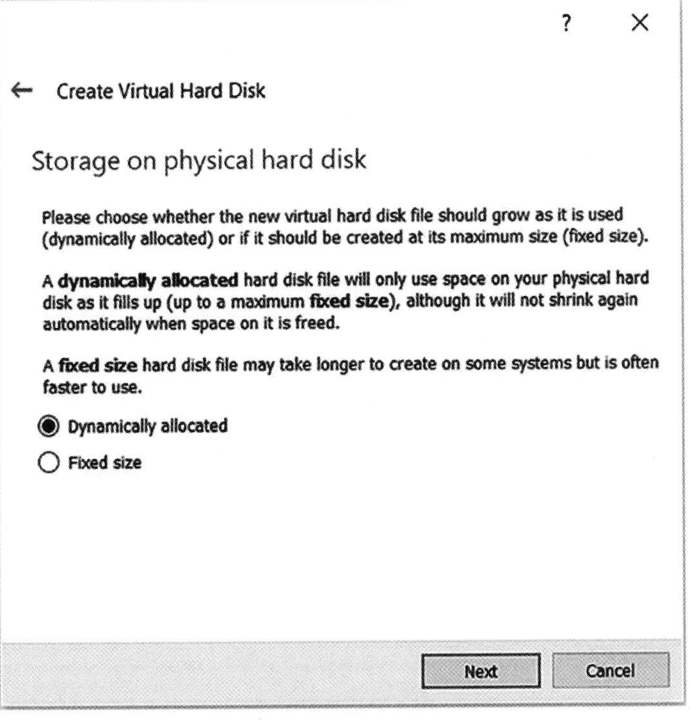

图 3-9　将物理硬盘设置为动态分配

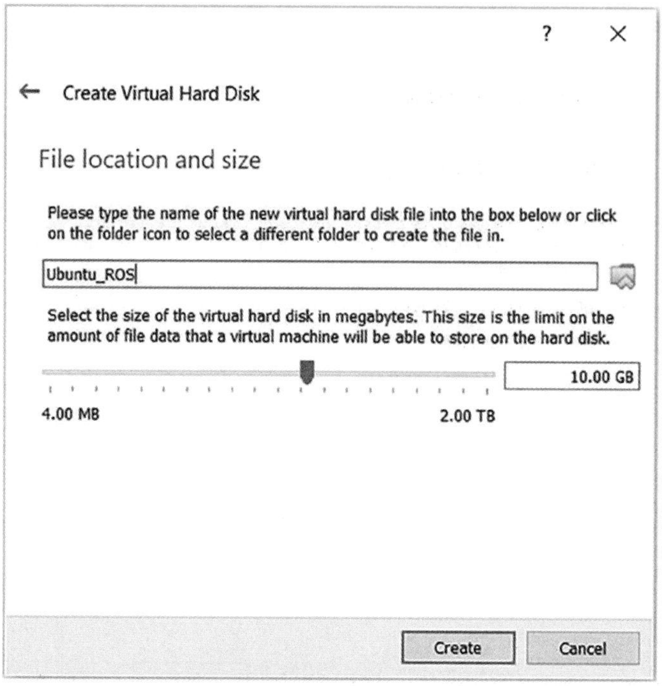

?
Create Virtual Hard Disk
File location and size
Please type the name of the new virtual hard disk file into the box below or click on the folder icon to select a different folder to create the file in.
Ubuntu_ROS
Select the size of the virtual hard disk in megabytes. This size is the limit on the amount of file data that a virtual machine will be able to store on the hard disk.
10.00 GB
4.00 MB
2.00 TB
Create
Cancel

图 3-10　设置虚拟硬盘的位置和支持的最大容量

Oracle VM VirtualBox Manager
File Machine Snapshot Help
Tools
Take
Delete
Restore
Properties
Clone
Settings
Discard
Start
melodic_linux
Running
Ubuntu_ROS
Powered Off
Name
Taken
Current State
Attributes
Information
Name:
Enter a name for the new snapshot...
Description:
Take
Reset

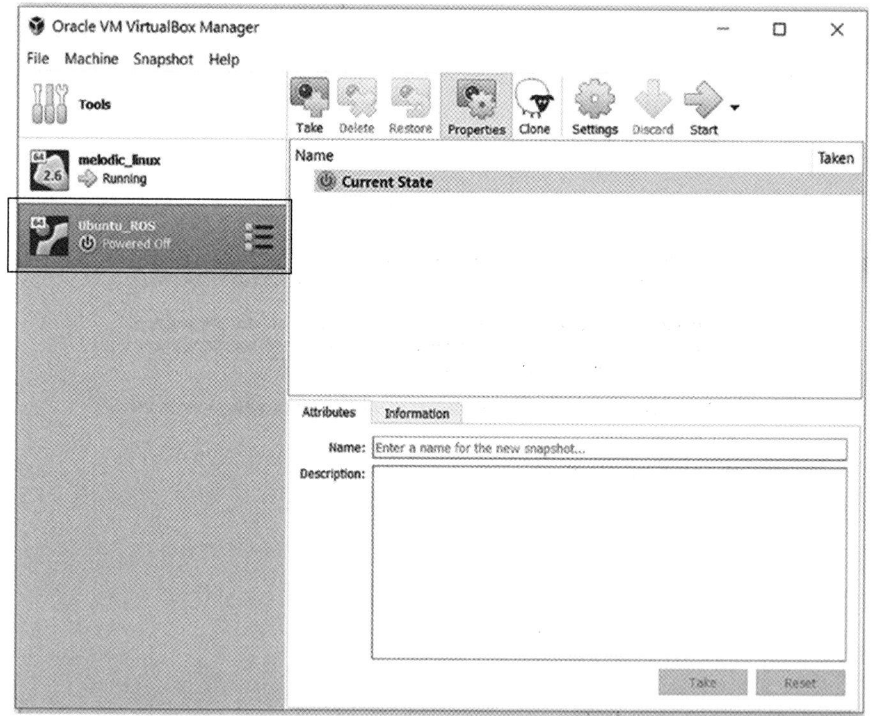

图 3-11　安装结束

3.3 在 VirtualBox 中安装 Ubuntu 20.04.4

访问链接 http://old-releases.ubuntu.com/releases/20.04.4/，下载所需的 Ubuntu 20.04.4(即 Focal Fossa)的 DVD/CD ISO 镜像文件。

默认情况下，镜像文件是 64 位体系架构的，所以你看到的镜像文件名是 64-bit PC (AMD64) desktop image。如果你的物理内存小于 4 GB，就应当选择 32 位体系架构的版本。尽管镜像文件名中带有 AMD，但它也适用于 Intel 系列的 CPU。

1)下载完 Ubuntu 镜像文件后，我们需要将其加载到 VirtualBox 上的新建虚拟机中。单击 Ubuntu_ ROS 使虚拟硬盘高亮显示。单击“Settings”按钮，你会看到如图 3-12 所示的弹出式菜单。

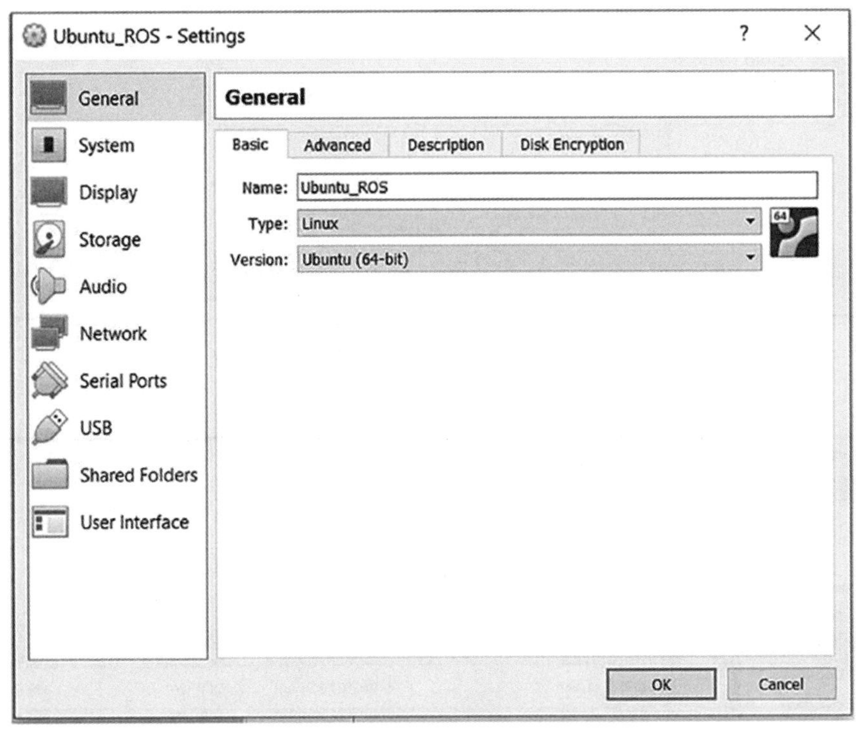

图 3-12 镜像文件设置

2)我们需要安装之前作为占位符设定的特定版本的操作系统。我们的版本是由 Noetic ROS 确定的，Noetic ROS 是专门为 Ubuntu 20.04.4 设计的。单击“Storage”按钮，如图 3-13 所示，请注意空磁盘图标和最右边的磁盘图标。单击最右边的磁盘图标连接下载好的镜像文件。选择第一个选项“Choose Virtual Optical Disk File…”。

3)找到并选择你下载的镜像文件，我们之前下载的镜像文件被存放在“Downloads”目录中(见图 3-14)。选中文件“ubuntu-20.04.2.0-desktop-amd64.iso”，然后单击“Open”按钮，这个操作会将镜像文件附加到 VirtualBox 中成为一个操作系统。如果你愿意的话，现在就可以让 Linux 系统运行起来。但是我们准备配置一下这个操作系统，以便让开发环境更易于使用。

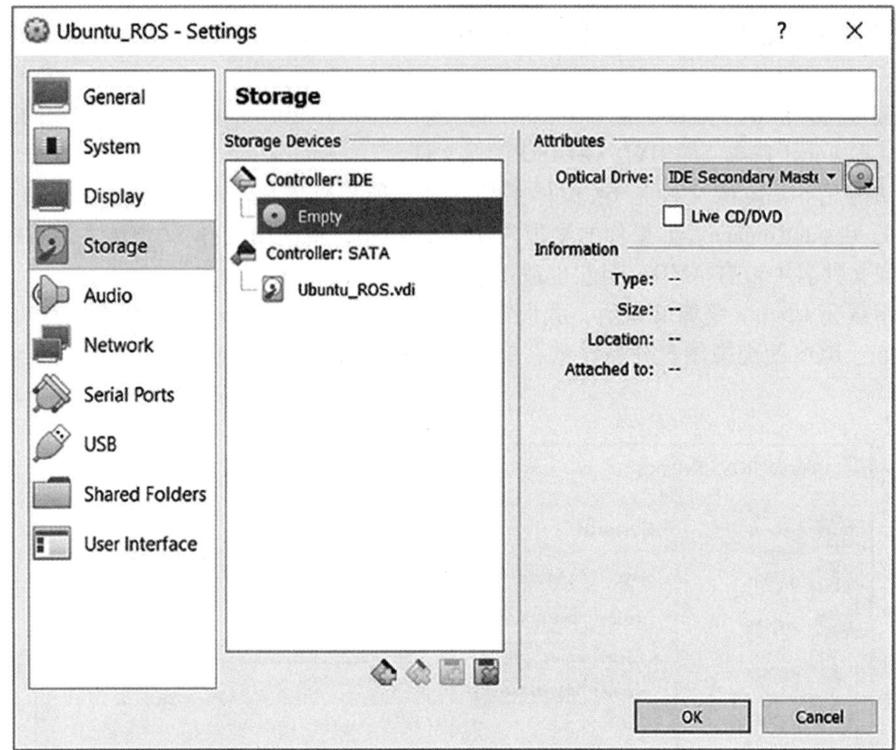

图 3-13　附加 ISO 镜像文件所需的存储设置

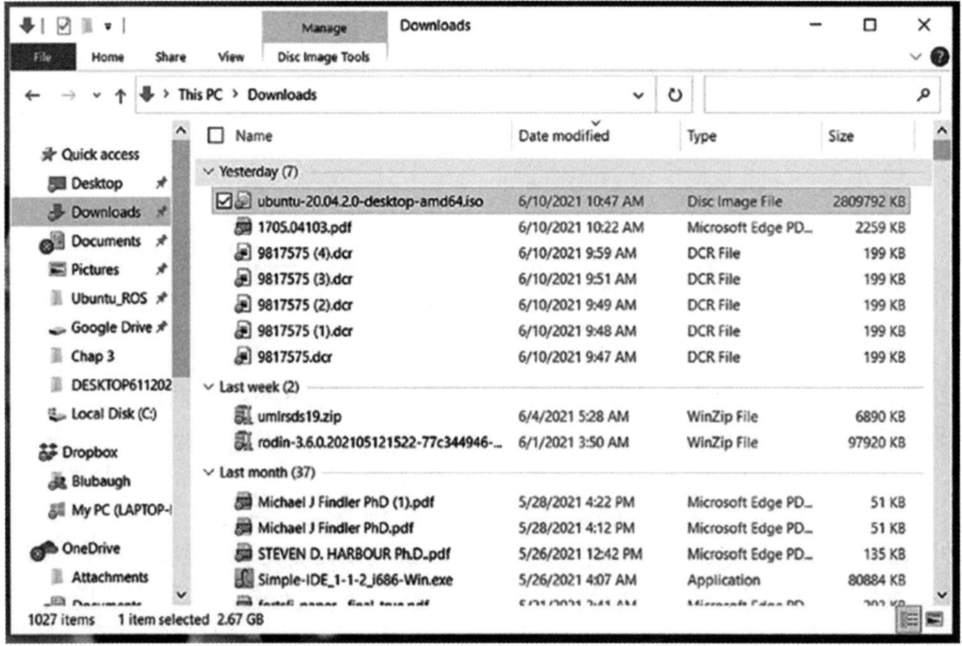

图 3-14　选择 ISO 镜像文件并打开

4)如图 3-15 所示，图 3-13 中的方框处已经被你的 ISO 镜像文件名所替换，操作系统安装完成。

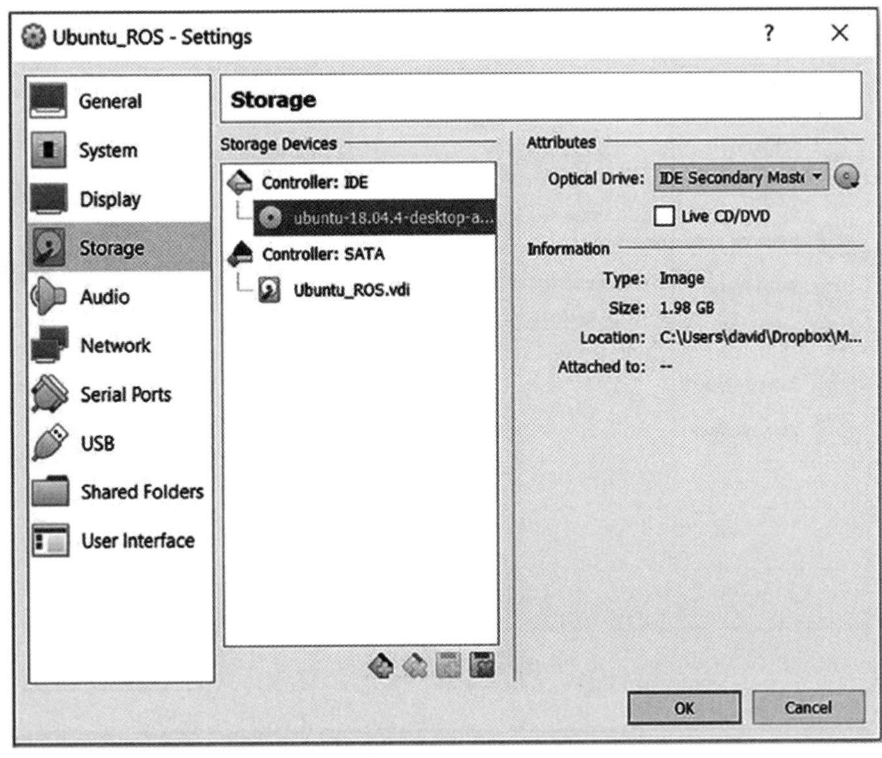

图 3-15　附加好的 ISO 镜像文件

5)根据图 3-16 所示更改显示设置，我们假定你的计算机有 4 GB 显存以及 SVGA 显卡，将缩放因子设置成 200%，这样可以让窗口呈现为合理的尺寸。

6)最后，我们需要进行一些系统设置。图 3-17 展示的是分配的最佳内存大小，图 3-18 展示的是分配的最佳 CPU 内核数，与你的计算机硬件相匹配的虚拟操作系统具有 8 GB 内存和 4 个 CPU 内核，所以我们就按照这个数字分配内存和 CPU 即可。如果你选择的是其他的任意数值，那么系统就会被配置为另一套硬件，因此，它运行得也就要慢一些。

7)现在你的系统应当已经准备好完整的可运行的虚拟 Linux 系统，单击“Start”按钮(或双击磁盘图标)开始安装过程，如图 3-19 所示。

8)单击“Install Ubuntu”按钮(见图 3-20)，在安装过程的多数时间里，我们都将选择默认设置。如果有必要的话，请修改安装设置。

9)下一步是设置键盘输入偏好(见图 3-21)，读者可以根据自己身处的国家或地区进行相应的设置。

10)设置好了键盘输入偏好后，我们就可以按照标准方式安装 Ubuntu(见图 3-22)。

11)在进行最终安装之前，我们假定之前没有安装过 Ubuntu(见图 3-23)，对于我们而言，采用默认设置即可。

12) 安装过程开始之后，我们还会看到一条警告信息，提示我们正准备覆写目标虚拟硬盘(见图 3-24)，我们单击“Continue”按钮即可。

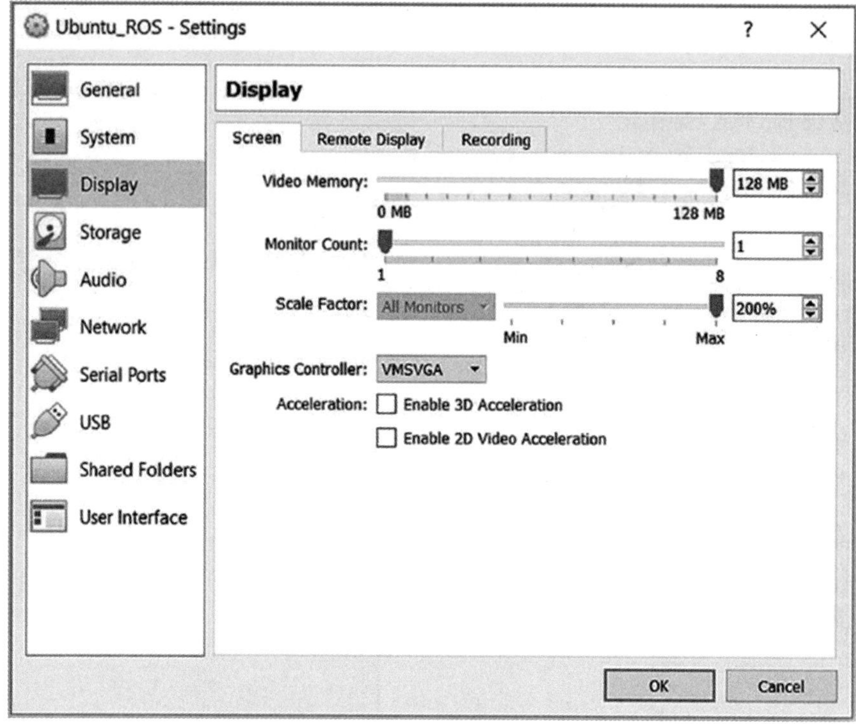

图 3-16 显示设置

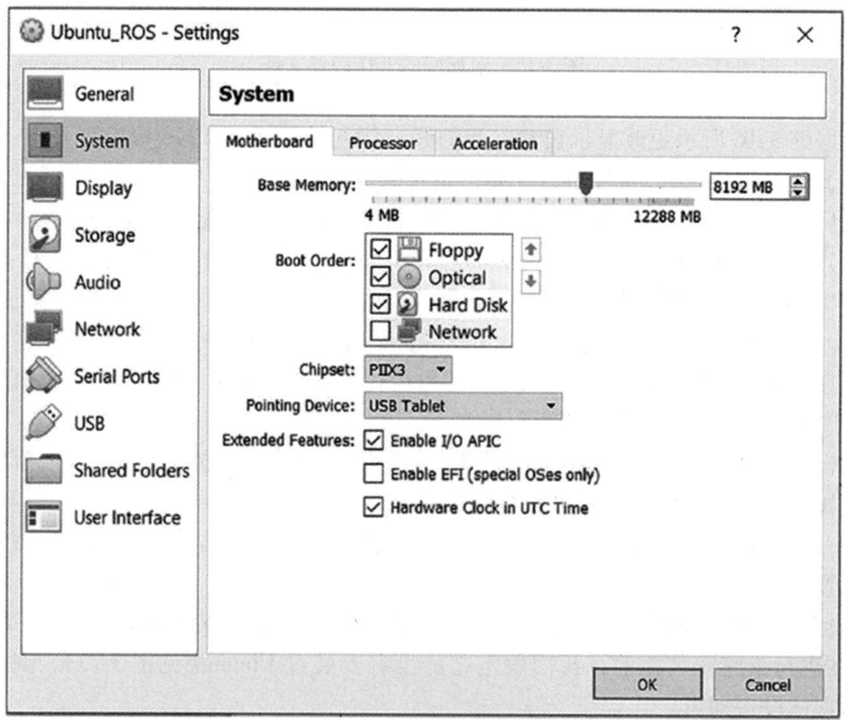

图 3-17 系统内存设置

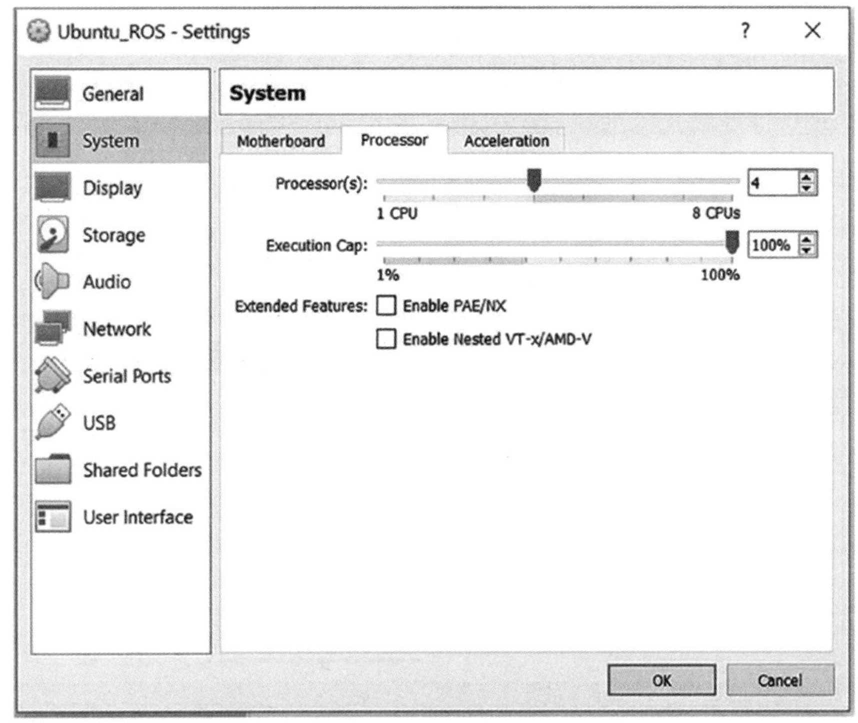

图 3-18　系统 CPU 设置

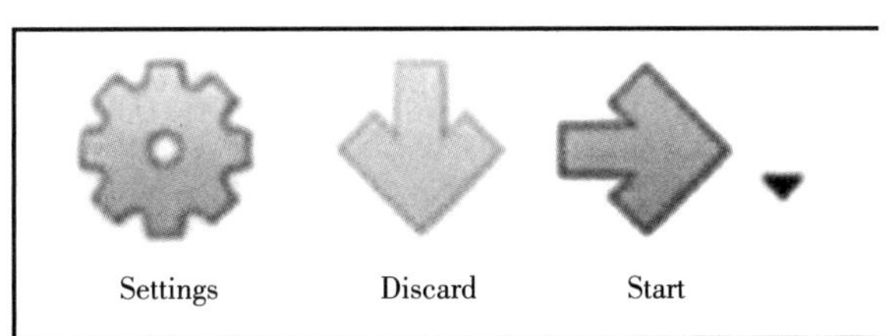

图 3-19　启动 Ubuntu 操作系统作为客户虚拟机

13）根据你所处的国家或地区为 Ubuntu 设置正确的时区。

14）最后，我们为 Ubuntu 系统输入姓名、用户名以及密码（见图 3-25）。由于我们只是将 Ubuntu 用作一个开发平台，因此为了安全性起见，需要设置一个强密码。为了保证 Ubuntu 开发环境最高级别的密码安全性，我们可以使用数字 0~9、字母 a~z 或 A~Z 以及#、^和 * 这样的特殊字符来设置密码。

祝贺你！现在你已经成功地安装好了 Ubuntu，如图 3-26 中的阴影部分所示。接下来我们需要安装软件开发所需的一些工具。Ubuntu 为我们提供了 Python 作为编程语言，还提供了文本编辑器。我们还需要安装 ROS，它为我们提供了控制探测车的库。完整的 ROS 安装为我们提供了模拟器以及可视化工具，即 Gazebo 和 RViz。我们还要添加本书后续章节中会用到的一些库，如 TensorFlow（用于深度学习）以及 OpenCV（用于计算机视觉）。

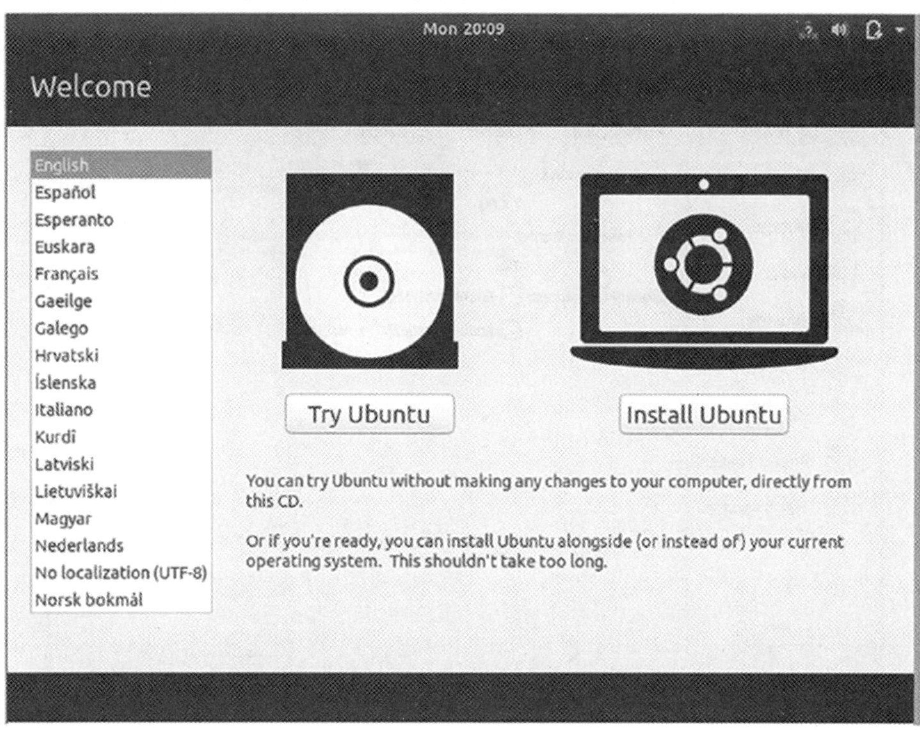

图 3-20 Ubuntu 操作系统的安装设置

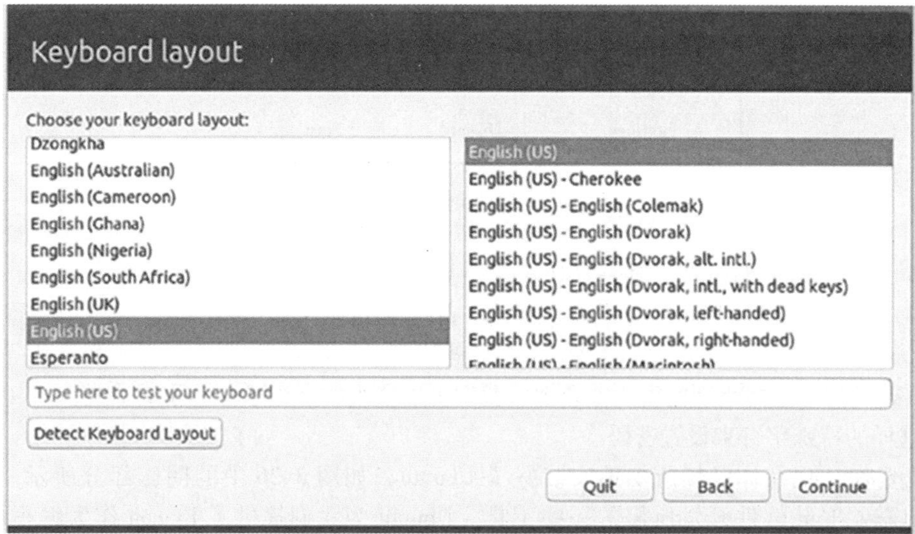

图 3-21 Ubuntu 键盘设置

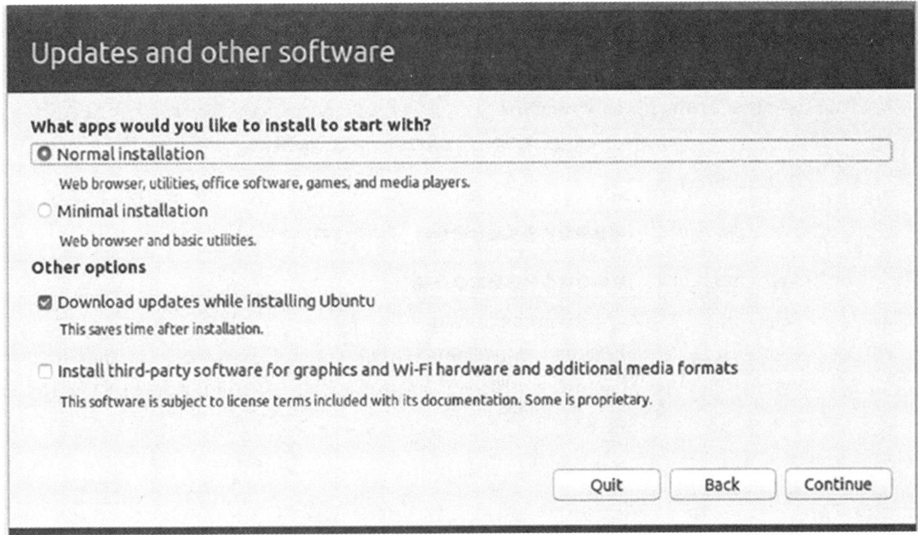

图 3-22 Ubuntu 标准安装

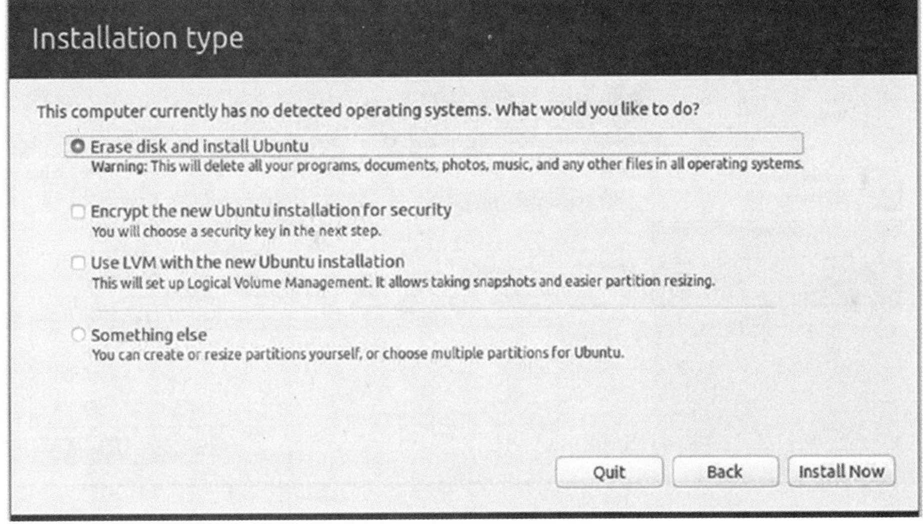

图 3-23 清除硬盘并安装 Ubuntu

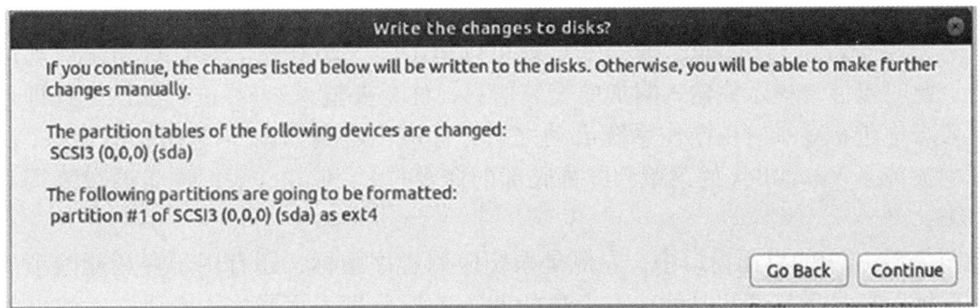

图 3-24 Ubuntu 安装的警告信息

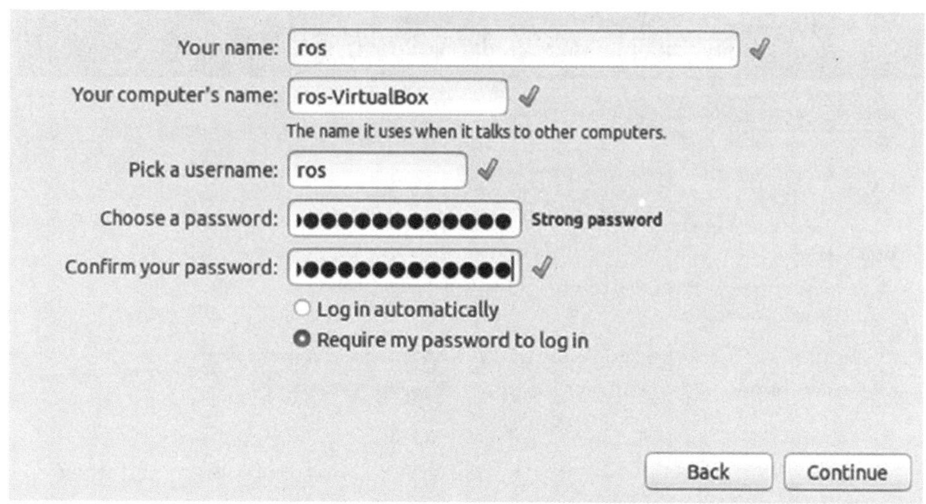

图 3-25　设置姓名、用户名以及密码

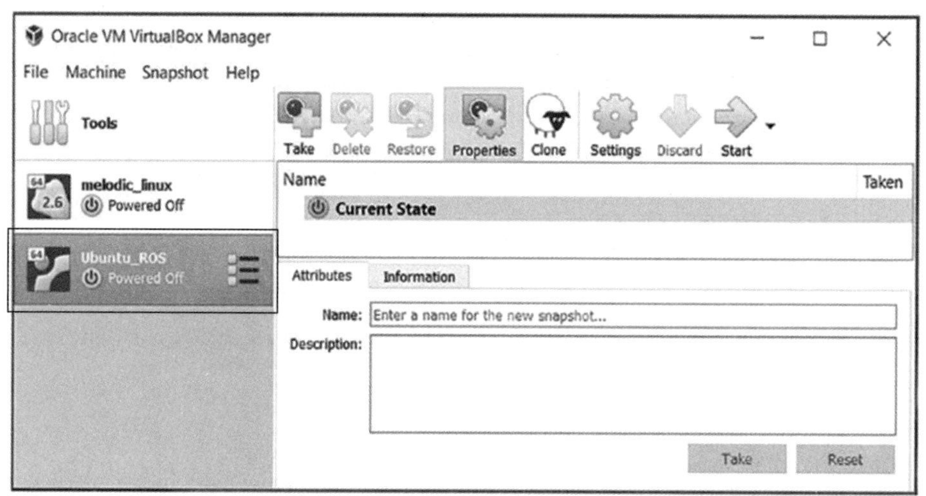

图 3-26　Ubuntu 最终安装完毕

3.3.1　更新 Ubuntu 20.04.4

既然已经安装好了 Ubuntu，那么我们就可以单击图 3-26 中的“Start”按钮来启动这个操作系统。此时可能会提示你输入附加的安装信息，你只要输入“yes”进行默认选择即可。系统还会要求你进行登录。在操作系统启动之后，你应当看到如图 3-27 所示的窗口（在后面的插图中去掉了 VirtualBox 的菜单和屏幕底部的命令栏）。现在，我们准备通过终端命令来安装 ROS。

在图 3-27 所示的桌面窗口中，左侧是系统应用程序图标，还有用于存放删除项的回收站，顶部标题栏显示日期和时间，右上角的四个图标分别表示网络、音量、电池电量以及向下箭头（单击此箭头可以显示下拉菜单），我们对这些内容进行必要的讨论。

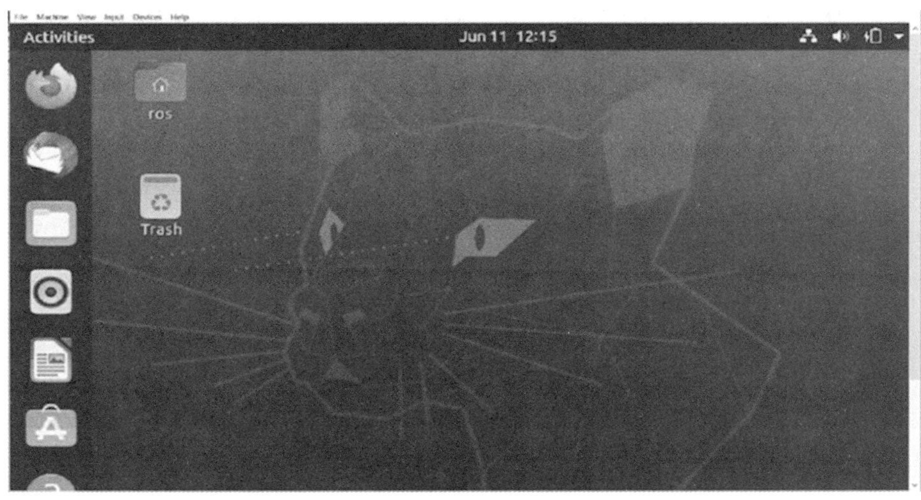

图 3-27　Ubuntu 的初始界面

1）请在桌面背景上右击启动终端窗口，右击时要避开图标（见图 3-28），然后单击“Open in Terminal”菜单项。

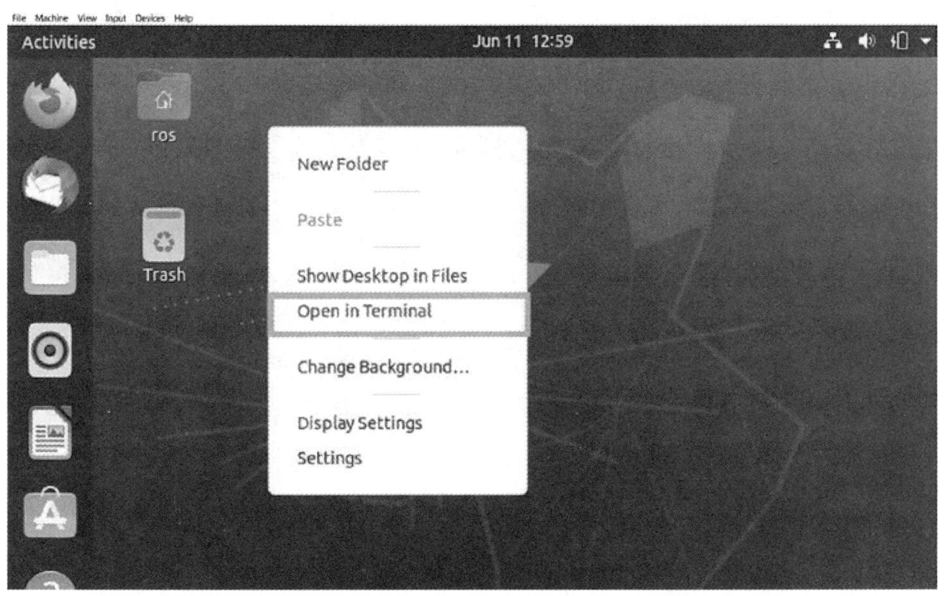

图 3-28　Ubuntu 打开终端选项，通过右击显示菜单

2）在新安装的 Ubuntu 系统中，终端窗口是全屏显示的（见图 3-29）。由于稍后我们会同时运行多个终端，因此可以通过单击终端窗口右上角的□让终端以“窗口的样式”进行显示，如图中箭头所示。

3）现在终端窗口显示在桌面之上（见图 3-30）。ROS 的安装就是通过这个终端窗口使用命令完成的。我们并不打算全面地解释这些命令，因为这超出了本书的范畴，但是如果你打算更为详细地了解这些命令，只需上网查阅相关资料。

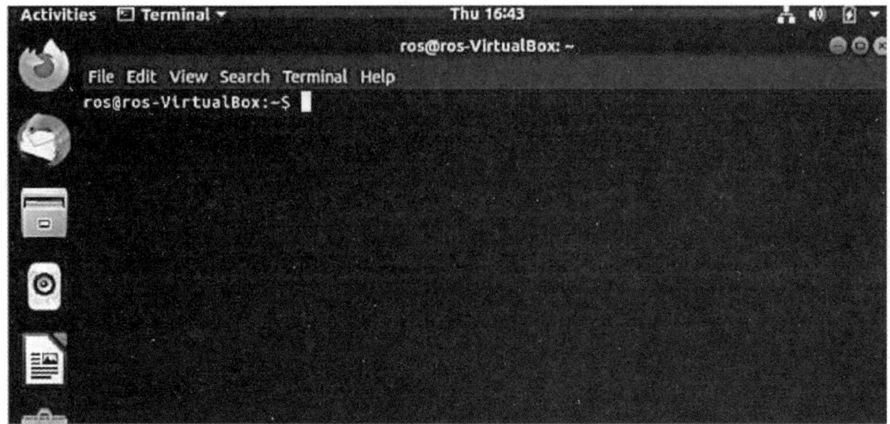

图 3-29　Ubuntu 终端窗口

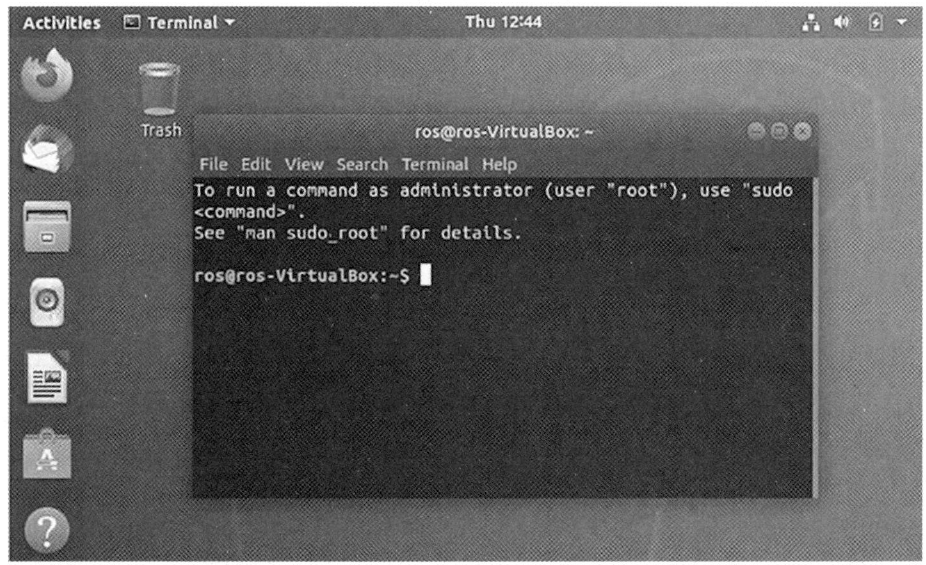

图 3-30　Ubuntu 的初始终端界面

4）尽管我们刚才已经安装好了 Ubuntu 20.04.4，但是还需要对驱动程序和应用程序等进行软件更新。也就是说我们要更新操作系统，这要通过使用 sudo apt-get 命令来完成，其中 sudo 的意思是"以超级用户身份执行"，它能临时将你的权限提升为系统管理员级别，因此，你必须输入自己的密码。请在终端窗口中执行如下所示的命令来进行必要的更新：

```
$ sudo apt-get update
```

我们可以在图 3-31 中看到用方框突出显示的第一条命令，在输入密码后，你会看到若干行有关更新的信息，这是操作系统相关文件的最新版本号的下载列表，并非真正的更新升级！要想将操作系统文件更新到最新的版本，请输入如下命令：

```
$ sudo apt-get upgrade
```

当更新过程停止时，就意味着你已经安装好了最新版的 Ubuntu 20.04.4（见图 3-32）。顺便说一下，从现在开始，在本章中我们在终端窗口中都是以方框显示命令，而不是以文本格式显示命令。

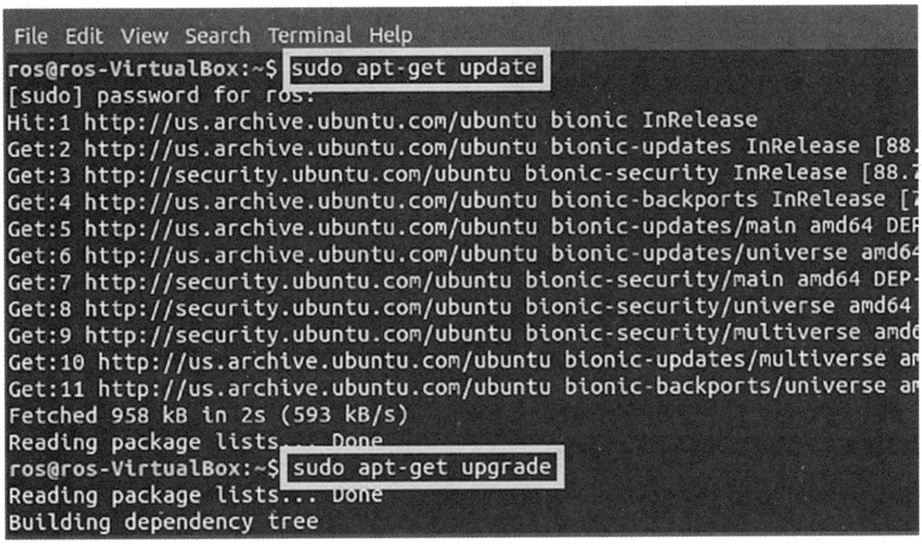

```
File  Edit  View  Search  Terminal  Help
ros@ros-VirtualBox:~$ sudo apt-get update
[sudo] password for ros:
Hit:1 http://us.archive.ubuntu.com/ubuntu bionic InRelease
Get:2 http://us.archive.ubuntu.com/ubuntu bionic-updates InRelease [88.
Get:3 http://security.ubuntu.com/ubuntu bionic-security InRelease [88.7
Get:4 http://us.archive.ubuntu.com/ubuntu bionic-backports InRelease [7
Get:5 http://us.archive.ubuntu.com/ubuntu bionic-updates/main amd64 DEP
Get:6 http://us.archive.ubuntu.com/ubuntu bionic-updates/universe amd64
Get:7 http://security.ubuntu.com/ubuntu bionic-security/main amd64 DEP-
Get:8 http://security.ubuntu.com/ubuntu bionic-security/universe amd64
Get:9 http://security.ubuntu.com/ubuntu bionic-security/multiverse amd6
Get:10 http://us.archive.ubuntu.com/ubuntu bionic-updates/multiverse am
Get:11 http://us.archive.ubuntu.com/ubuntu bionic-backports/universe am
Fetched 958 kB in 2s (593 kB/s)
Reading package lists... Done
ros@ros-VirtualBox:~$ sudo apt-get upgrade
Reading package lists... Done
Building dependency tree
```

图 3-31　Ubuntu 终端更新命令

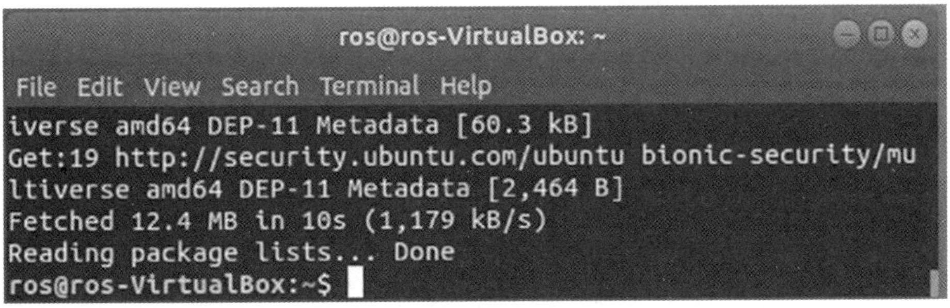

```
ros@ros-VirtualBox: ~
File  Edit  View  Search  Terminal  Help
iverse amd64 DEP-11 Metadata [60.3 kB]
Get:19 http://security.ubuntu.com/ubuntu bionic-security/mu
ltiverse amd64 DEP-11 Metadata [2,464 B]
Fetched 12.4 MB in 10s (1,179 kB/s)
Reading package lists... Done
ros@ros-VirtualBox:~$
```

图 3-32　Ubuntu 终端更新结束

现在我们已经将 Ubuntu 系统更新到了最新版本，接下来，我们需要设置 Ubuntu 使其接纳外部库（ROS 等），这些库都源自外部软件仓库。

3.3.2　配置 Ubuntu 软件仓库

要想从第三方软件网站（如 ROS.org）下载软件仓库，我们需要告知系统这些网站的相关信息，为此，请单击桌面左侧的系统设置图标（见图 3-33）。

之后会弹出几个图标，请单击桌面上的软件更新图标（见图 3-34）。

接下来，我们选择 Settings（设置）选项，如图 3-35 所示。设置选项定义了要安装或升级的软件，包括第三方软件，例如 ROS。

在新弹出的窗口上选中 Ubuntu Software 选项卡，并勾选相应的复选框，如图 3-36 所示。如果完成了这些选择，请单击“Close”按钮。这些选择允许下载第三方软件。

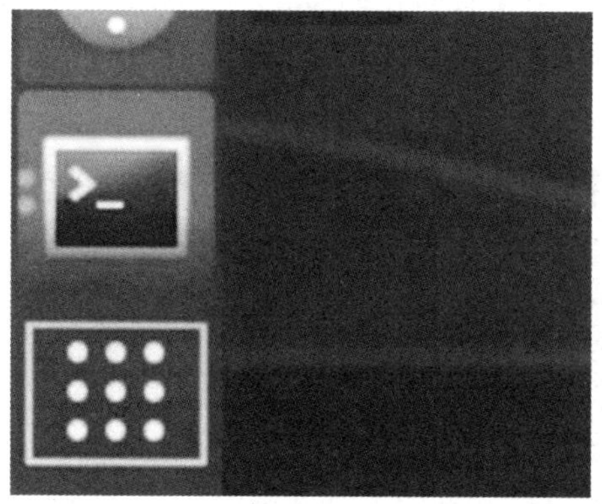

图 3-33 Ubuntu 系统设置图标(框住的部分)

图 3-34 Ubuntu 软件更新图标

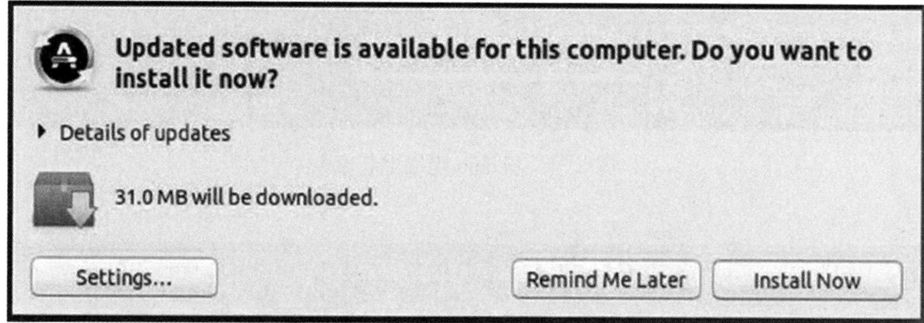

图 3-35 Ubuntu 软件设置选项

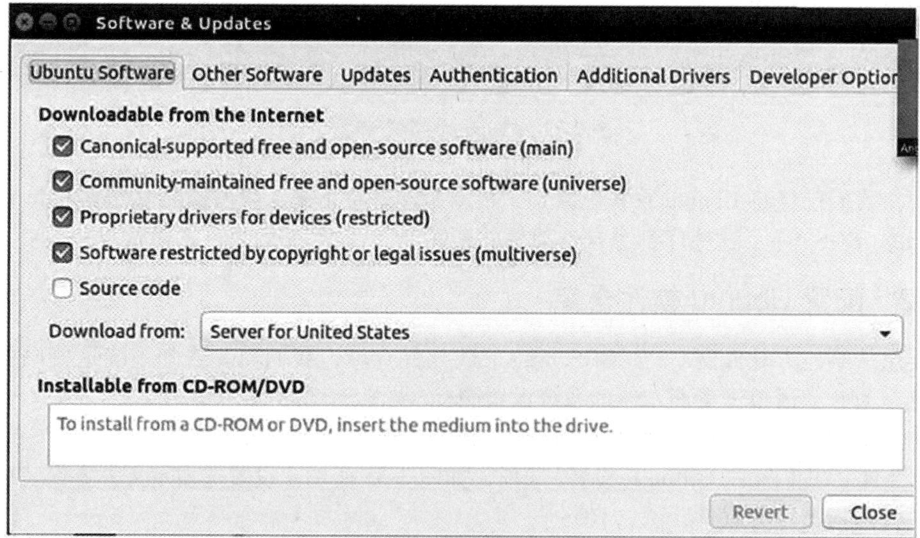

图 3-36 选中的复选框

3.4 安装 Anaconda

提醒一下，安装的顺序非常重要，必须依次安装：VirtualBox、Ubuntu、Anaconda、ROS。任何其他顺序都可能导致问题发生。

如果我们使用集成开发环境(Integrated Development Environment，IDE)的话，那么开发复杂的软件项目就会变得更便于管理。IDE 由一个简单的文本编辑器(Gedit)和一个编译器(Anaconda)组成。在 IDE 中编写程序可以让编程过程更加容易，因为内置的工具和 IDE 足够智能，能够捕捉到简单的错误。在 Ubuntu 中有很多优秀的 IDE，我们选择 Gedit 是因为它简单优雅，而 Anaconda 编译器能运行 ROS 所需的 Python 2.7。

首先，我们需要从 https://www.anaconda.com/products/individual 安装 Anaconda 编译器。滚动页面，找到针对 64 位 Linux 的安装包进行下载(见图 3-37)。

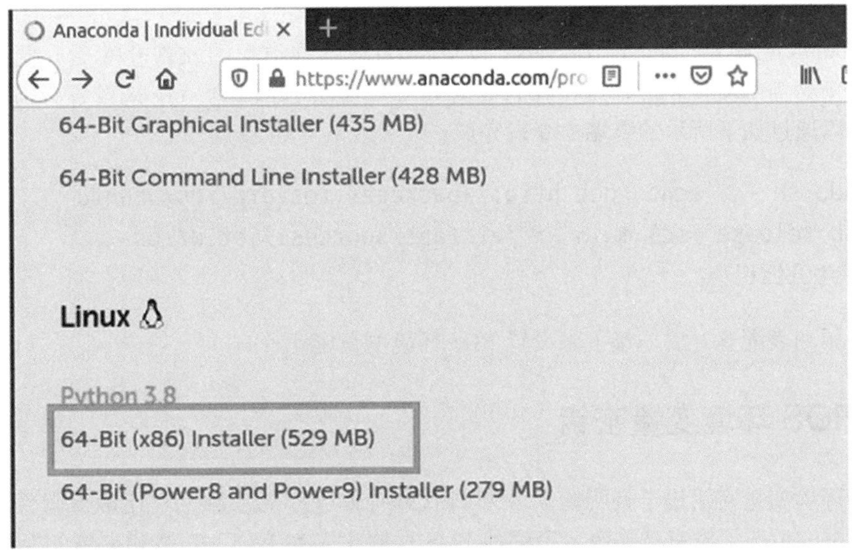

图 3-37 Anaconda 安装包

下载好安装文件之后，我们需要找到它，图 3-38 展示了查找安装文件的 4 个步骤：①单击文件柜图标；②单击“Downloads”选项；③此时你会看到 Anaconda 安装包的 shell 脚本文件；④在文件名附件右单击，在该目录下打开终端窗口。

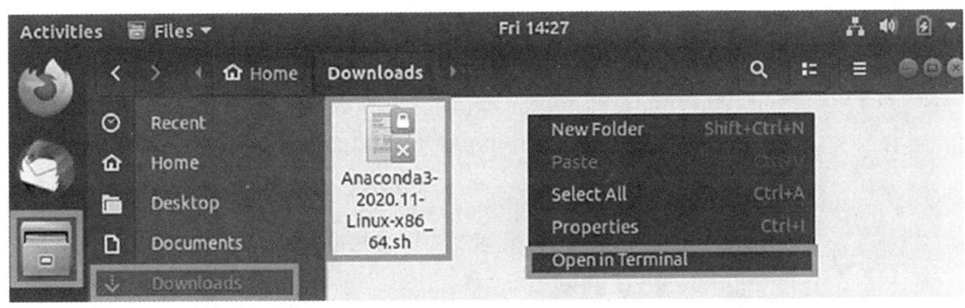

图 3-38 查找下载的 Anaconda 安装文件

打开终端窗口后，输入如图 3-39 所示的两条命令。第一条命令让 shell 脚本变为可执行，第二条命令执行 shell 脚本安装 Anaconda。

```
ros@ros-VirtualBox: ~/Downloads
File Edit View Search Terminal Help
(base) ros@ros-VirtualBox:~/Downloads$ chmod -777 Anaconda3-2020.11-Linux-x86_6
4.sh
(base) ros@ros-VirtualBox:~/Downloads$ bash Anaconda3-2020.11-Linux-x86_64.sh
```

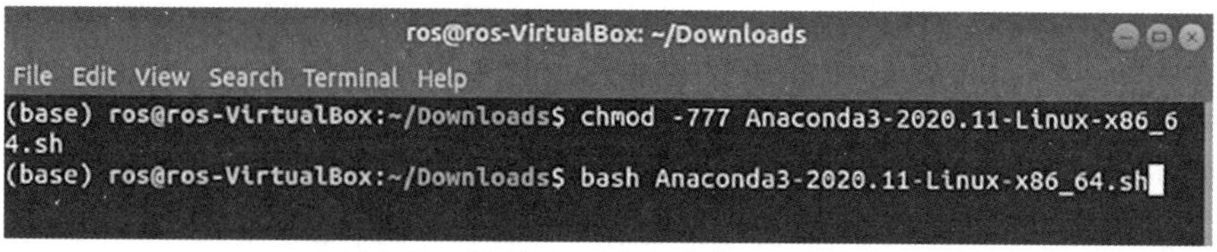

图 3-39　执行 shell 命令安装 Anaconda

安装好 Anaconda 后，我们需要设置操作系统使其接受 ROS，具体的做法是设置 ROS 源列表和密钥。

3.5　ROS 源列表

为 Ubuntu 配置 Restricted、Universe 和 Multiverse 三种类型的软件仓库后，便可以安装 ROS 和更新必需的支持软件，现在我们根据 ROS 基金会官网 ROS. org 来设置必需的软件列表。这可以通过如下所示的终端命令来完成：

```
$ sudo sh -c 'echo "deb http://packages.ros.org/ros/ubuntu
$(lsb_release -sc) main" > /etc/apt/sources.list.d/ros-
latest.list'
```

ROS 源列表配置好后，接下来设置 ROS 环境变量密钥。

3.6　ROS 环境变量密钥

ROS 环境变量密钥用于查明验证 ROS 源代码存储仓库的来源，它还确保软件在未经其所有者许可的情况下没有被篡改。密钥使 ROS 存储库成为下载、安装和更新的“可信”软件站点。请在终端窗口中输入如下所示的 shell 命令：

```
$ sudo -E apt-key adv --keyserver 'hkp://keyserver.ubuntu.
com:80' --recv-key C1CF6E31E6BADE8868B172B4F42ED6FBAB17C654
```

获取结果，如图 3-40 所示。

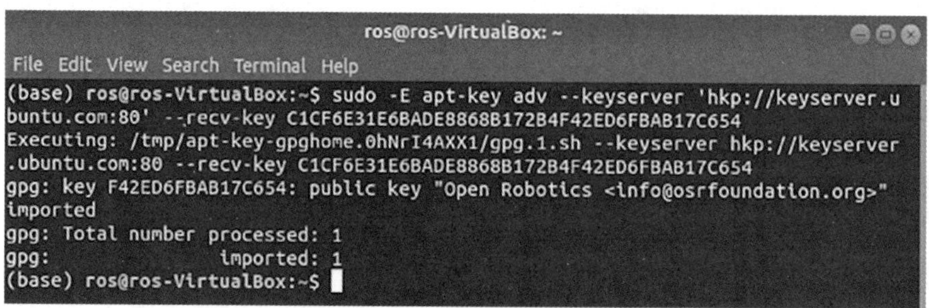

图 3-40　获取 ROS 的安装密钥

注意 ROS. ORG 社区最近发现 Neotic ROS 的原始密钥带有安全漏洞，这就是我们使用新版密钥的原因。读者要对 ROS 生态中的所有安全性升级、维护和/或其他增强保持警惕。读者也要偶尔去 ROS. ORG 论坛中查看和检查此类安全更新。

3.7 安装 ROS

安装 ROS 需要执行两条命令，如图 3-41 所示。第一条命令只是一个很好的实践，它验证了所有的系统软件都是最新的，而第二条命令安装完整的 ROS 库。下载和安装 1000 多个文件会耗费很长时间(预计 30 min)。

```
ros@ros-VirtualBox:~/Desktop$ sudo apt-get update
[sudo] password for ros:
Hit:1 http://packages.ros.org/ros/ubuntu focal InRelease
Hit:2 http://security.ubuntu.com/ubuntu focal-security InRelease
Hit:3 http://us.archive.ubuntu.com/ubuntu focal InRelease
Hit:4 http://us.archive.ubuntu.com/ubuntu focal-updates InRelease
Get:5 http://us.archive.ubuntu.com/ubuntu focal-backports InRelease [101 kB]
Fetched 101 kB in 1s (85.5 kB/s)
Reading package lists... Done
ros@ros-VirtualBox:~/Desktop$ sudo apt-get install ros-noetic-desktop-full
```

图 3-41 安装 ROS

现在全功能版本的 Noetic ROS 就安装好了，我们现在来试一下这个系统。

注意 如果你看到一条错误信息，提示无法定位 Noetic 软件包，那么请执行如下所示的两条命令对 Ubuntu 软件进行升级：

```
$ sudo apt-get update
$ sudo apt-get upgrade
```

3.7.1 通过 rosinstall 安装附加库

你已经在 Ubuntu 上安装好了全功能版的 ROS，但是还有一些附加库可以让你的项目开发更加简单。可以通过 rosinstall 安装这些库，命令如下：

```
$ sudo apt-get install python3-rosinstall
$ sudo apt-get install python3-rosinstall-generator
$ sudo apt-get install python3-wstool build-essential
```

请注意上述命令中的空格和连字符，如果出现了错误，请检查每个连字符和空格。

3.7.2 首次启动 ROS

接下来的三条命令用于唤醒 ROS 并检查依赖 ROS 的所有库更新，你应当在首次唤醒

ROS 时执行这三条命令。我们按照图 3-42 所示的方法所下载和安装的 ROS 可能没有最新版的子组件，第二条命令对所有子组件检查是否存在可用的更新。

```
$ sudo apt-get install python3-rosdep
$ sudo rosdep init
$ rosdep update
```

3.7.3 添加 ROS 路径

每次要使用 ROS 时，都需要告诉操作系统在何处查找 ROS 命令，即将 ROS 路径添加到全局路径中。由于每次使用 ROS 时都要重复这项工作，因此我们会创建一个 bash 脚本。在文本编辑器(Gedit)中创建文件 STARTrosconfig. sh，文件内容如图 3-42 所示。

图 3-42 在 Gedit 中开始配置 ROS

接下来将该文件保存到/home/ros 目录中，如图 3-43 所示，Gedit 用户界面用橙色框框起的部分展示了保存该文件的步骤。按照图 3-43 中的方法，我们让 STARTrosconfig. sh 变为可执行。橙色框框起的部分都是我们要输入的命令，而绿色框框起的部分则是我们能看到的输出。在输入头两条命令之后，我们会看到文件名 STARTrosconfig. sh 变为白色显示，这表明该文件不可执行。接下来的命令(ls-la STARTrosconfig. sh)是可选的，它用于查看文件的详细信息，你可以看到该文件既可被读取(r)，也可被写入(w)，但是不可执行(-)。为了改变这一点，你必须执行修改模式命令(chmod+rwx STARTrosconfig. sh)。为了检验是否做出了改变，请再次执行 ls-la STARTrosconfig. sh，此时可以看到文件的属性已经变为 rwx，文件名也用绿色显示了。

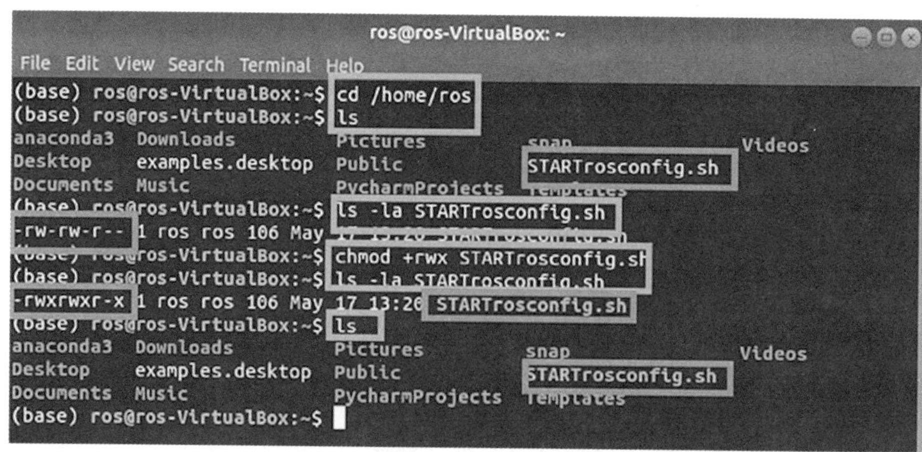

图 3-43 让 STARTrosconfig. sh 脚本变为可执行(见彩插)

每当你打算使用 ROS 时，只要打开终端窗口并输入 source STARTrosconfig. sh，就会将 ROS 路径添加到系统当中（见图 3-44）。为了检验 ROS 环境变量是否已经被正确地设置，请输入 env | grep ROS_*，该命令会显示所有的环境变量（env），你只要有选择性地看那些以“ROS_”打头的环境变量即可。

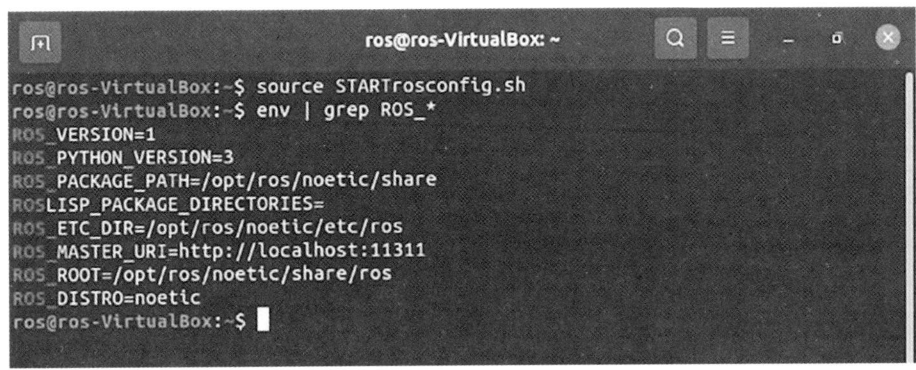
```
ros@ros-VirtualBox:~$ source STARTrosconfig.sh
ros@ros-VirtualBox:~$ env | grep ROS_*
ROS_VERSION=1
ROS_PYTHON_VERSION=3
ROS_PACKAGE_PATH=/opt/ros/noetic/share
ROSLISP_PACKAGE_DIRECTORIES=
ROS_ETC_DIR=/opt/ros/noetic/etc/ros
ROS_MASTER_URI=http://localhost:11311
ROS_ROOT=/opt/ros/noetic/share/ros
ROS_DISTRO=noetic
ros@ros-VirtualBox:~$
```

图 3-44　检查 ROS 路径

3.7.4　创建 ROS Catkin 工作空间

设置好 ROS 环境变量后，我们要创建一个工作空间目录，用于开发 ROS 应用程序。ROS 需要一个“catkin”工作空间，其中包含三个子目录（src、build 和 devel），这三个子目录都需要脚本文件来帮助编译项目。该工作空间必须位于用户主目录当中，因此，请使用下面的脚本命令来创建工作空间：

```
$ cd ~
$ mkdir -p ~/catkin_ws/src
$ cd ~/catkin_ws/src
$ catkin_init_workspace
$ cd ..
$ catkin_make
```

注意　**如果你看到这样一条错误信息：“Ackermann msgs were not found by Cmake”，或者看不到其他类型的错误信息，那么就需要手动安装正确的包，例如用下面的指令安装 Ackermann 包：**

```
$ sudo apt install ros-noetic-ackermann-msgs
```

脚本命令 catkin_init_workspace 将目录 src 设置为项目源代码文件仓库，脚本命令 catkin_make 会创建 devel 和 build 目录，并向其中添加必需的脚本文件。我们会将 catkin_ws 工作空间用作中心目录，用于开发和测试所有软件组件。现在我们需要确保 catkin_ws 工作空间针对 ROS 进行初始化：

```
$ source ~/catkin_ws/devel/setup.bash
$ echo “source ~/catkin_ws/devel/setup.bash” >> ~/.bashrc
```

现在已经把 catkin_ws 工作空间初始化为运行在 ROS 环境之上的主工作空间，因此，如果你执行如下所示的 shell 命令：

```
$ echo $ROS_PACKAGE_PATH
```

会在终端提示窗口显示如下所示的信息：

```
/home/<username>/catkin_ws/src:/opt/ros/noetic/share
```

注意　<username>是你之前设置的 Ubuntu 操作系统的用户名。

---

catkin_ws 工作空间现在已经被初始化为主工作空间目录，用于在 ROS 环境中开发应用程序。如果没有像预期的那样看到 ROS 包路径文件的输出，请在社区网站 ROS.org 中参阅调试问题以获取更多信息。

3.7.5　Noetic ROS 的最终检测

下面的脚本命令用于确定正确版本的 ROS 是否已被安装好，并且能够运行：

```
$ rosversion -d
```

如果输出结果是 Neotic，那么你就成功获取了一个完全可操作的 ROS 环境，祝贺你！

注意　本书中用到的所有 shell 命令都与现行和未来版本的 Neotic ROS 兼容，唯一的区别可能是参数的数量，以及在必要之处用“Neotic”替换正确的 ROS 版本。

3.7.6　Noetic ROS 的体系架构

成功安装 Neotic ROS 后，我们将对其体系架构进行介绍。ROS 可以操作各种类型的机器人(探测车、无人旋翼飞机、无人固定翼飞机、无人船以及无人潜航器等)，因此，ROS 体系框架由机器人中的多种组件或节点组成，节点可以为传感器、发动机以及控制器等。换句话说，节点就是机器人执行某个功能的硬件。ROS 将“程序节点”作为控制硬件所必需的软件，最重要的节点称为中心主节点。

ROS 体系架构会处理节点之间的通信。例如，如果中心主节点从距离传感器接收到数据，表示行进路径上有物体，那么主节点就会向驾驶器节点发送移动指令，改变机器人的方向(见图 3-45)。ROS 体系架构会帮助我们管理随着功能、传感器和执行器的增加而日益复杂的机器人系统。

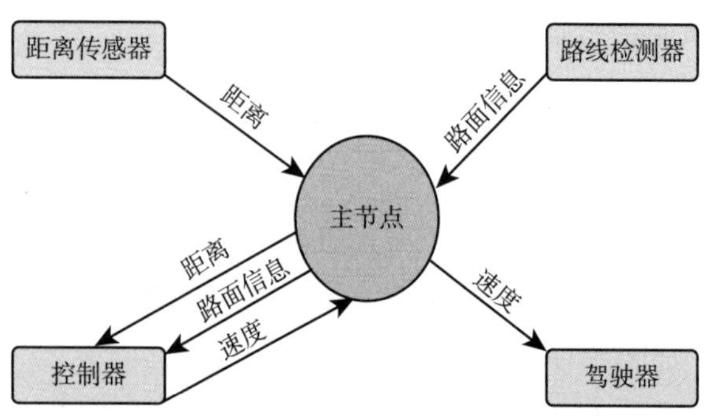

图 3-45　AI 探测车中的基本 ROS 体系架构

图 3-45 所示为 1 个主节点和 4 个系统节点。当某个系统节点启动时，它向主节点发送包含节点可以发送和接收的数据类型的信息。向主节点发送数据的

节点称为发布节点，例如，距离传感器和路线检测器节点都是发布节点，因为它们会向主节点发送数据(分别是到目标的距离和路面信息)。从主节点接收数据的节点则被称为订阅节点，所以驾驶器节点就属于订阅节点，因为它会从主节点接收速度数据。而控制器节点既是发布节点，也是订阅节点。

控制器节点中会贮存深度学习和认知深度学习程序，这些深度学习程序会和 ROS 主节点之间进行消息收发，主节点将该消息重新路由到它们预期的节点，例如将消息路由到驾驶器节点以控制速度。

3.7.7 简单的“Hello World”ROS 测试

我们已经介绍过了基本的 ROS 体系架构，现在我们可以通过执行简单的 ROS 教程脚本来确认 ROS 的安装是否成功。这个脚本只有两个 ROS 节点：一个是发话者节点(发布节点)，另一个是监听器节点(订阅节点)。如图 3-46 所示，首先创建监听器节点，它告诉主节点它希望监听发话者节点(订阅器)。接下来，当发话者节点创建后会向主节点注册。最后，发话者节点生成(发布)消息，这意味着它将消息发送给主节点，这会让主节点将消息发送给所有监听发话者的节点，也就是说消息会被发送给监听器节点。

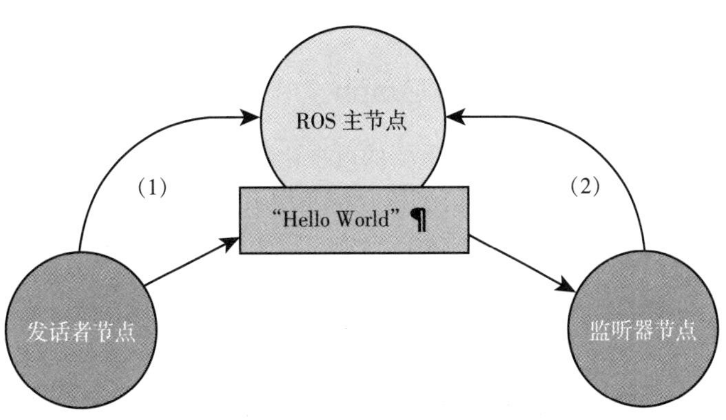

图 3-46 简单的 ROS 测试示例：发话者节点和监听器节点

最终我们将打开三个终端，每个终端对应一个节点(如果你愿意，可以从 Ubuntu 软件商店安装 Terminator 来打开多个平铺式终端，它可以更加容易地运行 ROS 脚本)。打开一个终端，我们将它用作 ROS 主节点：

```
$ roscore
```

返回到桌面并打开第二个终端，我们将其用作监听器节点：

```
$ rosrun roscpp_tutorials listener
```

返回桌面并打开第三个终端，我们将其用作发话者节点：

```
$ rosrun roscpp_tutorials talker
```

你应当在发话者节点终端上看到如下信息：

```
hello world 0
hello world 1
hello world 2
...
```

而在监听器节点终端上应当看到如下信息：

```
I heard: [hello world 0]
I heard: [hello world 1]
I heard: [hello world 2]
...
```

如果你做到了这一步，那么恭喜你，你已经成功安装了 VirtualBox、Ubuntu 和 Noetic ROS(不要关闭这几个节点终端，在下一节中我们还会用到它们)。接下来，我们要学习 ROS 自带的两个组件：RQT Graph 和 Gazebo 机器人模拟器(当使用这两个组件时，我们会谈论 RViz 和 TensorFlow)。

3.7.8 ROS RQT Graph

RQT Graph 是一个重要的可视化和调试工具，这个图形化工具用于调试运行中的节点，并检查节点之间的通信。我们将使用 RQT Graph 检查上一节中两个运行中的节点。在一个新终端中，输入如下所示的命令，就会看到如图 3-47 所示的界面：

```
$ rosrun rqt_graph rqt_graph
```

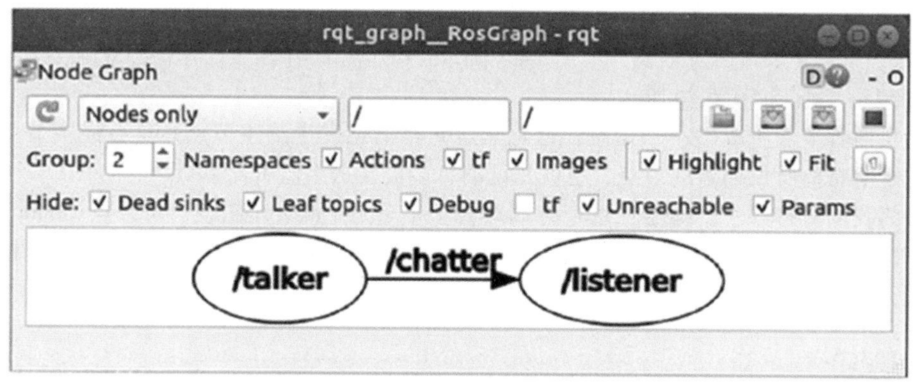

图 3-47 发话者节点向监听器节点发送信息

ROS 命令 rosrun rqt_graph rqt_graph 会以可视化方式在 RQT Graph 窗口中显示全部正在运行的发布和订阅节点。图 3-47 的含义是/talker 正在向/listener 发送消息。请注意，图中并没有显示 ROS 主节点。默认的消息管道名称是/chatter。

3.7.9 ROS Gazebo

Gazebo 是一个图形化模拟工具，用于可视化你所创建的任意仿真世界，仿真世界中可以包含物体、机器人、建筑物、障碍物等，你可以用 Gazebo 能理解的方式来定义这些内容，然后在 Gazebo 窗口中来模拟仿真世界，如图 3-48 所示。

Gazebo 是一个独立程序，需要与 ROS 系统和世界定义绑定，这意味着我们要在 ROS “内部”用 roslaunch 命令来“启动”Gazebo 程序。简而言之，ROS 处理问题的方式就是：rosrun 或者 roslaunch。rosrun 命令启动(Python)脚本来运行对象本身(或者有限数量的其他对象)的脚本，与之相反，roslaunch 则在世界环境中加载和执行所有对象(以及相应的脚本)，在世界环境中，每个对象都能与其他对象进行交互。

roslaunch 是启动 Gazebo 仿真世界和机器人的标准 ROS 方法。要想验证 Gazebo 是否正确安装，我们可以利用如下所示的命令启动 Gazebo 提供的 willowgarage_world. launch:

```
$ roslaunch gazebo-ros willowgarage_world.launch
```

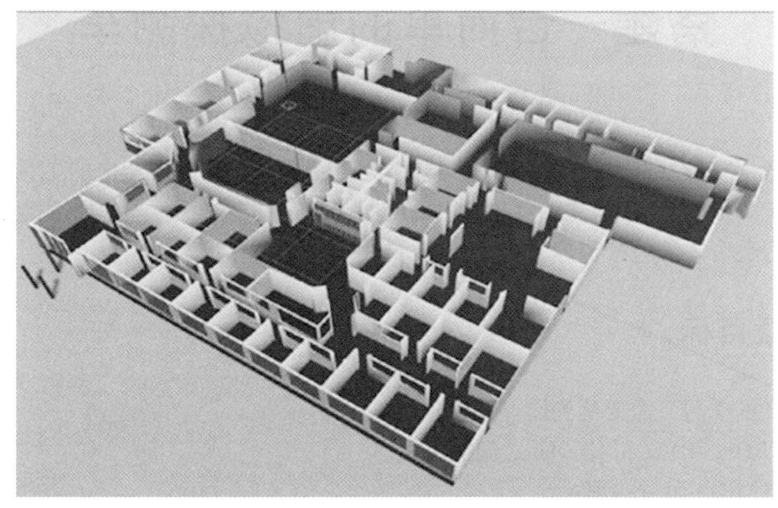

图 3-48　Willow Garage 生成的世界

在验证 Gazebo 的安装无误后，我们可以用自己创建的仿真世界(即对金字塔墓穴和 AI 探测车进行简单模拟的仿真世界)来替换 willowgarage_world. launch 文件。具备自适应智能和决策能力的 AI 探测车脚本将会让它绕过等待在前方的重重危险。

3.8　本章小结

为了启动我们的项目，我们安装了 VirtualBox 和虚拟的 Ubuntu 20.04.4 LTS 操作系统。然后又在 Ubuntu 上安装了 Python 解释器 Anaconda。最后，我们成功地在 Ubuntu 上安装了 Noetic ROS。以上内容完成了开发环境的配置。

为了验证开发环境的安装是否正确，我们创建并运行了两个 ROS 节点，两个节点之间通过 Python 脚本进行通信。我们利用 RQT Graph 对运行状态的节点进行了可视化显示。最后，我们对从 ROS 中启动 Gazebo 模拟器进行了验证。现在我们已经配置好了开发环境，接下来就可以开始设计和开发 AI 探测车以及简化的虚拟金字塔墓穴世界。

3.9　本章练习

1) 在 Gazebo 模拟器中，我们还能用 roslaunch 命令探索哪些仿真世界？如果有必要，请查询相关互联网资源。

2) 还能用什么其他测试来确定 ROS 是否成功安装？

3) 节点之间还能进行哪些消息交互呢？

CHAPTER4

第4章

搭建一台简单的虚拟探测车

在上一章中安装好开发操作系统(Ubuntu)、目标操作系统以及相应的工具，我们就准备利用这些工具搭配 RViz 构建一台非常简单的探测车，并在 Gazebo 模拟器中驾驶它。在本章中，我们将逐个零件地来构建、测试和运行探测车。

4.1 本章目标

通过本章的学习，需要达到以下目标：

- 理解 ROS、RViz 和 Gazebo 之间的关系。
- 加深对 ROS 命令的理解。
- 对 RViz 进行研究，创建一个简单的探测车。
- 使用 Gazebo 在简单的虚拟环境中移动探测车。

4.2 ROS、RViz 和 Gazebo

提醒一下，ROS 是 Robot Operating System(机器人操作系统)的缩写，我们的探测车将 ROS 用作其操作系统。操作系统是连接系统不同组件的软件，组件可以是硬件(发动机、传感器等)，也可以是软件(神经网络库等)，甚至还可以是人。RViz 和 Gazebo 是 ROS 机器人开发中的软件工具(见图 4-1)，RViz 用于构建虚拟探测车的模型。如果换个角度来看这两个软件，可以认为 RViz 在受控空间(如实验室)中研究单个或多个对象，而 Gazebo 则将这些对象置于一个混乱的“现实世界”环境中，在这个环境中对交互行为的控制较弱。

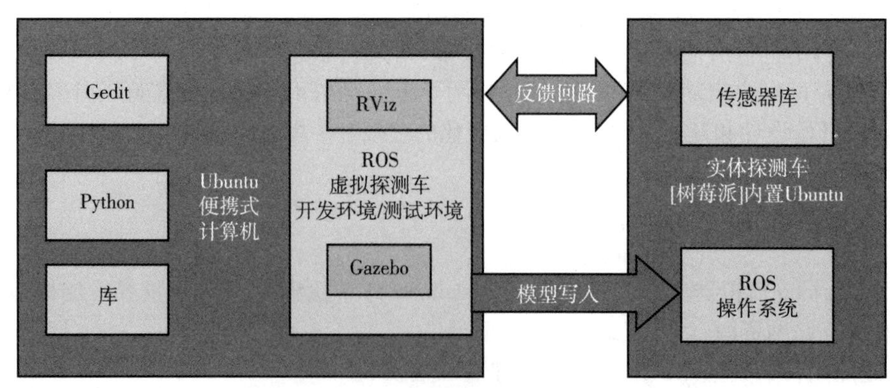

图 4-1 开发系统的关系

图 4-1 以图形化方式展示了项目的主要组件以及它们之间的相互关系。便携式计算机和探测车装有 Ubuntu 操作系统。每个系统上都有软件组件和库文件。组件中有用于开发和测试 ROS 模型的 ROS 内部工具。当虚拟的 ROS 模型经过全面验证后，可执行脚本就会被传输至实体探测车(模型写入)。假设一切运行正常，探测车就能在现实环境中自主移动，并将数据传回便携式计算机(反馈回路)。“人在回路”的决策，用于控制探测车，例如“启动”“返回”或“暂停”。借助 Gazebo，我们能够观察底盘上的物理效应、模拟每个电动机的功率以及对算法进行仿真验证。

4.3 ROS 必备命令

表 4-1 列出了我们经常使用的 ROS 命令，这些命令可以让我们控制、分析和调试系统包内的节点。节点是系统子部件(包)的自包含模型，包含各种各样的模型，我们使用这些模型来描述探测车。例如，探测车有一个由底盘、车轮和传感器等组成的模型，而这些组成部分被称为子模型，每一个子模型都对应某种物理模型，比如速度和加速度。而且，探测车会和墙面、洞穴以及障碍物模型产生交互。所有这些模型和子模型组成了探测车包。表 4-1 中提到的节点通常对应一个“实际的”子模型，例如车轮等。

表 4-1 ROS 必备命令

命令	格式	动作
roscore	$ roscore	启动主节点
rosrun	$ rosrun [package] [executable]	执行程序并创建节点
rosnode	$ rosnode info [node name]	展示活动节点的信息
rostopic	$ rostopic <subcom> <topicname> subcom 可以是 list、info 和 type	ROS 主题的相关信息
rosmsg	$ rostopic <subcom> [package]/[message] subcom 可以是 list、info 和 type	消息类型的有关信息
rosservice	$ rosservice <subcom> [service] subcom 可以是 args、call、find、info、list 和 type	显示运行时信息
rosparam	$ rosparam <subcom> [parameter]	获取和设置节点所用的数据

我们将在实际使用时再深入探讨这些命令。

4.4 机器人可视化(RViz)

简单虚拟探测车的最终模型由 4 个子组件组成，如图 4-2 所示：一个底盘、一个脚轮和两个车轮，这几个不同的组件分别用盒子、球体和圆盘建模。我认为在这里有一个关键之处，即模型不必看上去酷似实际的探测车。用英国统计学家乔治·博克斯的话来说：“所有模型都是错误的，但其中一些模型是有用的。”如果仅仅就测试必备命令而言，这个探测车模型足够有用。

我们准备利用 ROS 中的三维建模工具 RViz 来搭建如图 4-2 所示的简化版虚拟探测车。RViz 可以设计和模拟三维组件，例如车轮和传感器等。除了定义组件的维数之外

(HxWxD)，我们还可以对组件的特性(颜色、材质等)和行为(速度、智能等)进行定义。RViz 可以显示来自光学相机、红外传感器、立体相机和 LiDAR 的二维和三维数据。RViz 可以让我们构建和测试单独的组件和系统。它还对环境中的组件交互提供了有限的测试功能。最后，RViz 既可以对虚拟探测车进行测试，也能对真实的探测车进行测试，因此，我们在构建硬件之前和之后都能捕捉到模拟器中的设计和逻辑错误。我们可以使用 RViz 以较低成本对 AI 探测车的子系统和程序进行调试。

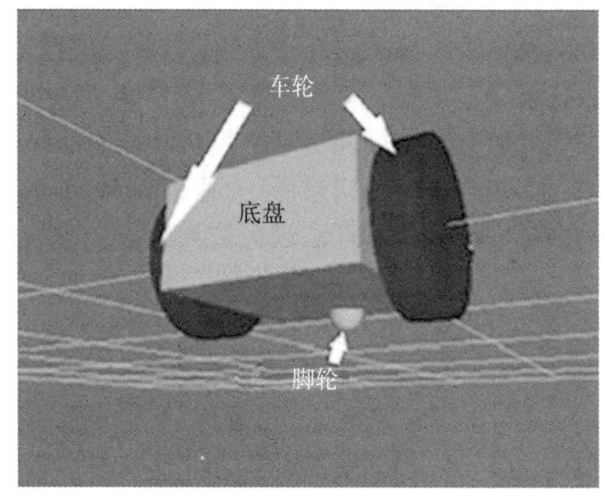

图 4-2 准备搭建的简化版虚拟探测车

要想让 ROS 与 RViz 之间进行通信，我们可以使用 Terminator 打开三个终端窗口(见图 4-3)。在 1 号终端中用 roscore 命令启动主节点。在 2 号终端中用 rosrun rviz rviz 命令启动 RViz 程序。rosrun 命令带有两个参数：脚本所在的 ROS 包(rviz)和要运行的脚本(rviz)。RViz 窗口会在屏幕上弹出，将其最小化，执行最后一条命令。

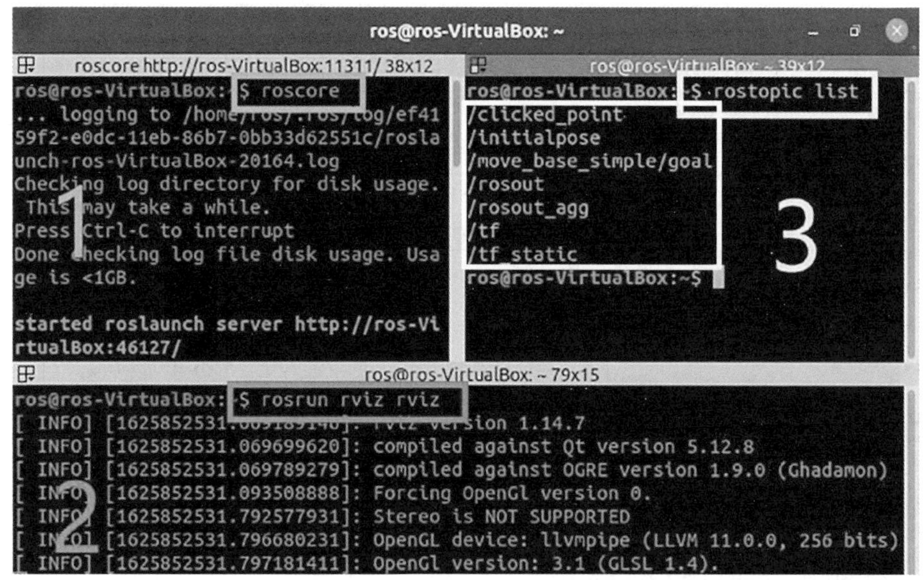

图 4-3 Terminator 中显示的三个终端窗口

最后我们在 3 号终端中通过执行 rostopic list 命令验证 roscore 是否能与 rviz 通信。显示的输出列出了 ROS 正在运行的节点之间的活动管道——管道属于 rviz 和 roscore。管道是一个计算机科学的术语，它描述了用于在组件之间传递消息的专用路径。我们稍后会使用这些管道以及 rostopic 命令来查看正在传递的消息。

单击 RViz 快速启动图标后，就会通过执行 rosrun rviz rviz 命令运行 RViz 程序，如图 4-4 所示。

注意 如果`rosrun rviz rviz`命令产生了错误信息，请在主目录的 .bashrc 文件中检查是否存在一行`~/catkin_ws/devel/setup.bash`。

如果`rosrun rviz rviz`命令还是无法执行，那么请重新安装整个`ros-noetic-desktop-full`安装包。检查输出信息，并确定在重装`ros-noetic-desktop-full`后是否存在安装错误。

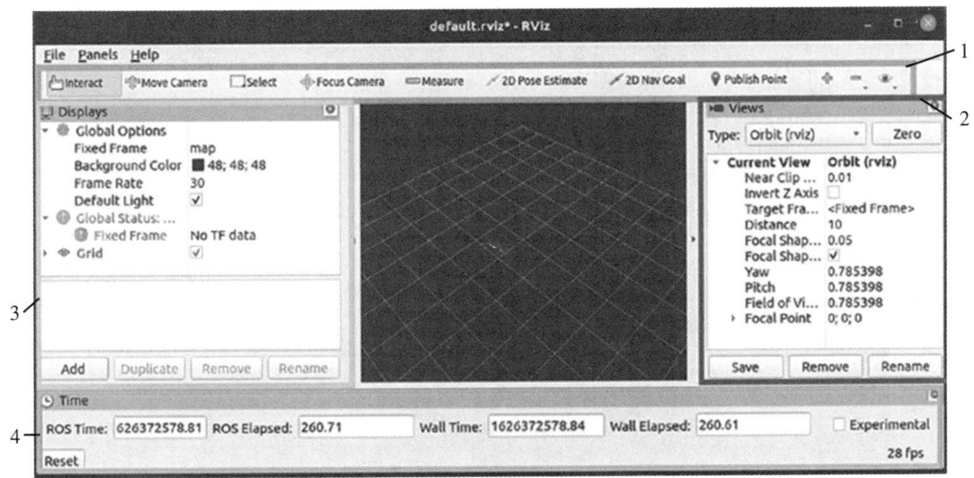

图 4-4 RViz 用户界面

在图 4-4 中有 4 个默认面板：**工具面板**(框 1)、**视图面板**(框 2)、**显示面板**(框 3)和**时间面板**(框 4)。对于时间面板我们可以不管，因为用不到它。中间的窗口不是面板，而是用于可视化仿真世界。现在这个窗口内除了栅格之外，其他是空的。假定你已经知道了 File(文件)和 Help(帮助)菜单的用途，那么我们唯一感兴趣的就是 Panels(面板)菜单，这个菜单用于打开和关闭各种“面板”，而这些面板则是我们与当前模型进行交互的不同方式。我们会根据需要更加深入地介绍这些面板。以下工具面板让我们能对视图面板中的对象进行处理和实验：

1) Interact：显示交互标记。
2) Move Camera：用鼠标或键盘在视图面板中移动相机。
3) Select：选中并拖拽三维对象周围的线框盒。
4) Focus Camera：将相机焦点置于一点或一个对象上。
5) Measure：测量对象之间的距离。
6) 2D Pose Estimate：确定或规划探测车移动的距离。
7) Publish Point (Not Seen)：发布对象的坐标。

注意 可以在下面两个网站找到 RViz 的相关教程：http：//wiki. ros. org/RViz/Tutorials 和 http：//wiki. ros. org/RViz/UserGuide。

显示面板以交互方式添加、删除和重命名在如图 4-4 所示的仿真世界中创建的对象组件模型之间的交互。换句话说，当你创建探测车底盘时，它会构建一个 RobotModel 的模型，显示面板可以显示指定对象的底盘坐标轴、速度矢量等。"Add"按钮为建模对象(默认的建模对象就是栅格)显示合适的图形要素，例如相机、点云、RobotModel、坐标轴和地图。选中显示面板中提供的某个要素就会显示其描述信息，如图 4-5 所示。如果你单击"OK"按钮，那么在栅格中就会出现一个三维坐标轴，指明仿真世界中的方向。

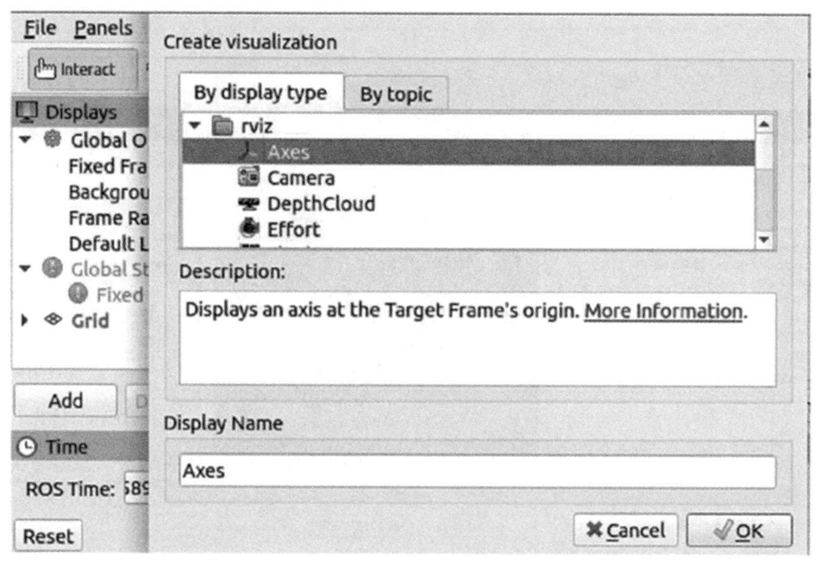

图 4-5　通过显示类型和主题创建可视化选项

RViz 用户界面的右侧是视图面板，如图 4-6 所示，这个面板用于控制我们观察仿真世界的相机。默认选项是 Orbit，这个选项模拟了一台环绕仿真世界运行的相机。我们可能会用到的另两种相机分别是 FPS(第一人称视角)和 ThirdPersonFollower(第三人称视角)，这两个选项都源自游戏术语。要想理解这两个术语，请想象一个谋杀现场，这个现场存在一个凶手(第一人称视角)、一个受害人(第二人称视角)以及一个目击者(第三人称视角)。所以，所谓 FPS 相机表示从对象视角来观察仿真世界，而 ThirdPersonFollower 相机则是从目击者的视角(第三人称视角)来观察仿真世界。

4.4.1　Catkin 工作空间回顾

回顾我们在第 3 章中为了快速测试 RViz 和 Gazebo 而创建 Catkin 工作空间的过程，这个过程一共 6 步，所以为了组织我们的项目，我们需要增加这 6 个步骤的命令，如下所示：

```
cd ~/catkin_ws/src
catkin_create_pkg ai_rover  '换行
cd ~/catkin_ws
mkdir src/ai_rover/urdf '换行
mkdir src/ai_rover/launch '换行
catkin_make
```

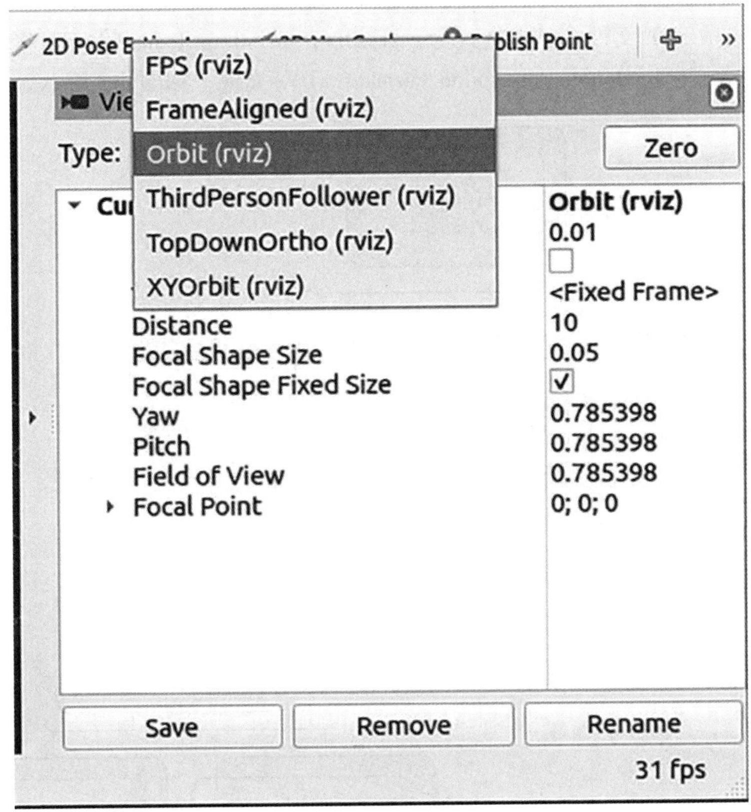

图 4-6 视图选项和时间显示

执行上述 6 条命令后，你应当能够看到如图 4-7 所示的目录组织结构，其中，比较重要的目录名用粗体表示，每个目录的相关描述都在对应框图的底部进行了介绍(为了简单起见，我们不会直接使用的目录在图 4-7 中省略了)。第 6 步执行在第 2 步 catkin_create_pkg 中生成的 catkin_make 文件，catkin_make 脚本会生成其他目录和相关文件。

上面是 ROS 项目不可或缺的目录组织结构，根目录是 catkin_ws，它的目录名在 catkin_make 脚本中进行了硬编码。build 和 devel 目录中存放的是编译和执行项目所需的库和脚本。当开发适用于所有包的 ROS 脚本时，我们把这些脚本文件存放在 src 目录当中。ai_rover (子)目录中存放的是 AI 探测车项目专用的脚本文件。urdf 目录中存放的是探测车组件的描述文件。此外还有两个值得关注的文件：CMakeLists. txt 和 package. xml(不要对这两个文件进行编辑操作。)在 src 和 ai_rover 这两个目录中都会创建 CMakeLists. txt，该文件用于编译各自所在目录中的脚本。另一个文件 package. xml 包含了 AI 探测车包的元信息。

4. 4. 2 URDF 和 SDF 之间的关系

统一机器人描述格式(Universal Robot Description Format，URDF)文件描述了 AI 探测车的逻辑结构。RViz 可读的 URDF 文件的格式是可扩展标记语言(Extensible Markup Language，XML)。XML 是一套以人类可读的格式对对象进行编码的规则。URDF 文件包含所有环境对象的静态尺寸，例如墙壁、障碍物、AI 探测车及其组件，也包括这些对象使用的所有动态参数。URDF 是对 AI 探测车和环境初始状态的描述(模型)，但是，要想在 Gazebo 中动态运行 AI 探测车，我们必须利用 GZSDF(译者著为 ROS 中 gz sdf 命令的缩写，该命令用于将 URDF 文件转换成 SDF 文件，具体格式为：gz sdf-p model. urdf>model. sdf)将 URDF 文件转换成仿真描述格式(Simulation Description Format，SDF)文件，如图 4-8 所示。

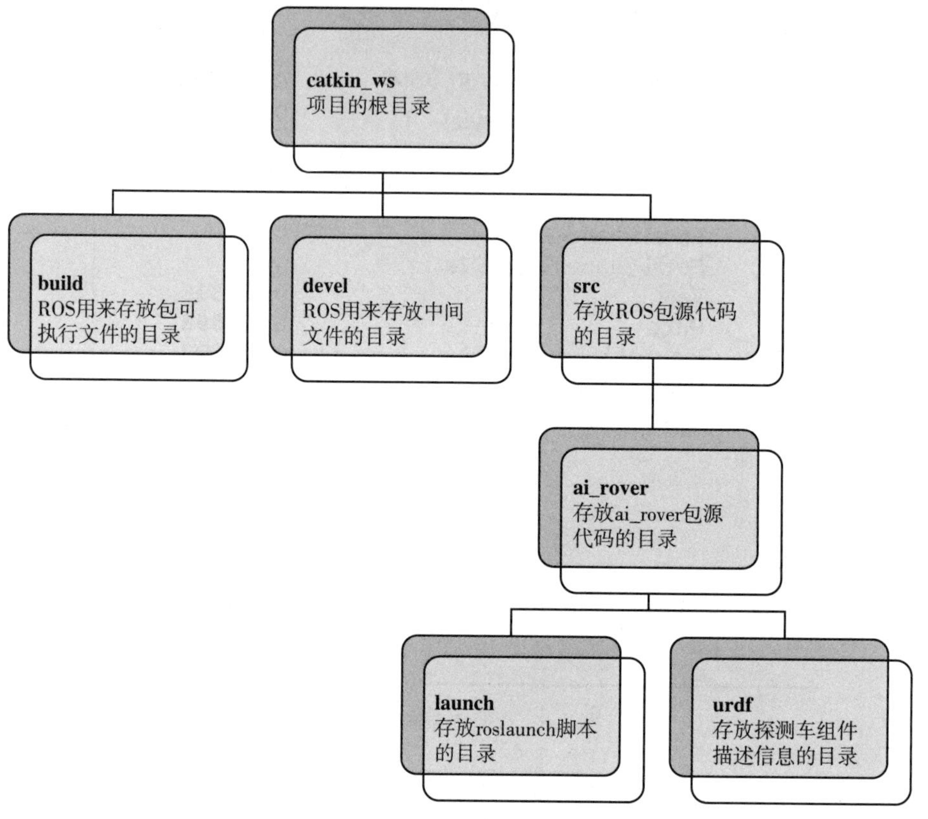

图 4-7　AI 探测车包的简化版目录组织结构

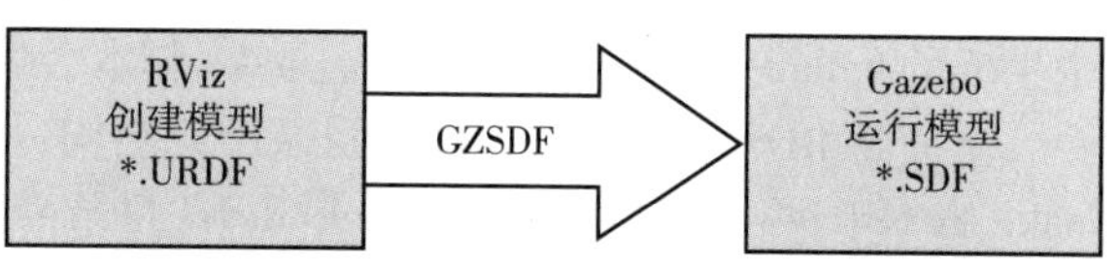

图 4-8　ROS 中 RViz 和 Gazebo 之间的关系

SDF 文件利用 URDF 中描述的 AI 探测车初始的静态特性、动力学特性和运动学特性来初始化 Gazebo 中的可运动的 AI 探测车。例如，传感器、表面、纹理和运动副摩擦等属性都可以在 URDF 文件中定义，并被转换为 SDF 文件。我们可以在 URDF 文件中定义在环境中可能遇到的动态效应，例如塌方、地面坍塌以及由于甲烷聚集导致的爆炸。每当 AI 探测车添加一个组件，就可以将其放到 URDF 文件中，然后再转换成 SDF 文件。

4.4.3　构建底盘

在每个 URDF 文件中有两个必备的组件需要进行建模，link 组件负责描述每个对象的静态的物理尺寸、方向以及材质，joint 组件则用于描述动态的物理特性，例如对象之间的摩擦系数和转动特性。

AI 探测车的底盘是个非常简单的三维盒子(请从 https://github.com/Apress/IntelligentAutonomous-Drones-with-Cognitive-Deep-Learnin 下载源代码)。输入命令 cd ~/

catkin_ws/src/ai_rover/urdf，进入 urdf 目录，用 Gedit 创建文件 ai_rover. urdf，输入如下所示的代码：

```
<?xml version='1.0'?>
<robot name="ai_rover">
    <!-- Base Link -->
    <link name="base_link">
        <visual>
           <origin xyz ="0 0 0" rpy="0 0 0" />
               <geometry>
                    <box size="0.5 0.5 0.25"/>
               </geometry>
           </visual>
    </link>
</robot>
```

上述代码将底盘描述为一个三维盒子，具体内容是：长 0. 5m、宽 0. 5m、高 0. 25m，位于原点(0,0,0)处，没有方向(没有横滚、俯仰和偏航)。请注意，大多数模拟器都是用公制单位。底盘的 base_link 组件是一个 **link 组件**，所有其他 link 组件都是相对于 base_link 组件定义的。构建仿真世界中的探测车与构建真实世界中的机器人类似，我们将在底盘上添加部件来定制我们的探测车。我们使用底盘初始的 base_link 组件来定义 AI 探测车的初始位置。

4.4.4 使用 ROSLAUNCH 命令

roslaunch 命令用于在 ROS 环境中启动外部程序，例如 RViz 和 Gazebo。我们用 roslaunch 命令来显示 RViz 中 urdf 目录下的 URDF 文件，roslaunch 命令会自动启动每个 ROS 会话的 roscore 主节点。roslaunch 配置文件的扩展名是 . launch，必须放在 launch 目录中。在 launch 目录中，利用 gedit RViz. launch 在命令行界面中创建配置文件，并向其中加入如下的内容：

```
<launch>
   <!-- values passed by command line input -->
   <arg name="model" />
   <arg name="gui" default="False" />

   <!-- set these parameters on Parameter Server -->
   <param name="robot_description"
   textfile="$(find ai_rover)/urdf/ai_rover.urdf” />$

   <param name="use_gui" value="$(arg gui)" />

   <!-- Start 3 nodes: joint_state_publisher,
```

```
        robot_state_publisher and rviz -->
    <node name="joint_state_publisher"
      pkg="joint_state_publisher"
      type="joint_state_publisher" />
    <node name="robot_state_publisher"
      pkg="robot_state_publisher"
      type="state_publisher" />
    <node name="rviz" pkg="rviz" type="rviz"
      args="-d $(find ai_rover)/urdf.rviz"
      required="true" />
</launch>
```

The `roslaunch` file has the following sections:

- Import the `ai_rover.urdf` model.
- Start the `joint_state_publisher`, `robot_state_publisher`, and the RViz 3D CAD environment.

roslaunch 文件包含以下部分：

1）导入 ai_rover. urdf 模型。

2）启动 joint_state_publisher、robot_state_publisher 和 RViz 三维 CAD 环境。

注意 所有的 URDF/SDF 文件都必须按照如下所示的方式执行：

```
$ sudo chmod +rwx RViz.launch
```

---

roslaunch 命令的通用格式是：`roslaunch <package_name> <file.launch> <opt_args>`，其中，package_name 是包名，file. lauch 是配置文件名，而 opt_args 则是配置文件所需的可选参数。启动底盘模型的命令如下：

```
$ roslaunch ai_rover RViz.launch model:=ai_rover.urdf
```

上面这条命令的含义是：用 ai_rover 包和 RViz. launch 配置文件启动 RViz，然后它会用 ai_rover. urdf 来运行模型。如图 4-9 所示，其中界面中央的小盒子就是“底盘”。

如果没有看到三维盒子，那么请检查显示面板，看看是否定义了 RobotModel 和 TF（模型变换），如果没有，那么请执行如下操作：

1）单击“Add”按钮，添加 RobotModel。

2）单击“Add”按钮，添加 TF。

3）最后，单击“Global Options”→“Fixed Frame”列表项，改变 base_link 的值。

现在在主界面上应当出现了一个盒子，请保存以上你所做的工作。

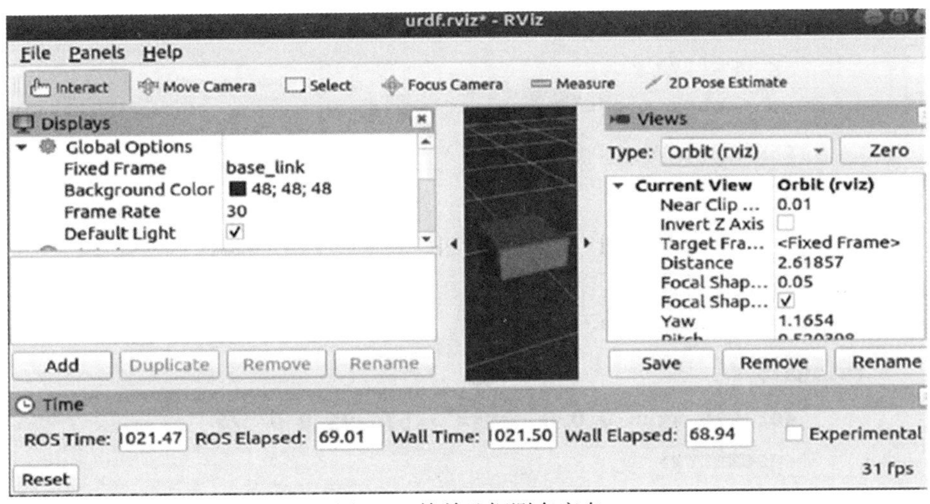

图 4-9 简单地探测车底盘

4.4.5 创建车轮和驾驶仪

接下来添加车轮和驾驶仪与模型之间的连杆。请记住，在 ROS 中，连杆是“关节”之间的“物理”结构，关节则是运动发生之处。你可以想象一下人类的骨架：肩部关节和肘关节是由肱骨连接起来的。一共有 6 种关节类型，每一种类型都是由围绕 *XYZ* 轴的自由度(Degree of Freedom，DoF)定义的：

1)平面关节：这种关节允许在平面上运动，肘关节就是一个例子(一个自由度：旋转)。

2)浮动关节：这种关节允许进行全部 6 个自由度上的运动(每个轴上的平移和旋转)，这种关节的一个例子是手腕。

3)棱柱关节：这种关节允许沿着某个轴滑动，并且移动的范围具有下限和上限。望远镜就是这种关节的一个例子，请想象一下海盗望远镜的样子(两个自由度：平移和旋转)。

4)连续关节：这种关节允许像车轮一样围绕某个轴旋转，并且旋转没有上下限(一个自由度：旋转)。

5)转动关节：这种关节类似于连续关节，允许围绕某个轴旋转，但是旋转的角度有上限和下限(一个自由度：旋转)。

6)固定关节：这种关节完全无法运动，所有的自由度都被锁死。车门上位置固定的镜子就是固定关节的一个例子(0 自由度)。

我们需要把车轮添加到底盘上，所使用的正确关节是连续关节，因为车轮可以连续进行 360°旋转。每个车轮都能向前或向后旋转。要想把车轮添加到模型上，请修改 ai_rover. urdf 文件，向其中添加如下所示的加粗的内容并进行保存：

```
<?XML version='1.0'?>
<robot name="ai_rover">

    <!-- Base Link -->
<link name="base_link">

    <visual>
```

```
            <origin xyz="0 0 0" rpy="0 0 0" />
            <geometry>
                <box size="0.5 0.5 0.25"/>
            </geometry>
        </visual>
    </link>

    <!-- Right Wheel -->
    <link name="right_wheel">
        <visual>
            <origin xyz="0 0 0" rpy="1.570795 0 0" />
            <geometry>
                <cylinder length="0.1" radius="0.2" />
            </geometry>
        </visual>
    </link>

    <joint name="joint_right_wheel" type="continuous">
        <parent link="base_link"/>
        <child link="right_wheel"/>
        <origin xyz="0 -0.30 0" rpy="0 0 0" />
        <axis xyz="0 1 0"/>
    </joint>

    <!-- Left Wheel -->
    <link name="left_wheel">
        <visual>
            <origin xyz="0 0 0" rpy="1.570795 0 0" />
            <geometry>
                <cylinder length="0.1" radius="0.2" />
                </geometry>
            </visual>
        </link>

        <joint name="joint_left_wheel" type="continuous">
            <parent link="base_link"/>
            <child link="left_wheel"/>
            <origin xyz="0 0.30 0" rpy="0 0 0" />
            <axis xyz="0 1 0" />
        </joint>
</robot>
```

对 ai_rover. urdf 模型做如下修改：

1）每个车轮都有两个部分：连杆和关节。

2）每个车轮的连杆部分（<link>）都被定义为长 0. 1m、半径为 0. 2m 的圆柱，每个车轮的位置是（0，±0. 3，0），绕 X 轴旋转 $\pi/2$（1. 57…）rad 或 90°。

3）每个车轮的关节部分（<joint>）用 XYZ 三元组“0，1，0”将旋转轴定义为 Y 轴，<joint> 定义了模型的运动部分，具体而言，就是车轮绕 Y 轴旋转。

4）URDF 文件是树形结构的，其中 AI 探测车的底盘是根节点（base_link），而每个车轮的位置都是相对于 base_link 而确定的。

注意　**虚拟探测车模型的尺寸与实际探测车的尺寸并不相同，这在训练深度学习和认知网络时可能会导致出现若干问题，我们将在后续章节中讨论这些问题。**

检查并启动修改后的代码，此时 RViz 的界面如图 4-10 所示，如果你没有看到“成功解析”的 XML 消息，请检查文件错误，例如拼写和语法错误，比如漏掉了一个“>”，或者用“\ ”代替了“/”。

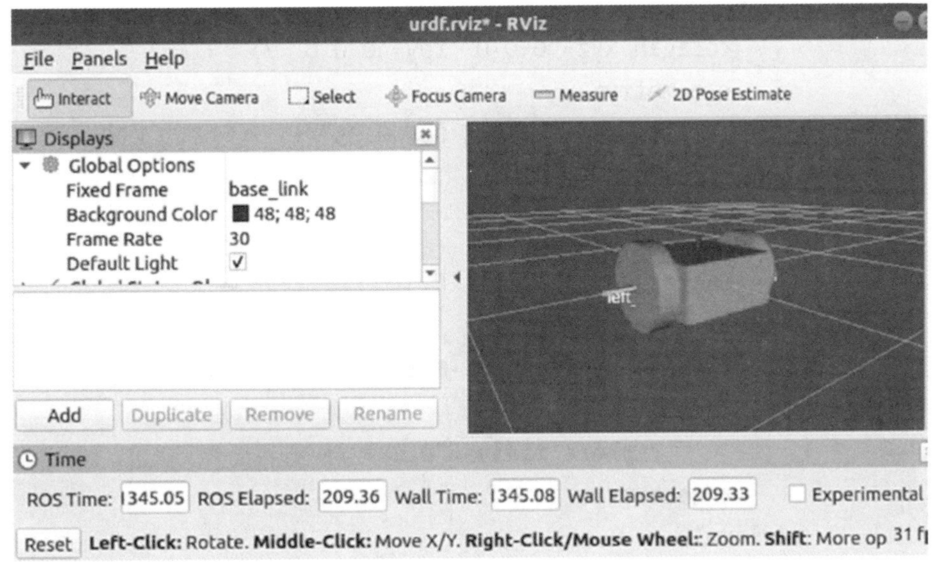

图 4-10　向探测车底盘添加左右两边的车轮

注意　**每添加一个新组件后，都要检查文件的正确性。例如，如果你添加了左车轮，那么请立即执行以下命令来检查 URDF 文件中 XML 源代码的正确性：**

```
$ check_urdf ai_rover.urdf

$ roslaunch ai_rover ai_rover.urdf
```

每当文件被修改时，都应当执行上述两条命令（check_urdf 和 roslaunch ai_rover），我们将这两条命令称为“检查并启动”。

4.4.6 创建 AI 探测车的脚轮

现在我们已经将两个车轮成功地添加到 AI 探测车的底盘上，为了模拟实际的 AI 探测车，我们将在 AI 探测车底盘的底部添加一个脚轮，以保持“平衡”。我们可以添加一个动力脚轮作为驱动转向的关节，但是这太复杂了，所以，我们将脚轮作为一个视觉元素而不是一个关节来添加。脚轮沿着地面滑动，可以将其看作控制方向的车轮。

在 ai_rover. urdf 文件中，将脚轮作为视觉元素添加到 AI 探测车(base_link)底盘所做的修改用粗体着重显示，请注意，其中表示左右车轮的代码部分被折叠起来了，用“...”表示，这部分代码没有任何变化，代码如下：

```
<?xml version='1.0'?>
<robot name="ai_rover">
    <!-- Base Link -->
    <link name="base_link">

        <visual>
            <origin xyz="0 0 0" rpy="0 0 0" />
            <geometry>
                <box size="0.5 0.5 0.25"/>
            </geometry>
        </visual>

        <!-- Caster -->
        <visual name="caster">
            <origin xyz="0.2 0 -0.125" rpy="0 0 0" />
            <geometry>
                <sphere radius="0.05" />
            </geometry>
        </visual>
    </link>

    <!-- Right Wheel --> ...
    <!-- Left Wheel --> ...
</robot>
```

我们将脚轮建模为一个半径为 0.05m 的球体，在完成对 ai_rover. urdf 的上述修改后，检查并启动。你应当能看到如图 4-11 所示的界面，其中，脚轮球体的位置在“0.2，0，-0.125”。

4.4.7 为 AI 探测车添加颜色(可选操作)

ai_rover. urdf 中简单的底盘模型会经常被修改，以反映新的设计需求。例如，要想修改底盘和车轮的颜色，我们需要设置材质的颜色。下面的代码中的加粗部分有几点令人感兴趣：①如果你在父链接中定义了一种颜色（蓝色），那么它会影响到子链接（base_link/castor）；②如果你定义了一种颜色（黑色），那么该颜色可被复用（左/右车轮）；③每个组件的<material>颜色都位于<visual>块当中，而<visual>块必须位于<link>块当中；④链接的颜色是一种“视觉”组件。最后一点意味着视觉组件包不会对任何动力学属性产生影响，它只是用来装饰而已。代码如下。

图 4-11　添加脚轮后的探测车底盘

```
<?XML version='1.0'?>
<robot name="ai_rover">

    <!-- Base Link -->
    <link name="base_link">
        <visual>
            <material name="blue">
            <color rgba="0 0.5 1 1"/>
        </material>
    </visual>

    <!-- Caster -->
    <visual name="caster">
        <origin xyz="0.2 0 -0.125" rpy="0 0 0" />
        <geometry>
            <sphere radius="0.05" />
        </geometry>
    </visual>
</link>

<!-- Right Wheel -->
<link name="right_wheel">
```

```
        <visual>
            <material name="black">
                <color rgba="0.05 0.05 0.05 1"/>
            </material>
        </visual>
    </link>

    <!-- Left Wheel -->
    <link name="left_wheel">
        <visual>
            <material name="black"/>
        </visual>
    </link>
</robot>
```

在命令行窗口检查并启动，此时 RViz 的用户界面应当如图 4-12 所示。

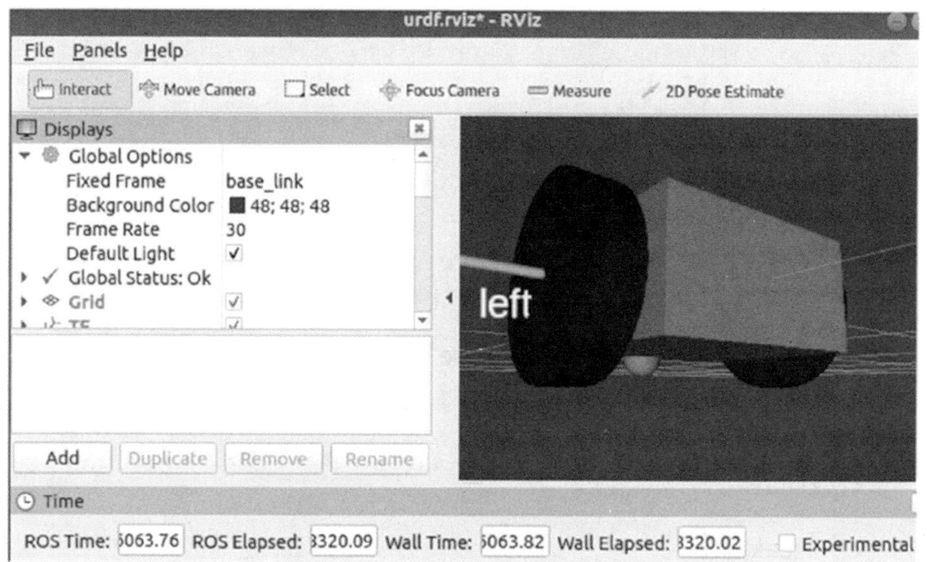

图 4-12　改变颜色后的探测车底盘

4.4.8　碰撞属性

简单的 AI 探测车已经完成，可以为这个模型定义碰撞属性了——可以将碰撞属性想象成一个"包围盒"。包围盒是把模型的组件包围住的最小立方体/球体/圆柱体，各个组件的包围盒之和就是探测车的包围盒。为此，我们要为每个组件添加<collision>属性，碰撞属性是针对 Gazebo 的碰撞检测引擎定义的。在每个仿真时间帧，都会对组件进行碰撞检测，将 AI 探测车建模为很多简单的组件可以优化碰撞检测。

每个组件的<collision>标签内的属性与其<origin>和<geometry>属性相同——只要将

<origin>和<geometry>属性复制并粘贴到<collision>标签当中即可。<visual>... </visual>代码块之间的 XML 源代码被收起，这样可以节省空间，突出显示新增加的<collision>代码块，如下：

```
<?xml version='1.0'?>
<robot name="ai_rover">

    <!-- Base Link -->
    <link name="base_link">

        <visual>...</visual>
        <!-- Box collision -->
        <collision>
            <origin xyz="0 0 0" rpy="0 0 0" />
            <geometry>
                <box size="0.5 0.5 0.25"/>
            </geometry>
        </collision>

        <!-- Caster -->
        <visual name="caster">...</visual>

        <!-- Caster Collision -->
        <collision>
            <origin xyz="0.2 0 -0.125" rpy="0 0 0" />
            <geometry>
                <sphere radius="0.05" />
            </geometry>
        </collision>
    </link>

    <!-- Right Wheel -->
    <link name="right_wheel">
        <visual>...</visual>

        <!-- Right Wheel Collision -->
        <collision>
            <origin xyz="0 0 0" rpy="1.570795 0 0" />
        <geometry>
          <cylinder length="0.1" radius="0.2" />
        </geometry>
        </collision>
    </link>
```

```
    </joint>

    <!-- Left Wheel -->
    <link name="left_wheel">
        <visual>...</visual>

        <!-- Left Wheel Collision -->
            <collision>
                <origin xyz="0 0 0" rpy="1.57 0 0" />
            <geometry>
                <cylinder length="0.1" radius="0.2" />
            </geometry>
        </collision>
    </link>
    </joint>

</robot>
```

检查并启动。由于碰撞属性会影响动力学特性而非外观，所以你不会看到外观上有任何差异。碰撞属性可以让组件“撞到”其他物体上。

4.4.9　测试 AI 探测车的车轮

现在我们要对车轮进行测试，看看它们是否能正确地旋转。为了进行这些测试，我们要启动一个弹出式 GUI 来测试车轮关节。此时要对检查并启动做一点小小的修改：

```
$ check_urdf ai_rover.urdf.
$ roslaunch ai_rover ai_rover.urdf gui:=true
```

我们将其称为 GUI 版的检查与启动，可以直观地观察运动。

注意　如果你看到“GUI has not been installed or available”(GUI 没有安装或者不可用)，请执行如下命令：

```
$ sudo apt-get install ros-noetic-joint-state-publisher-gui
```

这样就会强制安装 GUI。

请回顾一下，每当我们执行 RViz. launch 文件时，都会启动三个 ROS 节点：joint_state_publisher、robot_state_publisher 和 RViz。joint_state_publisher 节点维护着一个不固定的关节列表，例如左车轮和右车轮。每当左(右)车轮转动时，joint_state_publisher 就会从左(右)车轮向 RViz 发送 JointState 消息，重绘左(右)车轮。由于每个车轮都会生成这样的消息，因此车轮可以独立地转动。在执行 verify and launch-GUI 后，你应当能看到如图 4-13 所示的界面。由于车轮是纯黑色的，因此难以看到转动效果，所以需要启动 joint_state_publisher 窗

口，这个窗口会显示不同的车轮在仿真过程中发生的变化。在仿真前设置初始值，并在仿真过程中修改值。这些都是你经常会用到的强大的调试工具。

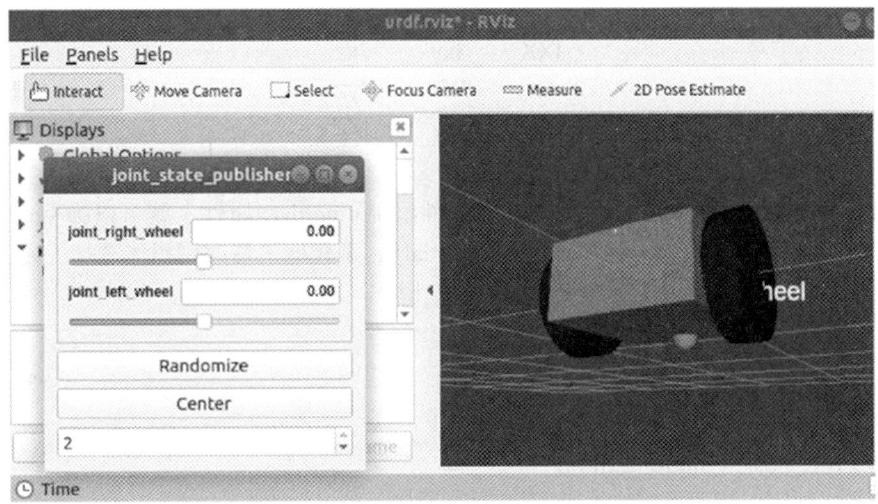

图 4-13 AI 探测车车轮关节测试 GUI

查看 joint_state_publisher GUI，你会看到 4 项感兴趣的内容：

1) joint_right_wheel：在±π 之间设置右车轮的角度值。

2) joint_left_wheel：在±π 之间设置左车轮的角度值。

3) Randomize：在±π 之间为每个车轮随机设置一个角度值。

4) Center：将两个车轮的角度值都设置为 0。

4.4.10 物理属性

请注意，车轮在转动，而 AI 探测车的底盘却没有移动，要想看到 AI 探测车移动，我们需要做两件事：添加物理属性以及在 Gazebo 中运行 AI 探测车。RViz 可视化地显示组件，但无法展示物理特性(运动)，我们需要为每个组件添加惯量属性(重量和惯性)。

物体的惯量根据其重量以及它对抗加速或减速的程度计算得到，对于几何对称的简单物体而言(例如立方体、圆柱体或球体)，惯量容易计算。由于我们利用简单的组件构建了 AI 探测车的模型，因此 Gazebo 经过优化的物理引擎能够快速计算惯量。

这意味着底盘、车轮和脚轮都有自己独有的重量和惯性，每个被模拟的<link>元素都需要一个<inertial>标签，inertial 元素的两个子元素按照如下方式定义：

```
<inertial>

    <mass>:Weight of the object measured in
    kilograms.

    <inertia>:The frame of a 3X3 rotational inertia
    matrix. The moment of inertia is defined for
    3D space.

</inertial>
```

由于惯性具有对称性(x→z 和 z→x 相同)，因此我们只需要6个矩阵元素就能完整地定义惯量，每个组件(底盘、车轮和脚轮)都必须定义6元素的<inertial>值，如下面的粗体部分所示：

IXX	Ixy	Ixz
Ixy	IYY	Iyz
Ixz	Iyz	IZZ

修改 ai_rover. urdf 文件，在其中为每个组件添加<inertial>属性，就可以为 Gazebo 提供足够的信息来计算整台探测车的<mass>和<inertial>，源代码的修改用粗体进行了突出显示：

```
<?xml version='1.0'?>
<robot name="ai_rover">

  <!-- Base Link -->
  <link name="base_link">

    <visual>   </visual> ....
    <!-- Box collision -->
    <collision>   </collision>

    <inertial>
      <mass value="5"/>
      <inertia ixx="0.13" ixy="0.0" ixz="0.0"
          iyy="0.21" iyz="0.0" izz="0.13"/>
    </inertial>

    <!-- Caster -->
    <visual name="caster">...</visual>
    <!-- Caster Collision -->
        <collision>...</collision>

    <inertial>
      <mass value="0.5"/>
      <inertia ixx="0.0001" ixy="0.0" ixz="0.0"
          iyy="0.0001" iyz="0.0" izz="0.0001"/>
    </inertial>
  </link>

  <!-- Right Wheel -->
  <link name="right_wheel">
    <inertial>
      <mass value="0.5"/>
```

```
        <inertia ixx="0.01" ixy="0.0" ixz="0.0"
            iyy="0.005" iyz="0.0" izz="0.005"/>
      </inertial>
    </link>

    <joint name="joint_right_wheel"
  type="continuous">...</joint>

      <!-- Left Wheel -->
      <link name="left_wheel">
          <inertial>
              <mass value="0.5"/>
              <inertia ixx="0.01" ixy="0.0" ixz="0.0"
                  iyy="0.005" iyz="0.0" izz="0.005"/>
          </inertial>
      </link>

      <joint name="joint_left_wheel" type="continuous"> ...</joint>
  </robot>
```

每个组件都被定义了各自的重量和惯量值，然后执行 Verify and launch-GUI 命令，你应当看到同样的 RViz 和 GUI 测试器界面(见图 4-13)。

4.5 Gazebo 简介

图 4-14 所示的 UML 组件图描述了 RViz 和 Gazebo 程序的静态、动态和环境库的结构。这就是我们要按照这种方式把非常复杂的问题分步解决的原因。这些并不是“类”，而是一种更高层次的抽象，用于帮助我们对解决问题所需的“组件库”进行组织。

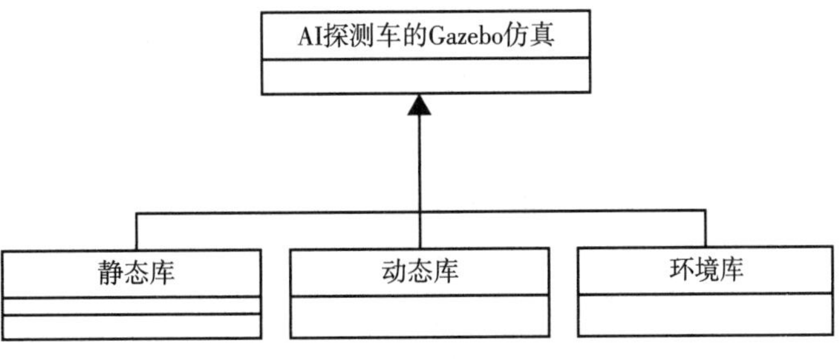

图 4-14 Gazebo 模拟器中的对象泛化

URDF 文件描述了组件的静态属性(颜色、尺寸等)和动态属性(惯量)，将 URDF 文件转换成 Gazebo 可用的 SDF 文件。

现在我们把 AI 探测车的模型导入 Gazebo 仿真环境，我们要在 Gazebo 的物理引擎中对 AI 探测车进行测试，确保所构建的模型语法正确(check_urdf)并且可以运行(roslaunch)。现在我们来集成仿真的差动电机和控制器，这些传感器是 AI 探测车自主导航的开端。为了对 AI 探测车的内部机制建模，我们用到了 urdf_to_graphiz 工具，利用如下所示的命令强制安装 urdf_to_graphiz：

```
$ sudo apt-get install liburdfdom-tools
```

urdf_to_graphiz 工具会生成一个带有 AI 探测车硬件逻辑模型的 PDF 文件(见图 4-15)，该工具生成的图形化信息会对 AI 探测车的硬件设计进行组织，硬件逻辑模型图用可视化的方式帮助我们理解探测车组件之间的关系，图 4-15 就展示了当前 ai_rover. urdf 与各组件几何形状之间的硬件关系。执行如下所示的命令(evince 是一个 PDF 阅读器)，就能看到如图 4-15 所示的可视化模型。

```
$ urdf_to_graphiz ai_rover.urdf
$ evince ai_rover.pdf
```

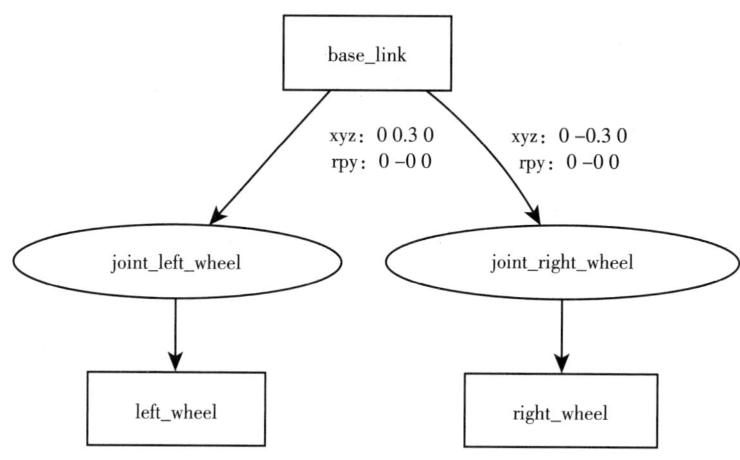

图 4-15　AI 探测车车轮关节的连接

4.5.1　Gazebo 的背景信息

我们将使用 Gazebo 模拟器进行 AI 探测车实验。这个模拟器提供了很多开发和部署的实用工具。典型的 Gazebo 应用如下：

1)开发深度学习算法。

2)开发控制算法。

3)对 LiDAR 系统、相机、接触式传感器、接近传感器等传感器数据进行仿真。

4)基于开放动力学引擎的高级物理引擎。

现在我们来回想一下将 AI 探测车的 URDF 描述载入 Gazebo 的实际过程。首先我们这样来测试 AI 探测车模型：控制车轮在存在障碍物的仿真世界中进行受限制的移动，这项工作将在不使用两轮差动控制系统的情况下完成。稍后在本章的高级部分，我们将扩展 AI 探测车模型，使其能独立控制连续车轮关节、图形化传感器数据以及校核和验证控制算法与深度学习算法。

4.5.2　启动 Gazebo

要想测试 Gazebo 是否已被正确地安装，我们可以输入如下所示的终端命令：

```
$ Gazebo
```

如果 Gazebo 没有安装好，请参阅第 3 章的相关内容进行安装。

每当 Gazebo 运行起来之后，就会创建两个不同的进程，第一个进程是 Gazebo 服务器(gzserver)，它负责总体仿真；第二个进程是 Gazebo 客户端(gzclient)，它会启动 USER GUI 来控制 AI 探测车。

注意　如果你在执行终端命令$ Gazebo时看到了一系列错误或警告信息，那么可能有之前的 ROS 节点在运行。执行$ rosnode list命令，看看是否存在之前正在运行的节点。如果确实有，那么只要执行$ rosnode kill -a即可，该命令会终结所有正在运行的 ROS 节点，然后只要再次执行$ Gazebo即可。对任何节点警告信息都必须进行实时监测。

Gazebo 成功启动后，会创建如图 4-16 所示的窗口。

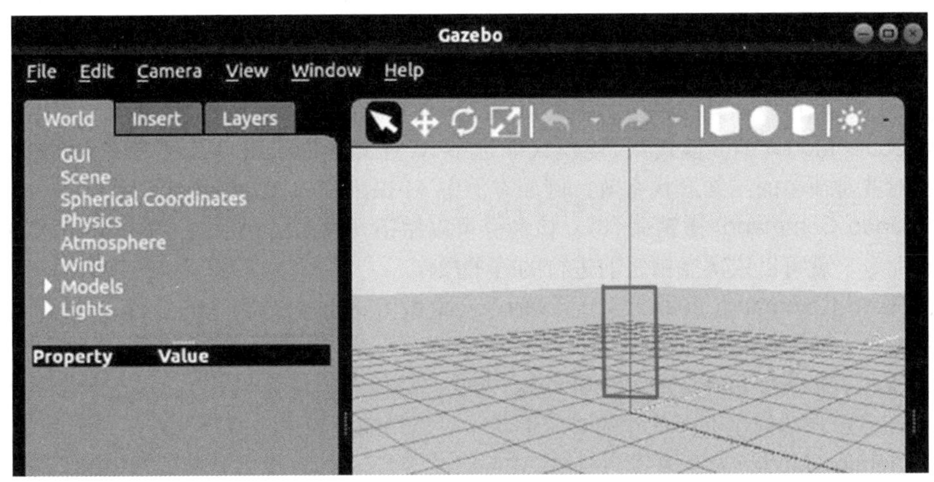

图 4-16　Gazebo 界面

Gazebo 界面中有两个主要区域：仿真显示窗口和选项卡面板。仿真显示窗口用于显示生成的仿真世界(以及探测车)，位于仿真显示窗口顶端的工具栏用于控制仿真世界(请注意其中的小矩形框，我们之后会对其进行讨论)。选项卡面板中有 3 个选项卡：World(世界)、Insert(插入)和 Layers(图层)。

World 选项卡提供了对子组件的层次化访问，这些子组件包括 GUI(图形用户界面)、Spherical Coordinates(球面坐标)、Physics(物理学)、Models(模型)和 Lights(灯光)。尽管所有这些子组件都很吸引人，但此时我们感兴趣的是 Models 子组件——这是我们的 AI 探测车模型所在之处。后面我们将根据需要对其他子组件进行介绍。

Insert 选项卡可以访问我们开发的模型(本地模型)或者其他人开发的模型(云端模型，链接为 http://gazebosim.org/models)，这些模型可以被插入当前活动的仿真世界当中。

Layers 选项卡允许在仿真世界的不同可视部分之间进行切换，我们将利用其“调试”仿真世界视图，例如，确定是否存在非预期的碰撞。Layers 选项卡最初不包含任何图层，随着我们对仿真世界的进一步开发，我们可以添加图层。

4.5.3 Gazebo 环境的工具栏

工具栏位于 Gazebo 环境的最顶端，我们现在从左到右学习一下 Gazebo 工具栏中的各种符号。在如图 4-17 所示的工具栏中，这些符号从左到右依次排列，每个符号的功能如后文所述。

图 4-17 Gazebo 环境的工具栏

1) Selection Mode(选择模式)：该模式可以在 Gazebo 环境中选择三维 AI 探测车或者其组件。AI 探测车或其组件的属性会在 World 选项卡中列出。

2) Translation Mode(平移模式)：当鼠标在 AI 探测车周边的任何部分单击时，该模式会选中 AI 探测车或其组件。此时会出现一个三维边界框包裹住选中的组件，或包裹住 AI 探测车本身。然后我们可以将 AI 探测车的任何部分移动到所需的位置。

3) Rotation Mode(旋转模式)：当鼠标选择 AI 探测车模型时，会在其周边出现三维边界框，然后我们可以让其围绕三个轴进行横滚、俯仰和偏航。

4) Scale Mode(缩放模式)：该模式能选中 AI 探测车的子组件，例如底盘组件。缩放操作只对非常简单的三维形状有效，例如本例中 AI 探测车的立方体形状底盘。

5) Undo Command(撤销命令)：该命令可以撤销开发人员最后提交的操作，如果重复执行该命令，就可以依次撤销之前进行的若干操作。

6) Redo Command(重做命令)：该命令会重做由 undo 命令删除的最后一个操作，因此它将恢复由 undo 命令删除的操作。

7) Box、Sphere and Cylinder Modes(盒状、球体和圆柱体模式)：这三种模式可以在 Gazebo 环境中自动创建不同尺寸的对应形状，可以用缩放模式来修改这些简单形状的尺寸。

8) Lighting Mode(光照模式)：该模式可以改变 Gazebo 环境中光照的角度和强度。

9) Copy Mode(复制模式)：复制在 Gazebo 环境中选中的对象。

10) Paste Mode(粘贴模式)：该模式将被复制的对象粘贴到 Gazebo 环境中。

11) Selection and Alignment Mode(选中并对齐模式)：该模式可以让两个对象在 X、Y 或 Z 轴上相互对齐。

12) Join Mode(连接模式)：该模式允许选择两个待连接对象的连接位置。

13) Alter View Angle Mode(变换视图角度模式)：该模式允许用户改变视角(即观察仿真世界的角度)。

14) Screenshot Mode(截屏模式)：该模式可以对仿真环境进行屏幕截图，截图可被用于撰写文档，所有的截图文件都被存放在~/gazebo/pictures 目录当中。

15) Log Mode(日志模式)：日志模式会获取生成的所有数据和仿真值，并将它们存放到~/gazebo/log 目录当中，该模式可被用于调试 AI 探测车的深度学习程序。

4.5.4 不可见关节面板

现在我们再来看一下图 4-16 中的矩形框部分，将虚线控件向左侧拖拽就能访问关节面板——这也是我们对所有活动模型(例如探测车)进行测试的界面。拖拽虚线控件会看到如图 4-18 所示的界面。

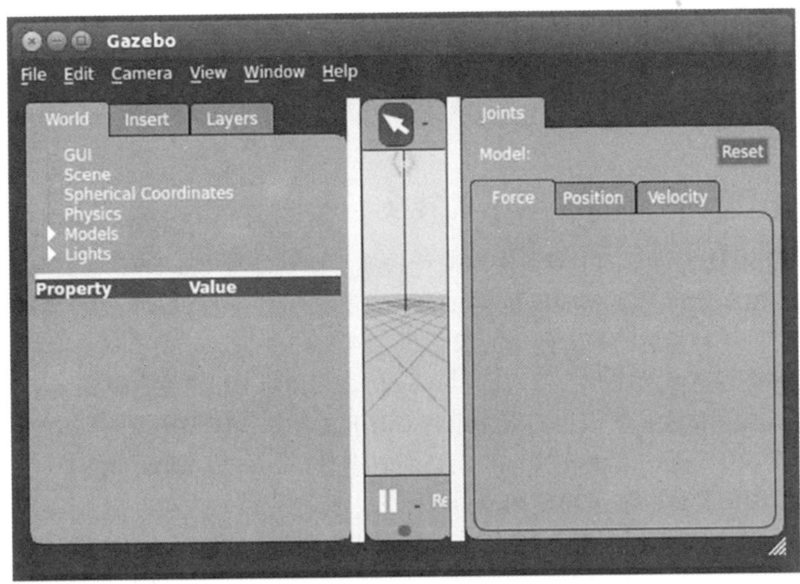

图 4-18 从右向左拖拽显示 Gazebo 的关节面板

关节面板有一个 Reset 按钮和多个选项卡，Reset 按钮可以将活动模型恢复到其初始配置，选项卡则可以显示活动模型的可用关节和属性。在 AI 探测车中，唯一可用的关节就是两个车轮，三个选项卡的定义如下所示：

1) Force：定义施加在每个连续关节上的力矩，单位为牛·米(N·m)。

2) Position：以<x,y,z>形式表示的三维坐标，以及以<roll,pitch,yaw>(<横滚,俯仰,偏航>)形式表示的旋转角度。

3) Velocity：关节的运动速度，单位是米/秒(m/s)。

以上这些值也可以被设为 PID 控制器的值。

4.5.5 Gazebo 的菜单栏

现在我们已经学习过了用于控制在 Gazebo 仿真中出现的形状、尺寸和操作的工具栏，现在我们必须去学习一下 Gazebo 界面菜单栏的基本作用。菜单栏包括 File、Edit、Camera、View、Window 和 Help 菜单，这些菜单在现代 GUI 环境中很常见。现在，我们来学习 Gazebo 菜单栏中每个菜单的基本功能：

1) File 菜单的子功能包括保存仿真世界、另存仿真世界、保存 Gazebo 界面配置、克隆仿真世界以及退出 Gazebo。

2) Edit 菜单的子功能包括重置模型姿态、重置世界、建筑物编辑器以及 Gazebo 模型编辑器。

3) Camera 菜单的子功能包括正射投影视角、透视投影视角、第一人称视角控制、环绕视角控制以及重置视角。

4) View 菜单的子功能包括显示栅格、显示仿真世界原点、将模型显示为透明、将模型显示为框线、显示模型间的碰撞、显示模型关节、显示模型质心、显示模型惯量、显示模型间的碰撞点、显示连杆的坐标轴。

5) Window 菜单的子功能包括主题可视化、Oculus Rift 虚拟现实观察者、显示 GUI 叠加、显示工具栏以及全屏显示。

6) Help 菜单的子功能包括热键映射表和 Gazebo 的相关信息。

在学习了菜单栏的功能之后，接下来学习仿真运行及回放。我们必须通过把 URDF 文件转换为 SDF(仿真描述格式)文件，将 AI 探测车的 URDF 文件修改为与 Gazebo 仿真环境兼容的形式。

4.5.6 URDF 向 Gazebo SDF 的转换

现在我们对 AI 探测车的 URDF 文件进行转换，使其能被 Gazebo 仿真环境接受和处理。我们必须将 URDF 文件转换成 SDF 文件。有一点必须提醒读者，SDF 文件的表示方法实际是 URDF 文件的一种扩展，两者使用的都是同一种 XML 扩展表示法。通过对描述 AI 探测车的 URDF 文件进行适当的修改，就能让 Gazebo 仿真环境将 URDF 文件转换成针对 AI 探测车的 SDF 机器人描述格式。下面我们来介绍将 URDF 文件转换成 SDF 文件所需的步骤。

为了完成 URDF 到 SDF 的转换，我们必须向描述 Gazebo 模拟器中的 AI 探测车底盘、车轮和脚轮的 URDF 文件添加正确的<gazebo>标签。此处要声明一点，AI 探测车的底盘不仅包括表示 AI 探测车的盒子本身，还包括其嵌入式电路(例如树莓派)的重量和惯量。使用<gazebo>标签可以对存在于 SDF 文件但是在 URDF 文件中没有的元素进行变换。如果使用<gazebo>标签时没有为其添加 reference="" 属性，那么该<gazebo>标签就会和整个 AI 探测车模型相关联。reference 参数一般表示在 AI 探测车的 URDF 文件中定义的关节(例如车轮)。我们还可以定义存在于 SDF 文件当中但不存在于 URDF 中的连杆和关节，通过在 SDF 文件中进行这种扩展，我们可以对深度学习控制器进行仿真，在 Gazebo 仿真环境中控制 AI 探测车。在本章和下一章当中，我们会在 http://gazebosim.org/tutorials/?tut=ros_urdf 上翻阅一些教程，查看用于进一步增强 AI 探测车仿真效果的元素列表，这些元素包括连杆和关节，固定式传感器和动力传动装置都是 AI 探测车连杆和关节的例子。

我们不仅能在 Gazebo 中定义连杆和关节，还能定义和指定颜色。但是在 Gazebo 中我们必须进行若干修改，因为 Gazebo 中的定义方式与 RViz 中对 AI 探测车模型的定义方式有所不同。例如，我们无法重用针对组件颜色的定义，因此，必须为每个连杆添加<material>标签。Gazebo 的标签可以被放置在 AI 探测车模型中的</robot>结束标签之前，如下所示：

```
<gazebo reference="base_link">
    <material>Gazebo/Blue</material>
</gazebo>

<gazebo reference="right_wheel">
    <material>Gazebo/Black</material>
</gazebo>

<gazebo reference="left_wheel">
    <material>Gazebo/Black</material>
</gazebo>
```

Gazebo 的标签必须在 AI 探测车的整个模型的结束标签</robot>之前，因此，所有的 Gazebo 标签都应当在文件末尾的</robot>结束标签之前定义。另外，Gazebo 中的其他元素也有一些要注意的地方。

如果没有为每个连杆(例如用三维盒子表示的底盘或者脚轮)指定<visual>和<collision>元素，那么 Gazebo 模拟器既不会使用<visual>元素，也不使用<collision>元素。如果没有指定这样的连杆，那么 Gazebo 就认为它们对于传感器(例如激光)和仿真环境的碰撞检测是不可见的。

4.5.7 检查 URDF 向 Gazebo SDF 的转换

就像我们在之前使用 Noetic ROS 中的 check_urdf 工具校核和检验 URDF 文件一样，我们同样要对用<gazebo>扩展标签升级的 URDF 文件再次进行检查。我们必须进行这种检查，以确定带有<gazebo>标签的 URDF 文件中是否存在错误，这种文件实际上是将 Gazebo 仿真环境导出为 AI 探测车模型所需的 SDF 文件。现在我们把 AI_Rover. urdf 文件的扩展名修改成 AI_Rover. gazebo，这个文件扩展名表示该文件用于 Gazebo 仿真环境中的 AI 探测车。用于检查 URDF 的<gazebo>扩展(允许通过 Gazebo 将 URDF 文件转换成 SDF 文件)的特定工具是$ gz sdf 工具集，需要输入以下两条命令：

```
$ gz sdf -p ai_rover.gazebo
```

或者在整个目录中，搜索以 gazebo 为扩展名的文件：

```
$ gz sdf -p $(rospack find ai_robotics)/urdf/ai_rover.gazebo
```

我们首先测试的是底盘和车轮的颜色是否能在 Gazebo 中正常显示，在本章末尾我们还会使用 Gazebo 为 AI 探测车开发不同的驾驶控制器。

现在我们已经学习了检查带有<gazebo>扩展标签的基本方法，<gazebo>扩展标签必须放置在每个组件(例如 AI 探测车的 base_link 和两个车轮)的<link>和<joint>标签之间。我们来看一下带有<gazebo>扩展标签的 AI 探测车的 URDF 文件的示例，其中<gazebo>标签部分被加粗显示：

```
<?XML version='1.0'?>
<robot name="ai_rover">

    <!-- Base Link -->
    <link name="base_link">
    </link>

        <gazebo reference="base_link">
                <material>Gazebo/Blue</material>
        </gazebo>

    <!-- Right Wheel -->
    <link name="right_wheel">
    </link>

    <gazebo reference="right_wheel">
        <material>Gazebo/Black</material>
    </gazebo>
```

```
    <joint name="joint_right_wheel" type="continuous">
    </joint>

    <!-- Left Wheel -->
    <link name="left_wheel">
    </link>

    <gazebo reference="left_wheel">
        <material>Gazebo/Black</material>
    </gazebo>
    <joint name="joint_left_wheel" type="continuous">
    </joint>

</robot>
```

在创建了带有<gazebo>扩展标签的 URDF 文件之后，必须将其转换成 SDF 文件，并确保转换过程没有任何问题，转换得到的 SDF 文件可以被 Gazebo 处理。为了进行检查，我们要执行命令：$ gz sdf -p ai_rover Gazebo，只要在正确的目录中执行了该命令，我们就应当能看到一个终端提示，列出了正确且等效的 SDF 文件，并且没有显示任何错误。

4.5.8 Gazebo 中第一个受控 AI 探测车模型

当我们在 Gazebo 中开发第一个受控 AI 探测车模型时，必须编写两个文件实现创建此仿真环境的两个步骤。首先我们必须编写启动文件，该文件用于启动和查看 AI 探测车、环境以及仿真环境中出现的障碍和迷宫。然后编写描述 Gazebo 仿真世界中所包含的内容的文件，例如迷宫、障碍和危险物。有一点必须说明，Gazebo 仿真文件同样由启动文件启动。我们还要知道启动文件必须放在 launch 目录当中，而 Gazebo 障碍仿真文件(Gazebo 仿真文件)应当放在 worlds 目录当中，这两个目录都是 ai_robotics 目录的子目录。

因此，启动空无一物的仿真世界的启动文件如下所示：

```
<launch>
  <!-- We use ROSLAUNCH AND empty_world.launch, -->
  <include file="$(find gazebo_ros)/launch/empty_world.launch">
    <arg name="world_name" value="$(find   ai_robotics)/worlds/
    ai_rover.world"/>

    <arg name="paused" default="false"/>
    <arg name="use_sim_time" default="true"/>
    <arg name="gui" default="true"/>
    <arg name="headless" default="false"/>
    <arg name="debug" default="false"/>

  </include>
```

```
  <!-- Spawn ai_rover into Gazebo -->
<node name="spawn_urdf" pkg="gazebo_ros" type="spawn_model"
output="screen"
     args="-file $(find ai_robotics)/urdf/ai_rover.gazebo
     -urdf -model ai_rover"/>

</launch>
```

现在我们需要通过如下所示的终端命令，为探测车创建子目录 worlds：

```
$ cd ~/catkin_ws/src/ai_robotics
$ mkdir worlds
$ cd worlds
```

该启动文件会启动包含在 gazebo_ros 包中的空仿真世界。我们还可以通过替换文件 ai_rover. world 来创建包含金字塔墓穴的仿真世界。带有描述 AI 探测车模型的<gazebo>扩展标签的 URDF 文件将通过 gazebo_ros Noetic ROS 节点的 spawn_model 服务启动。

现在我们创建好了目录 worlds，接下来就可以开始编写 SDF 格式的文件 ai_rover. world，这个文件会由之前提到的启动文件来启动，因此，我们会对描述地平面、光源(太阳)以及两个隔离式施工锥的 ai_rover. world 文件进行仔细检查。ai_rover. world 的源码如下所示：

```
<?XML version="1.0"?>
<sdf version="1.4">
<world name="default">
<include>
<uri>model://ground_plane</uri>
</include>
<include>
<uri>model://sun</uri>
</include>
<include>
<uri>model://construction_cone</uri>
<name>construction_cone</name>
<pose>-3.0 0 0 0 0 0</pose>
</include>
<include>
<uri>model://construction_cone</uri>
<name>construction_cone</name>
<pose>-3.0 0 0 0 0 0</pose>
</include>
</world>
</sdf>
```

我们可以通过修改<include>、<uri>、<name>和<pose>标签，让这个文件包含更多的施工锥或者其他障碍物。<include>标签允许我们包含更多的模型，如“施工锥”。<uri>标签则指明该模型是什么，如“这是一个施工锥”。<pose>标签表示一个坐标系与其父坐标系之间的相对坐标变换。连杆坐标系总是相对一个模型坐标系定义的，而关节坐标系则是相对于其子连杆坐标系定义的。现在，我们通过执行如下命令来启动 ai_rover_gazebo. launch 文件：

```
$ roslaunch ai_robotics ai_rover_gazebo.launch
```

执行上述终端命令后，你应当能看到如图 4-19 所示的界面。

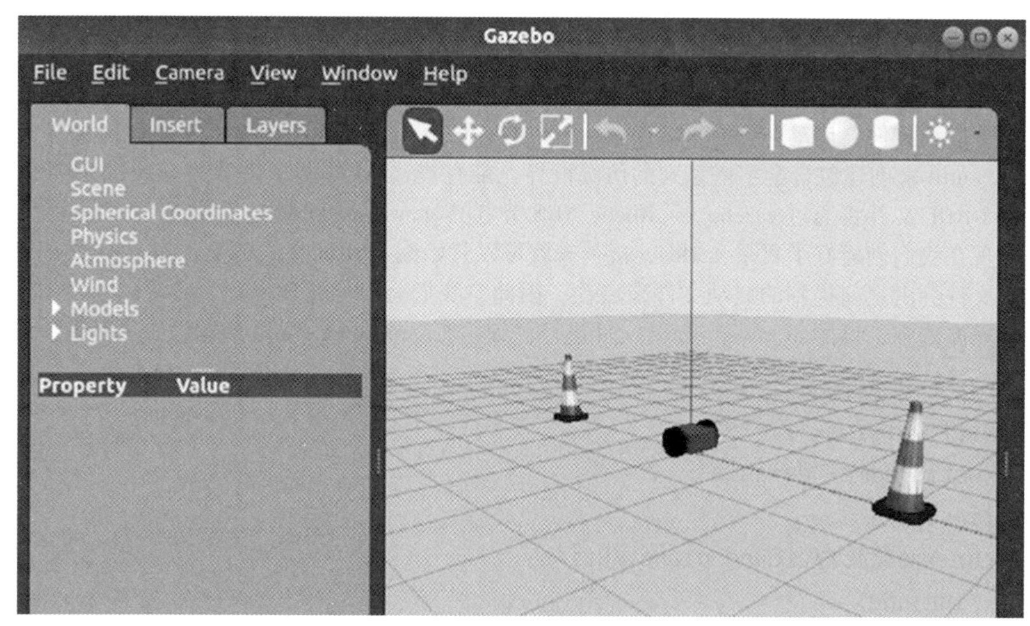

图 4-19 Gazebo 模拟的第一个受控 AI 探测车

4.5.9 首次应用深度学习的可能性

现在我们已经完成了 Gazebo 模拟的第一个 AI 探测车设置，接着我们必须通过实验来探索驱使探测车运动以及智能导航和避障的方法，最终实现其感知障碍和避开障碍的能力。首次应用深度学习控制器可能会控制 AI 探测车出现意外行为。意外行为包括在绕过障碍物时没有按照直线行进，这是因为带有<gazebo>扩展标签的 URDF 文件需要进行进一步修正，以表现 Gazebo 中的物理特性。我们需要开发一个智能自适应的深度学习控制器来控制 AI 探测车。我们可能需要对 AI 探测车的一些属性(例如质量分布值和惯量值)做一些修改。如果这些值不断变化，我们就需要一个能够进行自适应的控制器。

4.5.10 用关节面板移动 AI 探测车

现在我们应该来尝试测试 Gazebo 中提供的底层物理引擎，完成此项测试的最有效的方法之一是让 AI 探测车的模型在 Gazebo 中运动起来。因此，为了测试 AI 探测车的物理引擎，我们必须使用关节面板控制关节，关节面板位于 Gazebo 界面的右侧。我们需要处于选择模式，可以通过点击 AI 探测车模型来进入选择模式，此时 AI 探测车周边将出现一个高亮显示的轮廓框。选中 AI 探测车模型后，我们可以在关节面板的 Force 选项卡中看到 joint_left_wheel 和 joint_right_wheel 的值。我们需要输入非常小的值，例如将 joint_left_wheel 设置为 0.00050N · m，将 joint_right_wheel 设置为 0.00002N · m。然后我们就能看到 AI 探测车模型沿着弧形路径移动。我们应当尝试让 AI 探测车和一个施工锥产生碰撞，这样做的目的是看看 AI 探测车的 URDF 文件中的<collision>标签是否有效。如果看到如图 4-20 所示的碰撞场景，那么证明<collison>标签确实有效。

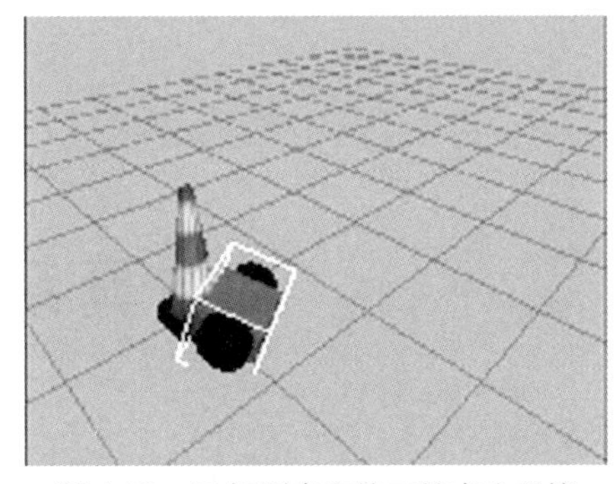

图 4-20 AI 探测车和施工锥产生碰撞

4.6 本章小结

通过本章的学习，我们收获了很多知识。我们看到了如何用 URDF 文件构建 AI 探测车的模型，还展示了如何用<gazebo>标签扩展 URDF 文件，使其能适用于 Gazebo 仿真。我们还对设计模型的三维环境 RViz 的功能进行了测评。我们还学习了如何针对 RViz 中创建的模型进行开发，并将其部署到 Gazebo 当中。我们还学习了如何使用 ROS 命令启动模拟。在第 5 章中，我们将学习如何利用 XML 宏(XML macro，Xacro)语言来开发更加复杂的 AI 探测车模型，使用 Xacro 可以更有效地构建 AI 探测车、传感器、执行器以及仿真环境。我们还会针对这些 Xacro 文件展示更多 UML 建模实例。

4.7 本章练习

1) 如果要让 ai_rover. world 文件中包含施工锥之外的障碍物，需要对这个文件进行怎样的修改?

2) 为了在 ai_rover. world 文件中生成更多的施工锥，需要做哪些修改? 如何将这些施工锥放在不同的位置，或者将它们对称放置?

3) 关节面板的使用如何突出了差动轮式驱动系统对控制器和驾驶器的需求? 为什么不能在 RViz 内部开发差动驱动系统?

4) 为何我们需要用 check_urdf 等工具来校核和验证所编写的 URDF 文件和 SDF 文件?

CHAPTER5

第5章

在仿真系统中添加传感器

在第4章中，我们创建了第一个Gazebo模拟的探测车，并驱动探测车在空旷的虚拟环境中移动。我们使用URDF文件定义了探测车的外观，还用到启动文件在Gazebo环境中定义了探测车的控制。现在我们将添加传感器，使探测车能够“看到”障碍物。但是，这样URDF文件就会变得非常臃肿，并且在没有帮助的情况下也难以维护，因此，我们可以转向XML语言扩展Xacro。Xacro通过简单的代码块就能帮助我们添加标准传感器，这样的代码块被称为插件。插件支持多种类型的传感器，比如LiDAR、雷达、相机等。LiDAR能够为探测车提供最初的测距功能。我们还将编写Python脚本，通过差动插件控制探测车的车轮。最后，我们要做一个实验，通过Python脚本用键盘实施远程控制。

5.1 本章目标

掌握本章内容需要完成以下目标：

- 学习XML宏编程语言Xacro。
- 为简化和可扩展性起见，利用Xacro重新构建探测车的模型。
- 针对传感器和动力装置利用Xacro编程语言编写程序。
- 在RViz和Gazebo模拟器中测试探测车。
- 控制探测车。

5.2 XML宏编程语言

Xacro编程语言是一种宏语言，用于编写可维护的模块化XML文件。我们现在先对Xacro如何优化URDF机器人与Gazebo模拟文件做个简要的介绍。

宏是“值”对“名称”的一种简单替换。最直接的宏就是属性替换，属性通常是整个文件中所使用的常量，用“名称”占位符替换常量可以让程序员在单独的位置定义属性，从而更易于维护，在这个单独的位置修改值就会修改文件中所有对应之处的命名常量。其格式如下所示：

首选风格

```
<xacro:property name="propertyName" value="propertyValue"/>
```

等效的代码块

```
<xacro:property>
   <name="propertyName">
   <value="propertyValue" />
</xacro:property>
```

在 XML 文件中找到属性名，并替换成对应的属性值，属性值可以是简单的数值或字符串。下面的示例展示了如何声明和使用属性：

```
<xacro:property name="myRadius" value="2.1" />
<xacro:property name="myLength" value="4.5" />

<geometry type="cylinder" radius="${myRadius}"
length="${tmyLength}" />
```

上面的属性通过替换$\{\}中的属性名完成了几何外观表达的替换。我们将使用属性代码块来定义探测车底盘的尺寸。如果我们不打算改变探测车的大小，那么只要修改属性块即可。

更加复杂的替换允许用多个值来替代单个属性名。下面的例子展示了如何使用属性块设置笛卡儿坐标(x,y,z)和方向(roll,pitch,yaw)的值，来表达几何外观：

```
<xacro:property name="front_left_origin">
  <origin xyz="0.3 0 0" rpy="0 0 0" />
</xacro:property>

<pr2_wheel name="front_left_wheel">
  <xacro:insert_block name="front_left_origin" />
</pr2_wheel>
```

我们在属性块 front_left_origin 中将 *xyz* 的值定义为“0.3 0 0”，将 *rpy* 的值定义为“0 0 0”。如果我们有一辆带有新底盘的新探测车，那么我们就可以通过修改 front_left_origin 属性块来更新整个系统，不必为了进行所需的修改在所有文件中跟踪每个“front_left_origin”的实例。

我们可以用 Xacro 为传感器处理提供简单的数学表达式，或者表示探测车组件的尺寸。只有简单的算术和变量替换可被支持。例如：

```
<xacro:property name="radius" value="4.3" />
<circle diameter="${2 * radius}" />

<xacro:property name="R" value="2" />
<xacro:property name="alpha" value="${30/180*pi}" />
<circle circumference="${2 * pi * R}"
```

```
    pos="${sin(alpha)} ${cos(alpha)}" />
<limit lower="${radians(-90)}" upper="${radians(90)}"
    effort="0" velocity="${radians(75)}" />
```

Xacro 中的${}也是 Python 算术库的扩展，库中的常量(pi)和函数(radians，角度到弧度的转换)都可被访问。

Xacro 中还有条件判断语句块 if…unless，这和编程语言(例如 Python)中的 if…else 类似。Xacro 的条件判断语句块的语法格式如下所示：

```
<xacro:if value="<expression>">
  <... some xml code here ...>
</xacro:if>
<xacro:unless value="<expression>">
  <... some xml code here ...>
</xacro:unless>
```

条件判断语句块总是返回布尔值，也就是 true(1)或者 false(0)。如果返回其他值则会抛出异常。在下面的5条语句中，第一条将 var 定义为 useit，第二条检查 var 是否等于 useit 并返回 true，第三条查看 var 的子字符串并返回 true，第四条定义了一个数值数组 allowed，第五条检查"1"是否在刚才定义的数组当中。在使用数值时，使用双引号" "，而在使用字符串常量时，则使用单引号' '。

```
<xacro:property name="var" value="useit"/>
<xacro:if value="${var == 'useit'}"/>
<xacro:if value="${var.startswith('use') and
     var.endswith('it')}"/>
<xacro:property name="allowed" value="${[1,2,3]}"/>
<xacro:if value="${1 in allowed}"/>
```

5.3 更多 XML 示例

为了展示 XML 和 Xacro 的功能，我们创建了若干宏的示例。下面的 XML 示例声明了一对关节和连杆，其中动态关节被命名为 caster_front_left_joint，其坐标值是 *xyz* = "0 0 1"。连杆组件 caster_front_left 定义了坐标(*xyz* = "0 1 0")、方向(*rpy* = "0 0 0")、颜色(name = "yellow")以及质量常量(0.1)，并且我们还定义了惯量值。

```
<joint name="caster_front_left_joint">
  <axis xyz="0 0 1" />
</joint>
<link name="caster_front_left">
  <pose xyz="0 1 0" rpy="0 0 0" />
```

```
    <color name="yellow" />
    <mass>0.1</mass>
    <inertial>
      <origin xyz="0 0 0.5" rpy="0 0 0"/>
      <mass value="1"/>
      <inertia ixx="100"  ixy="0"  ixz="0"
               iyy="100" iyz="0" izz="100" />
    </inertial>
  </link>
```

为了演示 Xacro 的功能，接下来创建的宏接收“first”和“second”两个宏作为参数，“first”和“second”这两个宏则在其他地方定义，这两个参数被依次插入，构成一个更大的宏“reorder”。像这样的多个块参数会按照指定的顺序依次执行，这些被执行的参数可以将左轮/右轮、前轮/后轮作为宏传递到单个控制宏当中，以生成四个单独的控制宏(左轮/前轮、右轮/前轮、左轮/后轮、右轮/后轮)，如下：

```
<xacro:macro name="reorder" params="*first *second">
  <xacro:insert_block name="first"/>
  <xacro:insert_block name="second"/>
</xacro:macro>

<reorder>
  <first/>
  <second/>
</reorder>
```

宏还可以包含其他宏，这称为嵌套。外部宏首先展开，然后内部宏再展开。嵌套的完整介绍超过了本书讨论的范围。要想将被嵌套的宏包含到主宏当中，请按照如下所示的方式进行：

```
<xacro:include filename="$(find Rover)/urdf/ai_rover_
remastered_plugins.xacro"/>
```

上面的宏在项目目录中查找文件 ai_rover_remastered_plugins. xacro，并将该文件插入到当前文件中。ai_rover_remastered_plugins. xacro 文件中存放的是探测车的插件文件名，例如传感器插件(LiDAR、雷达等)以及双轮差动控制器插件(DDC)，DDC 中内置了简单的键盘命令来控制差动驱动器。

5.4 重构探测车

我们通过将标准 XML 转换为 Xacro URDF 描述文件的过程，来对双轮差动探测车系统的设计进行检查和重构。探测车的差动系统是机器人最常见的驱动系统类型，通过独立控制每个车轮的速度进行导航。由于探测车只用到了两个车轮和一个不能移动的静态脚轮，因此我们应当考虑在 Xacro 中进行重构。Xacro 最重要的优点是其更易于维护、实现、测试和扩展 Gazebo 仿真。Xacro 的模块化设计和 Python 脚本编程意味着我们能够对虚拟探测车的程序进行快速测试。Xacro 还可以帮助我们将所做的设计从 Gazebo 仿真过渡到实际探测车现有的软硬件实现。

请记住，差动驱动系统通过独立控制每个车轮的速度实现环境中的导航。左前轮或右前轮控制(或执行)导航，它们的速度决定了探测车的行驶路径。要想了解更多信息，请参阅 https：//en. wikipedia. org/wiki/Differential_wheeled_robot 上的内容。

5. 4. 1　模块化设计的探测车

如果我们准备维护复杂性日益增长的软件项目，就应当简化其结构。现在将所有源代码放在一个文件当中看上去能够进行这种简化，但是不久之后，我们还会添加硬件和软件，这样会变得难以跟踪底层的修改。因此在设计之初，就应当立足于后续设计简化代码的封装结构。我们会将原始的代码划分为四个各负其责(且职责单一)的模块。原始的 URDF 代码会被划分为如下所示的 Xacro 模块：

1)几何尺寸(dimensions. xacro)，跟踪探测车物理组件的常量。

2)底盘(chassisInertia. xacro)，跟踪与探测车车体相关的物理特性。

3)车轮(wheelsInertia. xacro)，跟踪与探测车车轮相关的物理特性。

4)脚轮(casterInertia. xacro)，跟踪与探测车脚轮相关的物理特性。

5)激光(laserDimensions. xacro)，跟踪与 LiDAR 外壳相关的物理特性与几何布局。

6)相机(cameraDimensions. xacro)，跟踪与相机外壳相关的物理特性与几何布局。

7)惯量测量单元(IMUDimensions. xacro)，跟踪与惯量测量单元外壳相关的物理特性与几何布局。

在增加新传感器后，我们需要修改描述几何尺寸的文件，并添加文件<sensor>Inertia. xacro。从逻辑上看，现在我们的软件项目看上去应当如图 5-1 所示。

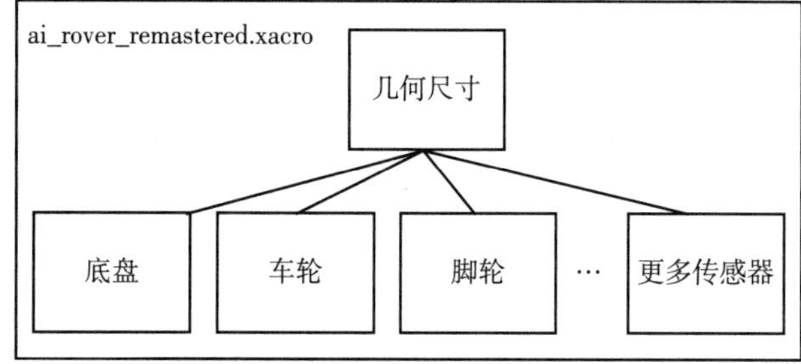

图 5-1　探测车的模块化设计

要想重构代码，我们需要使用 ai_rover_remastered 终端命令，创建探测车的子目录：

```
$ mkdir -p catkin_ws/src/ai_rover_remastered
$ cd catkin_ws/src/ai_rover_remastered
$ mkdir launch urdf config
```

现在在目录 ai_rover_remastered 中应当有三个子目录：launch、urdf 和 config。此时，ai_rover_remastered 可以作为 ROS 包。请注意，URDF 支持 XML 和 Xacro。

1. dimensions. xacro

接下来在目录 catkin_ws/src/ai_rover_remastered/urdf 中创建文件 dimensions. xacro：

```
<?xml version="1.0"?>
<robot name="ai_rover_remastered" xmlns:xacro="http://www.ros.
```

```
org/wiki/xacro">
<xacro:property name="base_width" value="0.16"/>
<xacro:property name="base_length" value="0.16"/>
<xacro:property name="wheel_radius" value="0.035"/>
<xacro:property name="base_wheel_gap" value="0.007"/>
<xacro:property name="wheel_separation" value="0.15"/>
<xacro:property name="wheel_joint_offset" value="0.02"/>

<xacro:property name="caster_wheel_radius" value="${wheel_
radius/2}"/>
<xacro:property name="caster_wheel_mass" value="0.001"/>
<xacro:property name="caster_wheel_joint_offset"
value="-0.052"/>
</robot>
```

现在我们已经为探测车创建了第一个 Xacro URDF 文件，它定义了探测车的几何尺寸，并用作不同探测车模型的框架。属性块标签定义了数值和字符串常量，例如将探测车的基本长度“base_length”静态定义为 0. 16，任何包含该文件的 Xacro 文件都能访问该全局常量。如果在 dimensions. xacro 中将 base_length 的值修改为 0. 20，那么会在所有文件中产生连锁反应。如果没有 Xacro，我们就必须在所有文件中查找“0. 16”，确定其是否是 base_length 或 base_width 的值，并手动进行修改，这个过程非常容易出错(请与第 4 章中 URDF 做个对比)。

2. chassisInertia. xacro

接下来我们创建 chassisInertia. xacro 来定义探测车的运动，请注意，这个文件包含了 dimensions. xacro 文件，还包含了最终的 ai_rover_remastered. xacro 文件。这种文件嵌套初看上去很复杂，但它分离了结构和功能，能够让我们在修改一个文件时，不必再修改其他文件。代码如下：

```
<?xml version="1.0"?>

<robot name="ai_rover_remastered" xmlns:xacro="http://www.ros.
org/wiki/xacro">

<xacro:macro name="box_inertia" params="m w h d">
  <inertial>
    <mass value="${m}"/>
    <inertia ixx="${m / 12.0 * (d*d + h*h)}" ixy="0.0"
    ixz="0.0" iyy="${m / 12.0 * (w*w + h*h)}" iyz="0.0"
    izz="${m / 12.0 * (w*w + d*d)}"/>
  </inertial>
</xacro:macro>

<link name="base_footprint">
```

```
    <xacro:box_inertia m="20" w="0.001" h="0.001" d="0.001"/>
    <visual>
      <origin xyz="0 0 0" rpy="0 0 0" />
      <geometry>
         <box size="0.001 0.001 0.001" />
      </geometry>
    </visual>
  </link>

  <link name="base_link">
    <xacro:box_inertia m="10" w="${base_length}" h="${base_
    width}" d="0.01"/>
    <visual>
      <geometry>
        <box size="${base_length} ${base_width} 0.01"/>
      </geometry>
    </visual>

    <collision>
      <geometry>
        <box size="${base_length} ${base_width} 0.01"/>
      </geometry>
    </collision>
  </link>

  <joint name="base_link_joint" type="fixed">
    <origin xyz="0 0 ${wheel_radius + 0.005}" rpy="0 0 0" />
    <parent link="base_footprint"/>
    <child link="base_link" />
  </joint>

  </robot>
```

3. wheels. xacro

接下来的组件是两个相同的车轮，因为两个车轮是相似的，因此我们需要定义一次概念(类)并进行两次实例化(对象)，方法是在生成的 ai_rover_remastered. urdf 文件中为它们指定合适的偏移量，具体如下：

```
  <?xml version="1.0"?>

  <robot name="ai_rover_remastered" xmlns:xacro="http://www.ros.
  org/wiki/xacro">
```

```
<xacro:macro name="cylinder_inertia" params="m r h">
  <inertial>
    <mass value="${m}"/>

    <inertia ixx="${m*(3*r*r+h*h)/12}" ixy="0" ixz="0"
    iyy="${m*(3*r*r+h*h)/12}" iyz="0" izz="${m*r*r/2}"/>
  </inertial>
</xacro:macro>
<xacro:macro name="wheel" params="prefix reflect">
  <link name="${prefix}_wheel">
    <visual>
      <origin xyz="0 0 0" rpy="${pi/2} 0 0"/>
      <geometry>
        <cylinder radius="${wheel_radius}" length="0.005"/>
      </geometry>
      <material name="blue"/>
    </visual>

    <collision>
      <origin xyz="0 0 0" rpy="${pi/2} 0 0"/>
      <geometry>
        <cylinder radius="${wheel_radius}" length="0.005"/>
      </geometry>
    </collision>

    <xacro:cylinder_inertia m="10" r="${wheel_radius}"
    h="0.005"/>
  </link>

  <joint name="${prefix}_wheel_joint" type="continuous">
    <axis xyz="0 1 0" rpy="0 0 0" />
    <parent link="base_link"/>
    <child link="${prefix}_wheel"/>
    <origin xyz="${wheel_joint_offset} ${((base_width/2)+base_
    wheel_gap)*reflect} -0.005" rpy="0 0 0"/>
  </joint>

</xacro:macro>

</robot>
```

在上面这段简短的脚本中存在很多面向对象编程（Object-Oriented Programming，OOP）范式的示例，${prefix}宏创建与底盘相连接的独立的左轮和右轮连杆和关节。你应当注意到了OOP的实例化（用${prefix}宏创建的左轮和右轮连杆和关节）和聚合（将左轮和右轮分别连接到base_link的一侧），而wheel_joint_offset决定了车轮偏移底盘中心的水平距离。

4. casterInertia. xacro

我们可以使用宏构建探测车上其他组件的质量和惯量的模型。例如，我们将脚轮（casterInertia. xacro）建模为可以朝任意方向转动的“圆”轮，这和实际探测车中的情形类似，示例如下：

```
<?xml version="1.0"?>

<robot name="ai_rover_remastered" xmlns:xacro="http://www.ros.
org/wiki/xacro">

<xacro:macro name="sphere_inertia" params="m r">
  <inertial>
    <mass value="${m}"/>
    <inertia ixx="${2.0*m*(r*r)/5.0}" ixy="0.0" ixz="0.0"
    iyy="${2.0*m*(r*r)/5.0}" iyz="0.0" izz="${2.0*m*(r*r)/5.0}"/>
  </inertial>
</xacro:macro>

<link name="caster_wheel">
  <visual>
    <origin xyz="0 0 0" rpy="0 0 0"/>
    <geometry>
      <sphere radius="${caster_wheel_radius}"/>
    </geometry>

    </visual>

    <collision>
      <origin xyz="0 0 0" rpy="0 0 0"/>
      <geometry>
        <sphere radius="${caster_wheel_radius}"/>
      </geometry>
    </collision>

    <xacro:sphere_inertia m="5" r="${caster_wheel_radius}"/>
</link>

<joint name="caster_wheel_joint" type="continuous">
  <axis xyz="0 1 0" rpy="0 0 0" />
```

```
    <parent link="base_link"/>
    <child link="caster_wheel"/>

    <origin xyz="${caster_wheel_joint_offset} 0 -${caster_wheel_
    radius+0.005}" rpy="0 0 0"/>
  </joint>

  </robot>
```

现在我们可以根据实际脚轮的几何外观的需要，精确地创建出脚轮，上面的代码创建了脚轮连杆(caster_wheel)和关节(caster_wheel_joint)，它们都与车体连杆连接在一起。

5. laserDimensions. xacro

Gazebo 的激光测距扫描器插件(Laser Range Finding Scanner Plug-in，LRFP)能够确定之前未探索区域的几何形状。LRFP 模拟 LiDAR 传感器，在我们的探测车中，选用的是 Hokuyo LiDAR 系统。LiDAR 传感器使用激光脉冲测量到环境中物体的距离，并辅助确定它们的几何形状。然后我们可以生成地图，帮助探测车导航和避障。LiDAR 系统是现代机器人中里程计数据的主要来源之一。下面的代码(laserDimensions. xacro)把具有正确几何尺寸的 sensor_laser 放置在探测车底盘的顶部，以接收来自 Xacro 传感器文件的消息：

```
  <?xml version="1.0"?>

  <robot name="ai_rover_remastered" xmlns:xacro="http://www.ros.
  org/wiki/xacro">
    <xacro:property name="laser_size_x" value="0.03"/>
    <xacro:property name="laser_size_y" value="0.03"/>
    <xacro:property name="laser_size_z" value="0.04"/>
    <xacro:property name="laser_origin_x" value="0.065"/>
    <xacro:property name="laser_origin_y" value="0"/>
    <xacro:property name="laser_origin_z" value="0.035"/>
    <link name="sensor_laser">
      <visual>
        <geometry>
          <box size="${laser_size_x} ${laser_size_y} ${laser_
          size_z}"/>
        </geometry>
        <material name="blue"/>
      </visual>
      <collision>
        <geometry>
          <box size="${laser_size_x} ${laser_size_y} ${laser_
          size_z}"/>
```

```
      </geometry>
    </collision>
    <xacro:box_inertia m="0.2" w="${laser_size_x}" h="${laser_
    size_y}" d="${laser_size_z}"/>
  </link>

  <joint name="sensor_laser_joint" type="fixed">
    <origin xyz="${laser_origin_x} ${laser_origin_y} ${laser_
    origin_z}" rpy="0 0 0" />
    <parent link="base_link"/>
    <child link="sensor_laser" />
  </joint>
</robot>
```

6. cameraDimensions. xacro

探测车的集成式相机会捕获和处理图像数据，以感知和避开障碍。为简化起见，我们将相机的几何尺寸设置为与 LiDAR 传感器相同，并将其放置在 LiDAR 传感器的前下方。cameraDimensions. xacro 用固定的连杆 camera_link 定义了放置在底盘(base_link)前部的简单相机，如下：

```
<?xml version="1.0"?>

<robot name="ai_rover_remastered" xmlns:xacro="http://www.ros.
org/wiki/xacro">
    <xacro:property name="camera_size_x" value="0.03"/>
    <xacro:property name="camera_size_y" value="0.03"/>
    <xacro:property name="camera_size_z" value="0.04"/>
    <xacro:property name="camera_origin_x" value="0.165"/>
    <xacro:property name="camera_origin_y" value="0"/>
    <xacro:property name="camera_origin_z" value="-0.035"/>
    <link name="camera_link">
        <visual>
            <geometry>
                <box size="${camera_size_x} ${camera_size_y}
                ${camera_size_z}"/>
            </geometry>
            <material name="blue"/>

        </visual>
        <collision>
            <geometry>
```

```
            <box size="${camera_size_x} ${camera_size_y}
            ${camera_size_z}"/>
          </geometry>
        </collision>
        <xacro:box_inertia m="0.2" w="${camera_size_x}"
        h="${camera_size_y}" d="${camera_size_z}"/>
    </link>
    <joint name="camera_joint" type="fixed">
        <origin xyz="${camera_origin_x} ${camera_origin_y}
        ${camera_origin_z}" rpy="0 0 0" />
        <parent link="base_link"/>
            <child link= "camera_link" />
    </joint>
</robot>
```

7. IMUDimensions. xacro

我们定义一个惯量测量单元(Inertial Measurement Unit, IMU)插件，IMU 会捕捉探测车相对于环境的速度(径向速度和转弯速度)以及方向(姿态)。对 IMU 的航向和姿态数据进行处理，就能让探测车在环境中运动。SLAM 需要 IMU 和车轮编码器数据来帮助精确地勾勒出边界、墙体和障碍物的轮廓。

与相机和 LiDAR 相比，IMU 占据的几何尺寸较小。为了简化物理特性，IMU 的位置处于探测车的原点($x, y, z = 0, 0, 0$)。为了避免被 LiDAR 扫描到，我们缩减了 IMU 尺寸。IMUDimensions. xacro 用固定的连杆 IMU_link 定义了一个简单的 IMU 以及它相对于底盘的位置:

```
<?xml version="1.0"?>
<robot name="ai_rover_remastered" xmlns:xacro="http://www.ros.
org/wiki/xacro">
  <xacro:property name="IMUsizeX" value="0.01"/>
  <xacro:property name="IMUsizeY" value="0.01"/>
  <xacro:property name="IMUsizeZ" value="0.01"/>
  <xacro:property name="IMUoriginX" value="0"/>
  <xacro:property name="IMUoriginY" value="0"/>
  <xacro:property name="IMUoriginZ" value="0.015"/>
  <link name="IMU_link">
    <visual>
      <geometry>
          <box size="${IMUsizeX} ${IMUsizeY} ${IMUsizeZ}"/>
        </geometry>
        <material name="blue"/>
```

```
      </visual>
      <collision>
        <geometry>
          <box size="${IMUsizeX} ${IMUsizeY} ${IMUsizeZ}"/>
        </geometry>
      </collision>
      <xacro:box_inertia m="0.2" w="${IMUsizeX}" h="${IMUsizeY}"
      d="${IMUsizeZ}"/>
    </link>
    <joint name="IMU_joint" type="fixed">
      <origin xyz="${IMUoriginX} ${IMUoriginY} ${IMUoriginZ}"
      rpy="0 0 0" />

    <parent link="base_link"/>
    <child link= "IMU_link" />
  </joint>
</robot>
```

5.4.2 Gazebo 插件

插件是会被编译成 C++库的一段代码，可被插入到任何 Gazebo 仿真当中。Python 是一种“解释型”语言（速度慢），而 C++是一种“编译型”语言（速度快）。任何插件都能直接访问 Gazebo 物理引擎中的全部函数。

插件对我们会有帮助，这是因为：

1）插件能够让开发人员控制和增强 Gazebo 的特性。

2）插件是独立于仿真的软件程序。

3）插件可插入正在运行的系统，也可以从中移除。

之前版本的 Gazebo 使用集成式控制器，它和现在的 Gazebo 插件的作用大致相同。结果就是这些控制器的功能无法得到增强。现在的 Gazebo 插件要灵活得多，允许用户编写程序，定义仿真中应当包含的功能。

在遇到下列情形时，应当使用插件：

1）希望以编程方式修改仿真，例如：响应仿真事件。

2）在无须传输层开销的情况下，希望有一个能访问 Gazebo 的快速接口，例如：用一个接口来控制探测车的速度和方向。

1. 插件类型

当前 Gazebo 的插件分为 6 种类型，如下：

1）环境（地下墓穴等）。

2）机器人模型（探测车）。

3）传感器（LiDAR、IMU、相机等）。

4）系统（差动控制器等）。

5）视觉（如图 5-2 中蓝色区域所示的激光视图等）。

6) GUI(探测车的控制)。

每个插件都会附加于 Gazebo 中的某个特定"对象"上，例如，机器人模型插件会附加到 Gazebo 中的探测车上，并对其进行控制。与之类似，环境插件则会附加到地下墓穴环境上，而每个传感器都有各自的传感器插件。系统插件在命令行中指定，用于加载差动控制器中的车轮和脚轮的物理特性配置。视觉插件会被自动加载，它会在不同的 Xacro 文件中定义各种颜色，如蓝色的车轮、红色的 LiDAR 外壳等。GUI 插件也会被自动加载，它与 Gazebo 的各种控件相关联，用于控制环境中的对象(也包括关节这样的子对象)进行移动、转弯、旋转等。这些控制方式与使用 Teleops 的仿真控制方式并不相同。

2. 差动控制器插件

差动控制器(Differential-Drive Controller, DDC)插件是一个把物理引擎绑定到探测车上的系统插件。DDC 通过调用 wheels. xacro 中的定义，将 DDC 中独立定义的各个部件与物理引擎进行关联。Teleops 中的按键指令调用这种关联，从而实现对探测车运动的实际控制，如下：

```
<gazebo>
  <plugin name="differential_drive_controller"
filename="libgazebo_ros_diff_drive.so">
    <alwaysOn>false</alwaysOn>
    <legacyMode>false</legacyMode>
    <updateRate>20</updateRate>
    <leftJoint>left_wheel_joint</leftJoint>
    <rightJoint>right_wheel_joint</rightJoint>
    <wheelSeparation> ${wheel_separation}
    </wheelSeparation>
    <wheelDiameter>${wheel_radius * 2}
    </wheelDiameter>
    <torque>20</torque>
    <commandTopic>
      /ai_rover_remastered/base_controller/cmd_vel
    </commandTopic>
    <odometryTopic>
      /ai_rover_remastered/base_controller/odom
    </odometryTopic>
    <odometryFrame>odom</odometryFrame>
    <robotBaseFrame>base_footprint</robotBaseFrame>
  </plugin>
</gazebo>
```

在本节中，我们将 DDC 插件集成到重构后的探测车模型当中，这样做的目的是对探测车的手动控制进行设计、开发和测试。简单的手动控制包括让探测车向前/向后移动以及向左/向右转弯。由于车轮是独立转向的，因此它们的相对速度也就有可能不同。这些手动控制对差分驱动进行测试，使得在添加自动导航控制后，控制逻辑能正确无误。此外，对差分驱动的初步测试也进一步验证了 ROS 基础控制理论的正确性。

要实现上述目的，就需要将内置的 DDC 插件集成到探测车的 Xacro 模型当中，在当前目录中创建脚本文件 ai_rover_remastered_plugins. xacro，其内容如下：

```
<?xml version="1.0" ?>
<robot name="ai_rover_remastered" xmlns:xacro="https://www.ros.
org/wiki/xacro" >
  <!--

    Now we are ready to add control to our robot. We will add a new plug-
in to our Xacro file, and we will add a differential-drive plug-in to our
robot. The new tag looks as follows:
  -->
<gazebo>
<plugin name="differential_drive_
controller"    filename="libgazebo_ros_diff_drive.so">
<alwaysOn>false</alwaysOn>
<legacyMode>false</legacyMode>
<updateRate>20</updateRate>
<leftJoint>left_wheel_joint</leftJoint>
<rightJoint>right_wheel_joint</rightJoint>
<wheelSeparation>${wheel_separation}</wheelSeparation>
<wheelDiameter>${wheel_radius * 2}</wheelDiameter>
<torque>20</torque>
<commandTopic>/ai_rover_remastered/base_controller/cmd_vel</
commandTopic>
<odometryTopic>/ai_rover_remastered/base_controller/odom</
odometryTopic>
<odometryFrame>odom</odometryFrame>
<robotBaseFrame>base_footprint</robotBaseFrame>
</plugin>
</gazebo>
```

我们来简单地看看上面这个文件，第一行是文件名所在的行，文件名是 gazebo_ros 库的名称，该库是差动控制器的插件库。接下来我们快速浏览一下针对该插件所定义的标签，如下：

1）插件名称是 differential_drive_controller，存放在 libgazebo_ros_diff_drive. so 库当中。

2）<alwaysOn>标签允许探测车接收速度指令，默认设置为 false。

3）<legacyMode>标签被设置为 false，这意味着不允许我们交换左右两边的车轮。

4）<updateRate>被设置为 20Hz，它表示向控制器发送信息的频率。

5）<leftJoint>标签是左侧关节的名称。

6) <rightJoint>标签是右侧关节的名称。

7) <wheelSeparation>标签是一侧车轮中心到另一侧车轮中心的距离，单位是 m，一般默认值是 0.34m。

8) <wheelDiameter>标签是每个车轮的直径，一般两侧车轮的直径相同，默认值是 0.15m。

9) <commandTopic>标签用于接收用户或者深度学习或认知 AI 控制架构发送来的 geometry_msgs 或 Twist 消息命令。

10) <odometryTopic>标签用于发布 nav_msgs 或里程消息。

11) <odometryFrame>表示里程计坐标系。

12) <robotBaseFrame>是探测车坐标系，用于计算里程，默认设置为 base_footprint。

在创建插件脚本时，<plugin>块及其中的定义都必须放置在<gazebo>当中。

最后，插件发送探测车的里程消息，里程利用传感器数据(里程编码器)估计探测车随时间变化的位置，并计算当前探测车相对于出发点的位置。探测车的每一步运动都会触发传感器读取数据，用于更新内部地图位置。这个计算过程对于误差和不确定性的来源极为敏感，不确定性是由速度测量随时间的积分引起的。

3. 激光插件

激光插件是一种传感器插件，它通过对激光规格进行修改，使其匹配于为我们在 laserDimensions.xacro 中所定义的实际使用的激光规格。

我们已经把 DDC 插件和模拟的 LiDAR 传感器组件的几何尺寸添加到了底盘上，现在必须将其与 LRFP 连接起来。LRFP 提供了 Hokuyo LiDAR 系统的内部逻辑、行为以及特性。下面的代码会访问 Gazebo 的 LRFP 插件库，并将 LiDAR 传感器的特性设置为与 Hokuyo LiDAR 的特性一致：

```
<!--Gazebo Hokuyo Laser Plugin-->
<gazebo reference="sensor_laser">
    <sensor type="ray" name="head_hokuyo_sensor">
        <pose>0 0 0 0 0 0</pose>
        <visualize>true</visualize>
        <update_rate>20</update_rate>
        <ray>
            <scan>
                <horizontal>
                    <samples>1440</samples>
                    <resolution>1</resolution>
                    <min_angle>-3.14159</min_angle>
                    <max_angle>3.14159</max_angle>
            </horizontal>
        </scan>
        <range>
            <min>0.10</min>
```

```
            <max>30.0</max>
            <resolution>0.01</resolution>
        </range>
        <noise>
            <type>gaussian</type>
            <mean>0.0</mean>
            <stddev>0.01</stddev>
        </noise>
    </ray>
    <plugin name="gazebo_ros_head_hokuyo_controller"
    filename="libgazebo_ros_laser.so">
        <topicName>/ai_rover_remastered/laser_scan/scan
        </topicName>
        <frameName>sensor_laser</frameName>
    </plugin>
    </sensor>
</gazebo>
```

LiDAR 传感器系统将激光扫描数据发送到/ai_rover_remastered/laser_scan/scan，TF 框架订阅 sensor_laser 连杆，它将 LiDAR 传感器模型与探测车的其他部分集成到一起。如果我们不打算使用 Hokuyo LiDAR 系统，而是换用其他型号的 LiDAR 系统，那么必须修改测距范围、采样率、最小角度、最大角度、分辨率以及信号噪声参数，使其与新的 LiDAR 系统匹配。在把描述连杆和关节的 Xacro URDF 文件与 LiDAR 插件代码集成到一起后，可以利用如下所示的终端 shell 命令来运行修改后的探测车模型：

```
$ roslaunch ai_rover_remastered ai_rover_remastered_gazebo.launch
```

运行后的效果如图 5-2 所示。注意，其中的 LiDAR 传感器的测距范围是无限远的，可在水平方向 360°范围内进行单像素宽度的扫描，但是在传感器附近有一个盲区，LiDAR 无法探测到这个盲区内的任何物体。

在虚拟环境中放置一个正方形物体，在其背后会出现一个灰色区域(见图 5-3)，这个灰色区域是另一个盲区，蓝色区域是 LiDAR 扫描区域，显示没有碰上任何物体。再次提醒，LiDAR 传感器的探测范围是无限远的。

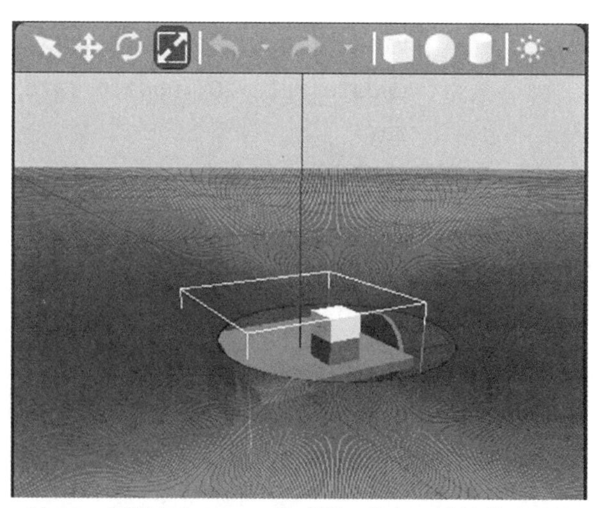

图 5-2　探测车和 LiDAR 传感器：蓝色区域是传感器的覆盖范围，灰色圆圈是 LiDAR 的盲区(见彩插)

在 RViz 环境中，LiDAR 传感器将数据发送到 sensor_laser/scan 下(见图 5-4)。

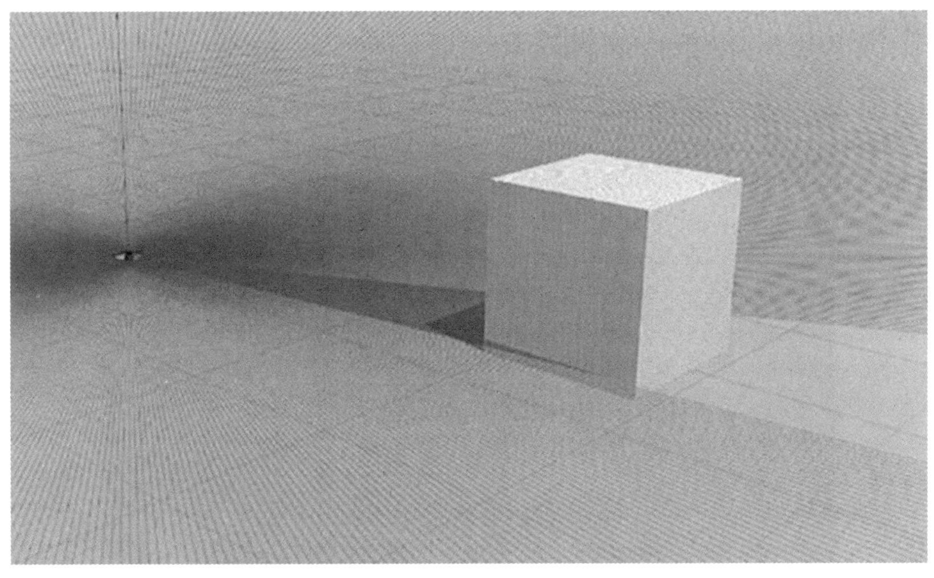

图 5-3　探测车和工作中的 LiDAR 传感器(见彩插)

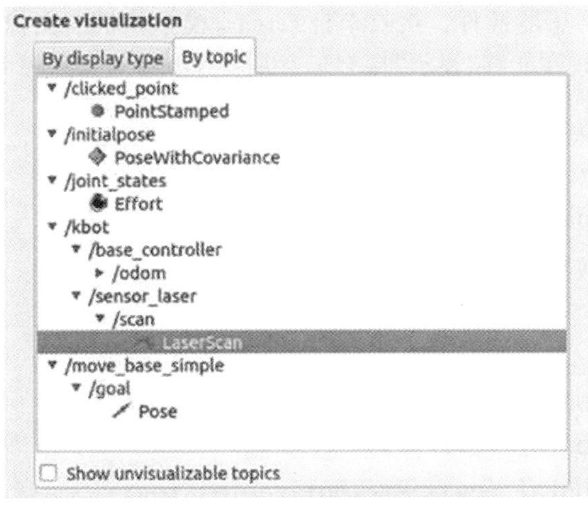

图 5-4　LiDAR 传感器扫描数据

从探测车的视角来看，LiDAR 看到的正方体形状的边界是一条红色的粗线(见图 5-5)，此时 LiDAR 会发出激光与物体相交的信息。

4. 相机插件

现在我们将要把 Gazebo 的相机插件集成到探测车当中，当探测车在虚拟环境中进行探索时，这个插件可以让我们观察到探测车所“看到”的景象。ROS 中的模拟相机为探测车提供图像数据，用于物体识别、跟踪和操纵任务。Noetic ROS 目前支持单目和立体相机。本书为了简化起见，在 ROS/Gazebo/RViz 中只使用模拟的单目相机，在真实的探测车中也使用单目相机。我们可以使用立体相机在虚拟环境中实现 SLAM，但是这只会增加本书的复杂性。我们只需要使用单目相机定位和识别虚拟环境中位于探测车前方的物体。我们将只使用 LiDAR/SLAM 配置来感知和避开障碍物，并定位虚拟环境中的异常情况，以便探测车进行进一步探索和检查。

图 5-5　探测车将正方体“看作”一条边界线（见彩插）

相机插件是一种传感器插件，接收来自 Gazebo 模拟相机的图像，然后将图像显示到 RViz 当中。RViz GUI 现在能够“显示”探测车当前在 Gazebo 环境中看到的内容，如下：

```
<!-- camera -->
  <gazebo reference="camera_link">
    <sensor type="camera" name="camera1">
      <update_rate>30.0</update_rate>
      <camera name="head">
        <!--
        <horizontal_fov>1.3962634</
         horizontal_fov> -->
        <horizontal_fov>1.57</horizontal_fov>
        <!– ~90 degrees -->
        <image>
          <width>800</width>
          <height>800</height>
          <format>R8G8B8</format>
        </image>
        <clip>
          <near>0.02</near>
          <far>300</far>
        </clip>
        <noise>
          <type>gaussian</type>
```

```
          <!-- Noise is sampled independently per
          pixel on each frame. Adding pixel's noise
          value to each color
          channels, which at that point lie in the
          range [0,1]. -->
          <mean>0.0</mean>
          <stddev>0.007</stddev>
        </noise>
      </camera>
      <plugin name="camera_controller"
       filename="libgazebo_ros_camera.so">
          <alwaysOn>true</alwaysOn>
        <updateRate>0.0</updateRate>
        <cameraName>ai_rover_remastered/camera1</
         cameraName>
        <imageTopicName>image_raw</imageTopicName>
        <cameraInfoTopicName>camera_info</
         cameraInfoTopicName>
        <frameName>camera_link</frameName>
        <hackBaseline>0.07</hackBaseline>
        <distortionK1>0.0</distortionK1>
        <distortionK2>0.0</distortionK2>
        <distortionK3>0.0</distortionK3>
        <distortionT1>0.0</distortionT1>
        <distortionT2>0.0</distortionT2>
      </plugin>
    </sensor>
  </gazebo>
```

在向 ai_rover_remastered_plugins. xacro 中插入 Gazebo 相机插件后，我们应当确保相机插件确实能够运行。这就需要我们在 RViz 中设置正确的参数，以便接收 Gazebo 模拟相机发送来的图像数据，因此我们必须先启动 Gazebo 仿真启动文件，然后启动 RViz 启动文件，具体请参见本章中有关 Gazebo 和 RViz 启动文件的内容。要想从 Gazebo 模拟相机接收图像数据，我们必须先转到显示选项并选择选项 Add，然后选择相机选项，接下来针对相机将/ai_rover_remastered/camera1/image_raw 添加到显示菜单下面的主题菜单中。现在，在 RViz 的相机窗口中，探测车“看见了”一个球形物体，这就意味着它在 Gazebo 中“看到了”同样的球形物体（见图 5-6）。

5. IMU 插件

IMU 插件是一种传感器插件，它将探测车的位置与全局环境联系起来。假定探测车具有局部坐标系，而环境具有全局坐标系。当探测车在其局部坐标系中“前进一步”时，也就意味着它在全局坐标系中从(x,y)移动到了$(x+1,y)$。IMU 插件还把内部加速度映射到全局环境，以便能够在 Gazebo 中看到它。

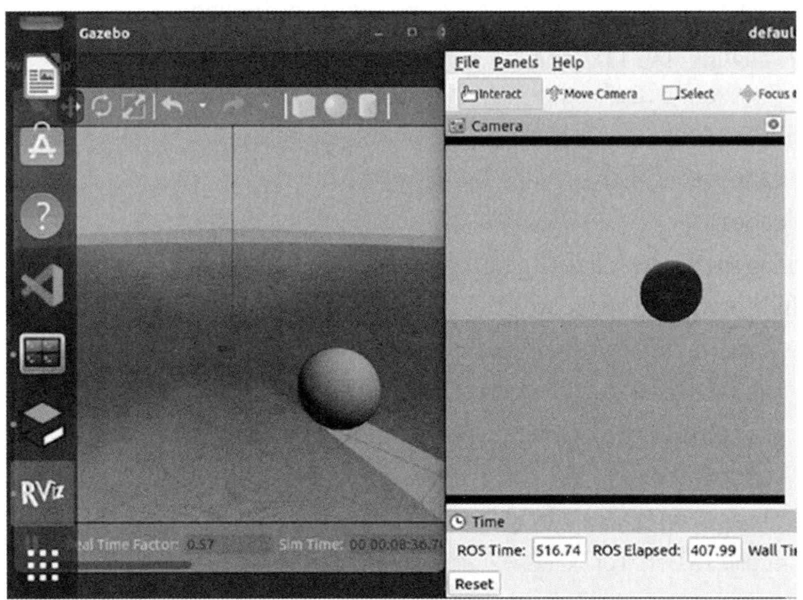

图 5-6　探测车的相机在 Gazebo(左)和 RViz(右)都“看到了”球形物体

IMU 必须辅助探测车完成导航任务，这样才能让探测车具有真正的自主性。IMU 传感器必须测量和报告探测车全部三个方向上(x，y 和 z)的速度(加速度计)、方向、加速度、比力、转动角速度(陀螺仪)以及探测车周边的磁场(磁力计)。我们还需要 IMU 和车轮编码器的值来估计探测车在 SLAM 生成的地图中的六维姿态和位置。IMU 还能融合来自多种不同类型传感器的输入，从而准确地估算出运动状态。

要想达到以上目的，我们就要将 IMU 插件集成到探测车的 Xacro 模型当中，在当前目录中创建脚本文件 ai_rover_remastered_plugins. xacro，其内容如下所示：

```
<gazebo>
   <plugin name="imu_plugin"
     filename="libgazebo_ros_imu.so">
     <alwaysOn>true</alwaysOn>
     <bodyName>IMU_link</bodyName>
     <topicName>imu</topicName>
     <serviceName>imu_service</serviceName>
     <gaussianNoise>0.0</gaussianNoise>
     <updateRate>20.0</updateRate>
  </plugin>
</gazebo>
```

我们来看看这个脚本文件，第一行是文件名行，文件名是 libgazebo_ros_imu. so，它是一个库，包含了 IMU 传感器的插件实现。接下来我们快速看一下文件中针对 IMU 插件所定义的一些标签，如下所示：

1）插件的名称是 imu_plugin，存放在库 libgazebo_ros_diff_drive. so 当中。

2）<alwaysOn>标签允许 IMU 发送数据。

3）<bodyName>标签用于设置 IMU 的连杆 IMU_link，它是探测车底盘的连杆 base_link 的子连杆。

4）<topicName>标签是 IMU 发送的消息主题。

5）<serviceName>标签是 IMU_service 发送的消息。

6）<gaussianNoise>标签的值被设为 0，这意味着 LiDAR 传感器的模拟探测中没有高斯噪声，这个值可能需要修改，以便贴近实际地反映出所探索的环境。

7）<updateRate>标签是 LiDAR 的传感器更新频率，在这里被设置为 20Hz。

在创建插件脚本时，<plugin>块以及其中的定义必须被放到<gazebo>块当中。

6. 视觉插件

顾名思义，视觉插件就是一种表现视觉效果的插件。Xacro 文件中定义的材质颜色只能在 RViz 中使用，要想在 Gazebo 中显示这些颜色，就必须在视觉插件的脚本文件 visuals. xacro 中重新定义颜色：

```
<?xml version="1.0" ?>
<robot name="ai_rover_remastered" xmlns:xacro="https://www.ros.
org/wiki/xacro" >
  <!-- Define color for robot parts -->
  <gazebo reference="base_link">
    <material>Gazebo/Orange</material>
  </gazebo>
  <gazebo reference="left_wheel">
    <material>Gazebo/Blue</material>
  </gazebo>
  <gazebo reference="right_wheel">
    <material>Gazebo/Blue</material>
  </gazebo>
</robot>
```

5.4.3 系统集成

现在我们定义了探测车的单个组件以及它们对应的 Gazebo 插件，要想完成探测车的制作，我们必须将它们“胶合”在一起。首先，我们会创建插件文件（ai_rover_remastered_plugins. xacro），然后再创建探测车模型文件（ai_rover_remastered. xacro），在 ai_rover_remastered. xacro 中会把这些插件包含进来。

1. ai_rover_remastered_plugins. xacro

目前我们已经为每个探测车组件创建了插件，现在必须将它们合并到单个模型中，并载入到 Gazebo 和 RViz 当中。为此，我们将单个的插件文件包含进文件 ai_rover_remastered_plugins. xacro 当中：

```
<?xml version="1.0" ?>
<robot name="ai_rover_remastered" xmlns:xacro="https://www.ros.
org/wiki/xacro" >
  <xacro:include filename="$(find ai_rover_remastered)/urdf/
  visuals.xacro"/>
  <xacro:include filename="$(find ai_rover_remastered)/urdf/
  DDC_plugin.xacro"/>
  <xacro:include filename="$(find ai_rover_remastered)/urdf/
  Laser_plugin.xacro"/>
  <xacro:include filename="$(find ai_rover_remastered)/urdf/
  Camera_plugin.xacro"/>
  <xacro:include filename="$(find ai_rover_remastered)/urdf/
  IMU_plugin.xacro"/>
</robot>
```

2. ai_rover_remastered. xacro

最终，我们将所有独立的组件集成到文件 ai_rover_remastered. xacro 当中，该文件将单个组件(底盘、车轮、脚轮等)“胶合”或构建成一个密不可分的整体，形成完整的探测车。

```
<?xml version="1.0"?>

<robot name="ai_rover_remastered" xmlns:xacro="http://www.ros.
org/wiki/xacro">

  <xacro:include filename="$(find ai_rover_remastered)/urdf/
  dimensions.xacro"/>
  <xacro:include filename="$(find ai_rover_remastered)/urdf/
  chassisInertia.xacro"/>
  <xacro:include filename="$(find ai_rover_remastered)/urdf/
  wheelInertia.xacro"/>
<xacro:include filename="$(find ai_rover_remastered)/urdf/
casterInertia.xacro"/>
<xacro:include filename="$(find ai_rover_remastered)/urdf/
laserDimensions.xacro"/>
<xacro:include filename="$(find ai_rover_remastered)/urdf/
cameraDimensions.xacro"/>
<xacro:include filename="$(find ai_rover_remastered)/urdf/ ai_
rover_remastered_plugins.xacro"/>
</robot>
```

现在我们已经用 Xacro 实现了对探测车的模块化重构，接着我们必须将其转换成 URDF 文件，并检查转换后的文件是否存在错误。为此，我们需要在 URDF 目录中执行如下所示的两条终端命令：

```
$ rosrun xacro xacro ai_rover_remastered.xacro > rover.urdf
$ check_urdf  rover.urdf
```

如果一切无误，那么我们应当能够看到如下所示的 check_urdf 命令的输出：

```
Robot name is: ai_rover_remastered
-----------Successfully Parsed XML ------------------
Root Link: base_footprint has 1 child(ren)
     child(1): base_link
            child(1): caster_wheel
            child(2): left_wheel
            child(3): right_wheel
```

如果出现了错误，请回过头检查脚本中的拼写错误。

3. RViz 启动文件

RViz 用于独立地模拟探测车，也就是说我们是通过探测车的眼睛来观察世界。为了准备好 RViz 项目，我们要像在第 4 章中所做的那样，将目录 ai_rover_remastered 转换成 ROS 包：

```
$ cd ~/catkin_ws/src/
$ catkin_create_pkg ai_rover_remastered
```

catkin_create_pkg 命令在目录 ai_rover_remastered 中创建两个文件：CMake_lists. txt 和 package. xml。最后，我们在启动目录中创建启动文件 ai_rover_remastered_rviz. launch：

```
<launch>
<param name="robot_description" command="$(find xacro)/xacro
-- inorder
$(find ai_rover_remastered)/urdf/ai_rover_remastered.xacro" />
<node name="robot_state_publisher" pkg="robot_state_publisher"
type="robot_state_publisher"/>

<node name="joint_state_publisher" pkg="joint_state_publisher"
type="joint_state_publisher"/>
<node name="rviz" pkg="rviz" type="rviz" required="true"/>
</launch>
```

上面这个启动文件与第 4 章中的 RViz 启动文件几乎完全相同，唯一的差别就是它是用 Xacro 扩展编写的。Noetic ROS 会启动三个节点：robot_state_publisher、joint_state_publisher

和 rviz。前两个节点保证在 ROS 发布的连杆和关节坐标系之间进行正确的转换。最后一个节点用于启动 RViz 程序。像在第 4 章中所做的一样，利用如下所示的命令编译代码：

```
$ cd catkin_ws/
$ catkin_make
$ source devel/setup.sh
$ roslaunch ai_rover_remastered ai_rover_remastered_RViz.launch
```

roslaunch 命令启动 RViz 环境和 GUI，为了消除在 RViz 中看到的错误，我们需要把"Global Options"→"fixed_frame"→"map"切换为"Global Options"→"fixed_frame"→"base_link"，因此，必须像第 4 中所做的那样，在显示选项卡中添加 RobotModel（见图 5-7）。

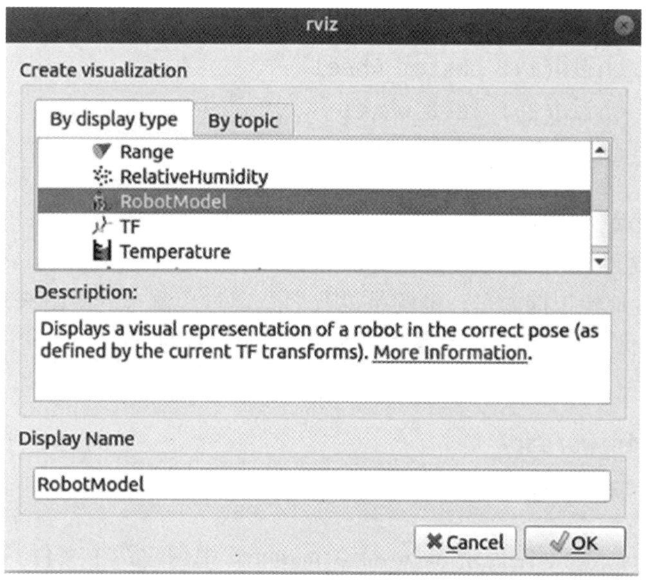

图 5-7 在 RViz 中添加 RobotModel

5.4.4 Gazebo 启动文件

Gazebo 用于在一个稳固的环境中对探测车进行测试，这意味着我们是从第三人称视角来观察探测车和背景。在 RViz 中验证正确后，探测车就需要导入到 Gazebo 当中，此时 Gazebo 需要进行两项修改：

1）将 Xacro 文件转换成 URDF 文件。即使 Xacro 文件正确有效，Gazebo 在读取时仍然会一头雾水，但是如果将这些 Xacro 文件转换成单个 URDF 文件，就能消除最多的警告：

```
$ rosrun xacro xacro ai_rover_remastered.xacro >
ai_rover_remastered.urdf
```

2）复制第 4 章中创建的文件 ai_rover_gazebo.launch，并将其重命名为 ai_rover_remastered_gazebo，并将文件中出现<ai_rover>的地方全部修改为<ai_rover_remastered>，如下：

```
<launch>
  <!-- We resume the logic in
empty_world.launch, changing only the name of the world
to be launched -->

<include file="$(find gazebo_ros)/launch/empty_world.
launch">
<arg name="world_name" value="$(find ai_rover_
remastered)/worlds/ai_rover.world"/>

<!-- more default parameters can be changed here -->
</include>
<node name="spawn_urdf" pkg="gazebo_ros" type="spawn_
model" args="-file $(find ai_rover_remastered)/urdf/
ai_rover_remastered.urdf -urdf -x 0 -y 0 -z 0 -model
ai_rover_remastered" />
</launch>
```

ai_rover. world 文件和我们在第 4 章中使用的一样。

在 Gazebo 中生成的探测车模型使用 gazebo_ros 包中的 spawn_model 节点，探测车模型向 Gazebo 实例传递一个参数，在 Gazebo 中用于启动探测车模型的 roslaunch 终端命令如下所示：

```
$ roslaunch ai_rover_remastered ai_rover_remastered_gazebo.launch
```

注意 在启动 Gazebo 模拟之前，请返回主目录，结束 Gazebo 和 Gzserver 进程：

```
$ killall gazebo
$ killall gzserver
```

上面这两条命令保证 Gazebo 仿真重新开始。如果你在 REST 请求中看到了错误提示 [Err] [REST. cc：205] Error，请参阅 https：//automaticaddison. com/how-tolaunch-gazebo-in-ubuntu/上的内容进行解决。

在执行了 RViz 和 Gazebo 启动命令之后，我们在 RViz 和 Gazebo 中所看到的画面如图 5-8 所示。

5.4.5 Xacro 和 Gazebo 排错

在创建 Xacro 模型并将其转换为 Gazebo 中的 URDF 文件时可能遇到以下一些问题：

1）Gazebo 有两个可视化组件：环境和探测车。探测车和环境之间潜在的物理交互可能会导致程序（或操作系统）崩溃。请查证探测车的出现之处不会与环境中的任何物体产生交叠。

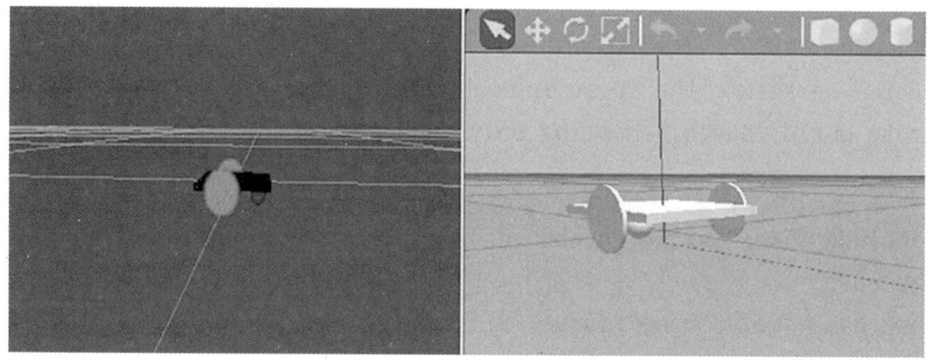

图 5-8 在 RViz 和 Gazebo 中显示的重构后的探测车

2)运行一次仿真，利用“Global”→“Options”保存配置，然后退出。现在每当你运行 Gazebo 时，被保存的配置就会被自动加载。

3)确保结束了所有的 Gazebo 和 Gzserver 进程。这两个进程的重新开始可以确保减少问题的出现。

5.5 探测车的远程操控(Teleop)节点

Teleop 表示在一段距离之外(远程)进行控制(操作)。teleop_twist_keyboard 是能用于远程控制探测车的 ROS 包之一，它利用“i”“j”“l”键分别控制探测车向前、左、右运动。teleop_twist_keyboard 拦截键盘命令并将相关信息通过主题 cmd_vel 传递(发布)给所有订阅者。我们可以通过订阅将 DDC 插件绑定到 cmd_vel 主题上。

我们可以利用两个终端来安装 Teleops 包，在第一个终端中输入如下所示的命令：

```
$ sudo apt-get install ros-noetic-teleop-twist-keyboard
$ roscore
```

在第二个终端中输入如下所示的命令：

```
$rosrun teleop_twist_keyboard teleop_twist_keyboard.py
```

还可以选择在第三个终端中查看发送给所有订阅者的信息：

```
rostopic echo /cmd_vel
```

和往常一样，我们要为 Teleops 控制包准备好基础工作，具体做法是创建 Ubuntu 目录结构，并进入正确的目录：

```
$ cd catkin_ws/src
$ catkin_create_pkg ai_rover_simple_control
$ cd ai_rover_simple_control
$ mkdir -p launch src
$ cd ~/catkin_ws
```

```
$ catkin_make
$ source devel/setup.sh
$ cd catkin_ws/src/ai_rover_simple_control/launch
```

接下来创建文件 ai_rover_teleops. launch，用于发布主题 cmd_vel：

```
<?xml version="1.0"?>
<launch>
<node name="teleop" pkg="teleop_twist_keyboard" type="teleop_
twist_keyboard.py" output="screen">
<remap from="/cmd_vel" to="/ai_rover_remastered/base_
controller/cmd_vel"/>
</node>
</launch>
```

现在让这个启动文件变为可执行：

```
$ chmod +rwx ai_rover_teleops.launch
```

5.6 可视化工具 TF Graph

在本书中的项目背景下，变换(Transform，TF)是指随时间进行的单步运动。每一步运动都会生成消息发送给每个组件，以此反映位置的变化。如果不使用工具，在节点之间传递的消息难以可视化。我们使用工具可视化(和测试)teleops_twist_keyboard 和 DDC 插件之间的连接。利用 TF Graph 工具，我们能看到实时发布的消息，还可以利用这些信息来指导调试。

首先，我们必须让探测车在 Gazebo 中跑起来(见图 5-9)，在 Terminator 程序中创建三个并排显示的终端，在左侧的终端(框 A)中启动 Gazebo 程序(图中没有展示)：

```
$ roslaunch ai_rover_remastered ai_rover_remastered_
gazebo.launch
```

在中间的终端中启动 Teleops 包的启动文件(框 B)：

```
$ roslaunch ai_rover_remastered_simple_control ai_rover_
remastered teleops.launch
```

在使用键盘时要特别小心，任何按键动作现在都可能被误读为遥控命令。在右侧终端中(框 C)单击鼠标使其处于活动状态，然后在该终端中执行如下所示的命令：

```
$ cd ~/catkin_ws/
$ ~/catkin_ws/ source devel/setup.sh
$ ~/catkin_ws/ rosrun tf2_tools view_frames.py
```

在执行完上述一组命令后，三个终端中显示的内容应当如图 5-9 所示。

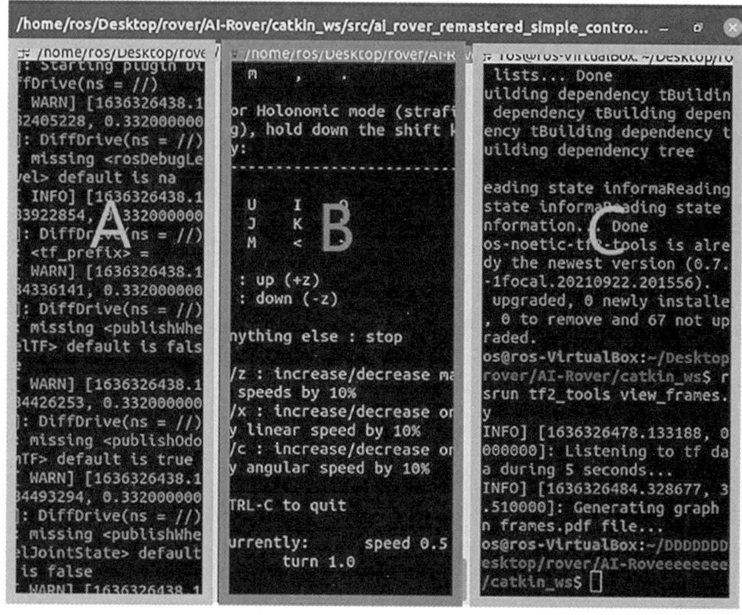

图 5-9　运行 tf2_tools ROS 分析程序的多个终端

在确定 ROS 程序正在运行之后，我们就能在 Gazebo 中直接控制探测车(见图 5-10)。

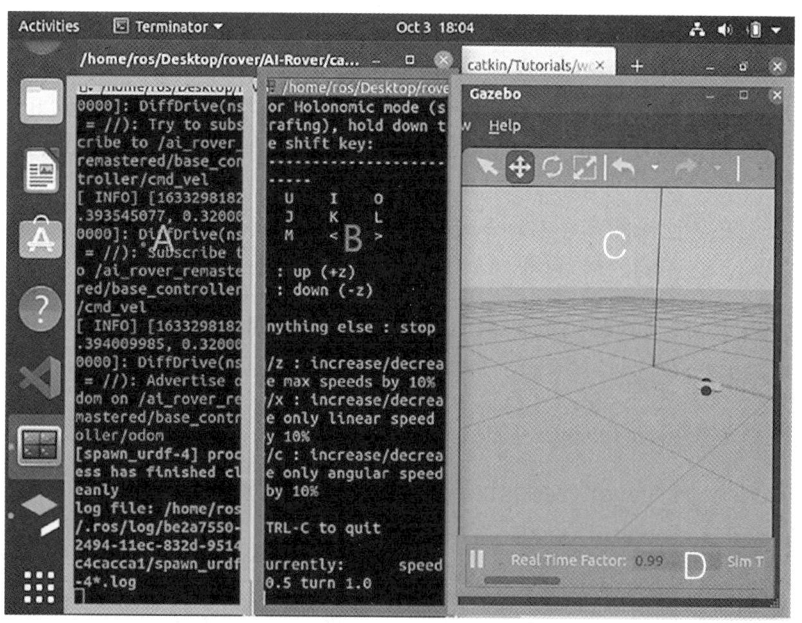

图 5-10　多终端窗口和运行中的 Gazebo

请注意，一旦这三个终端开始运行，我们就需要确定负责执行 teleops. py 程序的终端(框 B)处于活动状态，方法是用鼠标单击它。在图 5-10 中框 A 是启动文件，框 B 中的活动终端执行 teleops. py 程序，而框 C 是 TF View_Frames。

rosrun tf view_frames 命令会生成一个弹出式窗口，其中的 TF Graph 展示了探测车各组件之间的相互关系(见图 5-11)。每个组件都具有四个属性：广播器、平均速率、最新变换以及缓冲区长度。广播器是一个包，用来发布数据；平均速率是更新的频率；最新变换是最后一次更新的内部时钟时间戳；最后，缓冲区长度是完成上一次更新所花费的时间。

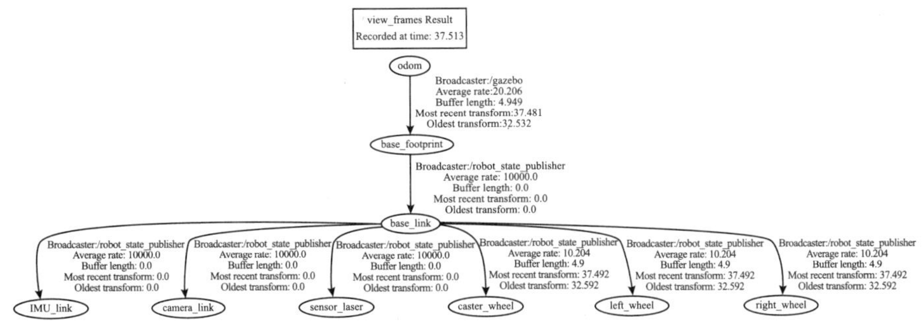

图 5-11　探测车 URDF 和 Gazebo 中的坐标系概况

在图 5-12 中如果没看到 RobotModel 选项或者 TF 选项，就需要把缺失的选项添加进去。幸运的是，两种字段的添加方式非常相似：单击“Add”按钮并选择 RobotModel 或 TF 选项。展开 TF 可视化选项看看所定义的坐标系，这些坐标系属于我们在 Xacro 文件中定义的组件。勾选 RobotModel 和 TF 显示复选框，这些坐标系就能在 Gazebo 中显示，同时也会出现在 RViz GUI 面板当中。

为了在 RViz 视图面板中反映上述修改，请在视图面板中将环绕视图修改为里程计视图：“Current View”→“Target Frame”→“odom”，如图 5-13 所示。

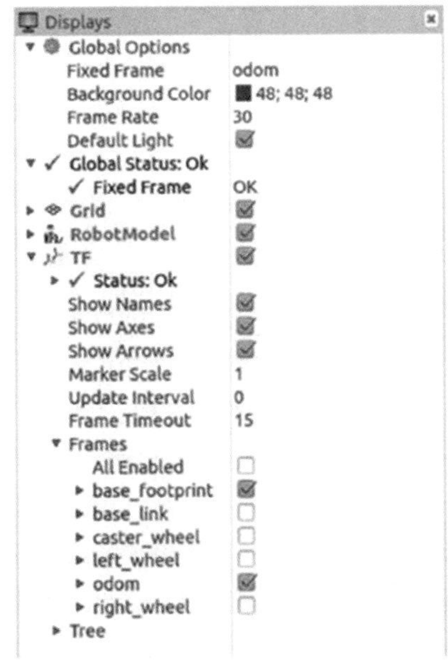

图 5-12　RViz 显示面板中的正确设置

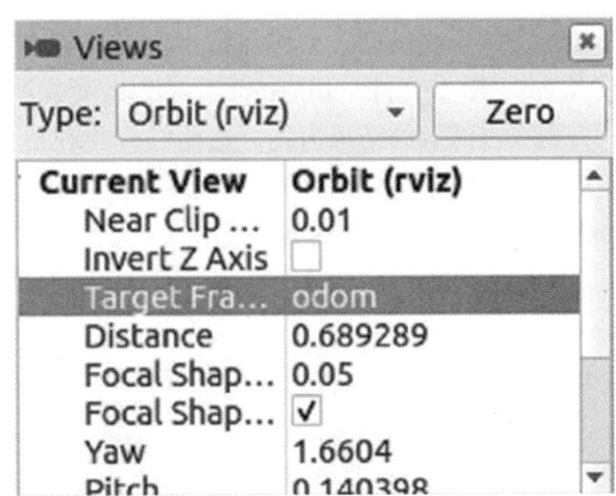

图 5-13　将 Target Frame 选项的值修改为 odom

5.7 控制探测车

我们可以用键盘命令在 Gazebo 中控制探测车，单击 Terminator 终端以便能与 teleops_twist_keyboard 程序交互(图 5-9 中的框 B 部分)。按下"i"键，探测车就会在 RViz 和 Gazebo 中持续前进直到你让它停下来。控制探测车只需要使用一些简单的大小写敏感的键盘命令："i"(前进)、"j"(左转)、"k"(停下)、"l"(右转)。其他命令可以根据我们的需要进行定义，图 5-14 所示为探测车在 RViz 和 Gazebo 环境中运动的截图。

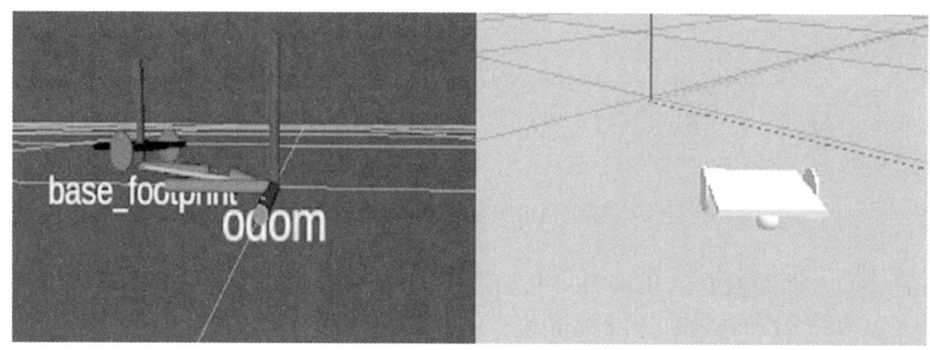

图 5-14　RViz(左)和 Gazebo(右)中的探测车

记住保存你所做的工作："File"→"Save Config As"，这样就会把配置文件保存在如下所示的目录中：

```
ai_rover_remastered_simple_control/config/rviz_odom.rviz
```

下一次你就可以用这个新的配置文件重新加载程序。

5.7.1 探测车的漂移问题

当你在仿真世界中让探测车转弯或者让它移动时，可能出现"漂移"问题。漂移意味着探测车没有按照直线运动。漂移通常出现在探测车转弯之后。如果出现了漂移问题，可以通过修改 Xacro URDF 文件中相应的惯量值以改变探测车的重量来解决它。尝试使用不同组件的重量，直到获得满意的结果为止。这些修改将在更大程度上控制探测车的漂移问题。最终我们要使用深度学习来防止漂移。要想了解更多信息，请参见 https://www.youtube.com/watch?v=1bnEdQzf8Yw 上的相关内容。

5.7.2 第一个 Python 控制器

DDC 插件订阅了 cmd_vel 主题以接收速度命令控制探测车，DDC 并不知道数据源自何处。之前我们使用键盘命令(i、j、k、l)向 cmd_vel 主题发布消息，但是我们现在可以用程序发送命令。Twist 函数也会向 cmd_vel 主题发布消息，但是它发送的参数、命令控制和精度要优于键盘版本。

Twist 函数有两种速度属性：线速度(前/后)和角速度(转弯)，在函数参数中对这两个属性进行设置。例如，在下面的 Python 脚本当中会将 Twist 函数的参数初始值设置为

msg. linear. x=0. 1，这个参数会让探测车每秒向前移动 0. 1m，相当于在键盘上按下一次“i”键。

```
ai_rover_remastered_simple_control/src /ai_rover_simple_twist_pub.py
```

创建脚本文件 ai_rover_remastered_simple_twist_pub. py 并使其可执行：

```
#!/usr/bin/env python3
import rospy
import sys
from geometry_msgs.msg import Twist

def publish_velocity_commands():

  # Velocity publisher

  vel_pub = rospy.Publisher('/ai_rover_remastered/base_
  controller/cmd_vel', Twist, queue_size=10)

  rospy.init_node('ai_rover_simple_twist_pub', anonymous=True)

  msg = Twist()
  msg.linear.x = 0.1
  msg.linear.y = 0
  msg.linear.z = 0
  msg.angular.x = 0
  msg.angular.y = 0
  msg.angular.z = 0

  rate = rospy.Rate(10) # 10hz
  while not rospy.is_shutdown():
    vel_pub.publish(msg)
    rate.sleep()

if __name__ == '__main__':
  if len(sys.argv) == 1:
    try:
      publish_velocity_commands()
```

在执行 Python 控制程序之前，先从上述第一个简单的控制键盘程序中加载配置文件。如果你没有这样做，后面可能会遇到麻烦。使用 Terminator 程序启动 RViz 和 Gazebo 模拟器：

```
$ roslaunch ai_rover_remastered ai_rover_remastered_
gazebo.launch
```

```
$ chmod +rwx src/ai_rover_remastered_simple_control/src/ai_
rover_remastered_simple_twist_pub.py
$ rosrun ai_rover_remastered_simple_control ai_rover_
remastered_simple_twist_pub.py
```

控制器脚本 ai_rover_remastered_simple_twist_pub. py 直接向 DDC 订阅的 cmd_vel 主题发布 Twist 函数消息。可以通过修改 msg. linear 或 msg. angular 的值来实验用 Twist 函数控制探测车的运动，你应当能看到探测车在 RViz 和 Gazebo 环境当中动来动去。现在我们已经准备好制作自主式探测车所需的所有基本构件。

5.8　构建虚拟环境

在为探测车创建好控制器脚本后，探测车可以在没有人工输入的情况下运动。可以说我们现在已经制作出了一台比较原始的自主式探测车，现在必须把它放到某个地方去进行探索活动。

我们可以把探测车探索的环境模拟成一个简单的迷宫，在 Gazebo GUI 中选中菜单 Edit 的子菜单 Building Editor，创建一个只有几面墙以及至少一扇门的简单迷宫。要想了解更多信息，请参阅 http：//gazebosim. org/tutorials？cat=build_world&tut=building_editor 中的相关内容。生成的迷宫如图 5-15 所示，读者生成的迷宫可能与其有所差别。我们将在第 6 章中学习更多有关生成迷宫的细节。

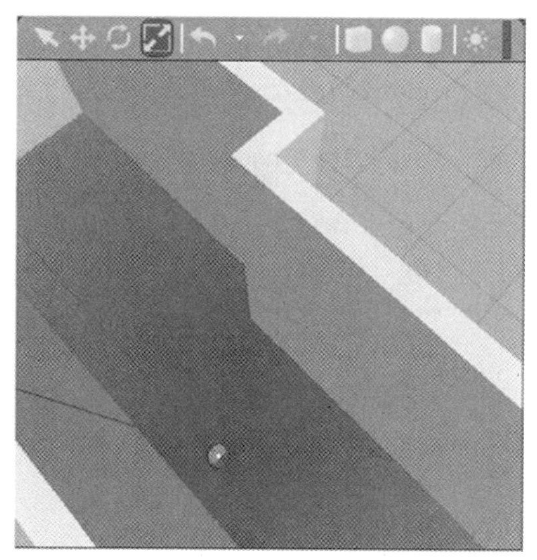

图 5-15　探测车(灰色圆)正在迷宫中探索

将迷宫保存为文件 ai_rover_remastered/worlds/catacomb. world，之后你可以加载这个文件在 Gazebo 中生成迷宫。

5.9　本章小结

在本章中，我们利用 Xacro 语言实现了模块化设计，从而简化了探测车的开发流程，这项技术可以让我们安装传感器，例如 LiDAR 和相机。我们使用键盘命令在 RViz 和 Gazebo 环境中都对探测车进行了测试。然后我们演示了不用键盘而是使用 Teleops ROS 节点程序控制探测车。最后，我们创建了一个迷宫让探测车在其中进行探索。我们还学习并首次使用了 ROS 提供的 SLAM 库，后续章节的学习会让我们的 SLAM 技能更为精进。

5.10　本章练习

1）怎样保存构建好的地图？

2）如何将传感器（例如深度相机）集成到探测车中？

3）为什么在制作真实的探测车之前要制作其数字孪生品？提示：请往费用和复杂性方面考虑。

4）假设我们打算使用另一种测距传感器，例如深度相机（RGB-D 相机），如何为其创建插件来集成这个新传感器？

CHAPTER6

第6章 感知与避障

在第5章中，我们使用 Gazebo 和 RViz 模拟了 AI 探测车的行为，输入既可以编写脚本，也可以通过人工控制完成。我们还集成了 LiDAR 传感器，以“可视化”的方式展现 AI 探测车周边的障碍物。但是 AI 探测车的差动控制器插件和 LiDAR 传感器插件之间没有进行通信。插件之间通信的缺失会导致探测车在障碍物周围运动时不那么智能。

我们需要这些插件能共享数据，以便进行智能导航和轨迹控制。为了弥补这种通信上的缺失，我们需要用 Python 再创建一个插件，用于在插件之间收发数据。本章还会为 AI 探测车的差动控制器开发若干简单的控制算法。

然后我们将创建一个嵌入式节点，允许 AI 探测车通过感知和避开障碍物、陷阱和残垣断壁来探索金字塔的地下墓穴。这个节点将作为后续章节中开发的认知深度学习引擎的原型。

6.1 本章目标

通过本章的学习，我们应当达到以下目标：

- 让 AI 探测车探测和避开障碍。
- 开发出第一个惯性导航系统。
- 学习用 Python 处理探测车任务。
- 编写第一个用于避开障碍的 Python 脚本。
- 掌握如何上传和下载 Gazebo 任务。
- 在 Gazebo 仿真中校核和验证第一个陆基探测车控制器。
- 讨论和学习为何深度学习优于一般的状态机控制器设计。
- 总结、练习和提示。

6.2 理解坐标系

在尝试编写程序，让探测车感知其所处环境之前，我们需要了解如何标识位置、速度和速率。例如，当你在阅读本书时，你是坐着不动的，也就是说你的速度是0，对吗？显然是的。

但别着急，从你自己的视角来看，你是坐着不动的。但是在月球附近徘徊的外星人眼中呢？由于地球自转，在他们眼中，你正在以1673km/h 的速度快速运动。而在太阳附近逡巡的外星人眼中，你正在以107000km/h 的速度进行极速运动。

你可能感到奇怪的一点是，所有这些速度的测量都是正确的，具体的速度值完全取决于你的视角，而这些视角就代表不同的坐标系。如果用数学专业术语来阐述这个问题，也可以说具体的速度值取决于你的“宇宙”原点 $O(0,0,0)$ 位于何处。静坐的读者要秉持一个观念，即所有事物的运动都是相对于其当前位置的。换句话说，所有事物的原点与其结伴而行。月球附近的外星人将自己的原点设置为月球，它的一面总是面对着自转的地球，因此可以观察到自转的速度。而太阳附近的外星人则将自己的原点设置为太阳，它可以看到地球自转和围绕太阳公转，公转速度是主要的观察结果。敏锐的读者会注意到，这是对爱因斯坦相对论的简化解释。

所以，在三维空间中解决问题时，我们会发现问题的答案会根据我们的视角而发生变化。我们将这些视角称为坐标系。我们应该使用最容易解决问题的坐标系，并把结果转换到其他坐标系中。用惯性坐标系最容易理解对速度和转弯的描述，而创建地图或路径跟随则是在局部坐标系中最容易描述。将问题的答案转换到其他坐标系中的数学处理由 Gazebo 自动进行。

6.3 构建探测车的环境模型

请回顾一下在第 5 章中编写的 Xacro 文件、URDF 文件、启动文件以及 Python 脚本文件。这里使用的是与第 5 章中相同的 AI 探测车模型、差动控制器和 LiDAR 插件。LiDAR 插件能够确定障碍物与 AI 探测车之间的距离，这对于探测车进行探索时确定距离最近的障碍物必不可少。意料之中的是，这些信息还不足以在迷宫中进行导航，探测车将会被困住。结合使用相机和 LiDAR 传感器就能为在迷宫中导航提供足够的信息。

AI 探测车由以下组件组成：

1）底盘和脚轮：连杆元素。

2）右轮和左轮：连杆元素。

3）右轮和左轮接头：关节元素。

4）LiDAR 传感器包和插件。

6.3.1 项目的组织

在项目中添加如下所示的加粗显示的子目录：

```
└──────── sim_gazebo_rviz_ws
└──── src
    └────── ai_rover_remastered_description
        ├──── CMakeLists.txt
        └──── package.xml
        └──── urdf
                    └─ai_rover_remastered.xacro
                    └─ai_rover_remastered_plug-ins.xacro
        └──── launch
                    └─ai_rover_rviz_gazebo.launch
                    └─ai_rover_teleop.launch
```

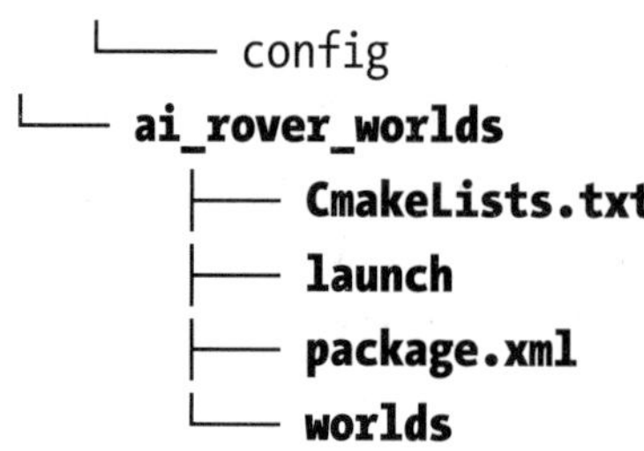

```
    └── config
└── ai_rover_worlds
        ├── CmakeLists.txt
        ├── launch
        ├── package.xml
        └── worlds
```

要想生成 ai_rover_worlds 包目录，请执行如下所示的 Linux 终端命令：

```
$ cd ~/sim_gazebo_rviz_ws/src
$ catkin_create_pkg ai_rover_worlds
$ cd ~/sim_gazebo_rviz_ws/src/ai_rover_worlds

$ cd mkdir -p launch worlds
$ cd ../../
$ catkin_make
$ source devel/setup.sh
```

上述目录组织可以有效地管理复杂的障碍物。

ai_rover_worlds 包含了针对每个生成的世界描述其中的迷宫和障碍物的 URDF 文件，launch 目录中包含的是若干 XML 文件，用于初始化 Gazebo 所需的世界和障碍物。worlds 目录中也包含了若干 XML 文件，用于描述在 Gazebo 中生成的世界。

6.3.2　墓穴建模(简化版)

现在我们可以按照在第 4 章和第 5 章中简要介绍的那样，使用 Gazebo 编辑器针对金字塔地下墓穴为 AI 探测车创建第一个探索世界的布局。当前我们来创建一个只有一个房间的迷宫，这个迷宫中有一扇门和一个圆柱形物体(见图 6-1)。请参阅第 5 章中的相关内容在 Gazebo 编辑器中进行操作。

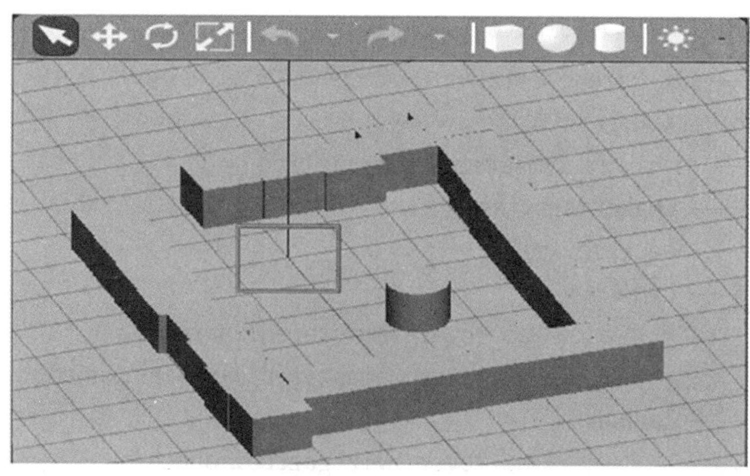

图 6-1　带有圆柱的第一份金字塔地下墓穴设计

在创建好第一个带有圆柱的部分封闭的金字塔地下墓穴后，我们应当把这个三维设计产品保存在以下目录当中：~/sim_gazebo_rviz_ws/src/ai_rover_worlds/worlds，保存的文件名是 ai_rover_catacombs. world。我们应当使用“Ctrl+Shift+S”快捷键进行保存，利用快捷键保存允许我们存放金字塔地下墓穴的初始设计，同时又不会无意中导致 Gazebo 模拟器崩溃。根据特定计算机的硬件特性，Gazebo 有可能在保存过程中产生崩溃。我们还可以看到，在这个简单的地下墓穴设计中，模拟的花岗岩砖块是错位摆放的，这样的建筑是典型的最早期的一些古埃及王国的墓葬建筑群风格，对于那些不属于贵族阶级的古埃及人来说更是如此。错位的花岗岩砖块能够让我们测试 AI 探测车的 LiDAR 和相机传感器能否在仿真运行期间确定和识别不均匀或者错位的表面边界。我们还可以看到 AI 探测车可能无法通过安装其上的传感器进行定位的“盲区”现象。在把我们的设计保存到正确的目录当中后，我们可以在 ROS 中启动所保存的仿真世界。首先我们可以在 ROS 中不用启动文件来启动这个世界，这可以通过在 Terminator 中的两个独立窗口中分别执行如下所示的命令实现：

```
$ roscore                              (First Terminator Terminal)
$ rosrun gazebo_ros gazebo ~/    sim_gazebo_rviz_ws/
src/ai_rover_worlds/worlds/ai_rover_catacomb.world
(Second Terminator Terminal)
```

注意 使用 Linux 终端命令启动仿真世界看上去是测试 ROS 的 Gazebo 交互的最佳方法。不过这仍然不是我们想要的结果。我们会修改第 5 章中的启动文件，以同时生成“仿真地下墓穴”和 AI 探测车。再生成一次 AI 探测车只是一个简单的练习而已。

在执行上述 Linux 终端命令后，我们应当看到如图 6-2 所示的画面。我们这样做的目的是测试、校核和验证虚拟地下墓穴能够被 ROS 成功打开和操作。接下来我们要对第 5 章中的初始 Gazebo 和 RViz 启动文件进行修改，这个初始启动文件的文件名是 ai_rover_remastered_gazebo. launch，它会在一个空空如也的仿真世界中生成和激活一台 AI 探测车。现在我们要对这个初始启动文件进行修改，使得 AI 探测车在图 6-2 中的地下墓穴的原点处生成，地下墓穴的原点在图 6-2 的红色框中进行了突出显示。因此，AI 探测车会在红色框处生成，其周边则生成金字塔地下墓穴。我们还必须确保地下墓穴世界不会和 AI 探测车的生成位置产生交叠，一旦产生交叠，会导致 Gazebo 仿真终止运行。以下是用于生成 AI 探测车和地下墓穴的修改版启动文件的源代码清单：

```
<launch>

   <!--Robot Description from URDF-->
    <param name="robot_description"
        command="$(find xacro)/xacro.py '$(find
               ai_rover_remastered_description)/urdf/ai_
               rover_remastered.xacro'"/>
     <node name="robot_state_publisher"
           pkg="robot_state_publisher"
```

```
                type="robot_state_publisher"/>

    <node name="joint_state_publisher"
              pkg="joint_state_publisher"
                type="joint_state_publisher"/>

    <!--RViz-->
    <node name="rviz" pkg="rviz" type="rviz"
            required="true"/>

    <!--Gazebo empty world launch file-->
    <include file="$(find
            gazebo_ros)/launch/empty_world.launch">
         <arg name="world_name"
                value="$(find
           ai_rover_worlds)/worlds/ai_rover_catacomb.world"/>
        <arg name="debug" value="false" />
        <arg name="gui" value="true" />
        <arg name="paused" value="false"/>
        <arg name="use_sim_time" value="false"/>
        <arg name="headless" value="false"/>
        <arg name="verbose" value="true"/>
    </include>

    <!--Gazebo Simulator-->
    <node name="spawn_model" pkg="gazebo_ros"
              type="spawn_model"
                args="-urdf -param

         robot_description -model ai_rover_remastered"
                output="screen"/>

</launch>
```

上面的代码清单只对第5章的初始启动的启动空世界那一行的后面添加了<arg name = "world_name" value = "$(find ai_rover_worlds)/worlds/ai_rover_catacomb. world"/>。空世界类似于一张画布，它生成之后，我们再在其中生成AI探测车要进行探索的地下墓穴仿真世界。因此，我们添加这一行的目的是在相应的正确目录中查找和初始化ai_rover_catacomb. world。

我们把修改后的启动文件命名为 ai_rover_cat. launch。如下所示的 Linux 终端命令用于执行修改后的启动文件，同时生成 AI 探测车和可以运行的 LiDAR 系统以及金字塔地下墓穴：

```
$ cd ~/sim_gazebo_rviz_ws/src
$ roslaunch ai_rover_worlds ai_rover_cat.launch
```

现在我们应该有两个模拟器：①RViz，其原点处是 AI 探测车；②Gazebo 环境，其中有地下墓穴、AI 探测车(红色框部分)以及进行扫描分析的 LiDAR (蓝色区域)，所生成的对象如图 6-2 所示。

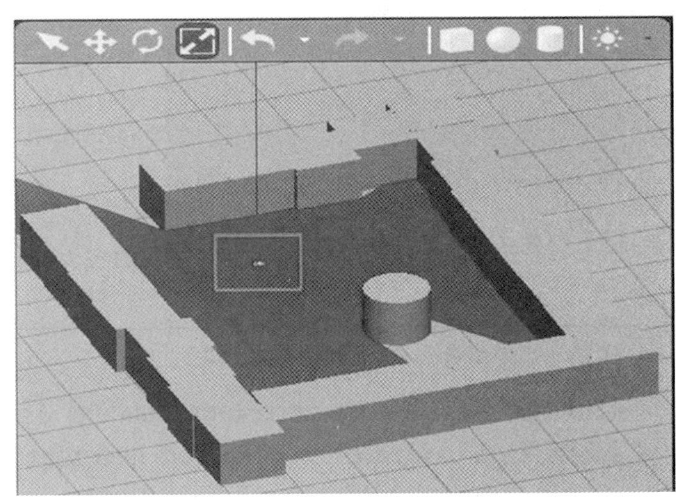

图 6-2 生成的金字塔地下墓穴和 AI 探测车(见彩插)

使用 Teleops 程序测试在地下墓穴中对 AI 探测车进行键盘控制(见第 5 章相关内容)。重复使用 Teleops 测试和验证程序可以缩减开发时间。我们需要观察 Teleops 程序是否还能控制 AI 探测车绕过地下墓穴中的墙体边界和圆柱。请在第二个 Terminator 终端窗口中执行如下所示的终端命令：

```
$ roslaunch ai_rover_remastered_description ai_rover_
teleop.launch
```

如果一切正常，那么现在你就能用键盘命令来控制 AI 探测车。因此，现在你看到的画面应当如图 6-3 所示。

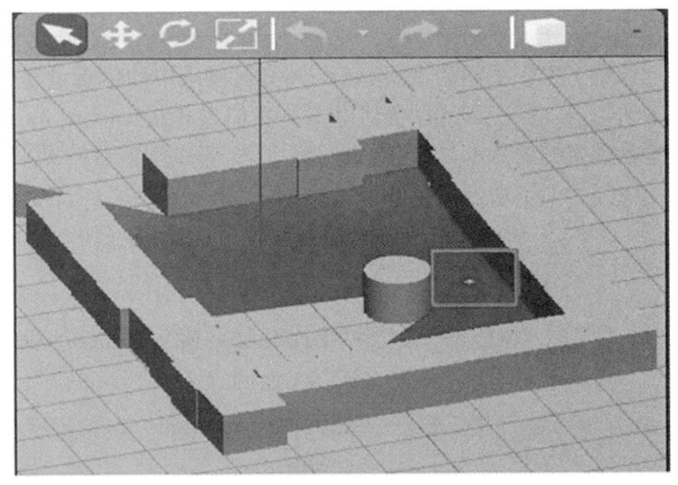

图 6-3 手动控制 AI 探测车在地下墓穴中进行探索

现在我们已经可以在 Gazebo 中对 AI 探测车进行导航，接下来我们看看它在 RViz 中工作的情况。通过初始化 ai_rover. cat. launch 启动 RViz，向 RViz 中的显示选项中添加 Laser_scan 主题，现在我们看到的画面如图 6-4 所示(参见第 5 章中的相关内容进行正确的设置)。

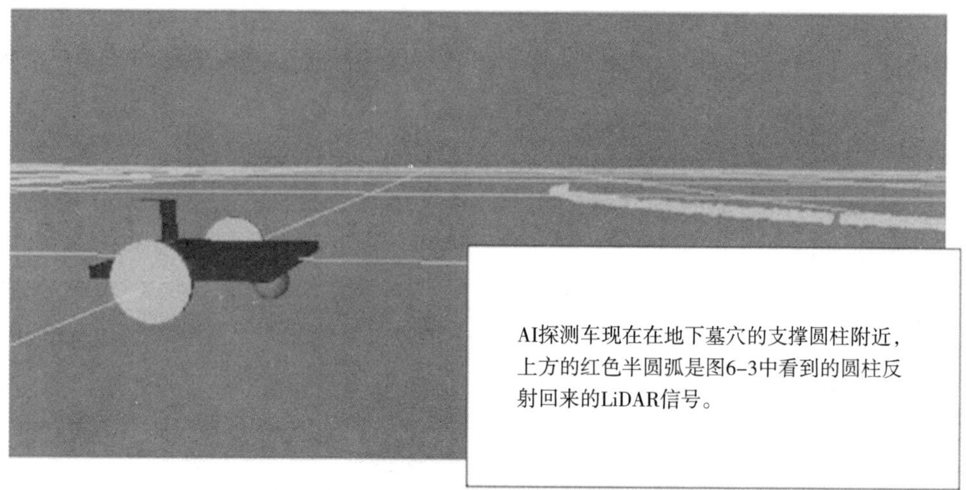
AI探测车现在在地下墓穴的支撑圆柱附近，
上方的红色半圆弧是图6-3中看到的圆柱反
射回来的LiDAR信号。

图 6-4　RViz 中 AI 探测车探索地下墓穴的数据显示（见彩插）

注意　如果你看到了下面这样的错误：

```
RLException: [ai_rover_teleop.launch] is neither a launch file in package [ai_rover_remastered_description] nor is [ai_rover_remastered_ description] a launch file name. The traceback for the exception was written to the log file.
```

请重新执行如下所示的 Linux 终端命令（源代码或者启动文件可能需要在主目录下重新编译）：

```
$ cd ~/sim_gazebo_rviz_ws/
$ catkin_make
$ source devel/setup.sh
```

接下来，我们利用 ai_rover_worlds 目录中的仿真世界来设计、开发、测试、校核和验证运动规划、导航和地图创建脚本。我们要扩展 catkin_ws 目录，以包含智能控制脚本（例如提取激光扫描数据），以此来控制 AI 探测车的差分驱动。我们的目标是在 catkin_ws 工作空间中创建如下所示的目录树结构：

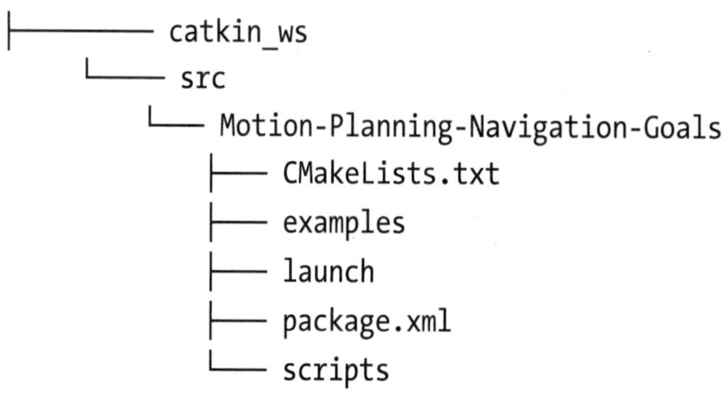

```
├──────── catkin_ws
     └──── src
          └─── Motion-Planning-Navigation-Goals
               ├─── CMakeLists.txt
               ├─── examples
               ├─── launch
               ├─── package.xml
               └─── scripts
```

输入如下所示的 Linux 命令创建 catkin_ws 工作空间的目录树：

```
$ mkdir -p catkin_ws   (If catkin_ws exists, do not
recreate it.)
$ cd ~/catkin_ws/
$ mkdir -p build devel src  (Do not remake if already exist.)
$ cd ~/catkin_ws/src
```

利用如下所示的 Linux 终端命令创建 catkin ROS 包：

```
$catkin_create_pkg Motion_Planning_Navigation_Goals rospy std_
msgs geometry_msgs sensor_msgs
$ cd ..
$ catkin_make
$ source devel/setup.sh
```

我们来快速地看一下 ROS 包的依赖。rospy 是一个 ROS 的 Python 客户端包，允许程序员访问 ROS 控制库。尽管 rospy 库的计算效率不高，但是这个库能让程序员快速高效地开发 ROS 应用程序。

std_msgs 依赖用于开发标准的发布者/订阅者 ROS 消息，其中包含了常见数据类型。这些数据类型包括单精度浮点型(float)和双精度浮点型(double)这样的内置数据类型，也包括用户自定义的数据类型，例如深度学习神经网络或者用于地理空间处理的多维数组。

geometry_msgs 提供用于表示地理要素(点、矢量、姿态)的消息。geometry_msgs 还提供了一些标准函数，例如 Twist 函数。Twist 函数为订阅者和发布者描述了元素的线速度和角速度，差动插件会用到这两种速度。我们需要用 geometry_msgs 依赖来传递 Python 自动化程序的线速度和角速度，以控制探测车的差分驱动。

sensor_msgs 依赖提供传感器消息，例如相机和激光测距扫描器。这个依赖允许在发布者(传感器)和订阅者(Python 自动化程序)之间交换数据。这些传感器消息会影响 Python 自动化程序改变差动插件的线速度和角速度。要想更多有关 LiDAR 消息的信息，请参见 http：//wiki. ros. org/sensor_msgs。

6.4 激光测距滤波器的设置

在 ai_rover_gazebo_plug-in. xacro 文件中，对 LiDAR 传感器的各项设置赋值见表 6-1。

表 6-1 LiDAR 传感器设置

XML 设置	值	定义
<update_rate>	20	控制激光数据获取率的采样率(速度)
<samples>	1440	LiDAR 在[minAngle. maxAngle]之间进行一次扫描的采样数
<frameName>	sensor_laser	LiDAR 传感器与底盘之间的虚拟连杆

查验程序中设置的值是否落在实际 LiDAR 传感器手册规定的范围之内，Gazebo 模拟器用这些值可以创建更贴近实际的 LiDAR 传感器。

在保存上述值之后，通过在终端窗口中执行如下命令确定 ai_rover_gazebo_plug-in. xacro 的修改是否成功：

```
$ cd ~/sim_gazebo_rviz_ws/src
$ roslaunch ai_rover_worlds ai_rover_cat.launch
```

并在另一个终端窗口中执行如下所示的命令：

```
$ cd ~/sim_gazebo_rviz_ws/src
$ roslaunch ai_rover_remastered_description ai_rover_
teleop.launch
```

在执行完上述命令之后，我们可以用键盘控制 AI 探测车显示在仿真当中。接下来，我们将编写 Python 脚本代码来处理和显示 LiDAR 传感器的数据。

我们将在 catkin_ws 工作空间的 Motion_Planning_Navigation_Goals 包内创建 Python 脚本，这个脚本会从主题/ai_rover_remastered/laser_scan/scan 获取数据，所创建的脚本文件如下所示：

```
$ cd ~/catkin_ws/src
$ cd Motion_Planning_Navigation_Goals
$ mkdir scripts
$ cd scripts
$ touch read_Lidar_data.py
$ chmod +x read_Lidar_data.py
$ nano read_Lidar_data.py
```

注意　touch 命令可以在目录中创建文件，而不必启动字处理软件或者开发环境这样的应用程序。所创建的文件是空的，要想编辑文件内容，就必须启动合适的应用程序。chmod 命令可以让文件 read_Lidar_data. py 通过 rosrun 得以执行。

输入以下内容执行 read_Lidar_data. py，读取激光测距数据：

```
#! /usr/bin/env python3

import rospy
from sensor_msgs.msg import LaserScan
def clbk_laser(msg):

      # 1440/10 = 144
      sectors = [
```

```
9           min(min(msg.ranges[0:143]), 10),
10          min(min(msg.ranges[144:287]), 10),
11          min(min(msg.ranges[288:431]), 10),
12          min(min(msg.ranges[432:575]), 10),
13          min(min(msg.ranges[576:720]), 10),
14          min(min(msg.ranges[720:863]), 10),
15          min(min(msg.ranges[864:1007]), 10),
16          min(min(msg.ranges[1008:1151]), 10),
17          min(min(msg.ranges[1152:1295]), 10),
18          min(min(msg.ranges[1296:1439]), 10)
19          ]
20
21      rospy.loginfo(sectors)
22
23 def main():
24
25      rospy.init_node('read_Lidar_data')
26     sub=rospy.Subscriber("/ai_rover_remastered/laser_scan/
27     scan", LaserScan, clbk_laser)
28
29     rospy.spin()
30
31 if __name__ == '__main__':
32      main();
```

函数 clbk_laser 将参数 msg 传递给 min(min(msg.ranges[xxxx:yyyy]), 10)，它然后读取 10 个 LiDAR 扇面中每个扇面的数据，保证最大值可以达到 10m。它把 1440 个采样点转换成 10 个扇面，每个扇面返回最小采样值或者将采样值限制在 10m 以内(LiDAR 的最大探测范围)。最小值就是这个扇面内距离 AI 探测车最近的障碍物的距离。每个扇面的覆盖范围是 36°(36°×10=360°)。因此，由于 LiDAR 传感器的连续扫描，AI 探测车将不会有盲区。由于没有盲区，所以 AI 探测车在必要时可以向后倒车。图 6-5 所示的是 LiDAR 传感器的方向布局。

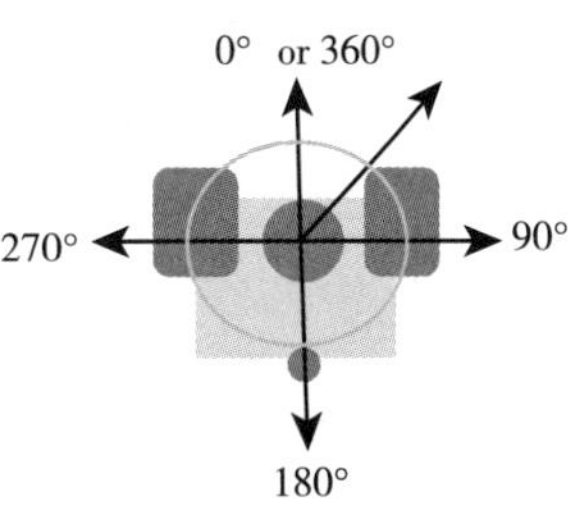

图 6-5 LiDAR 传感器的方向布局

图 6-5 中较大的实心黑色圆圈是 LiDAR 传感器，较小的指向下方的实心黑色圆圈是脚轮。LiDAR 在 180°方向开始扫描，最终也在 180°方向结束扫描，箭头表示 LiDAR 发出的激光波束。

read_Lidar_data.py 程序中的第 23～32 行的内容是其运行起来实现预期功能的基础，main()函数中的源代码执行如下所示的一些功能：

1) rospy. init_node(‘read_Lidar_data’)：附加到 ROS 上。

2) rospy. Subscriber()：订阅 Laser_scan 和 msg_Lidar_laser 主题。

3) rospy. Publisher()：向 ai_rover_remastered/base_controller/cmd_vel 主题发布消息，以控制 AI 探测车。

4) rospy. spin()：避免程序自行关闭，程序只能由操作人员关闭。

要想用 rosrun 运行 read_Lidar_data. py，需要重新输入如下所示的 Linux 终端命令：

```
$ cd ~/catkin_ws
$ catkin_make
$ source devel/setup.sh
```

在编译之后，请使用如下终端命令运行程序：

```
$ cd ~/catkin_ws/src
$ cd Motion_Planning_Navigation_Goals
$ cd scripts
$ rosrun Motion_Planning_Navigation_Goals read_
  Lidar_data.py
```

注意　如果 AI 探测车探索地下墓穴的 Gazebo 仿真或者 Teleops 没有正在运行，请重新加载/编译对应的启动文件，并试着再次运行 read_Lidar_data. py 程序。

你所看到的数据如图 6-6 所示。

```
[INFO] [1598597265.044337]: [0.7486084699630737, 0.8982205986976624, 2.04443025
58898926, 2.151888608932495, 3.4493050573250348, 3.078852415084839, 3.161072731
0180664, 3.0056800842285156, 0.9493757486343384, 0.7484521269798279]
```

LiDAR传感器数据数组一共有10个元素，表示有10个36° 的扇面。每个数组的元素就是对应扇面内最近障碍物的距离。我们可以看到在90° 方向有一面墙位于探测车背后，因此其距离就是0.748m。

图 6-6　LiDAR 分析最近的障碍物在距其 0. 748m 处

我们应该进行合理性检查，目视检测 AI 探测车目前距墙 0. 75m，图 6-7 进一步表明图 6-6 中的数字没有问题。将 AI 探测车向东南方向稍微移动一点，图 6-6 中的数字就变成了图 6-7 中的数字。

```
[INFO] [1598600815.242010]: [1.736396312713623, 2.572085380554199, 2.569638252258301, 3.2980737686157227, 2.0650675296783447, 2.141602039337158, 2.4447877407073975, 2.4591922760009766, 1.7071266174316406, 1.6250174045562744]
```

向前移动后的LiDAR传感器数据数组，我们可以看到数组的第一个数据的数值已经从0.75m增加到了1.736m，这个值和预计的差不多。

图 6-7　LiDAR 分析最近的障碍物在距其 1.736m 处

我们已经确定了 LiDAR 传感器系统能够工作，通过这个测距小测试，我们验证了 Gazebo 也能正常工作。模拟 AI 探测车的运动必须尽量符合物理定律。通过在 AI 探测车的每一步开发过程中进行这类迭代测试，提高了成功制作出一台能够完全正常工作的 AI 探测车的概率，同时还可以缩减定位错误来源时的查找范围。

使用表 6-2 来展示和解释图 6-7 中具有 10 个元素的数组，其中，将传感器数据简化为 [INFO][1598600815.242010][1.74,2.57,2.57,3.30,2.07,2.14,2.44,2.46,1.71,1.63]。

表 6-2　对图 6-7 中 LiDAR 传感器读数的解读

扇面	方向	覆盖角度范围	最近物体的距离
SectorA	右后方	144°~180°	1.74m
SectorB	正后方靠右	108°~144°	2.57m
SectorC	右方	72°~108°	2.57m
SectorD	正前方靠右	36°~72°	3.30m
SectorE	右前方	0°~36°	2.07m
SectorF	左前方	324°~360°(或 0°)	2.14m
SectorG	正前方靠左	288°~324°	2.44m
SectorH	左方	252°~288°	2.46m
SectorI	正后方靠左	216°~252°	1.71m
SectorJ	左后方	180°~216°	1.63m

每个扇面都表示 LiDAR 十分之一的扫描范围(见图 6-8)。扇面 SectorA 探测到一个距离 AI 探测车大约 1.74m 的物体，在这个扇面内可能还有其他物体，但是距离没有比 1.74m 更近。SectorA 内的物体相对于 AI 探测车的方位在 144°~180°之间。一个物体有可能位于两个扇面之间，也就是说，传感器尺寸无法判定尺寸。其他扇面可以用类似的方式解读。

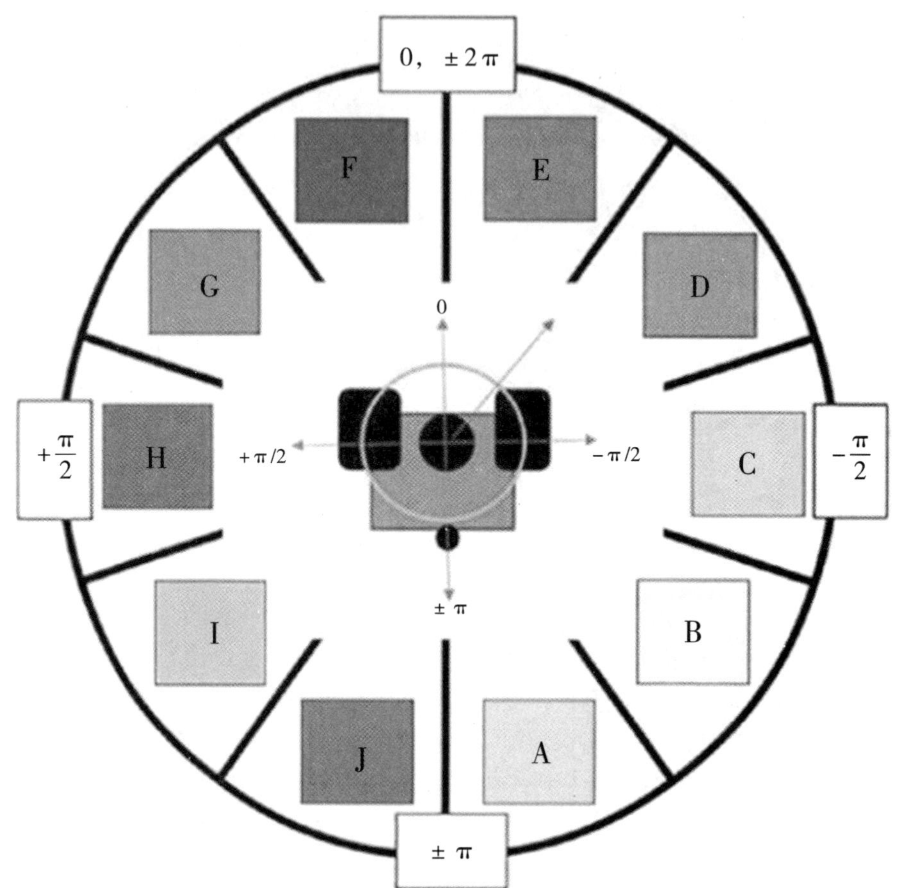

图 6-8 LiDAR 传感器的扇面方向和布局

6.5 感知和规避障碍

本节是连接第1~5章(手动控制)和剩余章节(智能自助控制)内容之间的桥梁。我们现在向开发自动驾驶探测车迈出了第一步，也就是说，探测车可以在迷宫中进行自主决策，它通过一个简单的控制算法来实现自主决策。控制算法会向执行器/电机发送命令。

按照如下所示组织控制算法的目录结构：

```
$ cd ~/sim_gazebo_rviz_ws/
$ catkin_make
$ source devel/setup.sh
$ cd ~/catkin_ws/src
$ cd Motion_Planning_Navigation_Goals
$ cd scripts
$ touch sense_avoid_obstacle.py
$ chmod +x sense_avoid_obstacle.py
$ nano sense_avoid_obstacle.py
```

上述命令会在 scripts 目录中创建内容为空的文件 sense_avoid_obstacle. py，所列出的目录和文件的树形结构如下所示：

```
├────── catkin_ws (Workspace for AI rover Controls)
│      └──── src
│          └──── Motion_Planning_Navigation_Goals
│               ├──── launch/
│               └──── scripts/sense_avoid_obstacle.py
```

在理解了树形结构组织后，我们必须将注意力转回到 ROS 程序节点 sense_avoid_obstacle. py 中的源代码上来，源代码如下：

```
#! /usr/bin/env python
# -*- coding: utf-8 -*-

import rospy
from sensor_msgs.msg import LaserScan
from geometry_msgs.msg import Twist

pub = None

# 1440/10 = 144 Full rotation of coverage from +/-Ï€ for the LiDAR sensor sweep
# Transform â€˜sectorsâ€™ array into a Python dictionary.

def msg_Lidar_laser(msg):
     sectors = {
     'sectorA': min(min(msg.ranges[0:143]),   10),
     'sectorB': min(min(msg.ranges[144:287]), 10),
     'sectorC': min(min(msg.ranges[288:431]), 10),
     'sectorD': min(min(msg.ranges[432:575]), 10),
     'sectorE': min(min(msg.ranges[576:719]), 10),
     'sectorF': min(min(msg.ranges[720:863]), 10),
     'sectorG': min(min(msg.ranges[864:1007]), 10),
     'sectorH': min(min(msg.ranges[1008:1151]),10),
     'sectorI': min(min(msg.ranges[1152:1295]),10),
     'sectorJ': min(min(msg.ranges[1296:1439]),10),
     }
     rospy.loginfo(sectors);
```

```
    sense_and_avoid(sectors);

# Using encoded sensor data to make turning decisions.
# There are five different possible decisions: Forward, turn soft left, turn hard
# left, turn soft right, turn hard right, and turn around 180 degrees aroundâ€¦

def switch_movement_options(argument):
    def forward():
        return 0.5, 0.0;

    def turn_soft_left():
        return 0.0, 0.70;

    def turn_hard_left():
        return 0.0, 0.90;

    def turn_soft_right():
        return 0.0, -0.70;

    def turn_hard_right():
        return 0.0, -0.90;

    def backward_turn_around():
        return 0.0, 3.14159;

    switch_function_dir = {

        0b0000: forward(),
        0b0001: turn_soft_left(),
        0b0010: turn_soft_left(),
        0b0011: turn_soft_left(),
        0b0100: turn_soft_right(),
        0b0101: turn_hard_left(),
        0b0110: turn_hard_left(),
        0b0111: turn_hard_left(),
        0b1000: turn_soft_right(),
```

```
        0b1001: forward(),
        0b1010: turn_hard_right(),
        0b1011: turn_hard_left(),
        0b1100: turn_hard_right(),
        0b1101: turn_hard_right(),
        0b1110: turn_hard_right(),
        0b1111: backward_turn_around()
        }

    return switch_function_dir.get(argument, "Invalid Move Option")

def sense_and_avoid(sectors):
    msg = Twist();
    linear_vel_x = 0;
    spin_angular_vel_z = 0;
    current_state_description = 'Program Start';

    # encode forward looking sensor data
    bitVar = 0b0000;

    # bitVar | 0b1000 We have an obstacle detected in front_center_left
    if sectors['sectorG'] < 1:
        bitVar = bitVar | 8;

    # bitVar | 0b0100 We have an obstacle detected in front_left
    if sectors['sectorF'] < 1:
        bitVar = bitVar | 4;

    # bitVar | 0b0010 We have an obstacle detected in front_right
    if sectors['sectorE'] < 1:
        bitVar = bitVar | 2;

    # bitVar | 0b0001 We have an obstacle detected in front center right
```

```
96      if sectors['sectorD'] < 1:
97          bitVar = bitVar | 1;
98
99      # SET ALL VALUES TO BE SENT TO THE DIFFERENTIAL DRIVE
        VIA TWIST
100     linear_vel_x, spin_angular_vel_z = switch_movement_
        options(bitVar);
101
102     rospy.loginfo(current_state_description);
103     msg.linear.x = linear_vel_x;
104     msg.angular.z = spin_angular_vel_z;
105     # publish the values of linear and angular velocity to
        diff drive plug-in
106     pub.publish(msg);
107
108 def main():
109     global pub;
110
111     rospy.init_node('sense_avoid_obstacle');
112     sub = rospy.Subscriber('/ai_rover_remastered/laser_
        scan/scan', LaserScan, msg_Lidar_laser);
113
114     pub = rospy.Publisher('ai_rover_remastered/base_
        controller/cmd_vel', Twist, queue_size=10);
115
116     rospy.spin();
117
118 if __name__ == '__main__':
119     main();
```

6.5.1 源代码分析

在上面的程序中定义了 10 个函数，其中 6 个用于车轮运动。最后一个函数(第 108~119 行的 main 函数)与之前在 read_Lidar_data.py 程序中讨论过的其他版本的 main 函数类似，我们将不再讨论在之前的版本迭代中重复出现过的那些代码。

现在我们来阐述程序中的下列内容：

1)第 13~25 行。获取 LiDAR 传感器扇面的数据，并将这些数据限制在最远 10m 的范围之内。例如，'sectorA'：min(min(msg.ranges[0:143]),10)从第一个扇面 sectorA 的全部 144 个采样数据中获取最小值,然后在这个最小值和 10 之间取较小的一项。所以,如果全部 144

个采样数据都超过了 10,那么 SectorA 将被赋值为 10。要想了解有关 LiDAR 数据解译的更多信息,请参见 6.5.2 小节的内容。此外,也可以查看 6.4 节的程序 read_Lidar_data.py。

2)第 26~27 行。将数据值保存到日志文件当中，然后调用 sense_and_avoid(第 94 行)。

3)第 28~70 行。这几个看上去很相似的函数用于设置沿 X 轴的线速度(前进得有多快)以及绕 Z 轴的角速度(转弯有多快)。例如，如果右前方有障碍物，我们以相对较慢的速度左转。而如果障碍物在正前方，我们就要迅速转向另一个方向。

注意 1　当我们转弯时，没有前进的动力。我们要么转弯，要么前进，不能同时进行。这样会让编写程序容易很多。

注意 2　转弯命令指明我们在指定方向上转弯的速度，而不是目标角度。每秒大约会读取 10 次传感器数据。因此，如果我们让探测车以每秒 45°的速度转弯，那么当有新的传感器读数出现时，探测车才转了 4.5°。这个新读数会覆写之前的 Twist()命令：这就是使用“软(小角度)”和“硬(大角度)”转弯的原因，这会导致出现探测车来回转弯的无限循环。我们将在本章小结中讨论解决这个问题的控制系统。

下面的一段代码我们没有按照顺序进行介绍：

4)第 74~99 行。这一段代码为四个传感器扇面读数进行了编码。最开始我们假设探测车附近没有障碍物(将 bitVar 设为 0b0000)。如果附近出现了障碍物(扇面读数值小于 1m)，我们会把 bitVar 中合适的比特位设为 1。如图 6-9 所示，如果扇面 SectorE 内出现了障碍物，我们将扇面 SectorE 对应的比特位进行了“翻转”(0b00x0)，也就是说第 2 个比特位的值发生了变化。具体而言，就是说要想修改第 2 个比特位的值，需要进行按位或操作：bitVar = bitVar | 2，从而“翻转”第 2 位的比特值。要想对函数 sense_and_avoid 有更多了解，请参阅 6.5.3 小节的内容。

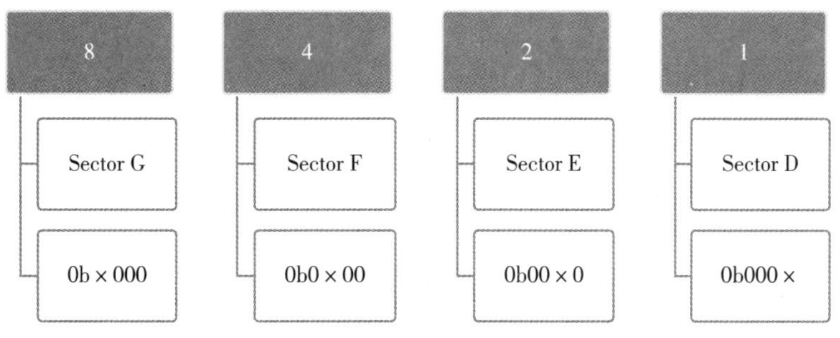

图 6-9　每个前向扇面的比特位位置编码

注意　这不是我们对这段代码的第一次迭代。在第一次迭代后，我们认识到由 4 个扇面(D、E、F 和 G)表示的 16 种情况最终只会产生 6 种可能的结果(Forward、Soft_Left、Hard_Left、Hard_Right、Soft_Right 和 Retreat)。而且，把 4 个扇面编码为 1 个 4 位变量会大大加快代码的运行速度。这种编写代码的方法称为重构。

---

5)第 52~72 行。利用编码后的 bitVar，我们可以对相应的探测车运动进行快速的字典查找。基于编码参数的附近障碍物做出运动决策。第 100 行将编码后 bitVar 传递给函数 switch_movement_options(arguments)，该函数会选择正确的方向进行运动。

6.5.2　解译 LiDAR 传感器数据

主函数(第112行)中定义的订阅者调用回调函数 msg_Lidar_laser 处理来自 LiDAR 传感器的信息和消息。msg_Lidar_laser 函数将 LiDAR 传感器的扫描信息划分为10个等间隔的扇面，每个扇面的张角是36°，这些扇面将被 AI 探测车所用。每转动一圈，LiDAR 会发送1440个激光脉冲。每个脉冲都从 LiDAR 出发并向无穷远发射，除非激光波束碰上了障碍物。脉冲会返回到 LiDAR，并根据返回时间计算出到障碍物的距离。全部1440个数据点都由 LiDAR 作为一个事件发送，函数 msg_Lidar_laser 对该事件进行监听，并将其处理成在空间上10等分的扇面。

将空间平面等分为36°的扇面的目的是覆盖 AI 探测车周边一圈的全部范围，这样可以让 AI 探测车在任意所需的方向进行观察和运动，包括前、左、右、后。向任意方向运动可以让 AI 探测车进行导航，并避开金字塔地下墓穴中的障碍物和塌方。

6.5.3　感知和规避障碍

sense_and_avoid 函数是一个简单的有限状态机(Finite State Machine，FSM)，可以实现简化的行为(见图6-10)。

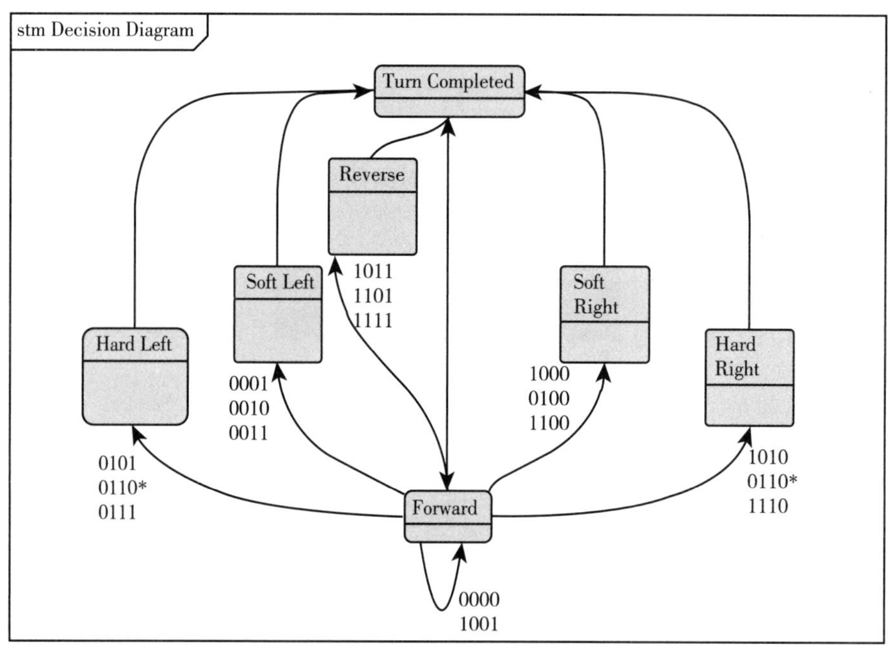

图6-10　显示不同转弯方向的决策有限状态机

在开发复杂系统(例如智能化平台)时，要一小步一小步地来逐步获取解决方案。为了简化有关转弯的决策选择，我们只准备利用前方4个扇面的数据，也就是扇面 D、E、F 和 G 的数据，这样的扇面数据用于确定探测车的行进路径上是否存在距离小于1m 的障碍物。这4个扇面会形成16种组合确定探测车的前进方向，但是其中只有6个可能行进的方向：向前、小角度左转、小角度右转、大角度左转、大角度右转以及调头(见图6-11)。如果前向6个扇面都用于行进决策，就会有64种组合，这样就会复杂得多。

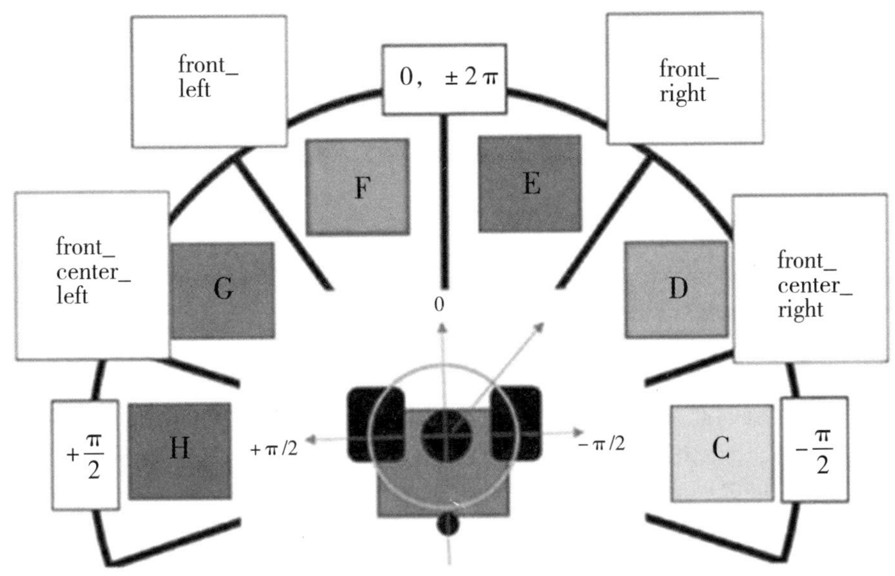

图 6-11　用于决定下一步运动的前向扇面

前向 4 个扇面中的每一个都会返回该扇面内距离最近的障碍物的距离，见表 6-3，我们将把返回的结果用 bitVar 进行编码。例如，SectorG 可能会返回 10，这表示障碍物在 10m 开外，不需要立刻引起关注。假设 SectorF 和 SectorE 返回的也是类似的较大的数，也就是说这两个扇面内暂时也没有危险。但是 SectorD 的返回值是 0.9，这说明扇面 SectorD 内有距离小于 1m 的障碍物，可能会对探测车造成危险，我们应当避开它。对每个返回值进行是否小于 1(例如 SectorG<1) 的检测会返回 true 或者 false。在本例中，SectorG、SectorF 和 SectorE 的返回值都比较大，与 1 的比较结果都是 false。与之相反，SectorD 返回值的比较结果是 true，因此，4 个扇面返回值的比较结果分别是 false、false、false 和 true，可以将这个结果编码为 bitVar=0001。表 6-3 是解译的结果：如果其中某个单元格为空，则该方向内最近的障碍物也相距较远，不会立刻导致发生危险。如果某个单元格的内容是“<1m”，那么就说明障碍物相距非常近，应当对其进行规避。

表 6-3　利用 4 个前向扇面从 6 个决策中选择其一的决策表，空白的单元格表示在该扇面内没有探测到附近有障碍物

序号	bitVar	SectorG	SectorF	SectorE	SectorD	决策
0	0000					向前
1	0001				<1m	小角度左转
2	0010			<1m		小角度左转
3	0011			<1m	<1m	小角度左转
4	0100		<1m			小角度右转
5	0101		<1m		<1m	大角度左转
6	0101		<1m	<1m		大角度左转
7	0111		<1m	<1m	<1m	大角度左转
8	1000	<1m				小角度右转
9	1001	<1m			<1m	向前

（续）

序号	bitVar	SectorG	SectorF	SectorE	SectorD	决策
10	1010	<1m		<1m		大角度右转
11	1011	<1m		<1m	<1m	调头
12	1100	<1m	<1m			小角度右转
13	1101	<1m	<1m		<1m	调头
14	1110	<1m	<1m	<1m		大角度右转
15	1111	<1m	<1m	<1m	<1m	调头

在探测车内部坐标系中，探测车的速度和方向被称为线速度和角速度。如图 6-12 所示，线速度表示为沿 *X* 轴向前，而角旋转则是围绕 *Z* 轴进行。由于我们使用的是探测车，并且假定地面是平坦的，因此可以将系统简化为处于二维空间。一旦去掉“地面平坦”这个假设，那么我们的模型会变得更加复杂，但这是后续章节中要讨论的内容。

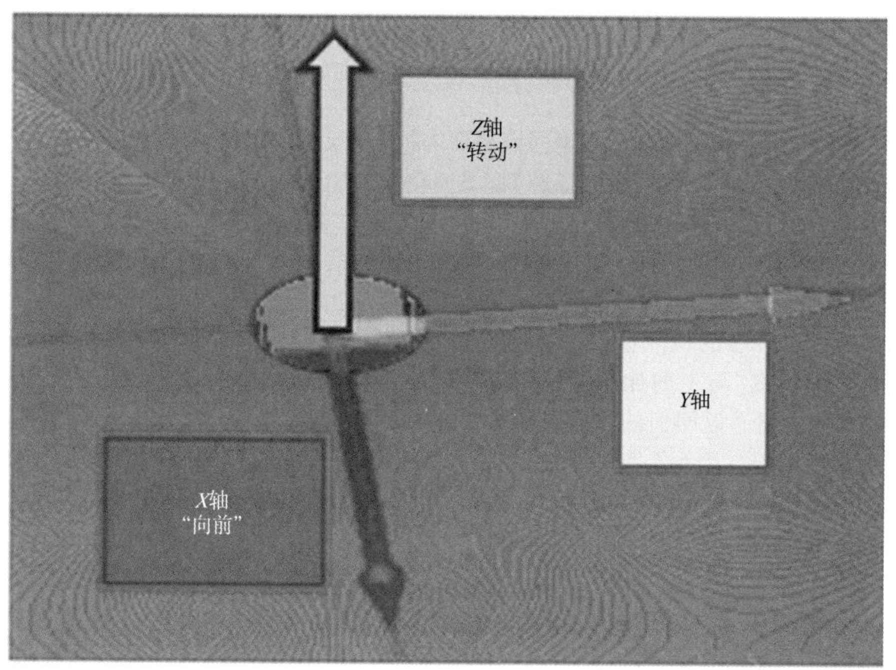

图 6-12　相对于探测车的 *X* 轴、*Y* 轴和 *Z* 轴

有两种类型的角速度：公转角速度和自转角速度。例如，地球围绕太阳公转，也就是说，地球围绕外部某一个点（太阳）进行转动。地球还会围绕南北极轴线转动，也就是说，地球会围绕其内部某点转动。我们调用 Twist( ) 函数（第 75 行）向 AI 探测车发送自转角速度，这样会让 AI 探测车围绕其内部的 *Z* 轴转动。

另一种观察公转角速度（OAV）和自转角速度（SAV）的方法是视角。OAV 是从探测车的外部进行观察的，也就说它会和空间中的多个物体产生交互。对于地球/太阳这一对组合而言，公转角速度是 356 天，而月球/地球组合的公转角速度是 28 天。OAV 取决于其他物体。另一方面，SAV 却是一个内部属性。地球的 SAV 是 24h，它不会针对其他物体而有所改变。

因此，我们说 SAV 独立于观察者，而 OAV 却与观察者相关。

当我们控制探测车时，使用的是 SAV。换句话说，如果我们打算右转 45°，就相当于通知 ROS 让探测车转动 45°。但是请记住，ROS 在计算角度时，使用的单位是弧度而非度。角速度用 rad/s 表示，其中 1 rad 相当于弧长等于半径时的圆心角。从我们的内部视角来看，如果“左转”，就要传递一个正值；如果“右转”，就要传递一个负值。所以“左转 45°”就变为“左转 π/4”。

6.5.4 执行避障代码

在一个打开的终端内执行如下所示的 Linux 终端命令：

```
$ cd ~/catkin_ws/
$ catkin_make
$ source devel/setup.sh
$ cd ~/sim_gazebo_rviz_ws/
$ catkin_make
$ source devel/setup.sh
$ cd ~/sim_gazebo_rviz_ws/
$ roslaunch ai_rover_worlds ai_rover_cat.launch
```

然后，再在另一个终端窗口中执行如下所示的 Linux 终端命令：

```
$ cd ~/catkin_ws/
$ rosrun Motion_Planning_Navigation_Goals sense_avoid_
obstacle.py
```

现在我们的探测车能够避开简单的障碍物，例如支撑立柱。但是这种避障算法太不智能了，它只是使用了 4 个特定的扇面，并且每个避障决策都是由程序员明确选择的。如果程序员无法掌握所有可能的情况和可能的决策，那又该怎么办呢？如果现实世界错综复杂，以至于 4 个扇面无法提供足够的信息始终做出正确的决策，那又该怎么办呢？

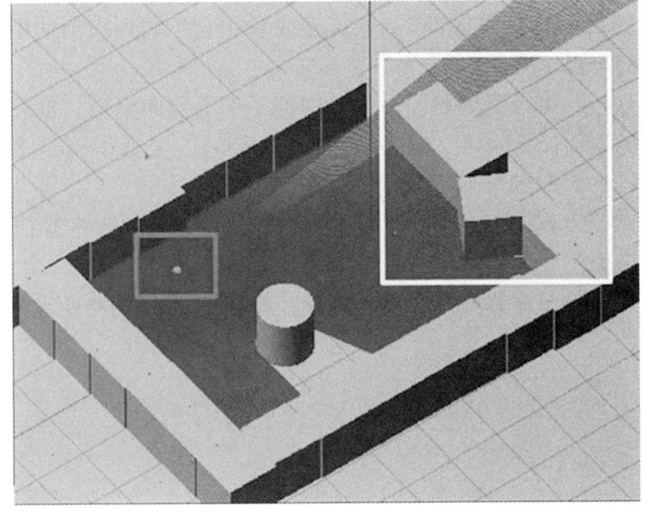

图 6-13 AI 探测车（红色框）和坍塌的墙体（黄色框）（见彩插）

使用人工智能深度学习系统（Deep Learning System，DLS）可以让 AI 探测车具备不断演化和自适应的行为。这些高级方法的使用避免了程序员必须利用有限状态机（FSM）对所有行为和决策进行显式编程。要想实现这一点，我们就要用 DLS 来代替 FSM。如图 6-13 所示，基于 FSM 的探测车可能会因为坍塌的墙体而被困在角落里，而基于 DLS 的 AI 探测车则应该能足够智能地逃离坍塌的墙体。在下一章中我们将添加基于 DLS 的智能特性。

6.6 本章小结

本章的目标在于向读者阐明，对第一代 AI 探测车进行简单控制是可行的。本章还揭示了有限状态机在构建更复杂的机器人时存在的严重局限性，因此有必要创建深度学习、强化深度学习、贝叶斯学习以及最终基于人工认知智能的控制器，这些控制器允许机器人探索未知环境，例如金字塔地下墓穴。我们还应当向读者指出，我们没有为了确定传感器的噪声或误差而对传感器数据使用任何类型的概率或统计分析，在后面有关贝叶斯深度学习以及传感器噪声和不确定性统计分析的相关章节中，我们会回过头来再就此话题进行讨论。在下一章中，我们将就首次基于 SLAM 进行导航和地图构建技术的开发进行讨论，有关导航和地图构建的讨论同样也需要用到控制系统理论，其中，理解为什么有两个主要的控制系统分别控制 AI 探测车本身的航向和其相对于目标的方位十分重要。下一章是自动驾驶探测车开发的一小步，但却是非常关键的一步。

6.7 本章练习

1）在 AI 探测车从/地下墓穴模拟中，你一定注意到了一点：如果 AI 探测车和花岗岩石块撞到了一起，AI 探测车可以将花岗岩石块推到一边去。而在现实中，由于 AI 探测车尺寸小、质量轻、速度慢，这种情况永远不会发生。那么应该怎样修改 XML URDF 文件，使得金字塔地下墓穴中花岗岩石块和支撑立柱具有与现实世界中一样的质量和转动惯量呢？请参见第 4 章和第 5 章中的相关内容修改 URDF 的源代码。

2）当仿真世界中的花岗岩石块具有现实世界中的质量和转动惯量时，AI 探测车在撞倒它时还能把它推到一边去吗？

3）我们知道现在我们在 sense_avoid_obstacle.py 中用到了 bitVar 以及 4 个前向扇面（D、E、F 和 G）的 16 种组合。如果我们再添加 LiDAR 的左侧扇面（SectorH）和右侧扇面（SectorC），那么 bitVar 会有多少种组合？请列出当使用扇面 C、D、E、F、G 和 H 时 bitVar 的全部组合。

4）可以看到我们目前只用到了 4 个前向扇面，如果在 sense_avoid_obstacle.py 中引入左侧扇面（SectorH）和右侧扇面（SectorC），又会得到什么结果呢？我们该如何为这个特定的 Python ROS 节点重新编写程序呢？

5）我们现在用到了 10 个扇面形成 LiDAR 传感器扫描数据的数组。是不是只能用 10 个扇面？如果不是，那么理想的扇面数是多少呢？

6）怎样修改源代码，才能让模拟 LiDAR 的测距范围从 10m 增加到 30m？

CHAPTER7

第7章

导航、SLAM和目标位置

在本章中，我们这台英勇无畏的探测车将在金字塔地下墓穴中进行探索。任何自动驾驶探测车都必须知道自己在环境中身处何处，也就是说要知道自己的当前位置。这样一来，探测车才能在没有用户输入的情况下从一个地方移动到另一个地方。为此，探测车必须在行进过程中构建其所处环境的内部地图。本章我们将介绍即时定位与地图构建(SLAM)算法。SLAM 根据导航数据生成地图，例如从探测车的车轮编码器获取的里程数据和从 LiDAR 传感器获取的激光测距数据。

7.1 本章目标

成功完成本章学习所要达到的目标如下所示：

- 任务类型。
- 在环境中跟踪局部和全局位置(测程法)。
- 修正行进路线(控制理论)。
- 即时定位与地图构建(SLAM)。

7.2 概述

要想构建自动驾驶探测车，探测车必须知道自己在环境中的位置和方向。

7.3 任务类型

探测车共计有三种类型的任务：完全覆盖任务、目标导向任务和探索任务。我们将在稍后讨论完全**覆盖任务**。**目标导向任务**是指从 A 点(起始点)向 G 点(目标点)前进，行进的路径可能是一条简单直线(直接连接 A 点和 G 点)，也可能是穿过其他若干路径点的线段($A \to B \to C \to \cdots \to G$)，中间的路径点可以事先规划或者自主发现。

探索任务的目的是发现环境的特征，并将这些特征置于内部的局部和全局地图上。这些特征可能是墙体、门道、障碍物、地面上的洞等。创建这种内部全局地图对于规划具有最佳路径的下一步任务十分重要。探索任务又可以细分为三种子类型任务：单点任务、双点任务以及资源发现任务。

1)单点任务为探测车提供了一个起始位置，从该位置出发为整个环境“构建地图”，并且探测车应当返回到起始位置。这种任务类型一般用于新环境当中，例如搬到了一个新房子，并随机探索整个社区。

2)双点任务为探测车提供起点和终点或目标位置。我们可以假设最终位置是在中间地图上一个未被探索过的位置。双点任务不需要彻底探索未知环境，只需要达到最终目标即可。搬进新家后，我们知道了将要上学的学校地址，所以我们探索路线以便掌握沿途地标。所探索的路线上可能还会存在一些道路封闭等情况。

3)第三种探索任务是带有目标资源的单点任务。当我们搬进新家后，假设可能会在没有 GPS 的情况下去寻找一家蛋糕店，我们不知道蛋糕店在哪里，只是在附近不断寻找，直到找到为止。

7.4 里程计

里程计根据车轮传感器数据来估计位置变化，即使用(模拟的)探测车的车轮编码器来计算得到里程数。你可以用在童年骑过的自行车上放置扑克牌这个场景做类比。每当扑克牌碰到了辐条，就会听到一次咔嗒声。如果我们知道自行车的初始位置，也知道究竟发出了多少次咔嗒声，就能计算出自行车的新位置(假设沿着直线骑行)。我们之所以能得到新位置，是因为我们知道自行车车轮一共有 18 根辐条，其周长是 36in(1in=2.54cm)。所以，每发出一次咔嗒声，就意味着前进 2in。

并且我们还能根据咔嗒声的发出频率计算出自行车的速度。当然，这种计算是在自行车始终沿直线行进的假设下做出的，并且也没有考虑到刹车或滑动等情况。里程计给出了我们当前位置的近似值！路程越短，近似效果越好。

这种位置近似方法就是车轮编码器的工作原理。探测车的里程计也是通过计算车轮的每次咔嗒声来估算探测车的速度、方向和位置。只要模拟探测车沿着直线行进(没有转弯)，行进距离的计算就比较准确。更复杂的里程计算法会结合线性(向前和向后)和角度(向左或向右)加速度来计算探测车的速度和位置。我们也可以使用惯性测量单元(IMU)传感器进行更精确的计算。但是，由于四舍五入存在误差，因此随着时间和距离的推移，计算的误差会越来越大。如果无法凭借外部源进行更新，我们根本无法修正这种误差。

导航、SLAM 和寻路算法都会用到里程计计算得到的位置，这里的位置既包含所处的位置，也包含当前的方向，因此也可以称为**姿态**。自由度是指描述探测车完整姿态所需的维数。例如，飞机有 6 个自由度，因为它既可以在三个维度<x,y,z>内移动，也可以在三个维度<r,p,y>内旋转，其中，r、p、y 分别表示横滚、俯仰和偏航。与此类似，在探测车的 URDF Xacro 文件当中，在 6 个自由度上给出的位置和方向如下：

```
<xacro:property name="left_sensor">
 <origin xyz="0.3 0 0" rpy="0 0 0" />
</xacro:property>
```

最后，在局部和全局地图中都会用到里程计。局部地图基于探测车的起始位置告知其当前位置，而全局地图则是将探测车置于一个环境当中，通过外部查看器(例如 RViz)对其进行可视化。

7.4.1 探测车的局部导航

我们的探测车在某个环境中可以从一个位置移动到另一个位置，在这个过程中根据里程计计算处理遮挡其路径的障碍物。如前所述，有两个坐标系用于探测车的导航：局部坐标系和全局坐标系。局部导航是探测车的内部认知，它可以感知附近的物体。探测车的局部感知能力意味着它能够知道自己的起始位置是(0,0)，在起始点的方向是向北，当前位置是(1,3)，方向向东，并且感知到在(1,5)处有一个物体。稍后我们再探讨全局导航。

此外，如果火星车探测车继续向东移动，它可能会与另一个物体相撞——它可能是一面墙或一个独立的物体。局部导航的目标是避开障碍，为了避开障碍物，我们可以选择停车、向左/向右转弯或者向前方未被阻挡的区域行进，或者在进入未被阻挡的区域时转弯。停车方案是最容易实现的，但是它会延缓探测车的探索进度。方便的是，机器人操作系统(ROS)有插件来帮助控制探测车，所以我们不必了解其物理原理。

7.4.2　探测车的全局导航

假定我们正在执行一项两点探索任务。全局导航就是在位于环境中某处的两点之间找到一条路径，在这两个点之间找到路径需要生成探索区域的全局地图。当探测车进行探索时，我们使用里程计计算其位置。我们只要将局部坐标系转换到全局坐标系，并在该位置绘制出探测车即可。并且，可以根据传感器数据生成带有物体(例如墙体和障碍物)轮廓的地图。在创建地图之后，未来的目标导向任务就可以预先规划出两点之间的最短路径。

根据里程计计算探测车的位置而产生的误差显然会对全局地图的渲染产生重大影响。如果知道探测车在环境中的位置，就可以让我们创建精确的地图用于探索任务，以及用于在目标导向任务中规划最优路径。

短时间内使用里程计对探测车的位置和姿态不会产生实质影响。但是，里程计在确定探测车的精确位置和姿态方面的不确定性确实可能会带来麻烦。当在未知环境中进行长时间探索时，这种不确定性造成的问题尤为突出。为了减少在持续时间较长的任务中的此类不确定性问题，我们会更新每次任务的全局地图。这种对目标位置的补充可以增强我们创建全局地图的信心。此外，我们可以为物体的永久性位置分配位置标签。如果要重置里程表设置，我们可以使用物体的永久性位置标签作为外部“验证”位置。

7.4.3　获取探测车的航向(方向)

要想开发出更加自适应的感知和避障算法，我们需要知道探测车的方向，为此，主题/topic 将探测车的航向传感器数据提供给函数 Twist()。再次调用 Twist()就能获得新的预期航向，并将探测车从当前航向逐步转动到预期航向。然后，Twist()通过/cmd_vel 主题传递数据，以控制每个车轮的角速度。如第 6 章所述，这种控制可以让 AI 探测车脱离狭小角落和封闭区域。现在 AI 探测车无须借助外力操纵就能避开障碍物。

注意　我们已经开始创建具有自主能力的探测车，也就是说，探测车可以自行操纵，而无须人类的干预。这种自动驾驶对于外部观察者而言显得很“智能”，这也意味着探测车已经进化为人工智能探测车，即 AI 探测车。因此从现在起，探测车和 AI 探测车可以看作是同义词。

在目录 catkin_ws/src 中创建脚本 rotateRobotOdom. py，该脚本从主题/odom 获取方向数据，所获取的数据可以让探测车了解自己的航向是多少，脚本代码如下：

```
1   #!/usr/bin/env python3
2   import rospy
3   from nav_msgs.msg import Odometry
4   from tf.transformations import
   euler_from_quaternion, quaternion_from_euler
5

6   roll = pitch = yaw = 0.0; # initially point North
7
8   def get_rotation (msg):
9        global roll, pitch, yaw;
10      orientation_q = msg.pose.pose.orientation;
11         orientation_list = [orientation_q.x,
           orientation_q.y,
           orientation_q.z,
           orientation_q.w];
12       (roll, pitch, yaw) =
     euler_from_quaternion(orientation_list);
13      print yaw;
14
15  rospy.init_node('rotateRobotOdom’);
16
17  sub = rospy.Subscriber(
    'ai_rover_remastered/base_controller/odom',
    Odometry, get_rotation);
18
19  r = rospy.Rate(1); # publish msg every second
20  while not rospy.is_shutdown():
21         quaternion_val =
22      quaternion_from_euler (roll, pitch, yaw);
23    r.sleep();
```

上面这段脚本中的大部分内容都应该比较熟悉，但是有几行需要解释一下。当AI探测车行进和转弯时，这段代码更新其横滚、俯仰和偏航。由于环境被建模成平面的，所以只有偏航才会发生变化。我们会使用键盘控制程序teleop_twist_keyboard. py来测试这段脚本。

在第6行中，我们在任务的起始点通过将横滚、俯仰和偏航设置为0，让探测车面向北方。第7~14行定义了get_rotation函数，该函数的参数以四元数[x,y,z,w]定义导航信息msg。不要对四元数坐标犯愁，因为第12行会将其转换成欧拉坐标。第15行会在ROS中注册节点rotateRobotOdom，以此订阅和发布消息，也就是说，get_rotation是一个回调函数。回调函数是一个无限循环，它按照特定的时间间隔向订阅者发布其结果。第17行将 * /odom

Odometry 主题与回调函数 get_rotation 关联起来。订阅 Odometry 主题的任何对象都将收到最新的 get_rotation 消息，第 19 行定义了消息应当每秒发布一次。第 20~23 行是无限循环，它每秒会以四元数[x, y, z, w]的形式返回当前方向。

7.4.4 执行 rotateRobotOdom. py

在一个终端窗口中执行如下 Linux 终端命令，以编译和执行 rotateRobotOdom. py：

```
$ cd ~/catkin_ws/
$ catkin_make
$ source devel/setup.sh
$ cd ~/sim_gazebo_rviz_ws/
$ catkin_make
$ source devel/setup.sh
$ cd ~/sim_gazebo_rviz_ws/
$ roslaunch ai_rover_worlds ai_rover_cat.launch
```

上述命令成功执行后，再在另一个终端窗口中执行如下 Linux 命令：

```
$ cd ~/catkin_ws/
$ rosrun rotate_robot rotateRobotOdom.py
```

在执行 ai_rover_cat. launch 和 rotateRobotOdom. py 后，你会在 Gazebo 中看到 AI 探测车，并且在终端中会看到一个弧度值滚动列表。我们可以看到 AI 探测车的初始朝向大约是 0rad。图 7-1 所示为最初的航向，后续所有航向都是基于这个初始航向确定的。

图 7-1 AI 探测车的初始方向角大约是 0rad

如果我们打算用键盘控制探测车，那么必须执行 ROS 节点 teleops_twist_keyboard. py，为此，我们可以再在一个终端窗口中执行如下所示的终端命令：

```
$ cd ~/sim_gazebo_rviz_ws/src
$ roslaunch ai_rover_remastered_description
  ai_rover_teleop.launch
```

使用“j”和“l”键让探测车转弯，并记录下在终端中显示的值。这些数字就是了以弧度为单位的探测车的方向。

再来谈谈探索任务。我们可以想象一下探测车在探测到某个物体时正在向前行驶，探测到的物体就是反馈。继续前进是错误的，因为这样会导致碰撞，因此我们必须改变探测车的方向，即发出新的命令。为了避开这个物体，我们可以左转或右转进入一个非封闭的未被探索过的区域，也可以调头回到未被探索过的区域内的更早的某个位置点。最后一种选择表示我们进入了一个死胡同，进一步的探索是徒劳无功的。

在界面中检查探测车的方向是否正确至关重要，此时探测车的方向应当是 0 弧度，也就是说在屏幕中探测车指向“正北”(上方)。从现在开始，如果我们发出指令让探测车转弯(偏航)，都应当能看到弧度值会发生变化(见图 7-2)，并且屏幕中探测车的方向也会发生变化。我们的指令会被转换成发给每个车轮的单独指令。在对指令进行处理后，作为响应，每个车轮会通过车轮编码器发布其当前位置和偏航。每种编码器都存在精确误差，但是对于我们的系统而言，其精确度已经足够满足需求了。所以，探测车的位置和姿态可以根据车轮的位置计算得到。

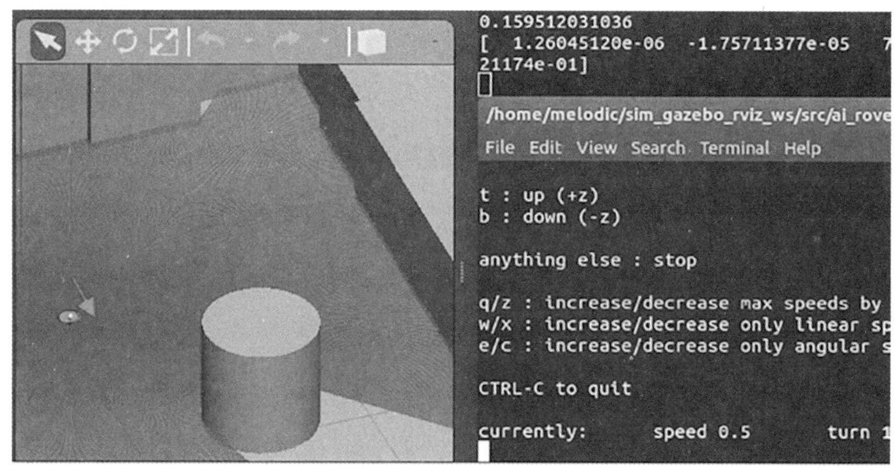

图 7-2　偏航角的改变，单位是弧度。当前方向是 0.16rad，即面向东南偏南(South-Southeast，SSE)

在图 7-2 中，我们通过手动控制(按键 j、k、l)将探测车的方向改变为大约 0.16rad。可以看到，我们已经成功测试、验证和校核了 AI 探测车的里程计和转向，两者的结果都准确无误。

7.5　控制理论

简单来说，控制理论就是反馈环路(见图 7-3)，也就是说，我们进行了某项操作后，对由于此项操作引起的变化进行观察。如果结果是好的，我们就继续此项操作；如果结果错误，我们就对错误的操作进行调节和修正。例如，我们让探测车向前行驶执行单点探索任务，只要传感器(LiDAR、雷达、相机)没有探测到前方有物体，我们就会让探测车继续前进；但是只要传感器探测到前方路径上有障碍物，我们就会改变 AI 探测车的路线以避开障碍，并继续探索。

Controller (Brain)

指令　　反馈

Controlled Object

图 7-3　简单的反馈环路

图 7-4 所示的 UML 状态图构建了单点探索任务的导航和控制逻辑的模型，也就是说，没有目标位置或资源，我们只要尝试创建地图即可，在这个 UML 状态图中，构建了三种状态(GO_STRAIGHT、STOP 和 TURN)的模型。有限数量的状态转移(有障碍物或无障碍物)表示导航的动态行为。如果探测车直行，并且在其路

径上没有障碍物，那么它就会保持直行。但是，如果传感器探测到障碍物，那么它就会停下，然后转弯。在其转弯时，如果路径上仍然有障碍物，那么它就会继续转弯下去。当出现没有障碍物(并且未被探索过)的路径时，它就会朝着这条未被探索过的路径恢复直行。在图 7-4 中没有展示的是当没有新的未被探索过的路径可用时会发生什么。一种选择是维护一组访问过的路径点，回溯到未探索路径之前的某个路径点，然后从该点继续探索。

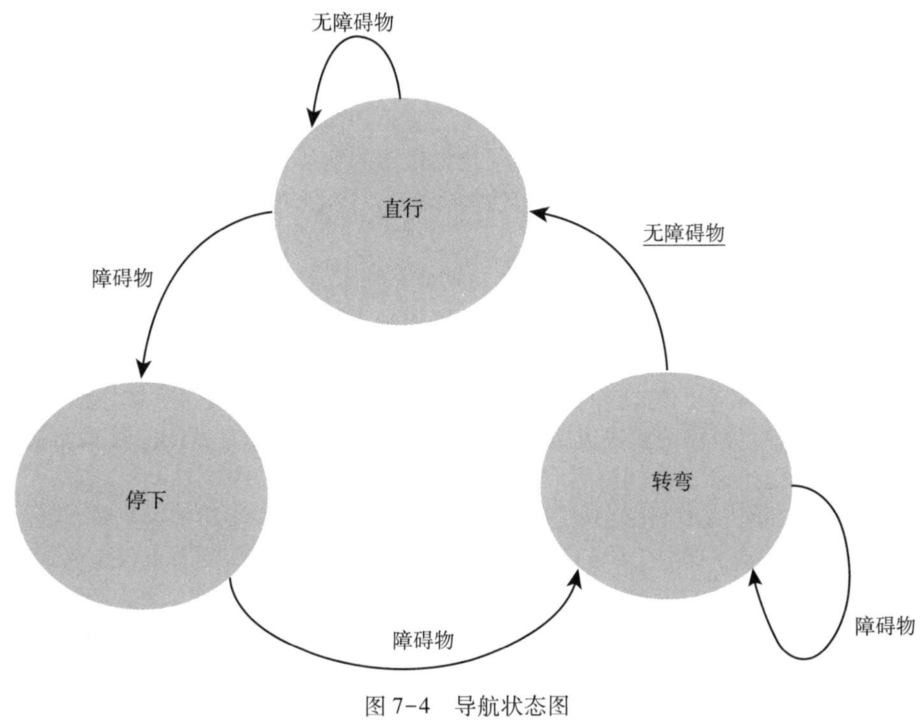

图 7-4　导航状态图

从编程的角度看，这三种状态必然会更新里程计数据，稍后我们还会用这些状态更新内部地图。我们将在本章的结尾回顾这些有关自主导航的概念，彼时我们将回顾探测车在探索环境时能实现的下列行为：

GO_STRAIGHT：探测车沿着当前方向开始或继续前进，持续更新其位置<x,y,z>(z 从不改变)，横滚、俯仰和偏航值<r,p,y>不发生变化。如果它探测到障碍物，就会停下。

STOP：一旦进入 STOP 状态，我们就会将当前位置<x,y,z>添加到访问过的路径点列表当中。如果我们有外部位置参照，那么这也是修正里程计定位误差的时机。现在转换到 TURN 状态。

TRUN：探测车改变其航向以“观察”未被探索过的方向。在此过程中会更新偏航值(横滚和俯仰不会改变)。在转弯时，我们会查找没有阻塞并且未被探索过的路径，当找到这样的路径后，我们将该方向保存为正在探索的方向，然后返回 GO_STRAIGHT 状态。如果没有未探索过的路径，我们就会回到前一个路径点并从该点继续探索。

现在请自行思考对于不平坦的地形，必须进行哪些修改，即<z>和<r,p>要进行什么样的修改。

在上面的状态图中，我们省略了跟踪访问过的路径点，我们稍后就会看到，状态图中的每种状态都会直接映射为 SLAM 中的函数，形成导航堆栈和进程 move_base。

7.6 即时定位与地图构建

我们使用SLAM是出于两个原因：生成地图以及在生成的地图中对探测车（和物体）进行定位。地图构建是在探测任务执行过程中完成的，探测车必须感知和避开在地图生成过程中探测到的物体，例如墙体、立柱等。在生成地图之后，探测车可以遍历得到避开所有物体的最优路径。使用SLAM的第二个原因是可以确定探测车相对于环境中其他物体的位置。最终生成的地图具有全局坐标系，这个全局坐标系上又叠加了探测车的局部坐标系。

SLAM地图是动态演进的，但是一开始我们假设环境是静态并且平坦的（没有孔洞），这样我们能更好地理解SLAM算法。当引入动态移动的物体后，地图就会随着时间的推移而发生改变。地图必须将物体划分为永久性物体或临时性物体，我们的理解是这意味着生成的地图是最终的和完整的。

SLAM的探索算法（探索任务）被封装为自适应蒙特卡罗库（Adaptive Monte Carlo Library，AMCL），可以让探测车对其环境进行探索。蒙特卡罗方法会随机选择一个转弯方向，就像掷骰子或者轮盘赌那样。如果随机选择的方向受阻，那么它就会再掷一次骰子。SLAM算法通过在环境中随机漫游来创建初始地图，在探索的过程中，它会通过物体（墙体、静止物体）在地图上找到一个暂定的解决方案。随着探索的继续，它会对地图的结构越来越有信心。一开始，生成的地图不会探测到地面上的孔洞，例如楼梯。由于GoPiGO有一个简单的接近传感器，我们可以在此利用它来探测前方的孔洞，稍后我们会添加这个传感器的脚本。SLAM最酷的一点是基于部分生成的地图生成可回溯的路径。在探测车进行探索时，SLAM会跟踪决策点，也就是探测车转弯的位置。如果探测车陷入死胡同时，即从该决策点位置出发的所有方向都被探索过，SLAM会生成一条返回到上一决策点位置的路径，然后再次开始探索。如果最后一个位置也被全面探索过，它还会往回走。这表示SLAM将跟踪每一个决策点的探索完成度。如果所有决策点位置都被全面探索过，对于环境的地图构建也就完成了。探索的完成并不意味探测车会涉足环境中的所有位置点。

现在我们有足够的信息来执行目标导向任务，给定探测车的初始位置和目标点，SLAM会生成中间路径点来定义探测车应当通行的路径。假设探索的区域是平坦的环境，探测车可以跟随路径。

7.6.1 安装SLAM及相关库

安装SLAM库看似复杂，实则不然。本质上我们只需安装SLAM核心库以及依赖SLAM的库，其中最基本的算法是gMapping，大多数其他SLAM库都会调用它。SLAM的库有多种类型，我们使用的是OpenSLAM，你可以在https：//OpenSLAM.org查阅其相关内容。

OpenSLAM的slam_gmapping算法在传感器、ROS和gMapping软件之间提供了必需的ROS接口包装器。slam_gmapping提供了二维栅格地图（类似于在格子纸上设计平面图）。gMapping有两个数据源：里程计和LiDAR。里程计数据为gMapping提供定位信息（上下文），也就是基于探测车的起始点给出其当前位置。LiDAR则给出相对于探测车当前位置的物体检测数据。因此，slam_gmapping会把每一次LiDAR的扫描转换到AI探测车的里程计变换坐标系当中。所以，随着AI探测车的移动和探索，我们就能看到LiDAR的每次扫描都会更新地图细节。

我们必须安装Noetic ROS OpenSLAM的gMapping包以及相关依赖包，依赖包包括传感器、探测、图像处理以及变换等 ROS 包，为此，我们必须在 Linux 终端中输入如下所示的命令：

```
$ sudo apt-get upgrade
$ sudo apt-get install ros-noetic-laser-proc ros-noetic-rgbd-
launch ros-noetic-depthimage-to-laserscan
$ sudo apt-get install ros-noetic-rosserial-arduino ros-noetic-
rosserial-python ros-noetic-rosserial-server ros-noetic-
rosserial-client ros-noetic-rosserial-msgs
$ sudo apt-get install ros-noetic-compressed-image-transport
ros-noetic-rqt-image-view
$ sudo apt-get install ros-noetic-gmapping ros-noetic-ros-
noetic-interactive-markers
$ sudo apt-get install ros-noetic-turtle-tf2 ros-noetic-tf2-
tools ros-noetic-tf
$ sudo apt-get install ros-noetic-slam-gmapping
$ sudo apt-get install ros-noetic-hector-slam
$ sudo apt-get install ros-noetic-rtabmap-ros
$ sudo apt-get install ros-noetic-teleop-twist-keyboard
$ sudo apt-get install ros-noetic-amcl
$ sudo apt-get install ros-noetic-move-base
$ sudo apt-get install ros-noetic-map-server
```

7.6.2 设置 SLAM 库

我们将使用的是 SLAM 库的 Neotic ROS 稳定版本，为了运行 Noetic ROS SLAM 的示例程序，我们需要在系统中进行下列修改。

1. 设置 Noetic ROS 环境

转到 Linux 主目录当中，并在 Terminator 中通过执行如下所示的终端命令打开 .bashrc 文件：

```
$ cd
$ nano .bashrc
```

在 .bashrc 文件的末尾加上如下所示的内容，并对该文件执行 source 命令，以使 SLAM 能正确工作：

```
export ROS_MASTER_URI=http://localhost:11311/

export ROS_HOSTNAME=localhost
$ source /opt/ros/noetic/setup.bash
```

我们已经更新了 Noetic ROS 以及其支持依赖，以运行 SLAM 及其相关的库和实用工具。

2. 初始化项目工作空间

```
$ cd ~/catkin_ws
$ source devel/setup.bash
$ catkin_make
```

注意 对 ROS 和 ROS SLAM 项目目录执行 source 命令十分关键，在后台执行 roscore 极为重要。

7.6.3 导航的目标及任务

虽然现在探测车能够感知和避开障碍，但它仍然容易被困住，为了避免这种情况，探测车必须使用路径修正完整地构建迷宫的地图，并以此进行导航。为了达到这个目的，我们会向前行进，直到有物体挡在路径当中。然后我们要么转向一个从未探索过的方向以避开这个物体，要么回退若干步，退回到一个有我们从未探索过的方向的位置。

创建一个 Python ROS 节点脚本来读取来自每个模拟车轮编码器的里程计数据（偏航和位置），该信息包含估计的精度值。我们现在将开发航向修正控制，这种控制允许 AI 探测车从一个位置点移动到下一个位置点，这种航向控制正是 AI 探测车的第一个实际导航任务。像这样从一个路径点到下一个路径点的导航任务只是一个线性导航跟踪和修正程序，这种类型的导航任务意味着在当前开发阶段，AI 探测车不会避开和绕过障碍，而只是从一个位置点移动到下一个位置点。我们首先会设计这种导航跟踪和修正算法，本章稍后的内容中会创建感知和避障能力，以增量和模块化的方式开发和测试 AI 探测车的每个组件。我们还将在这个 ROS 节点程序当中仔细研究每个车轮编码器的模拟位置数据。最后，在本节中还要对简单的数学知识，例如四元数进做一个简单的介绍，这些数学知识可以让我们开发出更加可靠高效的算法，来确定 AI 探测车的正确航向和轨迹。

我们必须更新文件夹目录，便于第一个导航跟踪和校正算法能够处理来自多个来源的信息。这些输入源包括模拟的 PixHawk 自动驾驶仪或编码器，其形式为里程计源主题（'/ai_rover_remastered/base_controller/odom/'），然后导航轨迹命令转到输出主题（'/ai_rover_remastered/base_controller/cmd_vel'），为 AI 探测车的轨迹控制提供输出。

7.7 地图的重要性

为何探测车首先需要一幅地图？一幅完整的地图可以表示环境中重要物体的位置，并且地图可以提供工作背景。并非所有物体都要在地图上表示出来，只要表示出那些重要的物体即可。但是，由于地图上的某些物体没有被探测到，所以一些地图还是带有错误。例如，如果你观察一下由 SLAM 生成的探测车世界的地图，就会看到由四个点组成一个矩形，这并非表示有四个物体均匀分布在矩形当中，而只是四个车轮而已。SLAM 有可能会创建出错误的地图表示，这就是为何需要相机来确定探测车的路径上是否存在物体的原因。

一开始，探测车对其环境一无所知，它必须构建环境的地图，但不幸的是，按照军事学的说法，“战争迷雾”(Fog of War，FoW)充斥整个地图。探测任务的目标就是削弱战争迷雾，理想情况是将其变为 0。

探测车随机游走，并在其执行第一次任务时构建环境地图。探测车不会触及环境中的每一处位置，但是它能“看到”一定距离外的墙体和障碍物，并将它们标记在地图上。它不会朝着墙撞过去。在任务结束后，我们就有了一幅标记有障碍物的地图。现在 SLAM 能生成一条从初始位置到目标位置的最佳路径，最佳路径上生成的路径点可以用于安全穿越已知环境。

作为 SLAM gMapping 基石的算法是 Rao-Blackwellized 粒子滤波器，SLAM 利用该粒子滤波器，基于 LiDAR 传感器的激光测距数据和探测车的里程计勾勒出地图的边界。Rao-Blackwellized 粒子滤波器使用的是概率方法，其相关内容超出了本书讨论的范畴。

ROS 节点 slam_gmapping 订阅/odom and sensor_msgs/LaserScan 主题，并将占用栅格地图发布到 nav_msgs/OccupancyGrid。占用栅格是由用户提供的地图尺寸，我们使用的占用栅格范围在-20~20 之间，大小为 40×40。你可以把占用栅格想象成绘制在纸上的地图，地图的绘制必须保持在栅格上完成。

slam_gmapping 节点结合了 LiDAR 和里程计的局部数据，并将其转换成覆盖在占用栅格上的全局地图。后面的启动文件中的 remap 行将 slam_gmapping 与探测车关联起来，从而连接了 LiDAR 和里程计传感器。从 LiDAR 传感器的角度来看，它不会移动，而是被安装在探测车上的固定位置。探测车虽然在移动，但传感器对此一无所知，它只是在干自己的扫描工作。LiDAR 的移动意味着激光数据必须从其本地固定位置(在移动的探测车上)转换到其在地图上的实际全局位置。每次激光扫描都会用根据里程计数据计算得到的探测车当前位置进行偏移校正。

探测车在其旅途之初并不知道环境看上去是什么样的，最初它只能看到一幅需要探索的空地图，也就是所谓战争迷雾。随着探测车在环境中漫游，slam_gmapping 开始填充地图。为此 slam_gmapping 会订阅由探测车的 LiDAR 和里程计传感器发布的主题 sensor_msgs/LaserScan and /Odom(tf/tfMessage)。tf 消息主题将传感器数据 ongoing 从探测车的局部坐标转换成地图的全局坐标。

7.8 启动探测车

我们有两个启动文件让探测车运行起来时使用 SLAM：ai_rover_world. launch 和 gmapping_demo. launch。此外，我们还需要一个世界地图 rover. world。由于设计世界地图已经超出本书讨论的范畴，所以从本书的官网上下载该文件即可。

7.8.1 创建 ai_rover_world. launch

要想开始构建地图，首先要在 Gazebo 环境中启动探测车，启动文件的源代码如下：

```
$ roscore
$ roslaunch ai_rover_remastered ai_rover_world.launch
```

图 7-5 所示的方框内的一个小点表示 Gazebo 环境中的探测车，请注意，环境的规模可能会让探测车看上去微不足道，我们恰好希望使用这种大小的尺寸。

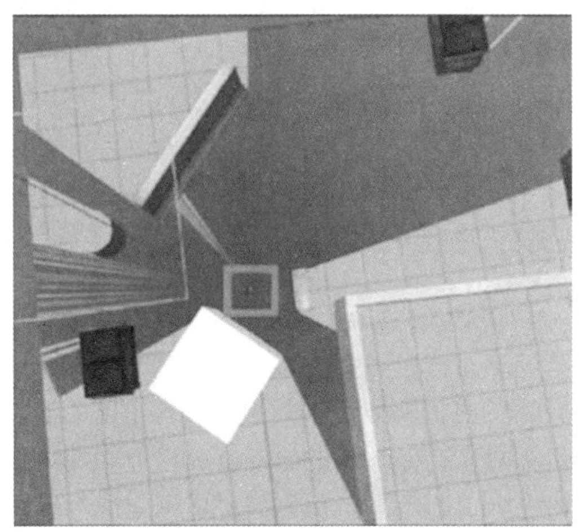

图 7-5　生成的探测车(方框中)

创建 ai_rover_world. launch 文件，代码如下：

```
<?xml version="1.0" encoding="UTF-8"?>
<launch>
 <arg name="world" default="empty"/>
 <arg name="paused" default="false"/>
 <arg name="use_sim_time" default="true"/>
 <arg name="gui" default="true"/>
 <arg name="headless" default="false"/>
 <arg name="debug" default="false"/>

 <include file="$(find gazebo_ros)/launch/empty_world.launch">
  <arg name="world_name" value="$(find ai_rover_remastered)/
  worlds/rover.world"/>
  <arg name="paused" value="$(arg paused)"/>
  <arg name="use_sim_time" value="$(arg use_sim_time)"/>
  <arg name="gui" value="$(arg gui)"/>
  <arg name="headless" value="$(arg headless)"/>
  <arg name="debug" value="$(arg debug)"/>
 </include>
 <param name="robot_description" command="$(find xacro)/xacro
'$(find ai_rover_remastered)/urdf/ai_rover_remastered.xacro'"/>

 <node name="ai_rover_remastered_spawn" pkg="gazebo_ros"
```

```
type="spawn_model" output="screen" args="-urdf -param robot_
description -model ai_rover_remastered" />

</launch>
```

现在，在一个终端中启动slam_gmapping地图构建器，ros.org的gmapping_demo.launch文件已经被修改成更加匹配我们的环境和探测车，其源代码在“修改gmapping_demo.launch文件”一节。启动代码如下：

```
$ roslaunch ai_rover_navigate gmapping_demo.launch
```

7.8.2 slam_gmapping启动文件

当探测车探索所处环境时，slam_gmapping节点会处理传感器数据并生成地图，gMapping文件有几个参数，我们可以在启动文件中对这些参数进行设置，大多数参数不用修改，只需要修改带下划线的参数即可：

1) Base_frame（默认值：base_link）：这是附加到探测车移动基座上的坐标系名称。

2) map_frame（默认值：map）：这是附加到地图上的坐标系名称，也是我们在RViz中使用的主题名称。

3) odom_frame（默认值：odom）：里程计系统的坐标系名称。我们会针对探测车的实际差动车轮编码器或者Gazebo的模拟驱动器插件设置里程计系统。

4) map_update_interval（默认值：5.0）：下一次地图更新前的等待时间（单位：秒），这个参数非常重要，因为较短的等待时间间隔可能会导致探测车或者仿真的系统性能降低。

5) maxRange（浮点数）：设置激光的最大距离，将该值设置成真实世界中的LiDAR探测范围。

6) maxUrange（默认值：80.0）：设置激光的最大可用范围，激光波束会在该距离范围上停止。

7) minimumScore（默认值：0.0）：设置最小分值（与物体的距离）以获取准确的激光读数。

8) xmin（默认值：-100.0，设置值：-20）：地图x方向的最小范围，将xmin设置为尽可能贴近探测车要探索的环境的总的x方向的范围，在本例中这个总范围是40m，所以我们将xmin设置为20，将xmax也设置为20。

9) ymin（默认值：-100.0，设置值：-20）：地图y方向的最小范围。

10) xmax（默认值：-100.0，设置值：-20）：地图x方向的最大范围。

11) ymax（默认值：-100.0，设置值：-20）：地图y方向的最大范围。

12) delta（默认值：0.05，设置值：-0.01）：地图的分辨率。

13) linearUpdate（默认值：1.0，设置值：0.5）：探测车为处理激光读数而必须在x方向上移动的线性距离。

14) angularUpdate（默认值：0.5，设置值：0.436）：探测车为处理激光读数而必须移动的角距离。

15) temporalUpdate（默认值：-1.0）：两次激光读数之间的等待时间（单位：秒），如果该值是-1，就关闭了等待功能，也就是说读数是连续的。

16）particles（默认值：30，设置值：80）：滤波器的粒子数。

17）resampleThreshold（默认值：xx，设置值：0.5）：传感器数据频率（单位：秒）。

注意 在每次模拟之前，我们需要确保在同一终端中按下<CTRL+C>关闭之前启动的 slam_gmapping 节点。

7.8.3 准备 slam_gmapping 包

我们必须把 SLAM 处理软件组织到 ROS 包当中，现在我们将创建一个 ROS 包 ai_rover_navigation，这个特定的包包含代码（例如：ROS 节点）、数据、库、图像、文档等，每个 SLAM 程序都将被包含在这个 ROS 包当中。ROS 包旨在提供适当的功能，并鼓励探测车中的其他 ROS 系统重用 gmapping_demo. launch。使用如下所示的终端命令创建包 ai_rover_navigation package：

```
$ cd ~/catkin_ws/src
$ catkin_create_pkg ai_rover_navigation std_msgs rospy roscpp

$ cd ~/catkin_ws/src/ai_rover_navigation
$ mkdir launch
$ cd ~/catkin_ws/src/ai_rover_navigation/launch
```

这个包有三个依赖：std_msgs、std_msgs 及 rospy。std_msgs 是在 ROS 中预先定义的一种普通数据类型。在 ROS 1 当中，ROS 库有两种分别用 C++（roscpp）和 Python（rospy）编写的库，这两种库并不具有相同的功能，也不能等同视之。SLAM 和 ROS 的库都依赖于这两个库。

7.8.4 修改 gmapping_demo. launch 文件

从官网 ros. org 上下载 gmapping_demo. launch：

```
$ gedit gmapping_demo.launch
```

修改下载的文件使其匹配探测车的参数，代码如下：

```
<?xml version="1.0"?>
<launch>
 <master auto="start"/>
 <param name="/use_sim_time" value="true"/>

 <!--- Run gmapping -->
 <node pkg="gmapping" name="slam_gmapping" type="slam_gmapping"
output="screen">

  <!--- Occupancy Grid --->
```

```
    <param name="delta" value="0.01"/>
    <param name="xmin" value="-20"/>
    <param name="xmax" value="20"/>

  <param name="ymin" value="-20"/>
  <param name="ymax" value="20"/>

  <param name="linearUpdate" value="0.5"/>
  <param name="angularUpdate" value="0.436"/>
  <param name="temporalUpdate" value="-1.0"/>
  <param name="resampleThreshold" value="0.5"/>
  <param name="particles" value="80"/>

  <!--- Connect to Rover's Lidar -→
  <remap from="scan" to="ai_rover_remastered/LaserScan/Scan "/>
  <param name="base_frame" value="base_link" />

 </node></launch>
```

启动文件的最后一段将 slam_gmapping 包与探测车经过变换的 LiDAR 数据关联起来，也就是说，现在数据是全局坐标的。这个启动文件并没有在屏幕上显示任何内容，为此，我们需要 RViz(从探测车的视角)以及 Gazebo(从操作人员的视角)。从现在开始，接下来的两小节我们都会启动这个文件。

7.8.5 RViz 中的 gMapping

要想在 RViz 中显示生成的地图，我们需要启动文件(ai_rover_rviz_gmapping.launch)关联探测车的传感器、RViz 以及地图，代码如下：

```
<?xml version="1.0"?>
<launch>

<param name="robot_description" command="$(find xacro)/
xacro '$(find ai_rover_remastered_description)/urdf/ai_rover_
remastered.xacro'"/>
<!-- send fake joint values -->
<node name="joint_state_publisher" pkg="joint_state_publisher"
type="joint_state_publisher">
 <param name="use_gui" value="False"/>
</node>

<!-- Combine joint values -->
<node name="robot_state_publisher" pkg="robot_state_publisher"
type="robot_state_publisher"/>
```

```
  <!-- Show in Rviz  -->
  <node name="rviz" pkg="rviz" type="rviz" args="-d $(find ai_
  rover_description)/rviz/mapping.rviz"/>
  <!--node name="rviz" pkg="rviz" type="rviz" args="-d $(find
ai_rover _description)/launch/ai_rover.rviz"/-->

</launch>
```

由于定义 RViz mapping. rviz 参数的代码太多了，因此可以在本书在 GitHub 上的源代码仓库中查找相关代码。mapping. rviz 的参数描述可以在 RViz 的配置文件中找到。

为了控制探测车，请使用 Teleop 键盘脚本。请记住，要在运行 Teleops 程序的终端窗口中单击来移动探测车。当你移动探测车时，应当能看到 SLAM gMapping 处理程序正在用未被探索区域的新特征更新 RViz 中的地图。请使用图 7-6 中的键盘按键来控制环境中的探测车。

按键	功能
i	向前移动
,	向后移动
j	左转
l	右转
k	停下
q z	加速/减速

图 7-6　移动探测车的基本键盘命令

要手动控制探测车，请通过如下所示的 shell 命令来使用 Teleops 程序：

```
rosrun teleop_twist_keyboard teleop_twist_keyboard.py
```

你应当能看到如图 7-7 所示的界面，slam_gmapping 节点用一个物体（蓝色框）对地图进行了更新，红线则是潜在的墙体，橙色框中则是探测车。

在全面探索环境后，我们要保存生成的地图图像（pgm 格式）以及元数据（yaml 格式），为此请在终端窗口中输入如下所示的命令：

```
rosrun map_server map_saver -f ~/ai_rover_remastered/maps/
test_map
```

在同一目录中将 test_map. pgm 转换成 JPG 格式，现在你可以在 gmapping 之类的图像查看工具中查看地图（见图 7-8）。

pgm 文件是地图的图像，而 yaml 文件则描述了地图的尺寸，稍后我们将介绍 yaml 文件描述的内容。

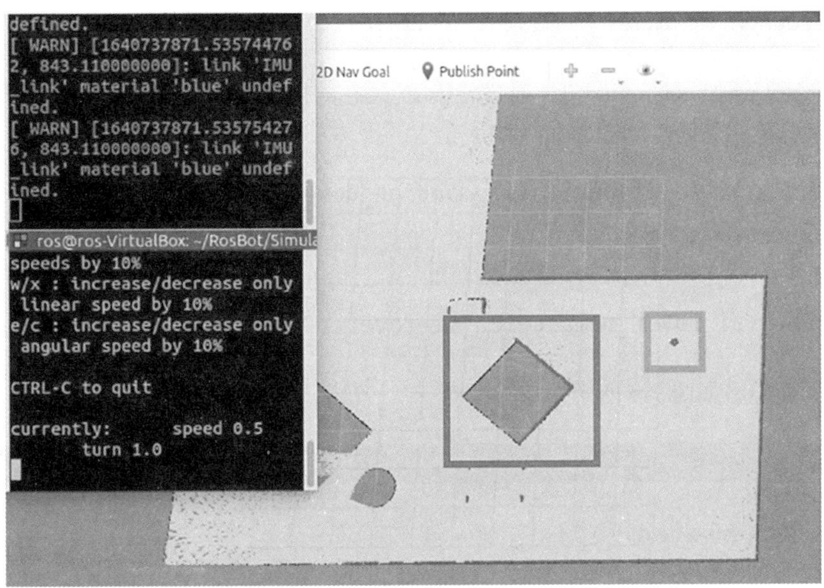

图 7-7　当探测车探索时，slam_gmapping 节点更新地图(见彩插)

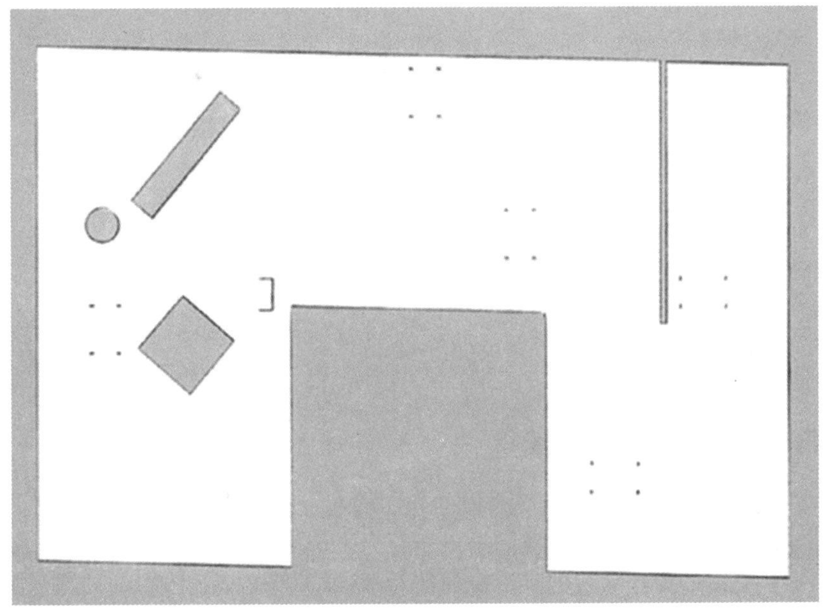

图 7-8　由 gmapping 最终生成的地图

7.9　最终的启动终端命令

要想开始构建地图，首先要在环境中启动探测车，为此我们要在不同的终端中执行如下探测车启动命令：

```
$ roscore
```

```
$ roslaunch ai_rover_remastered ai_rover_world.launch
```

接下来我们添加 gMapping 包，通过在第二个终端中启动 slam_gmapping 地图构建工具，让探测车探索环境并创建地图，命令如下：

```
roslaunch ai_rover_navigate gmapping_demo.launch
```

最后在第三个终端中，我们打开 RViz 窗口：

```
roslaunch ai_rover_remastered ai_rover_rviz_gmapping.launch
```

RViz 界面应当如图 7-9 所示。

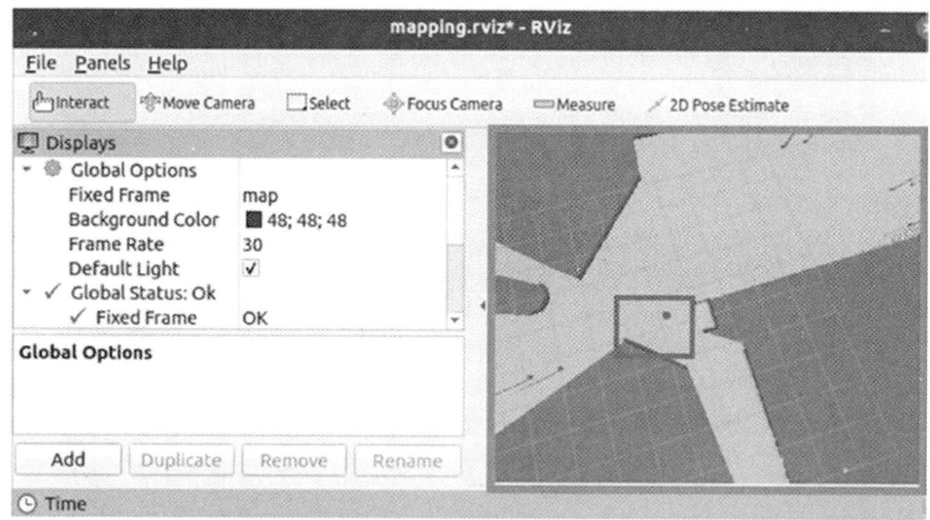

图 7-9　在 Gazebo 中带有激光扫描数据(红色点)的初始化 RViz 界面，蓝色框中的红线貌似是一堵墙，但这是一个错误(见彩插)

7.9.1　RViz 中的地图构建配置

现在我们把注意力转到用于 ROS 导航的地图构建上来，我们还要关注实现环境的 ROS 构建地图和导航所需的重要组件。我们需要查看为了让 RViz 显示地图以及来自探测车的导航信息和数据所必需的配置。我们将讨论如何对 RViz 进行必要的配置，使得探测车能够成功进行地图构建和导航，还将探讨用探测车构建地图的多种可能性。构建地图为何对探测车的导航如此重要？这是因为构建地图可以让探测车规划路径，避免在未被探索的环境中与其他物体发生碰撞。

探测车在执行探索任务期间只能从两个源头访问地图，第一个源头是已经由任务规划器提供给探测车的地图，第二个源头则是由探测车自行根据传感器(LiDAR)和里程计数据构建的地图。根据探测车的传感器(LiDAR)和里程计数据创建地图被称为 SLAM 流程。对探测车实施监控的一个重要工具就是 RViz。RViz 是 ROS 的图形化环境，负责在探测车和操作人员之间传递监控信息、消息以及数据。作为可视化数据环境，RViz 对于构建地图极其重要。

现在我们来看看让 LaserScan 数据以及环境地图可视化所需的步骤。要想在 RViz 中可视化的展现地图构建数据，需要我们从探测车获取三个数据源或者主题。我们需要让显示 LaserScan 数据、里程计数据以及地图数据成为 RViz 中的选项。我们还需要添加第 4 章中最初用 URDF 源文件编写的机器人描述模型，并利用第 5 章中 Xacro 扩展进一步增加该模型的面向对象特性。我们需要显示探测车的机器人描述模型，借此观察 LaserScan 的结果，以便可视化地展现探测到的异常情况。

首先，我们需要执行 gmapping_demo.launch 文件，该文件会启动 ROS 节点 slam_gmapping。我们需要让这个 ROS 节点首先运行起来，以便获得地图所需的消息和数据源。下面列出的是开始地图构建流程所需的终端命令：

```
$ cd ~/{primary user-defined rover directory}
$ source devel/setup.bash
$ catkin_make
First Terminator Shell Window Enter (From Chapter 5):
$ roslaunch ai_rover_remastered ai_rover_world.launch
Second Terminator Shell Window Enter:
$ roslaunch ai_rover_remastered_navigation gmapping_demo.launch
Third Terminator Shell Window Enter:
$ rosrun rviz rviz
```

注意　如果执行rosrun rviz rviz命令时出现了问题，则需要借助在第 5 章中编写的RViz启动文件ai_rover_remastered_rviz.launch，来导入探测车所需的机器人描述模型。也就是说，你可以导入探测车正确的机器人描述模型，并通过执行命令roslaunch ai_rover_remastered ai_rover_remastered_rviz.launch.来启动RViz。

如果成功启动了文件 ai_rover_remastered_rviz.launch，那么你就会在 RViz 中看到如图 7-10 所示的画面。

7.9.2　检查 LaserScan 配置

首先，我们必须查看 LaserScan 界面，检查所显示的错误，如果检测到错误，请在 ROS.org 和其他支持网站上搜索类似的解决方案。在 RViz 中查看 Displays 选项，并选择 LaserScan（见图 7-11），你应当看到我们已经将 LaserScan 主题修改为/ai_rover_remastered/laser_scan/scan。并且探测车的 RobotModel 选项也包含在其中，我们会将 LaserScan 的尺寸单位修改为米，此外还会进行其他修改。如果想要了解更多有关 LaserScan 主题的信息，请参阅 http://wiki.ros.org/laser_pipeline/Tutorials/IntroductionToWorkingWithLaserScannerData 上的相关内容。

7.9.3　检查地图构建配置

如果我们已经把探测车正确地导入了 RViz，那么应当能看到探测车正在探索的 Gazebo

世界。为此，我们必须转到 RViz 中的 Display 选项，选择 Display 选项左下角的 Add 按钮。单击 Add 按钮，增加 Map 显示选项。然后转到 Map 显示属性，并设置主题/map。现在我们就能看到由 slam_gmapping ROS 节点生成的灰色地图、由探测车板载 RGB 相机获取的原始图像以及 RViz 中的 IMU 数据(见图 7-12)。

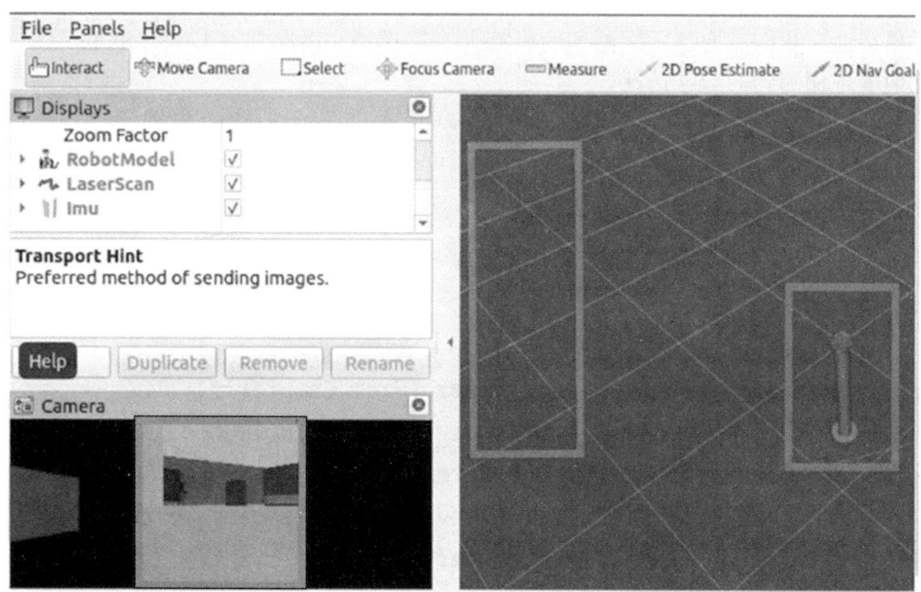

图 7-10 成功启动 RViz 环境，其中有探测车和用线框框起来的传感器数据(相机——橙色框，LaserScan——红色框，IMU——蓝色框)(见彩插)

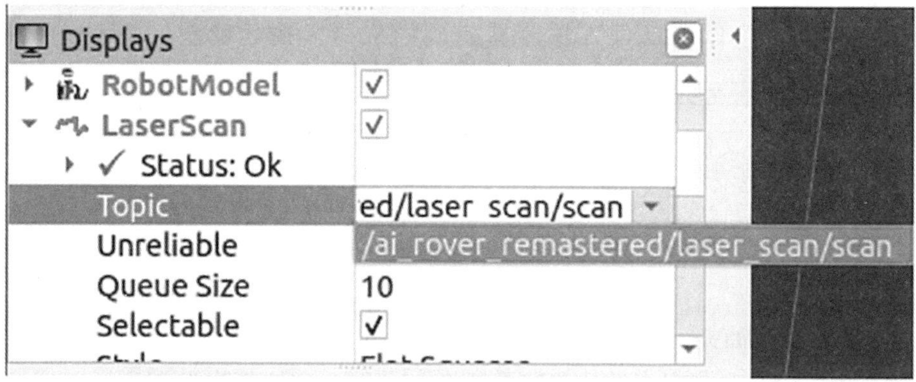

图 7-11 LaserScan RViz 选项，其中选择了正确的主题/ai_rover_remastered/laser_scan/scan，主题是在文件 ai_rover_remastered. xacro 中定义的

现在我们通过修改 RViz 显示选项中的某些值来查看其他 RViz 特性，借此以可视化的方式从不同侧面来观察 Gazebo 仿真。现在我们可以修改 LaserScan 角度、扫描次数等，所有这些修改都能影响生成的地图。作为练习，你可以尝试相机、LaserScan 和 IMU 主题显示属性的各种不同的值。现在我们的 slam_gmapping ROS 节点功能全面，可以在 RViz 中显示地图构建数据。为了将来的进一步试验，我们现在必须保存 RViz 的配置。

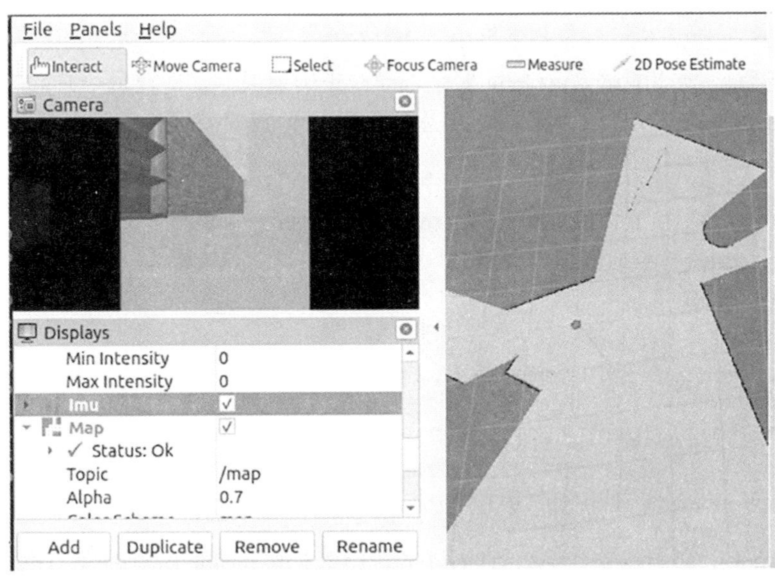

图 7-12　RViz 中的相机信息、LaserScan 信息、IMU 信息以及由 lam_gmapping ROS 节点生成的灰色的地图构建信息。探测车现在越来越复杂，自动驾驶能力也越来越强

7.9.4　保存 RViz 的配置

RViz 还可以非常快速地保存机器人的描述和传感器主题配置，它的此项功能可以让我们快速恢复之前的配置。保存 RViz 配置的步骤为：首先，在 RViz 环境界面的左上角选择“File”菜单；然后，选择“Save Config As”菜单项。然后将配置文件保存为桌面上的 default_cam_lidar_IUM. rviz，保存好后，你还可以将该文件移动到 ai_rover_remastered ROS 包下的 /rviz 目录当中，如图 7-13 所示。

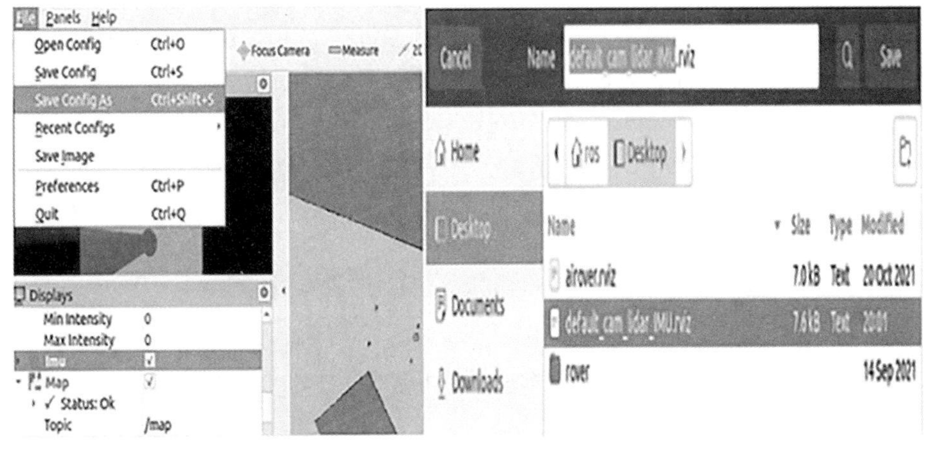

图 7-13　左侧界面有一个高亮显示的“Save Config As”选项，右侧界面中显示了存放在桌面上的文件 default_cam_lidar_IMU. rviz

我们现在保存好了文件 default_cam_lidar_IMU. rviz，并且将其移动到了 ai_rover_remastered ROS 包目录下的/rviz 目录当中。我们应当测试一下是否能够用已经预设的正确的配置来运行 RViz。要想测试 RViz 的配置是否已经正确地保存，请在每个终端中按<Ctrl+C>退出所有正在运行的终端。在所有终端停止运行之后，我们就可以开始行动，重新输入如下的终端命令：

```
$ cd ~/{primary user-defined rover directory}
$ source devel/setup.bash
$ catkin_make
```

在第一个 Terminator Shell 窗口中输入(第 5 章)：

```
$ roslaunch ai_rover_remastered ai_rover_world.launch
```

在第二个 Terminator Shell 窗口中输入：

```
$ roslaunch ai_rover_remastered_navigation gmapping_demo.launch
```

在第三个 Terminator Shell 窗口中输入：

```
$ rosrun rviz rviz
```

当 RViz 运行起来之后，我们到 RViz 中再次打开之前保存的 RViz 配置文件，为此可以执行以下步骤：首先，在 RViz 环境界面的左上角选择“File”菜单；然后，用鼠标左键选中并单击“Open Config”菜单项，打开桌面上的 default_cam_lidar_IUM. rviz 文件，这样就可以打开带有 RViz 中包含的所有传感器、主题以及地图构建生成的配置文件。

注意 如果你在执行rosrun rviz rviz命令时再次遇到了问题，那么就要用第 5 章中编写的 RViz 启动文件ai_rover_remastered_rviz.launch导入探测车所需的机器人描述模型。这样你就能导入正确的探测车的机器人描述模型。利用命令roslaunch ai_rover_remastered ai_rover_remastered_rviz启动 RViz。我们还需要将地图添加为一个主题，并将该主题命名为/map，以此重置地图。这个处理过程如图 7-14 所示。

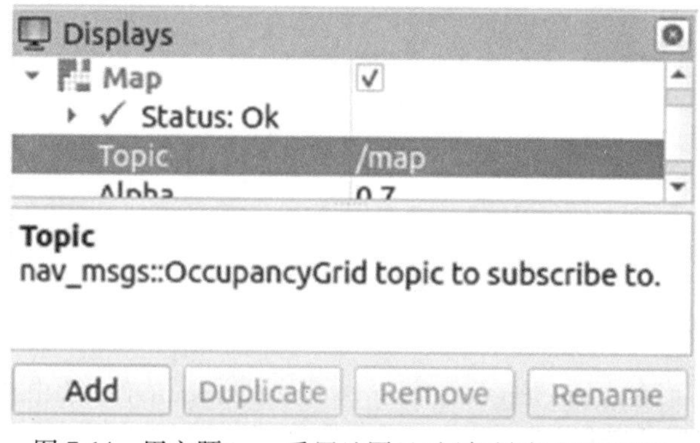

图 7-14 用主题/map 重置地图显示(如果有必要的话)

现在我们已经正确配置了RViz，接下来要在Terminator shell程序中打开另一个shell窗口来执行teleop_twist_keyboard命令，并再次输入如下所示的命令：

```
$ rosrun teleop_twist_keyboard teleop_twist_keyboard.py
```

在启动该程序之后，用键盘能够手动控制探测车对环境进行探索，此时可能存在你无法探索的若干区域，对这个问题不用担心，探索能够构建地图的地点即可。此外，请通过比较地图的生成特征和Gazebo的环境特征，仔细核验所生成的地图，你需要确保地图上没有"幽灵"、异常或者缺失区域，地图上缺失的区域可能会阻止探测车探索整个环境。

7.9.5 Noetic SLAM的补充知识

在更为深入地学习Noetic ROS地图构建之前，我们应当记住两项必需之物：SLAM以及slam_gmapping ROS节点。SLAM是负责构建环境地图的算法，还负责跟踪探测车在这个环境中的位置，SLAM算法解决了地图构建和探测车定位这样"先有鸡还是先有蛋"的问题。ROS Noetic将gMapping算法用作slam_gmapping ROS节点，使得机器人开发人员免于开发相同的算法。SLAM将slam_gmapping封装成一个对象，这样能让我们使用探测车在环境中移动时所提供的LiDAR和里程计姿态数据。slam_gmapping ROS节点订阅LaserScan和里程计主题，变换探测车的尺寸以及创建占用栅格地图。一幅占用栅格地图就是一个二维或三维单元数组，每个单元都存放一个数字，单元格中的数字表示单元格中包含障碍物的概率，数字范围从0(空闲空间)到100(100%被占据)，LiDAR未扫描的区域则被标记为-1。这些就是我们启动gmapping_demo.launch文件时所创建的对象。但是，如果出现了下列五个条件之一，gmapping_demo.launch在构建地图时就会存在一些潜在的问题，甚至可能会导致失败：

1)如果实际探测车的LiDAR系统在工作过程中从探测车上脱落，或者不再位于探测车的中心，就会发生地图构建错误。如果发生这种情况，请将LiDAR放回在探测车的URDF或Xacro规格描述文件中指定的初始位置。

2)如果Gazebo和RViz中的探测车模型和实际探测车不一致，就会发生地图构建错误。请确保模拟探测车的尺寸和惯量要非常接近于实际探测车，否则就会导致探测车的坐标变换、LiDAR和里程计信息无法在现实世界的探测车中重现。

3)我们需要对探测车的URDF或Xacro文件和插件进行多次修改，以反映探测车的特性或传感器(如LiDAR)的任何改变。例如，我们需要对RViz中任何发生改变或受到影响的传感器或主题进行修改。

4)如果我们突然用不同的传感器(如雷达或双目相机)代替主LiDAR传感器，并且不修改底层的URDF、Xacro或插件文件，就会发生地图构建错误。

5)如果我们实际使用的LiDAR传感器系统与Gazebo模拟中使用的Hokuyo LiDAR的特性不同，就会发生地图构建错误。实际和模拟LiDAR之间的差异可能是扫描速度、角度扫描、频率参数等。两种LiDAR之间的这些细微差别可能就会引发地图构建上的异常。

7.9.6 map_server ROS节点

ROS中包含的另一个关键组件是map_server节点，该ROS节点可以作为ROS服务提供地图数据，也允许将生成的地图保存为文件，并且它还能向任何发出请求的ROS节点提供地图构建数据。例如，进行导航处理的 ROS 节点可以请求最新的可用地图。move_base ROS 节点完成获取最新地图数据的请求，以此在环境中寻找路径或定位探测车。static_map（nav_msgs/GetMap）也是一个 ROS 服务，它为生成的地图提供占用栅格数据。

除了通过前述服务请求地图之外，你还可以关联两个已锁定或者最后保存的主题，以获取带有该地图的 ROS 消息，即使没有更多的地图数据，这些被保存的主题也可以提供之前保存的消息。该节点用于写入地图数据的主题如下所示：

1）map（nav_msgs/OccupancyGrid）：该主题提供地图占据数据。

2）map_metadata（nav_msgs/MapMetaData）：提供地图元数据。

7.9.7 保存或修改地图图像

我们来学习一下如何保存或修改 ROS Noetic SLAM 生成的地图，我们将使用 map_server 包来保存、处理和修改 slam_gmapping ROS 节点生成的地图。map_server ROS 包还包含了 map_saver ROS 节点，可以让我们利用 ROS 服务保存和修改地图数据。map_saver ROS 包会保存当前地图和占据栅格，并且会创建两个文件，所创建的第一个文件是 map. pgm，该文件中有地图数据，其中包括占据栅格数据（自由空间、障碍物以及未知区域）。所创建的第二个文件是 map. yaml，它包含占据栅格的元数据以及地图的图像名称。我们已经学习过保存地图的过程，但是我们现在将详细介绍 map_server ROS 包生成的这两个非常重要的文件。

我们应当再次执行 source devel/setup. bash 和 catkin_make compile 文件，并且启动 ai_rover_remastered_gazebo. launch、gmapping_demo. launch、ai_rover_remastered_rviz. launch 以及 teleops_keyboard_twist 脚本文件，和之前一样，每个操作都在 Terminator 中各自的终端窗口中进行。各条命令及其输出清单如图 7-15 所示。

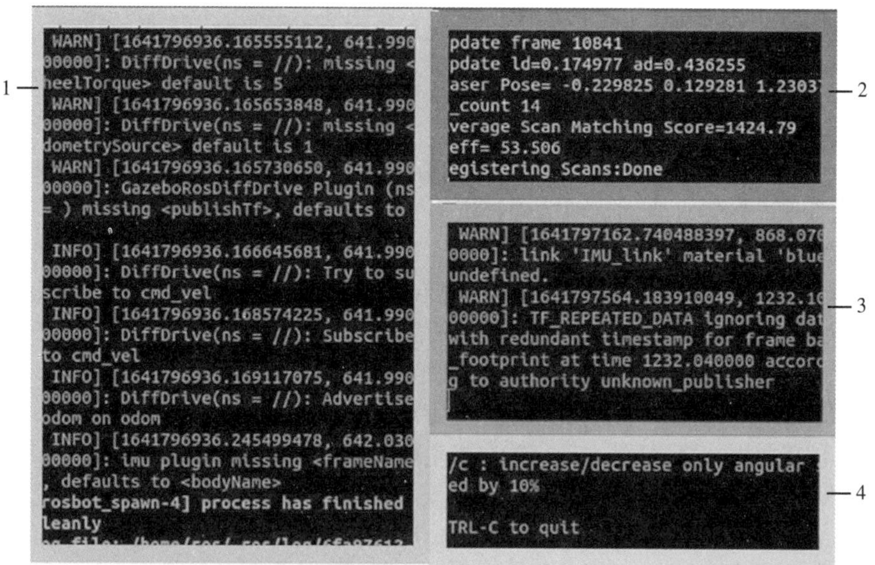

图 7-15 运行 ai_rover_remastered_gazebo. launch 的终端（框 1），运行 gmapping_demo. launch 的终端（框 2），运行 ai_rover_remastered_rviz. launch 的终端（框 3）以及运行 teleops_keyboard_twist 的终端（框 4）

通过上述操作，我们可以在根目录/src 下使用另一个单独的终端并输入以下 shell 命令来保存地图：

```
$rosrun map_server map_saver -f rover_map
```

该命令会在根目录/src 下创建文件 rover_map. pgm 和 rover_map. yaml。

7.9.8 地图图像数据文件 rover_map. pgm

我们需要探究前一节生成的文件 rover_map. pgm，为此，我们需要执行如下步骤：

1）将文件 rover_map. pgm 保存到主目录/src 下。

2）如果你没有图像编辑器 GIMP，请安装它。用 GIMP 打开存放在主目录/src 中的图像，打开文件所需的终端命令如下所示：

```
$ sudo apt-get install gimp
$ gimp rover_map.pgm
```

3）如果有必要，现在你就能对图像进行可视化，并对其进行修改和保存。rover_map. pgm 如图 7-16 所示。

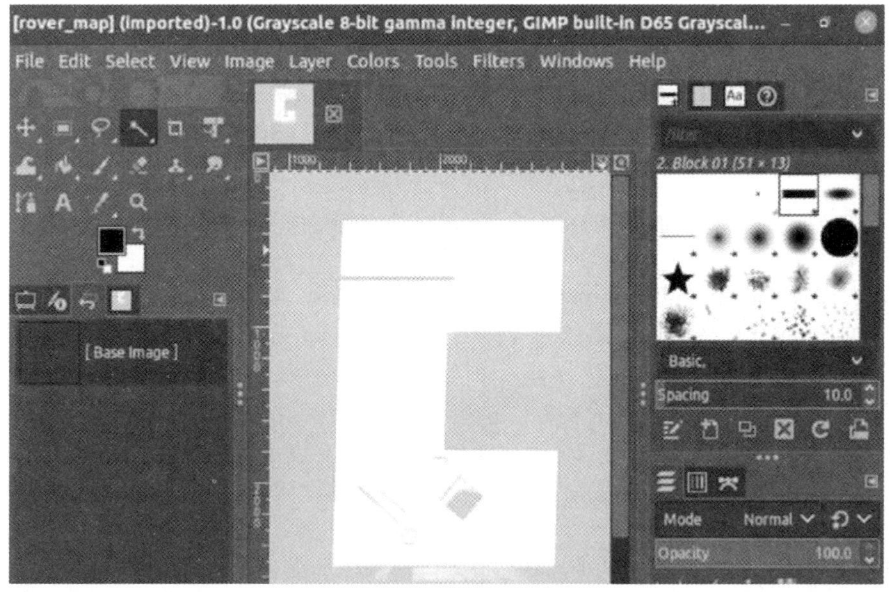

图 7-16 打开文件 rover_map. pgm 的 GIMP 图像编辑器

rover_map 图像用相应像素的颜色（白色、黑色或深灰色）描述整个世界的占用栅格。彩色和灰度图像也是兼容的，但大多数地图都是用白色、黑色和深灰色描述的（即使这些 PGM 图像可以存储为彩色）。其中，白色像素表示空闲空间，黑色像素表示障碍物，而居于中间的深灰色像素则表示未扫描区域。

当通过 ROS 主题消息进行通信时，每个占据栅格都被表示为范围从 0~255 的 8 位数字。其中，0 表示空闲空间，而 255 表示被完全占据。

7.9.9 地图图像元数据文件 rover_map. yaml

要想查看前一节生成的文件 rover_map. yaml，请转到主工作空间目录/src，看看是否存在文件 rover_map. yaml。你需要用一个简单的文本编辑器来查看该文件。你可以通过输入命令：$ vi rover_map. yaml 来查看文件 rover_map. yaml 的内部信息，rover_map. yaml 的数据内容如图 7-17 所示。

```
image: rover_map.pgm
resolution: 0.010000
origin: [-20.000000, -20.000000, 0.000000]
negate: 0
occupied_thresh: 0.65
free_thresh: 0.196
```

图 7-17　生成的 rover_map. yaml 文件

此外，当你执行 $ rosrun map_server map_server rover_map. yaml 命令，就能处理和接收地图元数据，并能够检查 ROS 主题，如图 7-18 所示。

```
$ rosrun map_server map_server rover_map.yaml
[ INFO] [1641959957.589132701]: Loading map from image "
rover_map.pgm"
[ INFO] [1641959957.702176948]: Read a 4000 X 4000 map @
 0.010 m/cell
```

图 7-18　rover map. yaml 的 ROS 主题元数据

然后，我们就能看到包含在 rover_map. yaml 中的内容，如下所示：

1) Image：包含生成的地图图像的文件名称(rover_map. pgm)。

2) Resolution：地图的分辨率(单位：m/像素)

3) Origin：地图左上角像素的坐标。这些坐标以二维形式给出，因此我们将 x 坐标设为-20.0，将 y 坐标设为-20。第三个值表示旋转，值为 0 表示没有旋转。

4) Occupied_Thresh：如果像素的值大于该值(存在物体的概率是 0.65，即 65%)，则可认为该像素是障碍物。

5) Free Thresh：如果像素的值小于该值(存在物体的概率是 0.196，即 19.6%)，则可认为该像素是空闲空间。

6) Negate：翻转地图的颜色。默认情况下，白色表示完全空闲，黑色则表示存在危险或障碍物。

7.9.10 ROS 的 Bag 文件

我们现在可以看到 Noetic ROS 可以允许我们在探测车探索环境时实时创建地图。这个过程说明了为什么在构建环境地图时要缓慢移动探测车(避免急转弯)，因为数据处理与地图构建是同时进行的。构建地图是基于发布的 LiDAR 和变换后的(里程计)主题进行的。如果我们需要基于这些主题提取发布的数据，那么需要使用一个 bag 文件将提取出的数据发布到地图当中。bag 是 ROS 中的一种文件格式，用于探测车执行任务时存储 ROS 消息数据。要想了解更多有关 ROS bag 文件的信息，请参阅 http：//wiki. ros. org/Bags 上的相关内容。生成地图的 bag 文件数据需要两个步骤。

第一步是对发布的主题数据创建实际的 bag 文件。在开始这一步之前，请按<CTRL+C>键在全部终端关闭所有终端进程。然后，我们需要在不同的终端中启动 ai_rover_remastered Gazebo 仿真和 teleops_keyboard_twist 程序。在 1 号终端中我们输入以下命令：

```
$ cd ~/catkin_ws
$ source devel/setup.bash
$ catkin_make
$ cd ~/catkin_ws/ai_rover_remastered
$ roslaunch ai_rover_remastered_description ai_rover_
remastered_gazebo.launch
```

然后启动 2 号终端，在其中输入如下命令：

```
$ cd ~/catkin_ws
$ source devel/setup.bash
$ catkin_make
$ rosrun teleop_twist_keyboard teleop_twist_keyboard.py
```

接着启动 3 号终端，在其中输入如下命令：

```
$ cd ~/catkin_ws
$ source devel/setup.bash
$ catkin_make
$ rostopic list
```

我们现在应该在环境中控制探测车，并且要注意不要急转弯，以便能够在 bag 文件中正确收集发布的数据。在整个地图构建过程中，请确保探测车能覆盖其起点和终点。输入前述 rostopic 命令后，我们会得到如下所示的主题列表(并非完整的 rostopic 列表)：

```
/ai_rover_remastered/laser_scan/scan
/clock
/cmd_vel
/gazebo/link_states
/gazebo/model_states
/gazebo/parameter_descriptions
/gazebo/parameter_updates
/gazebo/performance_metrics
/gazebo/set_link_state
/gazebo/set_model_state
/imu
```

```
/odom
/rosout
/rosout_agg
/tf
```

我们需要确保探测车仍然能够对上面粗体表示的 LaserScan 和 tf 主题发布有效数据。现在我们能够用 Teleops 程序控制探测车，并将 LaserScan 和 tf/transforms 数据记录到之前创建的 bag 文件当中。

有了 bag 文件，我们就能构建地图了。我们需要启动 slam_gmapping 节点，该节点能对主题/ai_rover_remastered/laser_scan/scan 进行激光扫描。为此，我们需要执行如下命令：

```
$ rosbag record -O roverlaserdata /ai_rover_remastered/laser_
scan/scan /tf
```

在一个单独的终端中，执行如下命令：

```
$ rosrun gmapping slam_gmapping scan:= ai_rover_remastered/
laser_scan/scan
```

然后，打开另一个终端，并输入如下命令：

```
$ rosbag play roverlaserdata
```

我们需要使用 mao_server 创建必需的地图文件(.pgm 和 .yaml)来生成地图。现在，我们输入如下命令来创建地图：

```
$ rosrun map_server map_saver -f rovermap
```

7.9.11　ROS Bag 文件的重要性

ROS 的“rosbag”工具集的目标是记录、存储和回放探测车收发的数据，这些数据可能包含 LiDAR、雷达、相机图像以及 teleop_twist_keyboard 命令。

以下是使用此存档传感器数据的多个应用程序的例子：

1)归档后的传感器数据可以在仿真中重新创建环境，这类数据有助于进行调试。

2)归档后的传感器数据可以辅助进行机器学习，例如针对感知和识别训练神经网络。

3)归档后的数据可被用于确定自主式探测车遭遇灾难性事件的因果关系。

7.10　自适应蒙特卡罗定位(找到丢失的探测车)

现在我们来查找探测车的位置。要想让探测车执行正确、安全的导航，我们需要掌握探测车的位置和方向，其方向就是探测车面对的朝向。我们需要地图能帮助探测车进行自主导航，但是如果不知道探测车在 SLAM 生成的地图环境中的位置和方向，它就毫无价值。我们来看一下定位的快速演示，使用最广泛的定位算法是自适应蒙特卡罗定位(Adaptive Monte Carlo Localization，AMCL)算法。最后，我们需要创建一个基于 AMCL 的脚本程序，从而能让探测车在地图上自行定位。

基于粒子滤波器的自适应蒙特卡罗定位算法是 SLAM 的基础。我们的介绍尽量保持简洁，但其本质就是粒子滤波器发出的大量粒子或样本布满整个搜索空间，粒子的数量有助于减少 SLAM 产生的布局和边界的不确定性。搜索空间是探测车试图构建地图并进行探索的环境，要想了解更多有关粒子滤波器或自适应蒙特卡罗定位算法的信息，请参考以下文献：

https://en.wikipedia.org/wiki/Particle_filter

https://roboticsknowledgebase.com/wiki/state-estimation/adaptive-monte-carlo-localization/

那么 AMCL 算法究竟是如何定位探测车的呢？为了用 AMCL 进行定位，我们要从环境地图开始，该地图与图 7-22 生成的地图相同。我们可以选择将探测车设置在某个已知位置（即手动定位），也可以让探测车从未经初始估计的位置开始。手动定位时，我们会将探测车放置在激光扫描与地图边界轮廓重叠的精确位置。当探测车向前移动时，系统会根据运动指令生成新的读数，来估计探测车的姿态变化。通过对这些样本重新加权并归一化权重，可以导入传感器读数。通常，添加少量随机均匀分布的样本有助于探测车在丢失位置跟踪时进行恢复。如果没有这些随机样本，探测车可能会从错误的分布中重新采样，导致定位彻底失效且无法恢复。由于地图存在对称性结构（导致姿态估计的多模态后验分布），因此，滤波器需要多次传感器读数才能收敛到正确位置（见图 7-19）。

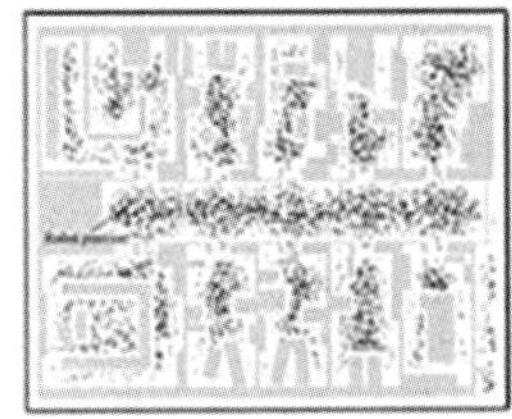
全局定位：初始化

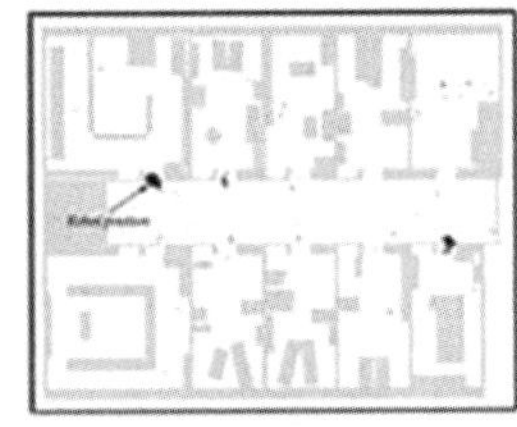
由对称性导致的歧意

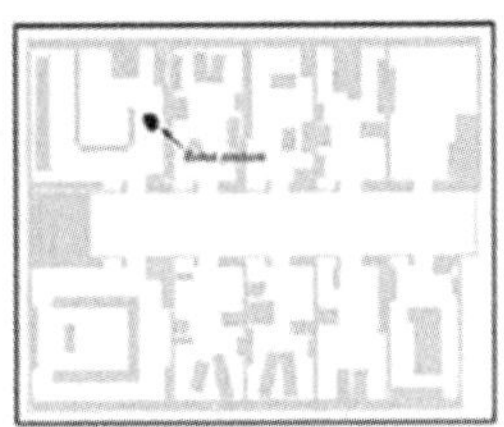
成功本地化

图 7-19　随机样本的分布

对探测车进行定位，实质上就是在地图上将其从一个姿态（位置和方向）导航至另一个姿态。既然我们能够在地图中定位探测车，那么就能为探测车配置定位系统，并确定其当前姿态。现在我们来检查所有可能用于 amcl_demo.launch 的参数：所有的 SLAM gMapping 启动文件、YAML 文件以及脚本文件都可以在本书的 GitHub 账号中找到。AMCL 节点也是高度可重复配置的，我们可以很容易地用不同的值定义每个参数。除了在 amcl_demo.launch 中设置这些参数之外，我们还可以在单独的 YAML 文件中设置这些参数，amcl_demo.launch 会引用 YAML 文件。

现在我们来为 amcl_demo.launch 文件定义通用参数、滤波器参数以及激光参数：

1）odom_model_type（默认值：diff）：使用探测车的里程计模型，该参数值的可能选项包括 diff、omni、diffcorrected 和 omni-corrected。

2）odom_frame_id（默认值：odom）：里程计的坐标系。

3）base_frame_id（默认值：base_link）：探测车的基准坐标系。

4）global_frame_id（默认值：map）：表示定位系统发布的坐标系的名称。

5）use_map_topic（默认值：false）：表示节点是从主题中获取地图数据，还是从服务调用中获取数据。

6) min_particles(默认值：100)：设置滤波器的最小允许粒子数。

7) max_particles(默认值：5000)：设置滤波器的最大允许粒子数。

8) kld_err(默认值：0.01)：设置实际分布与估计分布之间的最大误差。

9) update_min_d(默认值：0.2)：设置探测车为了执行滤波器更新，必须移动的直线距离(单位为 m)。

10) update_min_a(默认值：π/6.0)：设置探测车为了执行滤波器更新，必须移动的角距离(单位为 rad)。

11) resample_interval(默认值：2)：设置滤波器在重采样之前必须更新的次数。

12) transform_tolerance(默认值：0.1)：为已发布的坐标转换设置后置时间(单位为 s)，以表明此转换在将来仍然有效。

13) gui_publish_rate(默认值：-0.1)：为可视化而发布扫描和路径的最大频率(单位为 Hz)，如果该值为-1.0，则可视化功能被禁用。

14) laser_min_range(默认值：-1.0)：要考虑的最小扫描距离，如果该值是-1.0，则会使用激光上报的最小距离。

15) laser_max_range(默认值：-1.0)：要考虑的最大扫描距离，如果该值是-1.0，则会使用激光上报的最大距离。

16) laser_max_beams(默认值：30)：在更新滤波器时，每次扫描中使用多少均匀间隔的光束。

17) laser_z_hit(默认值：0.95)：模型中 z_hit 部分的混合权重。

18) laser_z_short(默认值：0.1)：模型中 z_short 部分的混合权重。

19) laser_z_max(默认值：0.05)：模型中 z_max 部分的混合权重。

20) laser_z_rand(默认值：0.05)：模型中 z_rand 部分的混合权重。

7.10.1 配置 ROS 中的 AMCL 节点

在概念层面上，AMCL 包在所有可能的探测车姿态集合上维护一个概率分布，并使用里程计和激光测距仪的数据更新该分布。

在实现层面上，AMCL 包使用粒子滤波器表示概率分布，该滤波器是自适应的，因为它能动态调整滤波器中的粒子数量：当探测车的姿态高度不确定时，它会增加粒子的总数量；而当探测车的姿态唯一确定时，它就会减少粒子的总数量。在 RViz 中，探测车周围的箭头的大小会随着探测车不确定性的增长或减少而相应变大或变小，我们可以在 RViz 中看到这个“绿色箭头云”。在图 7-20 中，有两个 RViz 窗口、环境地图、地图上的探测车以及众多绿色箭头。绿的箭头是定位算法正在做出的估计，表明探测车在地图上的位置。当移动探测车时，绿色箭头将集中在探测车可能所处的位置。AMCL 包还需要一个预定义的环境地图，以便与观察到的传感器值进行对比。这种比较会让探测车在处理速度和定位精度之间做出平衡。

你可以通过向探测车提供其在地图上的位置，从而更有效地辅助探测车在地图上定位。为此，请转到 RViz 地图窗口，然后单击 2D Pose Estimate 按钮，转到地图中探测车的近似位置。AMCL 无须人工放置探测车就可以自动确定探测车的位置，但是用近似姿态(位置和方向)手动放置探测车能更节省时间，并且可以让 AMCL 更有效地收敛。

尽管 AMCL 开箱即用，但用户仍然可以根据自己对平台和传感器的了解，对各种参数

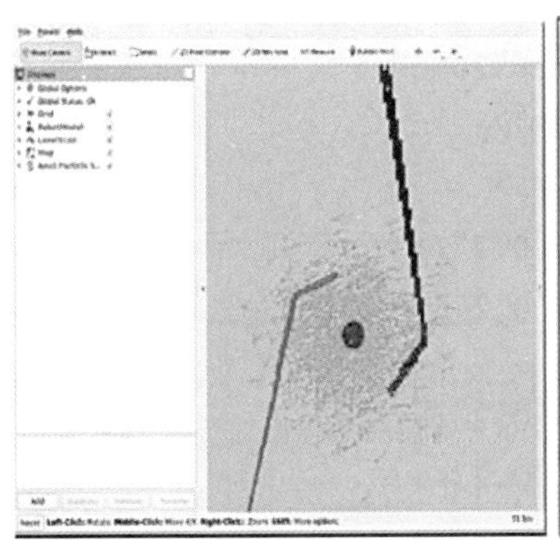
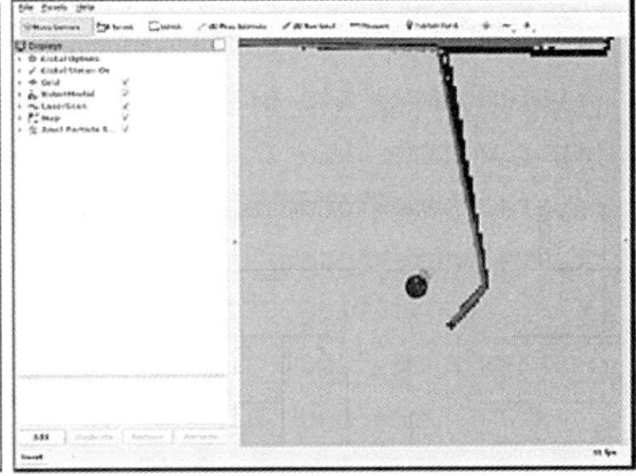

图 7-20 在左边我们能看到探测车的激光扫描(红色)、大团的箭头云(绿色)以及地图边界的轮廓(黑色线)。在右边我们可以看到一旦获取探测车的正确姿态，并且激光扫描覆盖准地图边界，表示不确定性的绿色箭头云就会最小化(见彩插)

进行优化。配置这些参数可以提升 AMCL 包的性能和精度，减少探测车在导航时发生反复旋转的概率。

三个参数可以用于配置 AMCL 节点：滤波器整体、激光模型以及里程计模型，这三个参数可以在文件 amcl_demo. launch 中找到并编辑。

下面给出一个不实际应用的示例性启动文件。我们将在如下的源代码中编辑 amcl_demo. launch 文件：

```
<?xml version="1.0"?>
<launch>`

    <arg name="map_file" default="$(find
    ai_rover_navigation)/maps/rover_map.yaml"/>
    <node name="map_server" pkg="map_server" type="map_server"
    args="$(arg map_file)" />
    <arg name="use_map_topic" default="true"/>
    <arg name="scan_topic" default="/ai_rover_remastered/
    laser_scan/scan" />
    <node pkg="amcl" type="amcl" name="amcl">
    <param name="use_map_topic" value="$(arg use_map_topic)"/>
     <!-- Publish scans from best pose at a max of 10 Hz -->

    <param name="odom_model_type" value="diff"/>
    <param name="odom_alpha5" value="0.1"/>
    <param name="gui_publish_rate" value="10.0"/>
    <param name="laser_max_beams" value="60"/>
    <param name="laser_max_range" value="12.0"/>
    <param name="min_particles" value="500"/>
```

```
        <param name="max_particles" value="2000"/>
        <param name="kld_err" value="0.05"/>
        <param name="kld_z" value="0.99"/>
        <param name="odom_alpha1" value="0.2"/>
        <param name="odom_alpha2" value="0.2"/>
        <!-- translation std dev, m -->
        <param name="odom_alpha3" value="0.2"/>
        <param name="odom_alpha4" value="0.2"/>
        <param name="laser_z_hit" value="0.5"/>
        <param name="laser_z_short" value="0.05"/>
        <param name="laser_z_max" value="0.05"/>
        <param name="laser_z_rand" value="0.5"/>
        <param name="laser_sigma_hit" value="0.2"/>
        <param name="laser_lambda_short" value="0.1"/>
        <param name="laser_model_type" value="likelihood_field"/>
        <!-- <param name="laser_model_type" value="beam"/> -->
        <param name="laser_likelihood_max_dist" value="2.0"/>
        <param name="update_min_d" value="0.25"/>
        <param name="update_min_a" value="0.2"/>
        <param name="odom_frame_id" value="odom"/>
        <param name="resample_interval" value="1"/>
        <!-- Increase tolerance because the computer can get quite
        busy -->
        <param name="transform_tolerance" value="1.0"/>
        <param name="recovery_alpha_slow" value="0.0"/>
        <param name="recovery_alpha_fast" value="0.0"/>
        <remap from="scan" to="$(arg scan_topic)"/>

    </node>
    </launch>
```

AMCL_demo. launch 文件的目的是展示 AMCL 节点的启动文件(非实际使用)中所有可能的参数，现在我们来编写实际使用的 amcl_demo. launch 文件，该文件会使用前面的 amcl_demo. launch 文件中列出的一些参数。请注意，这个实际使用的 amcl_demo. launch 文件还会再启用一个节点，即 move_base 节点。

该节点负责探测车的局部和全局代价地图，代价地图可以让探测车具有导航和避障功能。在下一节中，我们将学习和应用导航堆栈、move_base 以及用于导航的代价地图的功能。用于定位探测车的实际使用的 acml_demo. launch 文件使用的是如下脚本：

```
<?xml version="1.0"?>
<launch>
  <master auto="start"/>

  <!-- Map server -->
  <arg name="map_file" default="$(find ai_rover_remastered_
  navigation)/maps/rover_map.yaml"/>
  <node name="map_server" pkg="map_server" type="map_server"
  args="$(arg map_file)" />

  <!-- Place map frame at odometry frame -->
  <node pkg="tf" type="static_transform_publisher" name="map_
  odom_broadcaster"
      args="0 0 0 0 0 0 map odom 100"/>

  <!-- Localization -->
  <node pkg="amcl" type="amcl" name="amcl" output="screen">
    <remap from="scan" to="/ai_rover_remastered/laser_
    scan/scan"/>
    <param name="odom_frame_id" value="odom"/>
    <param name="odom_model_type" value="diff-corrected"/>
    <param name="base_frame_id" value="base_link"/>
    <param name="update_min_d" value="0.5"/>
    <param name="update_min_a" value="1.0"/>
  </node>
<!--include file="$(find amcl)/examples/amcl_omni.launch"/-->

<!-- Move base -->
<node pkg="move_base" type="move_base" respawn="false"
name="move_base" output="screen">
  <rosparam file="$(find ai_rover_remastered_navigation)/
  config/costmap_common_params.yaml" command="load"
  ns="global_costmap" />
  <rosparam file="$(find ai_rover_remastered_navigation)/
  config/costmap_common_params.yaml" command="load"
  ns="local_costmap" />
  <rosparam file="$(find ai_rover_remastered_navigation)/
  config/local_costmap_params.yaml" command="load" />
  <rosparam file="$(find ai_rover_remastered_navigation)/
  config/global_costmap_params.yaml" command="load" />
```

```
    <rosparam file="$(find ai_rover_remastered_navigation)/
    config/base_local_planner_params.yaml" command="load" />

    <remap from="cmd_vel" to="cmd_vel"/>
    <remap from="odom" to="odom"/>
    <remap from="scan" to="/ai_rover_remastered/laser_
    scan/scan"/>
    <param name="move_base/DWAPlannerROS/yaw_goal_tolerance"
    value="1.0"/>
    <param name="move_base/DWAPlannerROS/xy_goal_tolerance"
    value="1.0"/>

  </node>
</launch>
```

7.10.2 定位和 AMCL 的重要性

探测车在环境中的定位至关重要，但是，我们需要知道在 ROS 中定位和导航的内涵究竟是什么。例如，我们需要掌握能够让 ROS 在环境中定位探测车的内部机制，这个机制也是 ROS 导航的基础。当探测车在环境地图上移动时，其定位问题尤其关键。ROS 需要知道探测车的位置和方向，否则导航不可能实现。ROS 对于探测车的定位，还取决于探测车持续不断的传感器读数数据流。当探测车随时间运动时，这些读数可以让我们持续减少探测车姿态（位置和方向）的不确定性，我们将会看到 RViz 和 AMCL 节点是如何减少探测车姿态不确定的。

7.10.3 RViz 中 AMCL 的可视化

在开始另一个仿真之前，在 ROS 中的第一项操作就是使用<CTRL+C>关闭或终结所有终端中的全部进程，这个操作对于避免 ROS 发生异常非常重要。一旦我们关闭了所有正在运行的终端，就能利用下面的代码在 Terminator 中第一个打开的终端上开启探测车的 Gazebo 模拟：

```
$ cd ~/catkin_ws
$ source devel/setup.bash
$ catkin_make
$ cd ~/catkin_ws/ai_rover_remastered
$ roslaunch ai_rover_remastered_description ai_rover_
remastered_gazebo.launch
```

我们在一个单独的正在运行的终端中执行实际应用的 AMCL 启动文件，以便启动 AMCL 节点。我们需要让这个节点运行起来，以可视化地展示姿态序列。我们使用如下命令启动 AMCL ROS 节点：

```
$ cd ~/catkin_ws
$ source devel/setup.bash
$ catkin_make
$ cd ~/catkin_ws/ai_rover_remastered
$ roslaunch ai_rover_remastered_navigation amcl_demo.launch
```

启动 amcl_demo. launch 脚本文件之后，我们就能编写 RViz 启动文件，该启动文件将使用显示 amcl_demo. launch 程序结果所需的所有正确的连接来启动 RViz 环境。启动文件命令如下：

```
$ cd ~/catkin_ws
$ source devel/setup.bash
$ catkin_make
$ cd ~/catkin_ws/ai_rover_remastered
$ cd launch
$ gedit ai_rover_remastered_amcl_rviz.launch
```

现在我们编写好了 ai_rover_remastered_amcl_rviz. launch 文件，该文件与第 5 章中的 RViz 启动文件类似，它可以让我们在 RViz 中设置探测车可自动跟随的路径点。此外，我们还可以看到 RViz 节点有一个配置文件 $(find ai_rover_remastered)/rviz/amcl. rviz，该文件用于设置 RViz 处理 amcl_demo. launch 文件中的信息时所需的配置选项。但是，这个配置文件的内容太多了，为了本章内容简洁起见，就不在此处列出文件的内容了。但是，我们可以对其中理解该文件比较重要的特定部分进行学习。可以在本书的支持网站上获取 amcl. rviz 文件。现在我们可以输入文件 ai_rover_remastered_amcl_rviz. launch 的源代码：

```
<?xml version="1.0"?>
<launch>
      <param name="robot_description" command="$(find xacro)/
      xacro$(find ai_rover_remastered)/urdf/ ai_rover_
      remastered.xacro"/>

     <!-- send fake joint values -->
     <node name="joint_state_publisher" pkg="joint_state_
     publisher" type="joint_state_publisher">
     <param name="use_gui" value="False"/>
     </node>
     <!-- Combine joint values -->
     <node name="robot_state_publisher" pkg="robot_state_
     publisher" type="robot_state_publisher"/>

     <!-- Show in Rviz   -->
```

```
    <node name="rviz" pkg="rviz" type="rviz" args="-d $(find
    ai_rover_remastered)/rviz/amcl.rviz"/>
</launch>
```

现在我们需要在第 4 个单独的终端中启动 RViz 环境，我们需要向 RViz 修改或添加如下必需的显示选项：

1) Map Display：和前述章节相同。

2) LaserScan Display：显示 LiDAR 传感器的扫描效果。

3) PoseArray Display：用于 AMCL 对地图进行分析。

现在我们能用 ai_rover_remastered_amcl_rviz. launch 文件启动 RViz 环境。请在第 5 个单独的运行终端中，使用如下命令激活 RViz：

```
$ cd ~/catkin_ws
$ source devel/setup.bash
$ catkin_make
$ cd ~/catkin_ws/ai_rover_remastered_navigation
$ roslaunch ai_rover_remastered_navigation ai_rover_remastered_
amcl_rviz.launch
```

一旦 RViz 环境激活，我们就可以在 RViz 中执行如下操作以添加 PostArray 显示选项：

单击 Displays 面板下方的“Add”按钮，并选中 Topics 选项卡下的 PoseArray 选项，如图 7-21 所示。

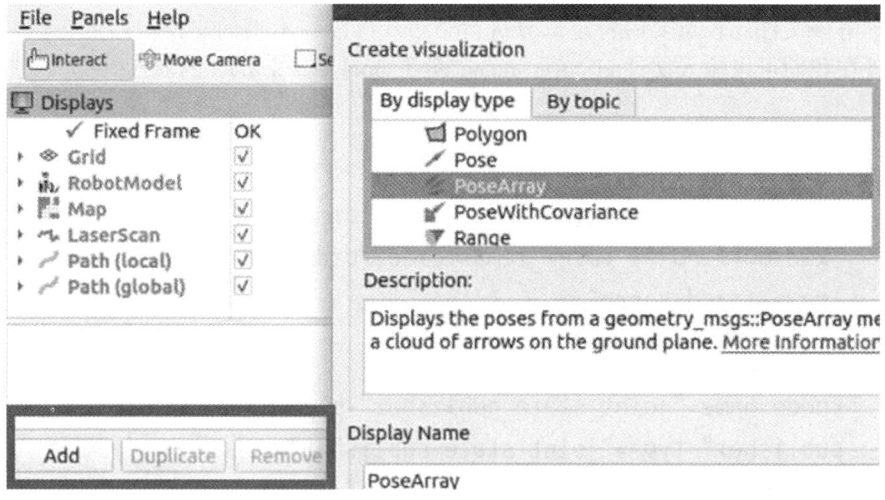

图 7-21　RViz 中的 PoseArray 选项

现在我们打开了 RViz GUI 界面，我们必须让探测车的 Gazebo 仿真和 amcl_demo. launch 程序运行起来，并且让你可以使用这个 RViz GUI 界面。如果这三个程序全部运行起来，我们应当看到如图 7-22 所示的显示选项。我们需要为 PoseArray 显示类型添加/particlecloud 主题。如果我们为 PoseArray 显示类型添加了这个主题，那么就应当看到图 7-22 所示的红蓝色框周围的红色箭头云，当不确定性减少时，我们应当能看到红色箭头云会变小。探测车运动得越多，探测车姿态的不确定性就会变得越少。探测车的位置就在蓝色框的中心，图 7-22 中的橙色框是之前生成的地图特征与探测车激光扫描重叠之处，绿色框是 PoseArray 为显示类型可见的地方。

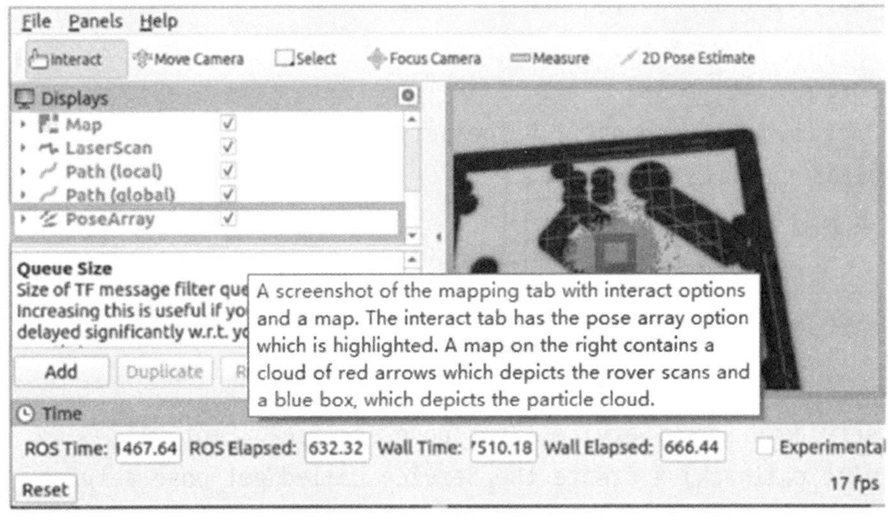

图 7-22 探测车的红色箭头/粒子云与蓝色框交叠（见彩插）

现在我们需要测试探测车的姿态是否正确，为此需要创建一个 ROS 服务，该服务可以确定在某个时刻探测车的当前姿态（位置和方向）。我们还需要创建一个 ROS 包 currentPose，该包包含 rospy、roscpp 以及 std_msgs 作为包依赖。在 Terminator 中再打开一个终端，并利用如下命令创建 currentPose 包：

```
$ cd ~/catkin_ws
$ source devel/setup.bash
$ catkin_make
$ cd ~/catkin_ws/src
$ catkin_create_pkg currentPose std_msgs rospy roscpp
$ cd ~/catkin_ws/src/currentPose
$ mkdir launch scripts
$ cd ~/catkin_ws/src/ai_rover_navigation/scripts
$ gedit findPose.py
$ chmod +rwx findPose.py
```

现在输入 findPose. py 的源代码：

```
#! /usr/bin/env python3

import rospy
from std_srvs.srv import Empty, EmptyResponse
```

```
from Empty.srv.
from geometry_msgs.msg import PoseWithCovarianceStamped, Pose

robot_pose = Pose()

def service_callback(request):
    print("Rover Pose:")
    print(rover_pose)
    return EmptyResponse() # the service Response class, in
    this case EmptyResponse

def sub_callback(msg):
    global robot_pose
    robot_pose = msg.pose.pose

rospy.init_node('service_server')
my_service = rospy.Service('/get_pose_service', Empty ,
service_callback) # create the Service called get_pose_service
with the defined callback
sub_pose = rospy.Subscriber('/amcl_pose',
PoseWithCovarianceStamped, sub_callback)
rospy.spin() # mantain the service open.
```

然后我们需要启动文件来确定探测车的当前姿态。如下为在 Terminator 的新终端窗口中输入的终端命令列表：

```
$ cd ~/catkin_ws
$ source devel/setup.bash
$ catkin_make
$ cd ~/catkin_ws/src
$ cd ~/catkin_ws/src/currentPose/launch
$ gedit currentPose.launch
$ chmod +rwx currentPose.launch
```

然后我们输入启动文件的源代码：

```
<launch>
    <node pkg="currentPose" type="findPose.py" name="service_
    server" output="screen">
    </node>
</launch>
```

7.10.4 用 RViz 改变探测车的姿态

现在我们已经在 Gazebo 环境中放入了探测车，并且已经完全激活了 PoseArray。我们可以将探测车从一种姿态(位置和方向)调整为另一种姿态。但是首先我们需要确保探测车的初始姿态是正确的。我们会在 Gazebo 环境中查看探测车的实际姿态，并试图在 RViz 中为同一探测车匹配相同的姿势。我们使用位于 RViz GUI 窗口顶部的 2D pose Estimate 按钮对探测车进行校正。当校正起效时，我们可以选择 2D Nav Goal 选项，并在与探测车距离合理的某个位置上单击。此外，要确保所选择的目标姿态位于自由空间(即没有任何障碍物)当中。如果完成上述步骤，你应当能够看到在初始姿态和目标姿态之间出现了一条虚线，这条虚线是全局路径，也是探测车初始姿态与最终目标姿态之间的最优距离，即两点之间的最短路径。一旦探测车开始向目标姿态行进，我们就能看到在探测车的后面会出现一条绿线，即局部路径，如图 7-23 所示。

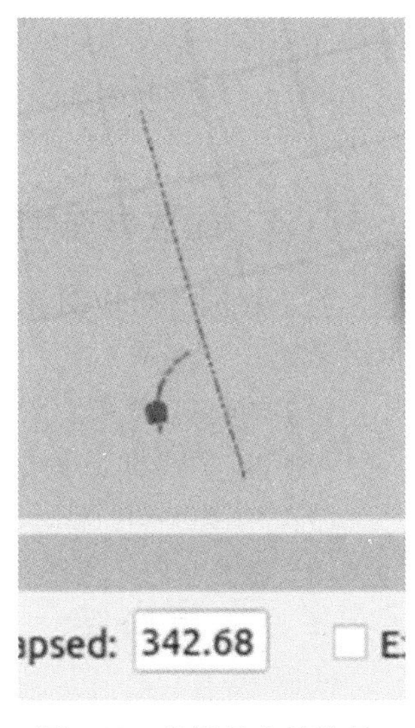

图 7-23 蓝线是全局路径，浅绿色是局部路径(见彩插)

7.11 为探测车的目标姿态编写程序

现在我们在模拟的 Gazebo 环境中放置了一辆探测车，并且通过 RViz 直接向其发送目标姿态(位置和方向)。我们很高兴看到探测车根据目标姿态在环境中穿行。最终，通过与 ROS 导航系统交互，使得这种依赖目标姿态路径点的导航成为可能，这种导航系统也被称为导航堆栈。有关导航堆栈的更多信息，请参阅 http://wiki.ros.org/navigation/Tutorials。现在我们将快速学习导航堆栈的功能和特性，以及究竟是什么驱动它运行。通过使用这些功能，我们可以用 Python 脚本来控制探测车，而无须在 RViz 中直接进行人工交互。

7.11.1 Neotic ROS 中的导航堆栈

我们与让探测车执行 ROS 导航还有一段差距。现在，我们需要开始着手在 ROS 中实现自主导航。实现 ROS 导航的第一步是创建地图，第二步允许探测车精确确定自己在环境中的姿态(位置和方向)。第三步是在 RViz 中向探测车发送目标姿态的路径点。现在我们来讨论导航堆栈的目的。

导航堆栈是 ROS 中使用最频繁的组件，也是让探测车移动到不同路径点而不会与物体发生碰撞的核心组件。导航堆栈集成了地图、定位系统、传感器(LiDAR)以及里程计，以此对从初始姿态变化到最终姿态的过程进行规划。另外，导航堆栈可以让探测车从受困于环境的问题中恢复过来，具体方法是绕着探测车的 Z 轴旋转，直到其恢复为止。

导航堆栈的高级描述如下所示：

首先，向导航堆栈发送导航目标。用目标类型 MoveBaseGoal 调用 ROS 动作，(通常以地图坐标系)指定最终的目标姿态。

其次，导航堆栈在全局规划器中使用地图寻路算法计算从初始姿态到目标姿态的最短可能路径。

然后，导航堆栈将全局路径解决方案传递给局部规划器。局部规划器会尝试这种路径解决方案，利用探测车的传感器来避开地图上可能不存在的障碍物。如果局部规划器失败，全局规划器可以发布新的路径解决方案。

最后，当探测车在给定距离内接近目标姿态时，就意味着探测车到达了目的地，动作终止。

7.11.2　配置导航堆栈

要想根据已知地图，编写 Python 脚本控制探测车的导航，我们需要启动三个重要的 ROS 节点：

1) move_base 节点处理全局寻路以及探测车的局部控制。

2) amcl 节点根据参考的地图定位探测车。

3) map_server 节点提供静态地图，用于探测车定位和规划。

7.12　本章小结

本章的目的是培养必要的技能，为探测车开发出 ROS 导航能力。这些技能包括生成和存储环境(地下墓穴)的地图、在模拟环境中定位探测车，按照探测车的 Python 程序执行路径规划、建立导航路径点来可视化数据，以及纠正 RViz 中的任何模拟错误。本章还引用了许多参考文献来增强对 ROS 导航的理解，并且还用到了多个 ROS 导航包。我们可以利用 ROS 导航概念来进一步发展探测车的能力，包括以下功能特性：

1) 通过已有的标准 ROS 导航堆栈来使用基本的导航结构。

2) 创建和存储由 slam_gmapping ROS 节点生成的环境地图。

3) 使用 move_base ROS 节点设置路径点。

4) 在环境中定位探测车。

5) 找到环境中的寻路方案。

6) 根据寻路方案行进，并避开沿途的障碍物。

CHAPTER 8

第 8 章

OpenCV 和感知

8.1 本章目标

任何自主式探测车在探索金字塔地下墓穴时都需要知道行进路径上有什么物体。虽然 LiDAR 可以帮助识别物体，但这只能在 LiDAR 扫描平面上“看到”物体，探测车却看不到任何低于 LiDAR 扫描平面的物体。它也会忽略悬挂在天花板上且未落入 LiDAR 扫描范围的物体。我们需要一个更强大的系统，称为计算机视觉，但是它的计算成本非常高昂。计算机视觉模仿人类检测物体的方式，探测车需要能从图像中提取信息，并能通过其模式和特征来识别物体。探测车还必须通过处理像素和颜色来确定边缘，帮助它穿越环境并避开障碍物。

成功完成本章学习所要达到的目标如下所示：

- 理解计算机视觉的基本原理。
- 安装 OpenCV 及其与机器人操作系统（Robotic Operating System，ROS）连接的必要组件。
- 使用颜色滤波进行视觉处理。
- 使用边缘检测帮助发现地下墓穴中的墙和物体。
- 简单介绍卷积及其与计算机视觉和卷积神经网络的关系。
- 使用形态学变换进行图像和物体处理。

8.2 概述

在前一章中，我们为探测车提供了有限的态势感知能力。然而在有些情况下，探测车可能会由于 LiDAR 未检测到物体（例如较短的物体）而崩溃。为探测车添加计算机视觉可以增强它对周边环境的了解。

前几章重点介绍了 LiDAR，将其视为探测车上的唯一传感器。在第 6 章中，我们将 LiDAR 系统作为感知和避障例程的基础，并使用 LiDAR 平台来绘制环境并在其中导航。我们现在将使用 OpenCV 图像处理与 LiDAR 协作，以改进感知和避障算法。前面的章节中的所有例子都没有纠错功能，所以探测车的位置只是一个近似值，探测车执行任务的时间越长，这种近似情况就越糟糕。

请回想一下，我们在第 5 章安装了相机驱动程序，现在我们就要用到它。此外，我们还会用到 OpenCV 库，ROS 将 OpenCV 库视为 ROS 节点。

8.3 计算机视觉简介

计算机视觉是处理计算机之间的交互，以及它们如何接收、处理和解释数字图像或视频的科学领域。从探测车的角度来看，计算机视觉使探测车可以通过视觉处理来了解环境。探测车的计算机视觉应用包括获取、处理和理解来自 Gazebo 仿真中的传感器(相机)或现实世界中的 RGB 相机的数字图像。计算机视觉也是机器学习(深度学习)应用的关键组成部分，用于产生后续决策算法(深度强化学习)要用到的数值信息。计算机视觉分析使用几何、物理、统计学和机器学习理论模型来处理和做出有关获取的数字图像的决策。

探测车的计算机视觉尝试应用数字图像模型来根据图像做出决策。从根本而言，计算机视觉是作为一个电子系统来实现的，该电子系统的组成部分包括：输入传感器链路(如相机)、处理输入信息的中央处理系统和接收主处理器输出命令的设备(如执行器)。中央处理系统通常根据从输入相机获取的数字图像做出决策，然后将输出命令发送给执行器。数字图像有多种形式，如视频序列、来自多个摄像机的视图或来自 3D 扫描仪的多维数据。探测车会用到的计算机视觉的子领域如下所示：

1)物体探测。
2)颜色滤波器的使用。
3)边缘检测器的使用。
4)运动估计。
5)距离估计。

接下来的几小节将介绍三个相关的领域，它们构成了本章中 ROS 和 OpenCV 的交互用到的计算机视觉分析的基础。

8.3.1 固态物理学

固态物理学是一门用于使用固态材料构建传感器(如 RGB 光电相机和 LiDAR)的学科，它与计算机视觉密切相关。大多数计算机视觉系统依靠图像传感器来检测电磁辐射，通常是可见光或红外光。

8.3.2 神经生物学

神经生物学是应用研究科学的一个领域，它为计算机视觉领域基于学习的方法提供了理论基础。神经生物学这一科学领域创造了计算机视觉的子领域，在这个领域中，人工系统被设计用来模拟不同复杂程度的生物视觉系统的行为和结构，这种生物结构包括人类视觉中常见的神经网络的互连结构。

8.3.3 机器人导航

机器人导航有时涉及自主路径规划或决策，以便机器人系统能够在环境中导航。要在环境中导航，需要对环境有详细的了解，计算机视觉系统提供了探测车周边环境的关键信息。探测车现在已经成为一个移动视觉传感器平台。

8.4 何谓计算机视觉

OpenCV(Open source Computer Vision，开源计算机视觉)是一个专注于实时计算机视觉的编程库。OpenCV 最初是由 Intel 公司开发，但目前由 Willow Garage 公司进行维护。OpenCV 支持 GPU 加速，能够在树莓派 4 和英伟达 Jetson 嵌入式系统上进行实时运算。

在第 7 章中，探测车从环境中提取数据。但是，LiDAR 的数据很稀疏，只有一个像素“宽”，这可能会导致出现问题(卡在垃圾箱或钟乳石下面)。为了充实数据流，我们需要添加另一个源，因此，我们引入了相机，它有两个用途：为操作人员提供丰富的数据源，以及为 OpenCV 库提供图像。第一个用途是将原始数据投射到操作员的控制台，供人工输入到探测车。第二个用途是为 OpenCV 提供初始输入，并在环境中生成物体的 2D 边缘。这实质上是采用 LiDAR 的一维数据(水平方向)，并叠加第二维数据(垂直方向)。图像处理速度比 LiDAR 慢，因此它被调用的频率更低(每秒 10~20 次，而激光雷达每秒 30~60 次)。

探测车无法识别从地面凸起的物体(石笋)或从天花板垂下的物体(钟乳石)等未被 LiDAR 传感器扫描到的物体。这些短小的物体仍可能与探测车的底盘碰上，因此必须避开它们。作为一个编程库，OpenCV 还提供了许多计算机视觉算法，使我们能够分析探测车相机获得的一帧图像或一个图像序列。OpenCV 通过识别像素和颜色的模式来识别边缘、物体、人、脸等。探测车将使用边缘/物体检测算法来确定前方是否有 LiDAR 未检测到的物体。

8.5 OpenCV

OpenCV 采用了一个非常酷的工程概念——管道。为了说明管道的概念，请想象一个污水处理厂，进入工厂的水可能被污染(雨水、污水等)。工厂将水送入一个过滤器，过滤掉大件物体(树叶、树枝、鱼等)，然后输出的仍旧是水，只是稍微干净一点。这种更清洁的水通过第二个过滤器，滤除掉较小的物体(沙子、沉积物等)，输出的还是水。然后，这些更干净的水被送到第三个过滤器，直到水的质量达到所需的水平。这套机制的维护非常简单，如果一个过滤器需要更换，那么只要把它换掉就好，并不需要更换其他过滤器。如果我们发现一个过滤器没有按照我们想要的方式工作，那么就要更换它。

这个过程就是 OpenCV 处理图像的方式。用简单的函数(称为滤波器)处理图像。滤波完成后，返回一个改变后的新图像(见图 8-1)，作为一个新的滤波器的输入。滤波器进行简单的图像处理，例如锐化、模糊和边缘检测。锐化会加强图像的对比度，而模糊效果则与之相反。然而，逐个应用这两个滤波器不会让我们得到原始图像，而是一个非常相似的图像，它去除了随机的伪影，比如相机图像信号处理器(Image Signal Processor，ISP)中的不良像素。边缘检测滤波器可以是通用的，也可以是专用的，例如，专用于识别垂直线或专用于识别水平线(两种不同的过滤器)。

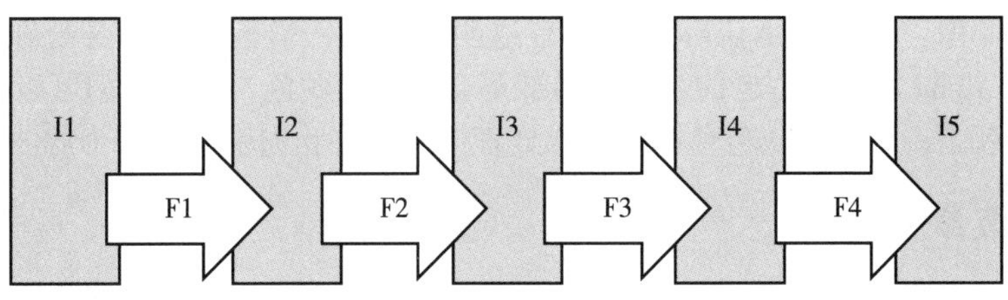

图 8-1 管道的结构

将一幅图像传递给一个函数，该函数会返回修改后的图像。而修改后的图像又可以被发送到接下来的流程，以此类推。将滤波器/函数 F3 更改为 F3′(见图 8-2)，会改变进入下一阶段的图像。下一阶段的滤波器/函数不必改变，但由于过滤器的改变(F3′)，下一阶段和最终的图像(I4′和 I5′)会与原来不同。

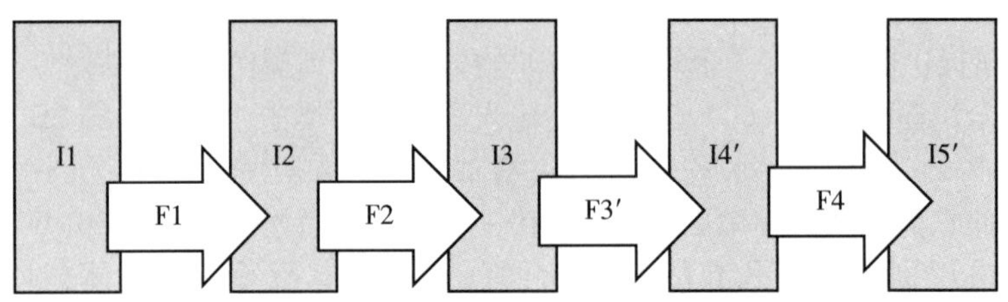

图 8-2　改变管道中的滤波器(第一种改变方式)

此外，你可以改变函数的操作顺序，从而得到另一幅最终图像(见图 8-3)。在这个例子中，我们在 F3 之前执行函数 F4，从而得到一幅全新的最终图像(I5′)。这种管道概念将函数与形式分离。形式永远是图像，处理过程永远是图像滤波器。图像滤波器可以独立设计和编程，因为它不需要知道以前的滤波器。它只知道有图像进来，然后输出一幅修改后的图像。

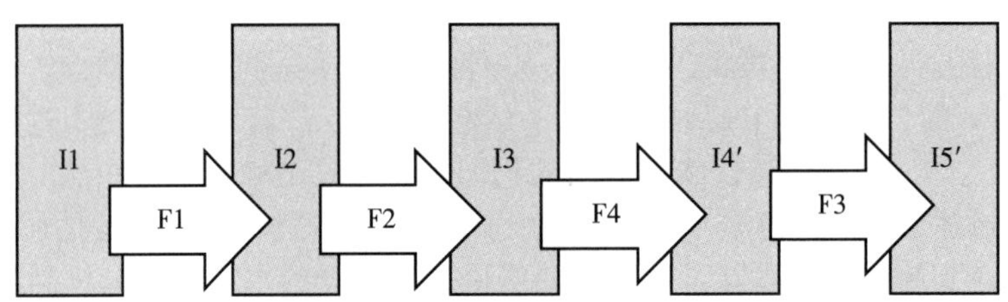

图 8-3　改变管道中的滤波器(第二种改变方式)

8.5.1　图像

印刷的彩色图像是人类对环境的一种视觉再现，它具有颜色、形状等多种特征。数字图像是通过编程转换为视觉表示的二维数字数组。每个数组元素是一个称为像素的 32 位整数，每个像素包含 4 个 8 位通道，描述图像上该位置的颜色和透明度(RGBA)。RGBA 分别代表红色、绿色、蓝色和 Alpha，其中 Alpha 表示不透明度。每个 8 位通道为我们提供 256 种颜色或不透明度(透明度的反义词)。这个描述蕴含了很多信息，我们需要处理这张图像，以找到可能出现在探测车前进道路上的物体的边缘。

为了简化图像，首先要承认环境中没有透明的对象，毕竟，我们身处在金字塔当中，所以可以忽略 Alpha 通道。古老的金字塔内部不会有很多颜色，所以我们可以将图像压缩为灰度图像，也就是说，只有灰色色调。图像处理第一步将我们引向第一个滤波器。

8.5.2　滤波器

滤波器通过添加或删除信息，将对象的一种表现形式更改为另一种表现形式。例如，一副太阳镜可以消除进入我们眼睛的强烈反射光。我们所看到的事物仍然存在，只是看起来不一样。去除刺眼光线的滤波器为我们提供了一个简洁版的环境。

我们应用的第一个滤波器会将 RGB 颜色转换为灰度颜色，也就是说，将提取出 24 位数据并将其压缩成 8 位数据。因此我们需要研究一下颜色滤波器。

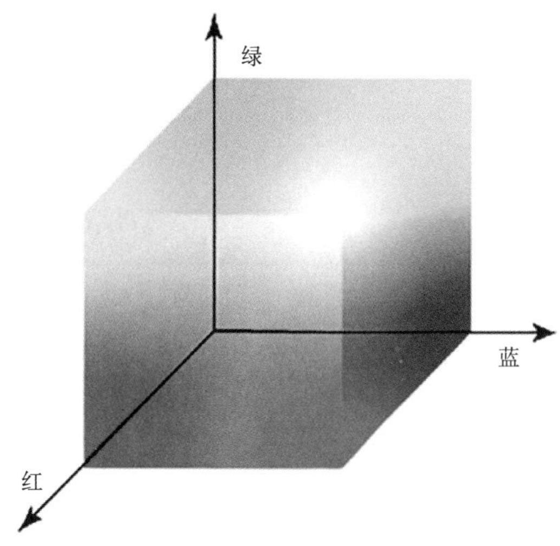

图 8-4　RGB 颜色空间向灰度空间的转换(见彩插)

颜色空间是一种模拟人类颜色视觉感知的三维计算模型，其中模型的坐标将定义感知的颜色。RGB 模型就是一种颜色空间模型，在该模型中所有的颜色都是由红、绿、蓝混合而成的。由于 RGB 颜色空间是非线性的，因此在该颜色空间中进行边缘检测比较困难。幸运的是，OpenCV 有一个从 RGB 到灰度的转换函数 cvtColor (image, cv2.COLOR_BGR2GRAY)，它可以将 24 位图像转换为 8 位图像，从而简化了边缘检测，如图 8-4 所示。

图像滤波要求我们首先检测图像中的特定颜色。我们要进行的图像滤波是基于一种被称为 HSV(Hue Saturation Value，色相 饱和度 明度)的颜色空间模型进行的，该颜色空间模型近似地模拟了人类对颜色的感知。HSV 模型是 RGB 在柱坐标系下的非线性模型，柱形坐标可以让我们用图形化的方式表示色相、饱和度和明度参数。

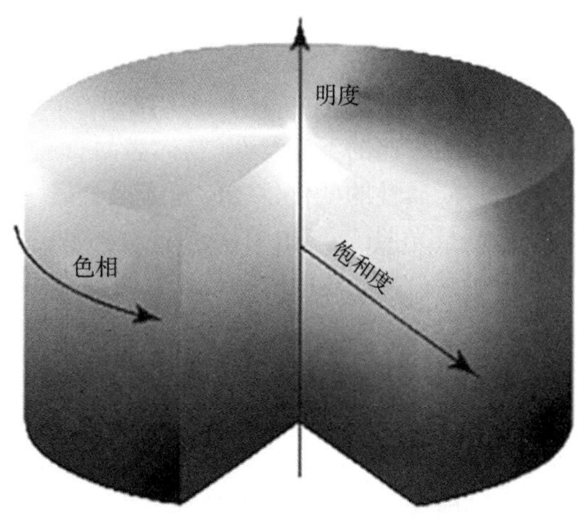

图 8-5　HSV 颜色空间模型(见彩插)

大多数数字颜色分析程序都使用 HSV 模型，而 HSV 颜色模型有利于在图像处理中精确地选择颜色。HSV 模型为图像提供了一个读数，每个读数都与颜色名称相对应。色相的范围从 0°~360°，例如，青色在 181°~240°之间，洋红色在 301°~360°之间，这是在 0%~100%范围内分析颜色值和饱和度的结果，如图 8-5 所示。

现在，我们将在探测车的相机图像数据流中应用一个简单的颜色滤波器。我们将识别、隔离并分离相机图像数据流中的红色、绿色和蓝色，如图 8-6 所示。为了找到图像颜色的边缘，必须对这个简单的颜色滤波器进行测试。

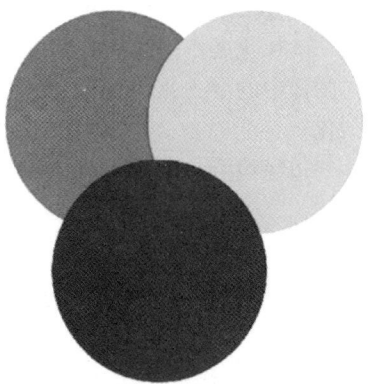

图 8-6　在相机图像数据流中应用简单的颜色滤波器(见彩插)

我们使用 HSV 颜色空间模型来定义所需的颜色。颜色分量本身是由色相通道定义的，与 RGB 相比，它包含整个色度光谱，我们需要所有三个通道来定义颜色。

为了更好地理解这部分内容，可以用图 8-7 来近似地描述色相通道中对颜色的定义。

举个例子，假设我正在查找的颜色是蓝色，那么对应的色相范围应当是在 110°~120°之间，要是放宽一些的话，就在100°~130°之间。所以下限值应该类似 min_blue = np. array([110,Smin,Vmin])，而上限值应该类似 max_blue = np. array([120,Smax,Vmax])。在考虑到饱和度和明度的情况下，我们可以说饱和度越低，越接近白色；而明度越低，越接近黑色。

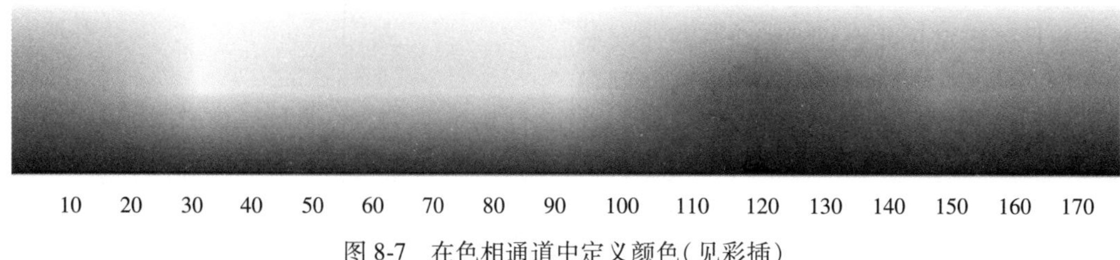

图 8-7 在色相通道中定义颜色(见彩插)

8.5.3 边缘检测器

有复杂和简单两类边缘检测器。简单的边缘检测器是寻找水平或垂直直线的滤波器。这类滤波器虽然执行速度快，但结果可能不是很有帮助。复杂的边缘检测器可能会发现更通用的直线，但它们往往很慢。此外，通用直线可能存在较多的假边或不相交边。

边缘检测寻找图像中相邻像素的急剧变化，我们可以假设这些变化反映了图像中两个物体之间的“边界”。图像亮度的这种不连续可能有以下原因：

1)深度的不连续性(一个物体在另一个物体后面，或者一个物体位于图像的前景当中)。

2)表面方向的不连续性(物体表面有褶皱)。

3)材质属性的变化(高光/哑光或金属/布料)。

4)场景光照的变化(背阴/阳光)。

请注意，在上述原因中，只有出现第一种情况时，我们才能找到物体之间的边界(物体陈旧、多尘，表面大多不反光。因此，其他情况是不可能出现的)。因为我们的探索区域是金字塔，所以可以简化上述列表，只列出第一种情况。

在理想情况下，对图像应用边缘检测器将得到一组相互连接的像素，这些像素可以勾勒出物体的边界。因此，将边缘检测算法应用于图像可以显著减少需要处理的数据量，并过滤掉可能被认为不太相关的信息，与此同时，又保留了图像重要的结构属性。如果成功进行了边缘检测，那么后续解释原始图像内容的任务将大大简化。然而，在现实情况中，从中等复杂度的图像中并不总是能够获得这种理想的边缘。

碎片化或不连续的曲线边缘会阻断非平凡图像的边缘，这些缺失的边缘段和虚假边界与图像中的令人兴奋的现象不存在什么对应关系，因此会使后续解释图像数据的任务复杂化。

边缘检测是图像处理、图像分析、图像模式识别以及计算机视觉等技术的基本步骤之一。

8.6 Numpy、SciPy、OpenCV 和 CV_Bridge

OpenCV 运行时库使用普通 CPU，因此我们需要 NumPy 和 SciPy 库来加速 OpenCV。NumPy 使用树莓派上的数值处理器，而 SciPy 包含常规数学库中没有的函数。此外，SciPy 还会在屏幕上显示图形。如果你安装了完整的桌面版 Noetic ROS，那么也就安装了 NumPy、

OpenCV 和 CV_Bridge。如果没有，请参考 ROS. org 网站上的相关内容添加这些库。

接下来测试 OpenCV 中的 CV_Bridge。ROS 有一个现有的程序，可以直接从相机接收原始图像，并通过回调例程 imageCallBack 处理接收到的图像。这个例程将连续传输的相机图像显示到屏幕上的一个窗口中。虽然我们没有这样做，但 OpenCV 可以通过处理图像来检测物体。

为了给探测车增加视觉，我们需要完成以下步骤：

1)从 RGB 相机获取图像。

2)将获取的图像传递给 OpenCV 进行进一步处理(平滑、边缘检测和分割)。

3)对处理后的图像进行滤波，以确定图像中的特征、物体、墙体以及线条。

4)控制探测车感知并避开那些 LiDAR 可能没有检测到的相同特征、障碍物、墙体以及物体的线条。

现在我们必须测试 ROS 和 OpenCV 的交互，以确定 ROS 是否可以获取图像并与 OpenCV 共享。现在我们可以在 ROS 和 OpenCV 之间搭建起桥梁。

我们已经简要介绍了 OpenCV 和图像处理的一些背景知识，接下来介绍计算机视觉的主要任务之一：图像颜色滤波。颜色滤波是从图像中提取特定颜色信息。在此之前，我们将介绍一些 OpenCV 的基本操作，这样你就可以熟悉这个库并理解 Python 代码。

1. CV_Bridge：OpenCV 和 ROS 之间的纽带

首先，你必须了解 ROS 使用自己的 sensor_msgs/image 消息格式从其传感器传递图像，但有时你需要将这些图像与 OpenCV 一起用于图像处理。CV_Bridge 是一个 ROS 库，用于关联 ROS 和 OpenCV，将 ROS 图像转换为 OpenCV 格式。CV_Bridge 的这种关联关系如图 8-8 所示。

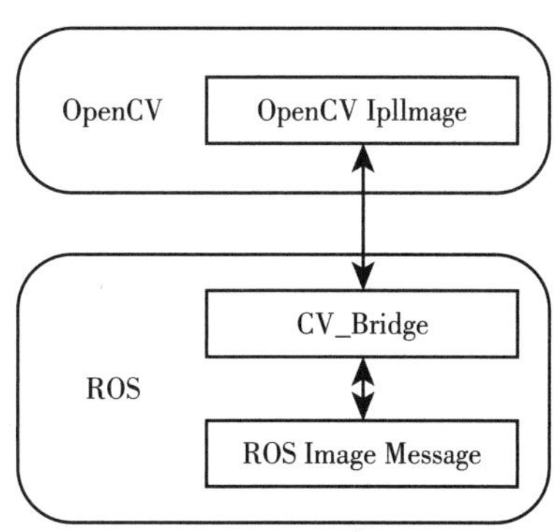

图 8-8　CV_Bridge 在 ROS 和 OpenCV 之间建立起关联关系

下面的 Python 源代码调用必要的库，来初始化 cv_bridge 包并处理来自 ROS 的相机消息：

```
  from cv_bridge import CvBridge
  oBridge = CvBridge();
  cv_image = oBridge.imgmsg_to_cv2(image_message, desired_
encoding='passthrough');
```

在第一行导入了 CvBridge 库，第二行初始化了 oBridge 对象。在第三行将 imgmsg 转换成 cv2 格式，以便向 OpenCV 发送 ROS 传感器消息以进行进一步处理。

以下几行代码允许我们从 ROS 发送图像以供 OpenCV 处理。ROS 从相机传感器的图像消息主题接收图像。然后，这些信息从 ROS 发送出去，由 OpenCV 通过 Cv_Bridge ROS 包进行进一步处理和分析。代码如下：

```
#!/usr/bin/env python

import rospy
from sensor_msgs.msg import Image
```

```
from cv_bridge import CvBridge, CvBridgeError
import cv2

class ShowingImage(object):

    def __init__(self):

        self.image_sub = rospy.Subscriber("/ai_rover_
        remastered/rgb/image_raw",Image,self.camera_callback);
        self.oBridge = CvBridge();

    def camera_callback(self,data):
        try:
            # select bgr8 OpenCV encoding by default
            cv_image = self.oBridge.imgmsg_to_cv2(data,
            desired_encoding="bgr8");
        except CvBridgeError as e:
            print(e)

        cv2.imshow('image',cv_image)
        cv2.waitKey(0)

def main():
    showing_image_object = ShowingImage()
    rospy.init_node('line_following_node', anonymous=True)
    try:
        rospy.spin()
    except KeyboardInterrupt:
        print("Shutting down")
    cv2.destroyAllWindows()

if __name__ == '__main__':
    main()
```

2. 获取测试图像

由 ROS 获取的任意相机图像都属于 sensor_msgs/image 消息类型。为了获取这些图像以供 OpenCV 进一步处理，ROS 需要订阅这些图像。从位于探测车前方的 RGB 相机传输的图像需要由 ROS 节点订阅。因此，我们将首先开发一个简单的 ROS 节点，该节点只订阅 ai_rover_remastered/camera1/image_raw 主题消息。主题消息的定义见第 5 章。为了构建第一个系列测试，以确定 ROS 节点是否可以订阅图像，然后将该图像共享给 OpenCV 以进行进一步处理，我们必须执行以下步骤：

1）在 Terminator 的第一个终端中执行如下命令：

```
$ cd ~/catkin_ws
$ source devel/setup.bash
$ catkin_make
$ roscore
```

2)在 Terminator 中打开的第二个终端中启动 Gazebo 仿真，命令 roslaunch ai_rover_remastered ai_rover_world. launch 会初始化第 5 章中的探测车 Gazebo 仿真：

```
$ cd ~/catkin_ws
$ source devel/setup.bash
$ catkin_make
$ roslaunch ai_rover_remastered ai_rover_world.launch
```

3)在 Terminator 中打开的第三个终端中启动 RViz 环境，我们需要利用 RViz 看到相机图像。这样做的目的是看相机是否存在问题。我们执行如下命令，启动第 5 章中编写好的 RViz 启动文件：

```
$ cd ~/catkin_ws
$ source devel/setup.bash
$ catkin_make
$ roslaunch ai_rover_remastered ai_rover_remastered_rviz.launch
```

4)然后我们启动第四个终端，输入所需的测试命令。

5)现在我们在第四个终端中执行测试命令，以确定是否可以看到探测车的相机。如果我们能看到带有相机主题名称的 ROS 主题消息，就可以看到相机。因此，如果我们在第四个终端运行以下命令：

```
$ cd ~/catkin_ws
$ source devel/setup.bash
$ catkin_make
$ rostopic list
```

应当能看到如下终端输出：

```
/ai_rover_remastered/camera1/camera_info
/ai_rover_remastered/camera1/image_raw
/ai_rover_remastered/camera1/image_raw/compressed
/ai_rover_remastered/camera1/image_raw/...........
```

6)我们已经确认在 ai_rover_remastered/camera1/image_raw 主题上可以获得图像数据，此主题消息是一个未压缩的图像流，与计算机视觉算法更兼容。现在我们必须编写第一个 ROS 节点，该节点将订阅此 image_raw 主题消息。我们首先创建 ROS 包(cv_tests)及其相关依赖项，以开发此 ROS 节点。现在在 Terminator 中打开一个新的独立终端，输入以下命令：

```
$ cd ~/catkin_ws
$ source devel/setup.bash
$ cd ~/catkin_ws/src
$ catkin_create_pkg cv_tests image_transport cv_bridge sensor_
msgs rospy roscpp std_msgs
$ cd ~/catkin_ws/src/cv_tests
$ mkdir launch scripts
$ cd ~/catkin_ws/src/cv_tests/scripts
$ gedit imageSubscribeTest.py
```

7）现在我们用Gedit编辑器打开可用的脚本文件imageSubscribeTest. py，然后输入如下Python代码：

```
#!/usr/bin/env python3
import rospy
from sensor_msgs.msg import Image

def imageCallBack(msg):
     pass

rospy.init_node('imageSubscribeTest');
image_sub = rospy.Subscriber('ai_rover_remastered/camera1/
image_raw', Image, imageCallBack);
rospy.spin();
```

8）现在我们需要重新编译ROS包，并利用如下终端命令运行文件imageSubscribeTest. py：

```
$ cd ~/catkin_ws
$ source devel/setup.bash
$ catkin_make
$ cd ~/catkin_ws/src/cv_tests/scripts
$ chmod +rwx imageSubscribeTest.py
$ ./imageSubscribeTest.py
```

9）一旦我们运行和执行imageSubscribeTest. py节点，就可以在Terminator中的某个独立终端中输入如下终端命令，在活动的ROS节点列表中查看是否可以找到该节点：

```
$ cd ~/catkin_ws
$ source devel/setup.bash
$ catkin_make
$ rosnode info imageSubscribeTest
```

10）然后，我们应该看到输出显示了如下所示的清单，这个清单中包含经由ROS节点

imageSubscribeTest. py 实例化的发布、订阅和服务。我们还可以看到/ai_rover_remastered/camera1/image_raw 与该 ROS 节点进行了连接：

```
Node [/imageSubscribeTest]
Publications:
 * /rosout [rosgraph_msgs/Log]

Subscriptions:
 * /ai_rover_remastered/camera1/image_raw [sensor_msgs/Image]
 * /clock [rosgraph_msgs/Clock]

 Services:
  * /follower/get_loggers
  * /follower/set_logger_level

 contacting node http://localhost:44103/ ...
 Pid: 5791
 Connections:
  * topic: /rosout
     * to: /rosout
     * direction: outbound (33717 - 127.0.0.1:41872) [10]
     * transport: TCPROS
  * topic: /clock
     * to: /gazebo (http://localhost:34451/)
     * direction: inbound
     * transport: TCPROS
  * topic: /ai_rover_remastered/camera1/image_raw
     * to: /gazebo (http://localhost:34451/)
     * direction: inbound
     * transport: TCPROS
```

11）我们确信 ROS 节点 imageSubscribeTest. py 已经与相机主题消息进行了连接。现在我们必须处理相机拍摄的这些图像，并将它们传递给 OpenCV 库。这个库包含了实时计算机视觉算法。在 ROS 节点 imageSubscribeTest. py 和 OpenCV 之间交换图像使用的是 CV_Bridge 包，它允许这种交互。CV_Bridge 包可以在 vision_opencv 栈中找到。如图 8-9 所示，充当 ROS 和 OpenCV 之间桥梁的 CV_Bridge。

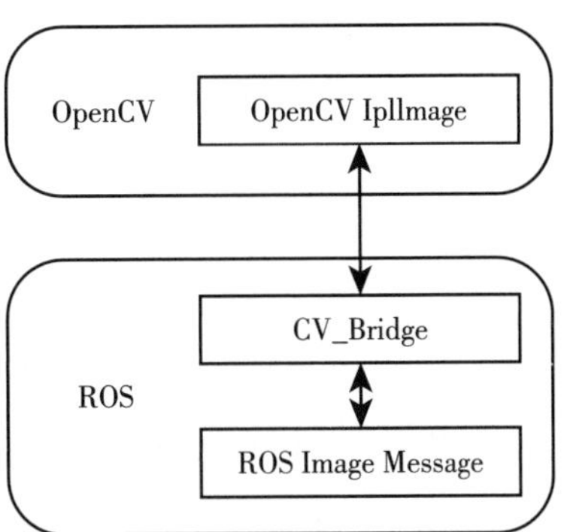

图 8-9　ROS 和 OpenCV 通过 CV_Bridge 进行交互

请参阅 http：//wiki. ros. org/cv_bridge/Tutorials/ConvertingBetweenROSImagesAndOpenCVImagesPythonf 上的相关内容，了解更多有关 ROS 图像和 OpenCV 图像之间进行转换的信息。

12）现在我们可以看到 ROS 节点可以接收图像，我们需要处理这些图像。我们必须测试 ROS 节点是否可以通过 cv_bridge 将图像发送到 OpenCV。CV_Bridge 包中带有将 ROS 的 sensor_msgs/Image 消息转换为 OpenCV 图像的函数。我们必须编写一个 Python 脚本，将传入的图像转换为 OpenCV 图像，并在 OpenCV 的 imshow( ) 函数中显示它们。以下代码可以让 ROS 节点将图像发送到 OpenCV：

```
#!/usr/bin/env python3
import rospy
from sensor_msgs.msg import Image
import cv2, cv_bridge
class ImageSubscribeTest:

    def __init__(self):
        self.CompVisBridge = cv_bridge.CvBridge();
        cv2.namedWindow('window', 1);
        self.image_sub = rospy.Subscriber('/ai_rover_
        remastered/camera1/image_raw', Image, self.
        imageCallBack);

     def imageCallBack(self, msg):

         image = self.CompVisBridge.imgmsg_to_cv2
         (msg, desired_encoding='bgr8');
        cv2.imshow('window', image);
        cv2.waitKey(3);

rospy.init_node('ImageSubscribeTest');
imageSubscribeTest2 = ImageSubscribeTest();
rospy.spin();
```

13）同样，我们用编写原始文件的方法将上述测试脚本写入 ImageSubscribeTest. py 文件。我们将其作为另一个测试脚本文件的输入，以确定 ROS 接收到的图像是否可以发送到 OpenCV。我们开了三个终端，在第一个终端中执行 roscore 命令，第二个终端运行 roslaunch ai_rover_remastered ai_rover_world. launch 启动文件，第三个终端执行 rosrun cv_tests ImageSubscribeTest. py 命令，运行后，应该能看到如图 8-10 所示的输出，代码如下：

```
#!/usr/bin/env python3
 import rospy from sensor_msgs.msg
 import Image import cv2, cv_bridge

class ImageSubscribeTest:
      def __init__(self):
            self.CompVisBridge = cv_bridge.CvBridge();
```

```
            cv2.namedWindow('window', 1);
            self.image_sub = rospy.Subscriber
            ('/ai_rover_ remastered/camera1/image_raw',
            Image, self. imageCallBack);
        def imageCallBack(self, msg):
            image = self.CompVisBridge.imgmsg_to_cv2
            (msg, desired_encoding='bgr8');
            cv2.imshow('window', image);
            cv2.waitKey(3);
rospy.init_node('ImageSubscribeTest');
 imageSubscribeTest2 = ImageSubscribeTest();
rospy.spin();
```

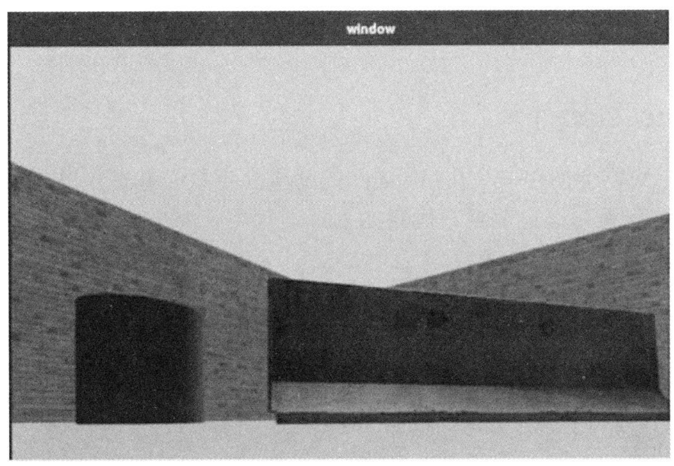

图 8-10 OpenCV 显示的图像

8.7 边缘检测及其 LiDAR 实现

边缘检测在物体识别和提取中扮演着关键角色，是避免碰撞物体的必要步骤。从相机图像中检测出的边缘具有较高的垂直精度，能够反映环境中物体的各种边缘形状。但是大多数相机图像的边缘检测都会受到对比度和光照的影响。LiDAR 数据适用于建筑物区域的判断，但由于激光脉冲误差的影响，会遗漏一些边缘点。一种新的自适应建筑物边缘检测方法将 LiDAR 数据和图像数据相结合，充分利用了这两种数据源的优势。首先，利用滤波梯度将物体和地面分开，通过数学形态学和区域生长去除非建筑物物体；其次，利用高斯卷积平滑图像，并计算图像的梯度；最后，利用单个屋顶块的边缘点对图像空间进行边缘检测，判断缓冲区中局部梯度最大的像素为候选边缘，通过形态学操作将图像边缘与屋顶块进行融合，得到最终边缘。实验结果表明，该方法对形状各异的建筑物具有较好的适应性。最终的边缘封闭并且纤细，宽度为 1 像素，适合后续的建筑建模。

8.8　启动 Python 文件

本节中的方法是机器人技术中的常见应用：从传感器获得一些数据，并需要将其传递给应用程序的几个部分，每个部分都需要数据来完成自己的工作，一些部分还可能修改其他部分的数据。

对于这个示例而言，我们要创建三个节点：

节点 1(pipeline_step_1)：创建一个 0~10 之间的随机浮点数，并将其发布。

节点 2(pipeline_step_2)：获取该随机浮点数，将其乘以 2 后发布。

节点 3(pipeline_step_3)：获得节点 2 发布的随机数，将其取整后发布。

我们最终得到的图示，如图 8-11 所示。

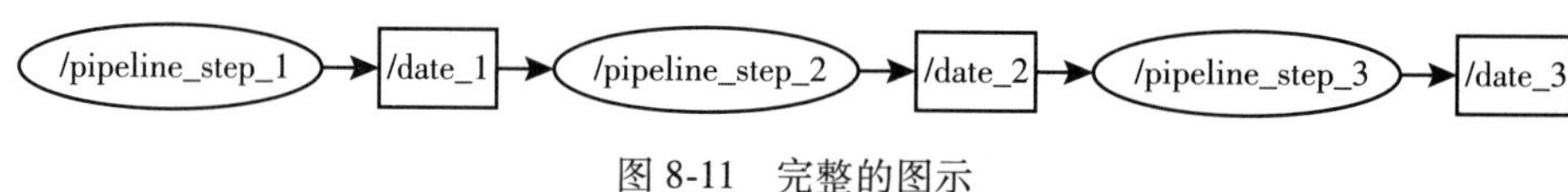

图 8-11　完整的图示

8.8.1　pipeline_step_1

在这个节点中我们会创建一个 0~10 之间的随机浮点数，并在主题 data_1 上发布。在这里，我选择用 Python 编写这个节点，代码如下：

```
#!/usr/bin/env python3
import rclpy
from rclpy.node import Node
from example_interfaces.msg import Float64
import random
class Node1(Node):
def __init__(self):
super().__init__("pipeline_step_1")
self.pub_ = self.create_publisher(Float64, "data_1", 10)
self.timer_ = self.create_timer(1.0, self.publish_data)
def publish_data(self):
msg = Float64()
msg.data = random.uniform(0.0, 10.0)
self.get_logger().info("Published: " + str(msg.data))
self.pub_.publish(msg)
def main(args=None):
rclpy.init(args=args)

node = Node1()
rclpy.spin(node)
```

```
rclpy.shutdown()
if __name__ == "__main__":Figure
main()
```

如果你对编写上述代码没有信心，有很多在线参考资料（ROS. org）可供参阅，以在 Python 中创建最小的 ROS 节点，并用 Python 编写 ROS 发布者。

在上面的代码中，我们用 random. uniform（）获取所需的随机浮点数。

我们利用所创建的定时器，以 1Hz 的频率每 1s 发布一次 data_1 主题。

并且我们还在终端中打印输出刚刚发布的数据，这样更易于调试。

8. 8. 2 pipeline_step_2

这个节点会订阅 data_1 主题，并对数据进行处理/变换，然后将新数据发布到 data_2 主题。在这里用 C++编写这个节点，因为 ROS 通信与语言无关，所以你可以利用任何自己想用的语言编写节点。代码如下：

```
#include "rclcpp/rclcpp.hpp"
#include "example_interfaces/msg/float64.hpp"
class Node2: public rclcpp::Node
{
public:
Node2() : Node("pipeline_step_2")
{
pub_ = this->create_publisher<example_interfaces::msg::Float64>
("data_2", 10);
sub_ = this->create_subscription<example_
interfaces::msg::Float64>(
"data_1", 10, std::bind(&Node2::callbackData, this,
std::placeholders::_1));
}
private:
void callbackData(const example_interfaces::msg::Float64::
SharedPtr msg)
{
auto new_msg = example_interfaces::msg::Float64();
new_msg.data = msg->data * 2.0;
RCLCPP_INFO(this->get_logger(), "Received: %lf, Published:
%lf", msg->data, new_msg.data);
pub_->publish(new_msg);
}
```

```
rclcpp::Publisher<example_interfaces::msg::Float64>::
SharedPtr pub_;
rclcpp::Subscription<example_interfaces::msg::Float64>::
SharedPtr sub_;
};
int main(int argc, char **argv)
{
rclcpp::init(argc, argv);
auto node = std::make_shared<Node2>();
rclcpp::spin(node);
rclcpp::shutdown();
return 0;
}
```

如果你对编写上述代码没有信心，请查阅相关资料了解如何利用 C++编写最小 ROS 节点。

在上面的代码中，我们创建了一个发布者（发布主题 data_2）和一个订阅者（订阅主题 data_1）。

在 data_1 主题的回调函数中，我们进行下列处理：

1）对 data_1 中的数据进行处理，并通过乘以 2 对其进行变换。

2）创建一个新的类型为 Float64 的消息，并用新数据填充它。

3）将数据发布到 data_2 主题。

4）将我们接收/发布的数据打印输出，以使得调试/监视更加容易。

注意，我们没有创建任何速率来发布 data_2 主题，而是直接通过 data_1 主题的回调函数发布数据。

8.8.3　pipeline_step_3

数据管道的最后一个节点会订阅 data_2 主题，并对其中的数据进行处理/变换，然后将新数据发布到 data_3 主题。使用 Python 编写这个节点：

```
#!/usr/bin/env python3
import rclpy
from rclpy.Node import Node
from example_interfaces.msg import Float64
from example_interfaces.msg import Int64
class Node3(Node):
def __init__(self):
super().__init__("pipeline_step_3")
self.pub_ = self.create_publisher(Int64, "data_3", 10)
self.sub_ = self.create_subscription(
Float64, "data_2", self.callback_data, 10)
```

```
def callback_data(self, msg):
new_msg = Int64()
new_msg.data = round(msg.data)
self.get_logger().info("Received: " + str(msg.data) +
", Published: " + str(new_msg.data))
self.pub_.publish(new_msg)
def main(args=None):
rclpy.init(args=args)
node = Node3()
rclpy.spin(node)
rclpy.shutdown()
if __name__ == "__main__":
main()
```

此时，我们的发布者为发布主题 data_3，订阅者为订阅主题 data_2。同样，我们也是在 data_2 的回调函数中完成以下处理：

1）处理并修改数据：我们对数据取整，用整数代替浮点数。

2）创建一个不同类型的新消息。我们接收到的是 Float64 类型的数据，现在我们将其发布为 Int64 类型的消息。

3）发布新数据。

4）记录日志。

最关键的一点是，我们使用了不同的数据类型来将消息传递给下一个管道步骤。

注意　由于这是管道示例的最后一步，我们用日志打印输出结果。根据节点和数据，你就能很好地知道应该在应用程序中进行什么处理。

8.9　构建和运行 ROS 数据管道应用程序

对于 Python 节点，在 setup. py 中添加可执行文件，对于 C++节点，则在 CMakeLists. txt 中添加可执行文件，然后利用 catkin_make build 命令在 ROS 工作空间中进行编译。

在三个不同终端中运行应用程序。打开三个终端/会话，如果已经打开了三个终端，请确保在继续之前，在每个终端中，都要对 ROS 工作空间进行 source 处理。

我们启动三个节点，看看都有哪些内容。

终端 1 内容如下：

```
$ ROS run ROS_tutorials_py node_1
...
[INFO] [1594190744.946266831] [pipeline_step_1]: Published:
7.441288072582843
[INFO] [1594190745.950362887] [pipeline_step_1]: Published:
```

```
9.968039333074264
[INFO] [1594190746.944258673] [pipeline_step_1]: Published:
8.848880026052129
[INFO] [1594190747.945936611] [pipeline_step_1]: Published:
1.8232649263149414
...
```

终端 2 内容如下：

```
$ ROS run ROS_tutorials_cpp node_2
...
[INFO] [1594190744.944747967] [pipeline_step_2]: Received:
7.441288, Published: 14.882576
[INFO] [1594190745.949126317] [pipeline_step_2]: Received:
9.968039, Published: 19.936079
[INFO] [1594190746.943588170] [pipeline_step_2]: Received:
8.848880, Published: 17.697760
[INFO] [1594190747.944386405] [pipeline_step_2]: Received:
1.823265, Published: 3.646530
...
```

终端 3 内容如下：

```
$ ROS run ROS_tutorials_py node_3
...
[INFO] [1594190744.955152638] [pipeline_step_3]: Received:
14.882576145165686, Published: 15
[INFO] [1594190745.951406026] [pipeline_step_3]: Received:
19.93607866614853, Published: 20
[INFO] [1594190746.944646754] [pipeline_step_3]: Received:
17.697760052104258, Published: 18
[INFO] [1594190747.946918714] [pipeline_step_3]: Received:
3.646529852629883, Published: 4
...
```

要感谢这些日志记录，你能看到数据的流向、数据何时被接收和发送以及它们是如何被处理的。

现在，如果使用 ROS 主题列表，可获得如下运行的所有主题的列表：

```
$ ROS topic list
/data_1
```

```
/data_2
/data_3
/parameter_events
/rosout
```

我们可以看到主题 data_1、data_2 和 data_3，从这里开始你可以进行下列处理：

1)利用终端中的 ROS 主题监听任何主题，观察其流向。

2)将任意新节点插入到任意主题当中，例如，如果你打算创建一个更加复杂的数据管道：另一个节点可以订阅 data_2，然后单独对其进行处理。

8.10 用 ROS 启动文件启动数据管道

对于开发和调试，从终端启动节点是非常棒的。但是如果你打算创建实际的 ROS 应用程序，那么就必须使用启动文件。除了使用 ROS 启动文件的优点之外，你还可以同时启动全部节点，所以所有的数据管道步骤会同时开始执行。

因此，我们来编写一个简单的启动文件来启动全部三个节点：

```
from launch import LaunchDescription
from launch_ros.actions import Node
def generate_launch_description():
ld = LaunchDescription()
node_1 = Node(
package="ROS_tutorials_py",
executable="node_1"
)
node_2 = Node(
package="ROS_tutorials_cpp",
executable="node_2"
)
node_3 = Node(
package="ROS_tutorials_py",
executable="node_3"
)
ld.add_action(node_1)
ld.add_action(node_2)
ld.add_action(node_3)
return ld
```

现在编译并运行这个启动文件，如果你不知道怎么办，请参阅下面的 ROS 启动文件教程：

```
$ ROS launch my_robot_bringup data_pipeline.launch.py
[INFO] [launch]: All log files can be found below /home/ed/.
ros/log/2020-07-08-09-55-37-919871-ed-vm-11593
[INFO] [launch]: Default logging verbosity is set to INFO
[INFO] [node_1-1]: process started with pid [11595]
[INFO] [node_2-2]: process started with pid [11597]
[INFO] [node_3-3]: process started with pid [11599]
[node_1-1] [INFO] [1594194939.304693502] [pipeline_step_1]:
Published: 0.9131821923863725
[node_2-2] [INFO] [1594194939.305641498] [pipeline_step_2]:
Received: 0.913182, Published: 1.826364
[node_3-3] [INFO] [1594194939.314622095] [pipeline_step_3]:
Received: 1.826364384772745, Published: 2
[node_1-1] [INFO] [1594194940.292584583] [pipeline_step_1]:
Published: 6.724756051691409
[node_2-2] [INFO] [1594194940.293238316] [pipeline_step_2]:
Received: 6.724756, Published: 13.449512
[node_3-3] [INFO] [1594194940.294448648] [pipeline_step_3]:
Received: 13.449512103382817, Published: 13
```

现在数据管道完全准备好了，对于生产环境，你可以删除信息日志，只打印警告日志。

8.11 本章小结

现在，你已经可以用 ROS 节点和主题构建起完整的数据管道，ROS 体系结构和工具给你带来了很多优势，你可以进行以下处理：

1)可以用你希望的任何语言编写任意步骤或数据管道(节点)。

2)用命令行工具在终端中调试每一步。

3)从数据管道的几个步骤开始。

4)可以在数据管道的开头、结尾或者任意地方添加新的步骤(节点)。

CHAPTER9

第9章

强化学习

在上一章中，探测车需要能够从图像中提取信息，并通过它们的模式和特征识别物体。本章将简述一个新颖的自主飞行框架，该框架以强化学习智能体的形式应用人工智能。这个智能体通过在飞行模拟器中观察飞行员的心理反应和飞行路径来学习飞行技能。该框架包括一个作为飞行模拟器的游戏模块，一个检测飞行员手势的计算机视觉系统，以及一个用于验证模拟飞行期间状态空间变量(飞机性能)安全极限的飞行动力学分析仪，以及一个用于计算 Q 函数和所学策略的模块。

9.1 强化学习入门

本章之所以不同，是因为强化学习(REinforcement Learning，REL)既不是监督学习，也不是非监督学习。在强化学习中存在一个智能体，它能够观察环境、选择并执行动作，并获得奖赏作为回报(或者负向奖励形式的惩罚)。智能体必须基于反馈自主学习，无论最初是否提供了策略。最初提供给它的策略使其随着时间的推移找到最佳策略并获得最高奖励(如果没有为其提供策略，它会制定策略，或使提供的策略更好)。策略定义了智能体在给定情况下应该选择的操作，例如，许多机器人通过实现 REL 算法来学习如何走路。DeepMind 的 AlphaGo 程序是强化学习的一个很好的例子：2017 年 5 月，它在围棋比赛中击败了世界冠军柯洁。它通过分析数百万场比赛来学习获胜策略，然后与自己进行许多场比赛。绝大多数可用数据实际上是无标签的：我们有输入特征 X，但没有标签 Y。强化学习具有巨大的潜力，我们到目前为止只是粗略地利用它能提供的服务。

REL 的核心概念是基于策略的不确定动作，其次是智能体对环境的直接影响，这是 REL 的基本动作机制。随着智能体学习过程的推进，其内部状态会得到相应调整，以实现策略的持续优化。

在 REL 中，半马尔可夫决策过程(Semi-Markov Decision Process，SMDP)具有潜在优势。当创建复杂任务时，可以通过组合较简单任务的 Q 值来形成整体任务的 Q 值。这是一种解决寻找最优决策阈值问题的方法。通过将其转换为随机最优控制问题，在相应的 SMDP 中选择每个状态中的动作，以使平均奖励率最大化。

通过观察得到的一个基本结论是，动作需要时间来完成。当智能体选择一个基本动作时，该动作的结果可以在下一个时间步长(由马尔可夫决策过程定义)中观察到。但是动作并不是在单个时间步长内完成的，因为当策略执行基本动作时，会经过一段时间间隔，并且只有在延迟周期结束时，才能观察到动作的结果。

SMDP 通过向各种组件中添加时间来扩展基本 MDP 框架，以此来描述此类决策问题。

SMDP 利用以下三种方式对 MDP 框架进行扩展：

1）首先，传递函数 P 引入时间，可以表示为：P：$S\ x\ A\ x//x\ S \rightarrow \mathbb{R}$，其中，$P(s;a;t;s')$ 表示在状态 s 下选择动作 a，经过 t 个时间步长到达状态 s' 的概率。这是离散时间型 SMDP，因为时间被表示为若干时间步长。同样还存在连续时间型 SMDP，在这种 SMDP 中，P：$S\ x\ A\ x//x\ S \rightarrow \mathbb{R}$。但是在本书中我们将介绍更为简单的离散时间型 SMDP。

2）接下来，动作 a 的奖励不再是选择该动作时给出的单个值，而是表示从选择该动作到达到下一个状态的累计奖励。就子任务而言，这意味着所选择的子策略可以执行多个动作，其中部分或全部动作都会获得一定的奖励，选择该子策略的总奖励是这些奖励的总和。

3）最后一处修改是折扣因子 γ，该因子应用于时间延迟。因此花费很长时间也没有到达的状态比快速到达的状态所获得的奖励相比，要打很多折扣。

为了说明上述内容，我们在这里提供一个应用强化学习的案例。

航空案例中的 REL：带有 AI 的无人或有人驾驶。在这个例子中（Krishnamurthy，Harbour，& Clark 2019），飞行员和 REL 智能体同时学习飞行技能，形成一种共生关系。训练强化学习智能体的场景可以由在模拟器中飞行的飞行员模拟，也可以由在计算机上使用游戏的无人驾驶飞机模拟。在典型的场景中，强化学习智能体会为飞行员提供一系列动作指令。

这些指令产生两种类型的状态之一：成功或失败。智能体观察飞行员的心理反应以及飞行环境，并获得正向或负向的奖励。经过训练的 REL 智能体代表了一种新的人工智能形式，可以在飞行的各个阶段指导飞行员进行飞行。

人为失误是导致大多数飞机事故的原因，因此，出现了在飞机飞行轨迹不正常时发出警告的技术。例如，检测飞机的行为是衡量飞机安全性的一种方法。持续监测和分析飞行操作是另一种从预定义列表中检测危险行为的方法。Li 等人在 2016 年提出了数据挖掘方法，如利用高斯混合模型（Gaussian Mixture Model，GMM）对数字飞行数据进行聚类分析，安全分析师使用 GMM 来识别日常操作中的异常数据模式或异常和潜在风险。随着 AI 的出现，人机协同已成为最小化人为失误，以及进一步提升航空安全记录的有效途径。

2018 年，Zhao 等人将 REL 用作一种自适应在线学习模型，用于识别飞行数据中的常见模式，并使用递归期望最大化算法更新 GMM 的聚类。对人工智能兴趣的复苏吸引了人们将其应用到航空系统中，特别是空中交通管理（Air-Traffic Management，ATM）、空中交通流量管理（Air Traffic Flow Management，ATFM）和无人驾驶航空系统交通管理（Unmanned aerial systems Traffic Management，UTM）。

Kistan 等人在 2018 年对通过机器学习配置认知人机界面（Human-Machine Interface，HMI）进行了探索，并审查了需求。他们提出，随着人工智能带来的自动化和自主化水平的提升，必然会对适航认证提出新的要求，同时他们还讨论了现有航空系统认证框架如何应用于陆基 ATM 系统。人工智能的最新发展为用机器人功能取代飞行员的行动，引入高水平安全性的自主飞行开辟了可能性，非常需要进一步研究如何将人工智能引入自主飞行。

飞行员建模技术在载人飞行的作用至关重要，人类飞行员行为的控制模型已经被开发出来。在飞行控制系统中，采用控制模型来分析用于控制飞行的飞行员-飞机系统的特性。仿人驾驶员模型涵盖了中枢神经系统、神经肌肉系统、视觉系统和前庭系统，可以表征飞行员的行为。

最近，Xu 等人在 2017 年对人类飞行员行为的控制模型进行了研究。这些模型反映了对刺激作出反应的人类感觉和控制效应器的动态特性。计算机视觉形式的 AI 可以与这些模型耦合，通过检测人类飞行员行为的非线性特征来训练 REL 智能体。

9.1.1 情绪识别模拟器

飞行模拟器通常用于训练飞行员和评估战斗人员的任务准备情况。飞行模拟器也被用于研究情绪智能与模拟飞行表现之间的关系，以了解情绪因素如何影响飞行训练表现。Pour 等人在 2018 年利用人-机器人面部表情交互平台来研究孤独儿童的社会互动能力。

9.1.2 强化深度学习

强化学习是一种半监督学习，它受动物学习方式的启发，当事物、过程或选择不正确或结果不好时，它就会接受惩罚，相反则会得到奖励。它依赖于马尔可夫决策过程中状态空间的定义、状态之间转换的动作和相关的奖励结构。在一些简单形式的 REL 中，人们通过效用函数 $V(s)$ 或 $Q(s,a)$ 学会最优策略——这就是所谓的学习，其中 s 是当前状态，a 是在状态 s 中采取的动作，或与情节的时间差分，这是智能体试图达到目标的示例。在游戏设置中，情节可以是成功或失败的尝试。类似游戏的情景在许多日常生活中都可以实现，包括飞行员驾驶飞机。采用最优策略选择动作序列，进行状态转换，以实现在获得最大化长期奖励的同时实现最终目标。

9.1.3 计算机视觉系统

可以设计一个计算机视觉系统来捕获在模拟器中接受训练的飞行员的心理反应，这有助于在飞行员执行操作动作后，确定其在飞行路径上的反应。为了训练 REL 智能体，设计了一个飞行模拟器框架，这个框架就像一个游戏，让飞行员通过动作 a 和手势来表示其在模拟器中的动作。我们将手势 g 表示为一个状态变量，值为高兴(☺)或不悦(☹)。飞行模拟器的状态空间 s 由 5 个变量组成：高度 A、速度 S、航向 H、转向 U 和横滚 R，表 9-1 列出了这 5 个动作变量的范围。

表 9-1　定义状态 s 的 5 个变量及其范围

状态变量	最小值	最大值
高度 A	0 英尺	35000 英尺
速度 S	0 英里/小时	550 英里/小时
航向 H	0°	360°
转向 U	0°	360°
横滚 R	0°	360°

注：1 英尺(ft)= 0.3048m，1 英里(mile)= 1609.344m。

9.1.4 飞行轨迹分析

通过实时计算状态空间变量的梯度，即高度梯度 $\mathrm{d}A/\mathrm{d}t$、速度梯度 $\mathrm{d}S/\mathrm{d}t$、航向梯度 $\mathrm{d}H/\mathrm{d}t$、转向梯度 $\mathrm{d}U/\mathrm{d}t$ 以及横滚梯度 $\mathrm{d}R/\mathrm{d}t$，可以得到可靠的飞行轨迹分析。基于规则的模型会将梯度与预设的范围进行比较，以确定这个动作是安全的还是有风险的，并计算动态奖励。表 9-2 显示了梯度及其范围的初始猜测值，范围的最小值和最大值可以设置为可调参数，以便迭代获得更实用的一组值。这些范围将用于规则模型中，以动态确定飞行动作的奖励。

表 9-2 定义安全操作区域的状态变量梯度的范围

状态变量的梯度	最小值	最大值
高度梯度 dA/dt	0 英尺	1000 英尺
速度梯度 dS/dt	0 英里/小时	20 英里/小时
航向梯度 dH/dt	0°	3°
转向梯度 dU/dt	0°	3°
横滚梯度 dR/dt	0°	2°

9.1.5 飞行员手势赋值

计算机视觉系统由数字相机、神经处理单元(如 Myriad 2)和单板计算机组成，用于读取飞行员的手势。计算机视觉系统可以利用人脸检测机器学习算法进行训练，实时监测飞行员“高兴”或“不悦”的面部表情。特别建议在模拟器中玩飞行游戏的人，当他们的动作属于安全操作时，最好表现出高兴(☺)；当他们的动作属于导致危险、不安全或灾难性的操作时，最好表现出不悦(☹)。这个计算机视觉系统可以像谷歌 AIY 套件一样简单，它使用 TensorFlow 机器学习模型来检测表情。

9.1.6 强化学习智能体：根据飞行员的动作进行学习

首先考虑使用人在回路(Human-in-the-loop)的方法来开发强化学习(REL)智能体，这种智能体可以利用人工智能来确定人类飞行员的手势并计算奖励。这种类型的强化学习智能体是通过飞行员在模拟器中(例如：在计算机上)驾驶飞机时生成的情节进行训练的。在典型的情节中，REL 智能体为飞行员提供一系列动作进行跟随学习，这些指令产生两种结果之一：要么成功，要么失败。智能体观察飞行员的心理反应以及飞行环境，并获得正向奖励或负向奖励。当飞行员是高兴时，智能体将获得+1 奖励，当飞行员是不悦时，代理将获得-1 奖励。可以用不同的奖励结构对相同的情节集合进行训练，以找到安全操作的最佳集合。另外要重复训练过程，直到学习过程收敛为止。在使用足够多的情节训练智能体之后，REL 智能体获得的知识有望用来表示一种新的人工智能形式，在各个阶段用准确的指令指导飞行员进行飞行。图 9-1 所示为 REL 智能体的学习框架，及其与飞行模拟器和计算机视觉系统的交互，该系统检测飞行员接收奖励的手势以更新 $Q(s,a)$ 函数，其中，s 是当前状态，a 是动作，策略是 $\pi(s,a)$。

9.1.7 飞行模拟器游戏框架

图 9-2 所示为一个飞行模拟器中的游戏框架，用于生成状态、动作、奖励、Q 函数和策略。与 REL 智能体的奖励结构相比，这个飞行模拟器游戏框架还具有额外的局部奖励和长期奖励。对于状态变量的梯度落入安全范围之外的每个实例，飞行模拟器游戏框架中的 REL 智能体都会额外获得奖励-1。当到达目的地的总时间低于预设值时，游戏 REL 智能体也会获得可选的+2 长期奖励。当所有状态变量的导数都在安全范围之内时，REL 智能体将获得+1 的奖励。奖励的选择是任意的，并且可以根据不同的情节发展成更现实的奖励。游戏模拟器模块通过提取动作来启动游戏，使用当前策略来模拟飞行动态。然后，另外两个模块对飞行动态和飞行员的手势进行评估，以确定奖励。接下来，针对每个状态-动作对以及相关奖励计算并更新 $Q(s,a)$ 函数，最后根据 $Q(s,a)$ 值重新计算策略 $\pi(s,a)$ 并更新。

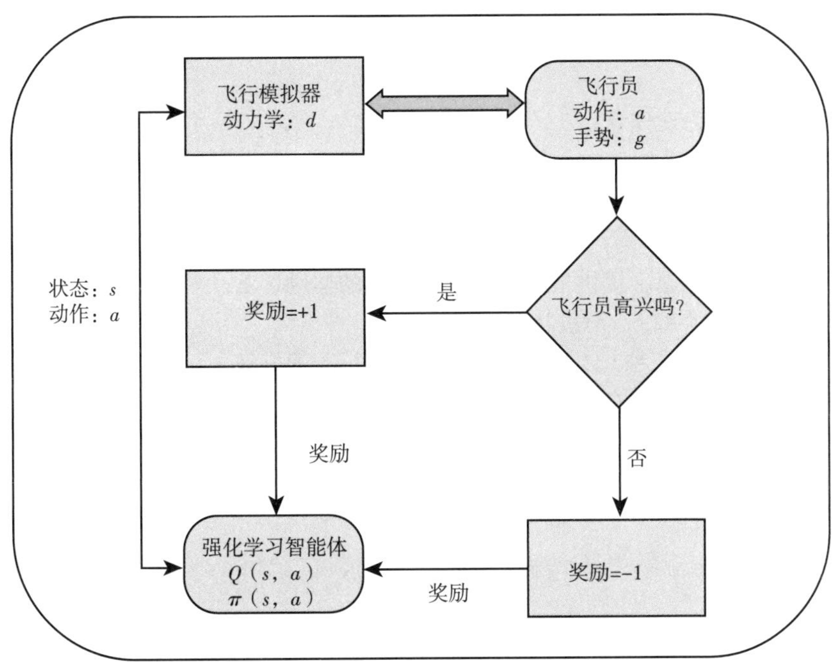

图 9-1 REL 智能体及其与环境交互的框架(包括飞行模拟器和飞行员手势识别系统)

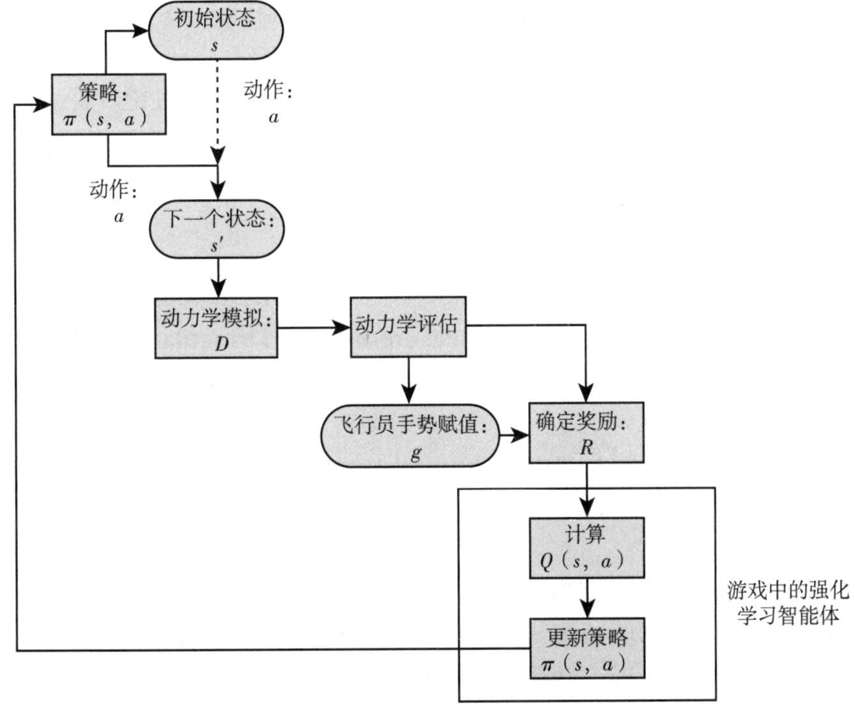

图 9-2 飞行模拟器的游戏框架

9.2 策略函数和效用函数

策略将状态映射为动作

1）当状态为 s 时，采用动作 a 的概率是：

①$\pi(a|s)=\mathbb{P}[A_t=a|S_t=s]$。

②效用函数。

2）根据智能体的状态，提供根据策略采用动作的奖励。

①$V_\pi(s)=\mathbb{E}_\pi[G_t|S_t=s]$，衡量状态的好坏。

②$Q_\pi(a,s)=\mathbb{E}_\pi[G_t|S_t=s|,A_t=a]$，衡量采取的行动的好坏。

③如果采用的是表格式 Q-学习，那么就按照下式估计新的 Q 值：

$$\text{New}Q(S,A)\leftarrow Q(S,A)+\alpha[R'+\gamma\max_a Q'(S',a)-Q(S,A)]$$

返回函数：

$$G_t=\sum_{k=0}^{\infty}\gamma^k r_{t+k+1}|S_t=s$$

9.3 本章小结

本章阐述了一个新颖的话题：以强化学习智能体（REL）的形式将AI引入航空飞行，通过在模拟器中观察飞行员的心理反应和飞行路径来学习飞行技能。这个AI框架的一个独特之处在于飞行员和REL智能体同时学习飞行技能，形成一种共生关系。在这样的背景下，识别检测飞行员行为的合适方法是开发基于强化学习的人工智能的关键。通过在提出的框架内进行充分的训练，REL智能体有望学会驾驶飞机，并指导飞行员安全飞行。

参考文献

Chang, T.H., Hsu, C.S., Wang, C., & Yang, L.-K. (2008). On board measurement and warning module for measurement and irregular behavior. *IEEE Transactions on Intelligent Transportation Systems, 9*(3), 501–513.

Clark, J.D., & Harbour, S.D. (2019). Unpublished.

Clark, J.D., Mitchell, W.D., Vemuru, K.V., & Harbour, S.D. (2019). Unpublished.

Dayan, P., & Abbott, L. F. (2001). *Theoretical neuroscience: computational and mathematical modeling of neural systems*. MIT Press

Gerstner, W., & Kistler, W. (2002). *Spiking Neuron Models: Single Neurons, Populations, Plasticity*. Cambridge University Press.

Friston, K., & Buzsáki, G. (2016). The functional anatomy of time: what and when in the brain. *Trends in cognitive sciences, 20*(7), 500–511.

Friston K. (2018). Am I Self-Conscious? (Or Does Self-Organization Entail Self-Consciousness?). *Frontiers in psychology, 9*, 579. doi:10.3389/fpsyg.2018.00579

Harbour, S.D., & Christensen, J.C. (2015, May). A neuroergonomic quasi-experiment: Predictors of situation awareness. In: *Display Technologies and Applications for Defense, Security, and Avionics IX; and Head-and Helmet-Mounted Displays XX* (Vol. 9470, p. 94700G). SPIE.

Harbour, S.D., Clark, J.D., Mitchell, W.D., & Vemuru, K.V. (2019). Machine Awareness. *20th International Symposium on Aviation Psychology*, 480–485. https://corescholar.libraries.wright.edu/isap_2019/81

Harbour, S.D., Rogers, S.K., Christensen, J.C., & Szathmary, K.J. (2015, 2019). Theory: Solutions toward autonomy and the connection to situation awareness. Presentation at the 4th Annual Ohio UAS Conference. Convention Center, Dayton, Ohio. USAF.

Kidd, C., & Hayden, B.Y. (2015). The Psychology and Neuroscience of Curiosity. *Neuron, 88*(3), 449–460.

Kistan, T., Gardi, A., & Sabatini, R., (2018). Machine learning and cognitive ergonomics in air traffic management: Recent developments and considerations for certification. *Aerospace, 5*(4), Article Number 103.

Li, L.S., Hansman, R.J., Palacios, R., & Welsch, R. (2016). Anomaly detection via Gaussian mixture model for flight operation and safety monitoring. *Transportation Technologies, Part C: Emerging Technologies,* 64, 45–57.

Loewenstein, G. (1994). The Psychology of Curiosity: A Review and Reinterpretation. *Psychological Bulletin. 116*(1), 75–98.

Mitchell, W.D. (February, 2019). Private communication.

Murphy, R.R. (2019). *Introduction to AI robotics*. MIT press.

Pour, A.G., Taheri, A., Alemi, M., & Meghdari, A. (2018). Human-Robot facial expression reciprocal interaction platform: Case studies on children with autism. *International Journal of Social Robotics, 10*(2), 179–198.

Rogers, S. (2019). Unpublished.

Sharpee, T.O., Calhoun, A.J., & Chalasani, S.H. (2014). Information theory of adaptation in neurons, behavior, and mood. *Current opinion in neurobiology, 25*, 47–53.

Vemuru, K.V., Harbour, S.D., & Clark, J.D. (2019). Reinforcement Learning in Aviation, Either Unmanned or Manned, with an Injection of AI. *20th International Symposium on Aviation Psychology*, 492–497.

https://corescholar.libraries.wright.edu/isap_2019/83

Xu, S.T., Tan, W.Q., Efremov, A.V., Sun, L.G., & Qu, X. (2017). Review of control models for human pilot behavior. *Annual Review in Control, 44,* 274–291.

Zhao, W.Z., He, F., Li, L.S., and Xiao, G. (2018). An adaptive online learning model for flight data cluster analysis, In: *Proc. of 2018 IEEE/AIAA 37th Digital Avionics Systems Conference, IEEE-AIAA Avionics Systems Conference* (pp.1–7). London, UK.

CHAPTER 10

第10章

包容认知架构

本章讨论包容认知架构的概念，包括方法、技术以及示例，最后介绍该领域的发展方向和其他技术。通过本章的学习，你将掌握以下内容：

- 包容认知架构(Subsumption Cognitive Architecture，SCA)。
- 包容认知架构的四个关键领域：无人平台情境感知(Situated Awareness，SA)、具身化、智能以及涌现。
- 根据所提供的 Python 示例代码，对无人平台进行编程，使其对包容认知架构进行处理。
- SCA 与其他认知架构相比如何。

10.1 自主认知架构

包容认知架构(Subsumption Cognitive Architecture，SCA)是一种管理结构，目的是根据对世界的象征性心理表征来指导行为。包容架构以紧密的、自下而上的方式将传感器数据与机动决策相结合，它通过将整个行为分解为子行为来做到这一点。这些子行为被分解为层次结构，每一层都实现了一个精确的行为能力等级，而较高的等级可以包含较低的等级(也就是将较低的等级整合/组合成一个更全面的整体)来创建可能的行为。例如，无人平台的最底层应该是“避开物体”，第二层是“四处漫游”，这两层都处于第三层“探索世界”之下运行。因为机器人只有具备“避开物体”的能力，才能有效地“四处漫游”，所以包容架构构建了一种设备，在这种设备中，较高层级使用较低层级的功能。这些采集传感器信息的层并行工作并产生输出。这些输出可以是执行结构的指令，也可以是抑制或约束不同层的信号。

10.2 包容结构

包容结构(Subsumption Structure)是一种反应式机器人结构，它与基于行为的机器人技术密切相关。包容在独立机器人和实时人工智能中有着广泛的影响，它从一个相当独特的角度出发对智能加以利用。无人平台基于智能的整体理念，与无意识的思维过程相对应。这种方法不是通过图像处理构建人类智能要素的模型，它的目标在于实时交互作用，以及对实验室或工作场所的动态环境的可能反应。

这样做的目的是通过以下四个关键理念来获取知识：

1)无人平台情境感知(Situated Awareness，SA)——SA AI 的一个基本理念是机器人应当能在类似人类的时间范围内对周围环境做出反应。处于情境当中的移动机器人并不是使用内部符号集来表征世界，然后再在这个模型上行动。相反，“它的模型就是真实的现实世界”，这是一种感知-行动设置，可以用来直接与世界互动，而不是通过建模与世界互动。尽管每个模块/行为仍旧是在仿真世界，但在某种程度上，比较接近感觉运动信号。这些可访问的模型必须使用对于世界的假设，这些假设硬编码在算法中，其优势在于规避了基于记忆的预测机制，而是尽可能地依赖直接的感官反馈。

2）具身化（Embodiment）——构造统一的智能体需要完成两项工作。首先，它强制设计师检查和创建一个综合的躯体管理系统，摒弃仅存于理论模型或虚拟仿真中、无法在物理世界实现的机器人方案。其次，它可以解决常见人工智能遇到的一个哲学难题——图像语义关联问题，通过将感知数据与有效动作直接耦合，行为层的内在关联直接根植于机器人所感知的物理世界，从而阻断图像语义关联的无限回归。

3）智能化（Intelligence）——纵观进化过程，发展感知和移动技能是类人智能的关键基础。此外，通过使用自上而下的表现方式作为AI的可行起点，似乎可以让人们认为“智能是由与世界互动的动态方式决定的”。

4）涌现性（Emergence）——通常，单个模块本身并不被认为是智能的，对这些模块的相互作用的评估，是通过观察智能体及其环境来进行的，而这通常决定了智能体是否足够智能。因此，“智能”存在于“观察者的眼中”。

上述理念仍然存在争议，涉及大脑的本质以及应该如何促进机器人和人工智能的发展。

一种想法可能是分层增加智能，比如根据需要下载“应用程序”，或者升级到更新或更好的版本。这一切都归结于设计师认为机器人需要多少智能。

10.3 层与增强有限状态机

每一层都包含一组处理器，这些处理器是增强有限状态机（Augmented Finite-State Machines，AFSM），通过“实例化”变量来提供增强功能，以保持可编程的数据结构。一个层就是一个模块，负责一个单一的行为目标，比如“四处漫游”。在这些行为模块内部或之间没有中央操控者。所有AFSM都连续异步地接收来自适当的传感器的输入，并将输出发送给执行器（或者其他AFSM）。在发出新告警之前，未检查的输入告警最终会被丢弃。这些丢弃的信息很常见，对整体性能有益，因为丢弃它们可以让机器人只处理最直接的信息来实时工作。

由于不存在中央控制，AFSM通过抑制和压制信号实现交互，抑制信号阻断执行器或其他AFSM的指令传递，压制信号则直接拦截或者替换各层输入。这种AFSM交互系统的关键是某一层应当如何包含更低的层，才能实现更好的优化（见图10-1），以及该结构如何提供优先级和运动决策仲裁，从而做出最佳选择。在这里可以举个例子：①从探索世界开始；②整合四处漫游；③接下来是在探索世界的过程中避开物体。

层按照一种自然而然的方式进行递进，首先创建、测试和固化最低层，在最低层开始运行后，人们就会把第二层与第一层进行适当的抑制连接。在测试和修复混合行为之后，（理论上）可以对任何类型的行为模块重复使用该技术。

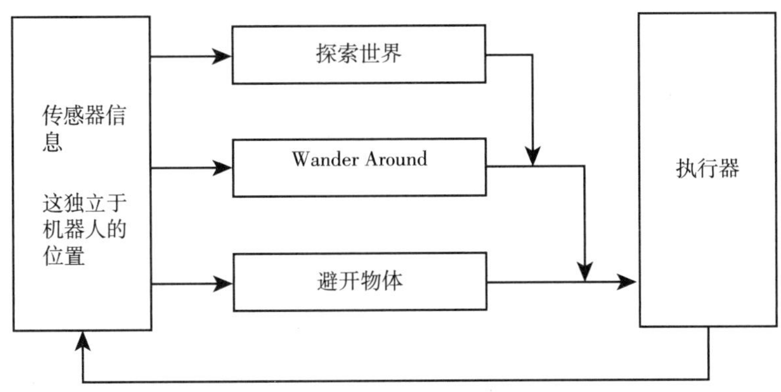

图 10-1　包容架构的抽象表示

10.4　使用包容认知架构的示例

注意　请在 http://www.cs.cmu.edu/~carmen/links.html 上查看卡耐基梅隆大学的开源项目 Robot Navigation Toolkit (CARMEN)。

Python robotics (Pyro) 由一组 Python 训练结果组成，这些训练结果封装了底层细节 (https://works.swarthmore.edu/cgi/viewcontent.cgi? article=1009&context=fac-comp-sci)。

图 10-2 所示为 Pyro 架构的示意图。用户可以通过简单的应用程序编程接口(Application Programming Interface，API)编写机器人控制包，这套 API 以面向对象的层次结构实现，它在所有供应商提供的精确机器人 API 之上提供了一个抽象层。例如，在图 10-2 中，所有特有的 API 都被抽象为类 pyro.robot。此外，Pyro 库中还提供了不同的抽象和服务。这些库有助于在各个不同的侧面对机器人进行简化，并隔离了硬件或仿真环境底层的关键技术细节。

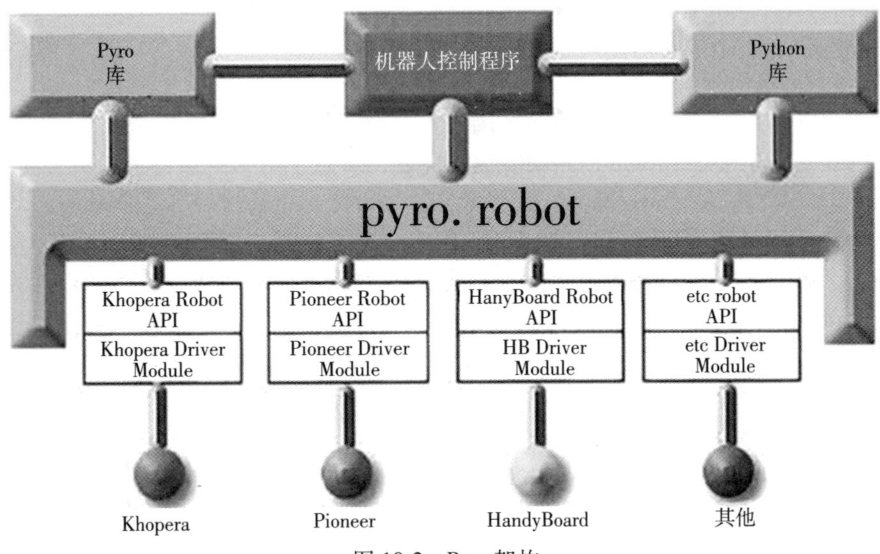

图 10-2　Pyro 架构

虽然没有必要对 Pyro 实现的所有细节都了如指掌，但是读者应当注意一点，整个控制程序与所使用的机器人类型和传感器类型无关。当障碍物在机器人左前方或正前方各种传感器(分别见第 6 行和第 9 行)的一个机器人单元(后面将会讨论)的安全距离之内时，不管机器人的类型如何，以下代码都会让机器人远离障碍物：

```
# if approaching an obstacle on the left side #
 turn right
# else if approaching an obstacle on the right side #
 turn left
# else go forward
1 from pyro.brain import Brain
2 class Avoid(Brain):
3 def step(self):
4 safeDistance = 1 # in Robot Units
5 #if approaching an obstacle on the left side, turn right
6 if min(self.get('robot/range/front-left/value')) <
  safeDistance:
7 self.robot.move(0,-0.3)
8 #else if approaching an obstacle on the right side, turn left
9 elif min(self.get('robot/range/front-right/value')) <
  safeDistance:
10 self.robot.move(0,0.3)
11 #else go forward
12 else:
13 robot.move(0.5, 0)
14 def INIT(engine):
15 return Avoid('Avoid', engine)
```

第 14 行和第 15 行展示了 Pyro 自动初始化机制的细节，这些细节部分将在后面的例子中省略(Pyro 是一个基于 Python 的多功能编程环境，要想了解其更多信息，请参阅 https://works.swarthmore.edu/cgi/viewcontent.cgi? article=1009&context=fac-comp-sci)。

Pyro 框架的大部分是用 Python 编写的，Python 是一种易于阅读的脚本语言，看上去与伪代码非常相似。它还可以毫不费力地与 C 和 C++代码集成，这使得快速融合现有代码成为可能。C/C++接口还能为运行成本非常高的底层例程提供支持(比如创新性和预见性程序)，以提高运行时效率。此外，我们能够将用 C 和 C++编写的应用程序(例如 Player/Stage)“包装”起来，使得它们能立即在 Python 中进行本地化调用。请参阅以下 3 段代码，它们的具体内容将在后几节中讨论。

漫游程序(Blank 等在 2003 年编写)：

```
from pyro.brain import Brain
from random import random class Wander(Brain):
def step(self):
safeDistance = 0.85 # in Robot Units
l = min(self.get('robot/range/front-left/value')) r = min(self.
get('robot/range/front-right/value')) f = min(self.get('robot/
range/front/value'))
if (f < safeDistance): if (random() < 0.5):
self.robot.move(0, - random()) else:
self.robot.move(0, random()) elif (l < safeDistance):
self.robot.move(0,-random()) elif (r < safeDistance):
self.robot.move(0, random()) else: # nothing blocked, go
straight
self.robot.move(0.2, 0)
```

神经网络控制器(Blank 等在 2003 年编写):

```
from pyro.brain import Brain
from pyro.brain.conx import Network class NNBrain(Brain):
def setup(self): self.net = Network()
self.net.addThreeLayers(self.get('robot/range/count'), 2, 2)
self.maxvalue = self.get('robot/range/maxvalue')
def scale(self, val):
return (val / self.maxvalue) def teacher(self):
safeDistance = 1.0
if min(self.get('robot/range/front/value')) < safeDistance:
trans = 0.0
elif min(self.get('robot/range/back/value')) < safeDistance:
trans = 1.0
else:
trans = 1.0
if min(self.get('robot/range/left/value')) < safeDistance:
rotate = 0.0
elif min(self.get('robot/range/right/value')) < safeDistance:
rotate = 1.0
else:
rotate = 0.5 return trans, rotate
def step(self):
```

```
ins = map(self.scale, self.get('robot/range/all/value'))
targets = self.teacher()
self.net.step(input = ins, output = targets)
trans = (self.net['output'].activation[0] - .5) * 2.0 rotate
= (self.net['output'].activation[1] - .5) * 2.0 robot.
move(trans, rotate)
```

有限状态机控制器(Blank 等在 2003 年编写):

```
from pyro.geometry import distance
from pyro.brain.behaviors.fsm import State, FSMBrain
class edge(State):
def onActivate(self):
self.startX = self.get('robot/x')
self.startY = self.get('robot/y')
def update(self):
x = self.get('robot/x')
y = self.get('robot/y')
dist = distance( self.startX, self.startY, x, y)
if dist > 1.0:
self.goto('turn')
else:
self.robot.move(.3, 0)
class turn(State):
def onActivate(self):
self.th = self.get('robot/th')
def update(self):
th = self.get('robot/th')
if angleAdd(th, - self.th) > 90:
self.goto('edge')
else:
self.robot.move(0, .2)
def INIT(engine):
brain = FSMBrain(engine)
brain.add(edge(1)) # 1 means initially active
brain.add(turn())
return brain
```

10.4.1 控制机器车

现在我们将介绍如何给树莓派编写程序，使其直接控制机器车。机器车与我们之前刚刚使用过的一样，只是现在它使用包容架构来管理行为。用于编写包容指令和脚本的语言是 Python，用 leJOS 创建包容的 Java 类，你可以在 www. lejos. org 上学习这些 Java 课程。这里主要需要两个类：一个是抽象类 Behavior，另一个则是抽象类 Controller。

Behavior 类通过使用下列方法封装了机器车的行为：

1) takeControl：返回一个布尔值，表示 Behavior 类是否进行了控制。

2) action：实现机器车的特定行为。

3) suppress：使运动行为立即停止，然后将机器车状态退回为可以产生后续行为的状态。

实现代码如下：

```
control.import RPi.GPIO as GPIO
import time
class Behavior(self):
global pwmL, pwmR
# use the BCM pin numbers
GPIO.setmode(GPIO.BCM)
# set up the motor control pins
GPIO.setup(18, GPIO.OUT)
GPIO.setup(19, GPIO.OUT)
pwmL = GPIO.PWM(18,20) # pin 18 is left wheel pwm
pwmR = GPIO.PWM(19,20) # pin 19 is right wheel pwm
# must 'start' the motors with 0 rotation speeds
pwmL.start(2.8)
pwmR.start(2.8)
```

请在 https://idoc. pub/documents/beginning-artificial-intelligence-with-the-raspberry-pi-1430zjgkdo4j 上参阅《树莓派人工智能入门》。

10.4.2 控制器类和对象

Controller 类包含主要的包容逻辑，该逻辑根据优先级和激活需求确定哪些行为处于活动状态。下面列出该类中的一些方法：

1) __init__()：初始化 Controller 类对象。

2) add()：向可用行为列表中添加行为，行为被添加的顺序决定其优先级。

3) remove()：从可用行为列表中移除行为，如果下一个优先级更高的行为覆盖了正在执行的行为，则会停止正在执行的行为。

4) update()：终止旧行为，执行新行为。

5) step()：查找下一个激活的行为并执行它。

6) find_next_active_behavior()：查找下一个希望激活的行为。

7) find_and_set_new_active_behavior( )：查找下一个希望激活的行为，并将其激活。

8) start( )：执行选中的动作。

9) stop( )：停止当前动作。

10) continously_find_new_active_behavior( )：实时监控需要激活的新行为。

Controller 对象还可以作为调度器，使得一次只有一个行为处于激活状态。激活的行为由传感器及其优先级决定。当具有更高优先级的行为发出想要执行的信号时，任何旧的活动行为都被抑制。实现代码如下：

```
import RPi.GPIO as GPIO import time
       class Behavior(self): global pwmL, pwmR
# use the BCM pin numbers GPIO.setmode(GPIO.BCM)
# set up the motor control pins GPIO.setup(18, GPIO.OUT) GPIO.
setup(19, GPIO.OUT)
pwmL = GPIO.PWM(18,20) # pin 18 is left wheel pwm pwmR = GPIO.
PWM(19,20) # pin 19 is right wheel pwm
# must 'start' the motors with 0 rotation speeds pwmL.
start(2.8)
pwmR.start(2.8)
```

有两种方式使用 Controller 类，第一种方式是让类通过调用 start 方法来处理调度器本身。另一种方式是通过调用 step 方法强制启动调度器。实现代码如下：

```
import threading class Controller():
def_init_(self): self.behaviors = []
self.wait_object = threading.Event() self.active_behavior_
index = None
self.running = True
#self.return_when_no_action = return_when_no_action
#self.callback = lambda x: 0
def add(self, behavior): self.behaviors.append(behavior)
def remove(self, index):
old_behavior = self.behaviors[index] del self.behaviors[index]
if self.active_behavior_index == index: # stop the old one if
the new one overrides it
old_behavior.suppress() self.active_behavior_index = None
def update(self, behavior, index): old_behavior = self.
behaviors[index] self.behaviors[index] = behavior
if self.active_behavior_index == index: # stop the old one if
the new one overrides it
old_behavior.suppress()
```

```
def step(self):
behavior = self.find_next_active_behavior() if behavior is
not None:
self.behaviors[behavior].action() return True
return False

def find_next_active_behavior(self):
for priority, behavior in enumerate(self.behaviors): active =
behavior.takeControl()
if active == True: activeIndex = priority
turn activeIndex
def find_and_set_new_active_behavior(self):
new_behavior_priority = self.find_next_a havior() if self.
active_behavior_index is None or self.active_ behavior_index >
new_behavior_priority:
if self.active_behavior_index is not None: self.behaviors[self.
active_behavior_index].suppress()
self.active_behavior_index = new_behavior_priority

def start(self): # run the action methods self.running = True
self.find_and_set_new_active_behavior() # force it once thread
= threading.Thread(name="Continuous behavior checker",
target=self.continuously_find_ new_active_behavior, args=())
thread.daemon = True thread.start()
while self.running:
if self.active_behavior_index is not None: running_behavior =
self.active_behavior_index self.behaviors[running_behavior].
action()
if running_behavior == self.active_behavior_index: self.active_
behavior_index = None self.find_and_set_new_active_behavior()
self.running = False

def stop(self): self._running = False
self.behaviors[self.active_behavior_index].suppress()

def continuously_find_new_active_behavior(self): while self.
running:
self.find_and_set_new_active_behavior()
def_str_(self):
return str(self.behaviors)
```

1. Controller 类

Controller 类通常允许应用通用方法来实现众多行为。takeControl( )方法表示要进入某个行为，并由这个行为来控制机器人，稍后我们将讨论其实现方式。action( )方法则表示开始控制机器人，如果传感器检测到机器人的路径上存在障碍物，那么避障行为就会启动 action( )方法。表示它需要控制机器人，稍后将讨论它的实现方式。suppress( )方法是高优先级行为，用于来终止或抑制低优先级行为的 action( )方法，典型应用场景如避障行为接管正常前行行为时，它会抑制前行行为的 action( )方法，转而执行避障模块自身的动作指令。

2. Controller 类型

Controller 类型需要包含机器人全部行为的行为对象列表或数组。Controller 类型从行为数组中的最高数组索引开始，检查 takeControl( )方法的返回值，如果为 true，则调用该行为的 action( )方法；如果为 false，控制器检查下一个行为对象的 takeControl( )返回值。通过将索引数组值附加到每个行为对象来实现优先级排序。如果较低优先级行为的 action( )方法正在执行时，较高优先级行为的 takeControl( )方法返回 true，Controller 类别将持续重新扫描所有行为对象，并抑制较低优先级的行为。图 10-3 展示了这个过程以及最终添加的所有行为。

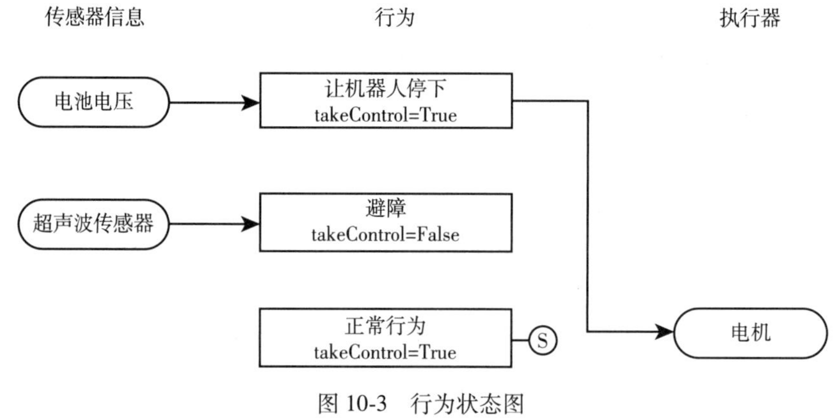

图 10-3　行为状态图

现在是时候创建一个相对简单的基于行为的机器人示例了。

10.5　创建基于行为的机器人

Controller 类允许通过使用通用方法来应用大范围的行为。takeControl( )方法允许一个行为发出信号，表示它希望控制机器人。action( )方法是一种行为开始管理机器人的方式，如果传感器检测到机器人路径上的障碍物，避障行为将启动 action( )方法。suppress( )方法是在高优先级行为的帮助下，放弃或抑制低优先级行为的动作方法，例如，障碍回避行为通过抑制前进行为的行动方法并拥有自己的行动来取代正常的前进行为。

现在是时候创建一个简单的基于行为的机器人示例了。Controller 类需要一个 Behavior 对象的列表或数组，这些对象构成机器人的基本行为。Controller 类型从 Behavior 数组中的最高数组索引开始，并测试 takeControl( )方法的返回值。如果为 true，它调用该行为的 action( )方法。如果为 false，控制器检查下一个 Behavior 对象的 takeControl( )方法的返回值。通过查看连接到每个 Behavior 对象的索引数组值来确定优先级。Controller 类型会持续重新扫描所有行为对象，并抑制低优先级的行为。

10.6 其他认知架构

认知架构通常指以下内容:

1)描述系统在理论层面上功能的一种操作架构。

2)系统架构可以由制造商(或研究小组)开发,表现形式类似数据流图。

3)技术架构规定了实际的过程和代码结构。

在后面几小节中我们将看到几种不同的架构。

10.6.1 反应式认知架构

反应式(或者说是行为式)认知架构包含以下内容:

1)操作架构:在较高的层面描述系统能干什么,而不描述其怎么干。

2)系统架构:从主要子系统的角度出发描述系统是如何工作的。

3)技术架构:在实现细节、语言、算法以及代码层面描述系统是如何工作的。

如图 10-4 所示,行为式认知架构是一种基本的"本能"架构,具有一系列感知-动作耦合对,即根据刺激打开/关闭行为,在这个架构中不存在规划。

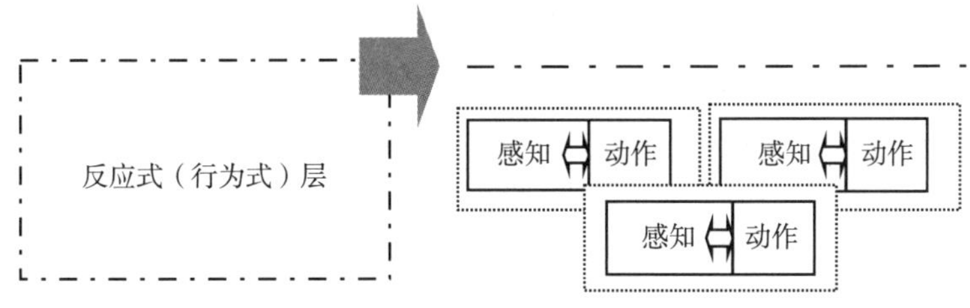

图 10-4 行为式认知架构

反应式认知架构的控制理论处于较低层级,但是这种行为的响应非常迅速,原因在于它与传感器的耦合非常紧密。下面列表中的内容并非十分详尽:

1)与感知紧密耦合,因此非常快速。

2)许多几乎同时发生的刺激-响应行为,可以用简单的脚本连接在一起

3)动作由感知到的刺激或者外部刺激生成。

4)没有态势感知,也没有任务监控。

5)有车辆模型,但没有环境模型。

到目前为止,行为组织暗含三层智能,具有明显不同的感知、知识、规划时域和时间尺度。AI 机器人领域已经融合了规划,然后融合了感知-动作,稍后在不同的点根据需要添加学习。从技术上讲,这可以称为感知-规划,感知-动作,但从历史上看,对规划的感知,就像执行监控一样,都属于"规划"。具体参见 Vemuru 等人在 2019 年发表的文章。

10.6.2 规范操作架构

规范操作架构是一种指导编写智能机器人程序的可行方法。它是一种模型类型,旨在以最简单可行的形式显示数据实体和关系,以便集成跨各种系统和数据库的流程(见图 10-5)。通常,在不同系统之间交换的数据依赖于不同的语言、语法和协议。该体系结构由三层组成，它们通常代表交互、协商和行为。

交互层由程序语言、功能和本体语言组成，如OWL；协商层由函数式语言组成，如Lisp；行为层由过程式语言组成，如C、C++和Java。每一层都有不同类型的程序结构（见图10-6）。

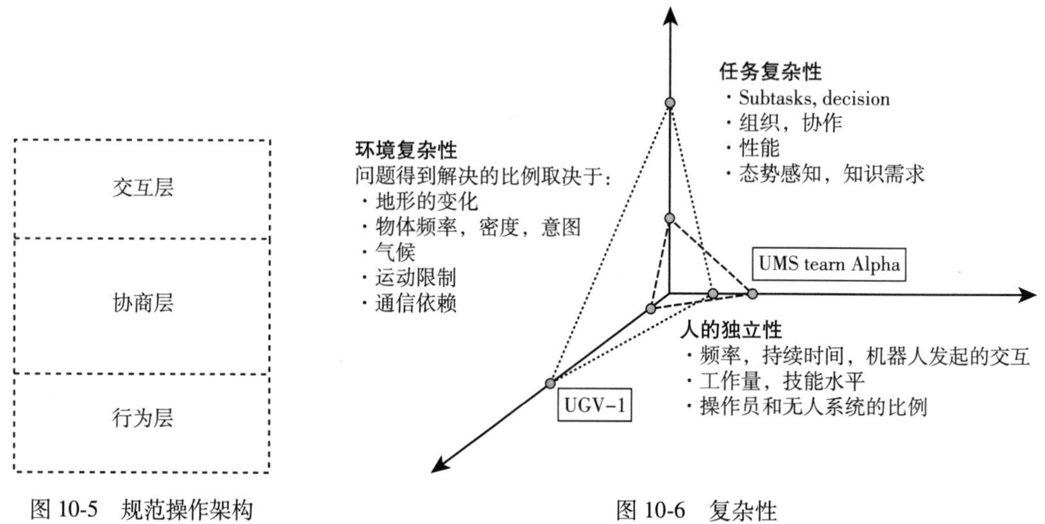

图10-5 规范操作架构

图10-6 复杂性

机器人究竟需要多少智能由下列因素决定：

1）机器人需要具备哪些功能，如生成、监控、选择、实现以及执行行为，或者学习。

2）各种功能需要什么样的规划时域，如当前、当前+过去、当前+过去+未来。

3）需要确定算法多快进行更新。

4）控制理论必须被实现，例如使用一个封闭的世界和有保证的执行率。

5）模型是用于局部操作、全局操作还是两者兼顾。

10.6.3 系统和技术架构

系统架构是由研究人员或研究小组开发的，有三种范式：层次式、反应式或协商/反应混合式。系统架构可以使智能的认知架构更加接近实际。它们非常依赖于实现，并涉及子系统。以下是一些附加的功能：

1）能够将规范操作体系结构中的功能与五个通用的子系统关联起来。

2）基于1）三个人工智能机器人原语的关系和2）感知处理，将系统的体系结构分为层次式、反应式或协商/反应混合式。

3）能够绘制出协商/反应混合式系统架构。

4）了解组织系统的三种一般性方法。

5）了解对规范系统架构的贡献。

为了使架构更加接近实际，我们再次添加了诸如协商/反应混合式架构等功能，它会产生三个层次。该系统体系结构中的五个子系统如下：

1）导航（生成）。

2）地图制作工具（环境建模）。

3）规划（任务生成、执行）。

4)电机方案(执行电机指令)。

5)理解、感知、知觉方案。

技术架构通常涉及一个新的过程，比如潜在的领域。技术体系结构受到操作体系结构和系统体系结构的影响。该技术架构包含特定的算法，以及控制和知识结构。子系统可以进一步简化为包含两个属性的两个项：

1)关系：三个构建模块或者机器人原语的排列方式。

2)内容：如何处理感知。

1. 人类模型

构建机器认知模型时，必须参考人类认知模型。让我们从上层大脑(大脑皮层)开始，在这里，我们对目标的符号和数据进行推理。接下来，中层大脑将传感器数据转换为符号数据。最后，脊髓和下层大脑是技能和反应出现的地方。可以创建一个最抽象的规范操作体系结构，在协商层和行为(反应式)层之间创建大量的交互(见图 10-7)。

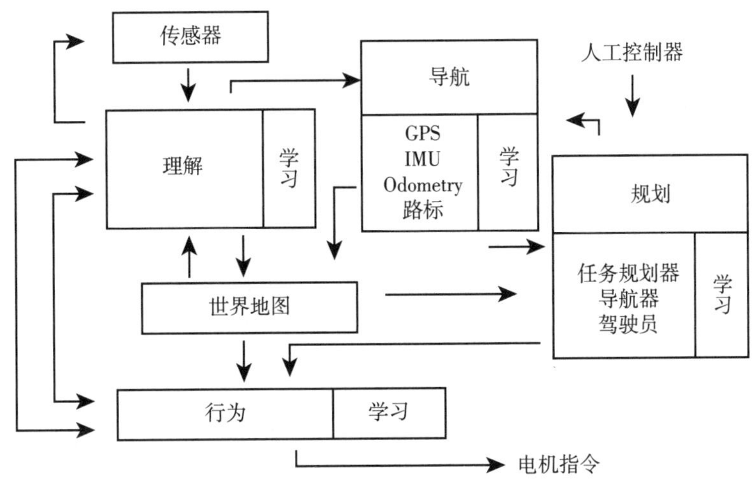

Autonomous behavior subsystems. Courtesy of Clint Kelley, SAIC.

图 10-7 自主行为

智能体的 AI 原语(构建模块)如图 10-8 所示。

2. 操作架构的分层范式

分层是一种自然的组织方式，因为从根本上来讲，它们并不僵化也不低效(见图 10-9)。分层比集中式规划更加灵活，目标和优先级也很突出。

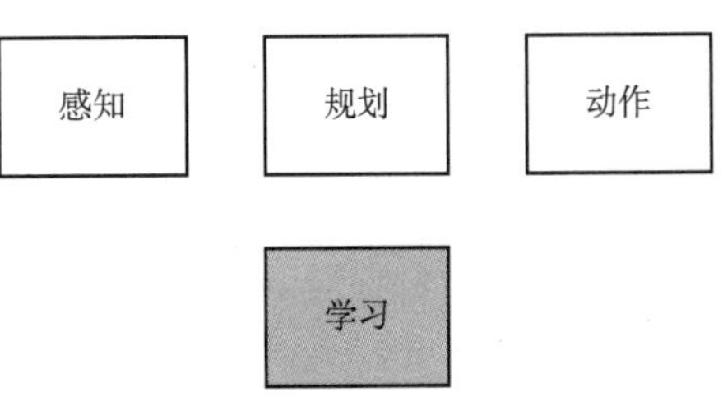

图 10-8 AI 原语

10.6.4 协商式架构

在协商式架构中，AI 机器人接收和处理所有可用的感知信息，之后利用适当的内部存储知识以及 AI，然后制定行动计划。要做到这一点，机器人必须对所有潜在的规划进行搜索，直到找到一个能够成功完成任务的规划。这就要求 AI 机器人做出预期，考虑所有可行的动作和结果。这可能会增加响应时间，造成延迟，但是，AI 的发展可能会缩短响应时间，让机器人有策略地采取行动。

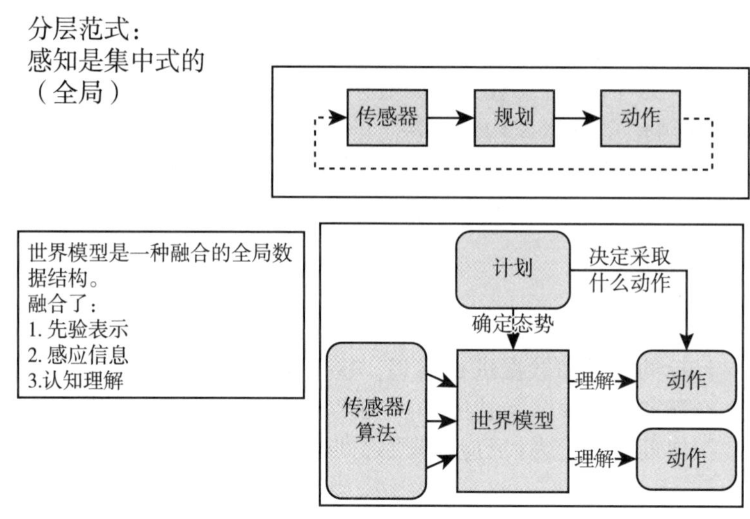

图 10-9 分层范式

10.6.5 反应式架构

为了让机器人对变化的非结构化环境快速做出反应，可以使用反应性架构。这是感知输入与操纵机构输出紧密耦合的地方，以允许刺激-反应发生。自然界中的动物大多是反应式的。然而，这也有局限性。因为它只是刺激-反应，所以这种结构没有工作记忆，没有环境的内部表征，也没有随着时间的推移而学习的能力。

10.6.6 协商/反应混合式架构

在协商/反应混合式架构中，可以将协商式架构和反应式架构两者的优点结合起来。在混合式架构中，机器人的心智/大脑一部分负责规划，而另一部分则处理即时反应，比如避开障碍物和待在路上。要想将心智/大脑的这两个部分有效地结合在一起，需要为 AI 机器人的心智/大脑增加一个执行层。混合体系结构可以将反应式系统的响应性与纯粹协商式系统的灵活性结合起来，通过更传统的符号或协商方法产生高鲁棒性。完全的反应式系统缺乏考虑关于环境的先验知识，也无法通过长期记忆跟踪过去(什么有效，什么无效)的能力，它不使用工作记忆，只是做出反应而已。混合式系统的一个例子是典型的三层混合结构：底层是基于反应式/基于行为的层(类型 1 处理)，其中传感器/执行器是紧密耦合的；上层提供协商组件(例如：规划、定位)(类型 2 处理)；而两者之间的中间层可以称为执行层，或包含在类型 2 中。

10.7 本章练习

1) 请描述架构的类型。

2)请描述包容认知架构。

3)利用本章中介绍和展示的认知架构，针对你手头上的硬件(机器人)进行设计、开发和编写程序，使其可以利用 AI 执行教练人员指定的任务。

有四种类型的任务：时间型任务、动作主体任务、机动任务以及依赖型任务。

（1）时间型任务

1）固定时间型任务示例：在20分钟内尽可能多地找到物品。

2）最小时间型任务示例：尽可能快地访问区域内的所有建筑（时间最小化）。

3）时间不限型任务示例：巡查某个区域内的建筑物。

4）需要同步型任务示例：同时按下两个或者更多按钮。

（2）动作主体任务　该类型任务又可以划分为两种类型：基于物体和基于机器人。

（3）机动任务　向某个目标机动或机动一段时间，机动覆盖某个区域或机动至某点汇合。

（4）依赖型任务　不独立、独立以及相互依赖。

参考文献

Blank, D., Kumar, D., Meeden, L., & Yanco, H. (2003). Pyro: A python-based versatile programming environment for teaching robotics. *Journal on Educational Resources in Computing (JERIC)*.*3*(4) 1–es

Clark, J.D., & Harbour, S.D. (2019). Unpublished.

Clark, J.D., Mitchell, W.D., Vemuru, K.V., & Harbour, S.D. (2019). Unpublished.

Chang, T.H., Hsu, C.S., Wang, C., & Yang, L.-K. (2008). On board measurement and warning module for measurement and irregular behavior. *IEEE Transactions on Intelligent Transportation Systems*, *9*(3), 501–513.

Dayan, P., & Abbott, L.F. (2001). *Theoretical neuroscience: computational and mathematical modeling of neural systems*. MIT Press.

Gerstner, W., & Kistler, W. (2002). *Spiking Neuron Models: Single Neurons, Populations, Plasticity*. Cambridge University Press.

Friston, K., & Buzsáki, G. (2016). The functional anatomy of time: what and when in the brain. *Trends in cognitive sciences*, *20*(7), 500–511.

Friston K. (2018). Am I Self-Conscious? (Or Does Self-Organization Entail Self-Consciousness?). *Frontiers in psychology*, *9*, 579. doi:10.3389/fpsyg.2018.00579

Harbour, S.D. (2022). SINCLAIR COLLEGE / UNIVERSITY OF DAYTON, AVT 4215 / ECE 595: Autonomous Systems in Aviation / Autonomous Systems and Artificial Intelligence. Lecture, University of Dayton, Ohio.

Harbour, S.D., & Christensen, J.C. (2015, May). A neuroergonomic quasi-experiment: Predictors of situation awareness. In: *Display Technologies and Applications for Defense, Security, and Avionics IX; and Head-and Helmet-Mounted Displays XX* (Vol. 9470, p. 94700G). SPIE.

Harbour, S.D., Rogers, S.K., Christensen, J.C., & Szathmary, K.J. (2015, 2019). Theory: Solutions toward autonomy and the connection to situation awareness. Presentation at the 4th Annual Ohio UAS Conference. Convention Center, Dayton, Ohio. USAF

Harbour, S.D., Clark, J.D., Mitchell, W.D., & Vemuru, K.V. (2019). Machine Awareness. *20th International Symposium on Aviation Psychology*, 480-485. https://corescholar.libraries.wright.edu/isap_2019/81

Kidd, C., & Hayden, B.Y. (2015). The Psychology and Neuroscience of Curiosity. *Neuron, 88*(3), 449-460.

Kistan, T., Gardi, A., & Sabatini, R. (2018). Machine learning and cognitive ergonomics in air traffic management: Recent developments and considerations for certification. *Aerospace, 5*(4), Article Number 103.

Loewenstein, G. (1994). The Psychology of Curiosity: A Review and Reinterpretation. *Psychological Bulletin, 116*(1): 75-98.

Mitchell, W.D. (February, 2019). Private communication.

Murphy, R.R. (2019). *Introduction to AI robotics*. MIT press.

Norris, D.J. (2019). *Beginning artificial intelligence with the Raspberry Pi*. Apress.

Li, L.S., Hansman, R.J., Palacios, R., & Welsch, R. (2016). Anomaly detection via Gaussian mixture model for flight operation and safety monitoring, *Transportation Technologies, Part C: Emerging Technologies, 64*, 45-57.

Pour, A.G., Taheri, A., Alemi, M., & Meghdari, A. (2018). Human-Robot facial expression reciprocal interaction platform: Case studies on children with autism, *International Journal of Social Robotics, 10*(2), 179-198.

Rogers, S. (2019). Unpublished.

Sharpee, T.O., Calhoun, A.J., & Chalasani, S.H. (2014). Information theory of adaptation in neurons, behavior, and mood. *Current opinion in neurobiology, 25*, 47-53.

Vemuru, K.V., Harbour, S.D., & Clark, J.D. (2019). Reinforcement Learning in Aviation, Either Unmanned or Manned, with an Injection of AI. *20th International Symposium on Aviation Psychology*, 492-497. https://corescholar.libraries.wright.edu/isap_2019/83

Xu, S.T., Tan, W.Q., Efremov, A.V., Sun, L.G., & Qu, X. (2017). Review of control models for human pilot behavior. *Annual Review in Control, 44*, 274-291.

Zhao, W.Z., He, F., Li, L.S., & Xiao, G. (2018). An adaptive online learning model for flight data cluster analysis. In: *Proc. of 2018 IEEE/AIAA 37th Digital Avionics Systems Conference, IEEE-AIAA Avionics Systems Conference* (pp.1-7). London, UK.

CHAPTER11

第11章

AI 探测车的地理空间导航

通过本章，你可以学习到地理空间数据、如何在 AI 中引入地理信息系统(Geographic Information Systems，GIS)以及探测车的导航感知。你将逐步理解并开发出探测车的第一个导航 GIS 例程。

对于人类而言，自己身处何处是一个很容易回答的问题。我们利用各种感官从周围的世界收集数据，大脑将这些信息处理为一个位置，然后，我们可以使用其他数据确认该位置。AI 探测车通过加载到其上的系统和程序，可以完成同样的事情。

11.1 地理空间导航的需求

AI 探测车使用地理空间数据对自己进行定位。地理空间数据没有什么独特之处，它在各种地方以及很多不同的领域都得到了应用，例如交通运输、考古学、地球科学、农业等。地理空间数据是指其要素与位置相关联的数据，这里的位置可能是在地面上，也有可能是在海洋中(海水中或者海面上)，还有可能是在太阳系中、在月球上或者其他天体上，甚至是在当前很多地理空间工作正在如火如荼地展开的热点区域——火星上。火星上的许多探测车和无人机系统都在使用地理空间数据工作。

要理解地理空间数据，我们必须首先了解地理信息学。地理信息学作为一门综合性学科，为地理空间数据提供了许多基础工具，这些工具包括存储、分析、收集方法和传播技术。地理信息学涉及几个分支学科，每一个分支学科都足够复杂，可以成为自己的专业。许多专业人士会把他们的整个职业生涯都集中在其中一个学科上。地理信息学包括以下学科：测量学、大地测量学、制图学、摄影测量学、遥感和地理信息科学，还有更多的内容不在本章讨论。AI 探测车将使用这些学科的许多方面。因此，有必要它们中的每一个都进行了解。

其他学科所利用的基础学科是大地测量学。大地测量学对测量结果的准确性、地球在太空中的大小和方向，以及各种不同的天文现象如何对定位产生影响进行研究。在大地测量学中，为环境创建基准，这些基准用作起点或者测量值为 0 的位置。有许多不同类型的基准。它们可以是水平的或垂直的、受潮汐影响的、本地的、州的或全球的。这些基准可以基于球体或椭球体，并且可以彼此结合使用。大地测量学还涉及坐标系，常用的坐标系有经纬度、通用横轴墨卡托投影(Universal Transverse Mercator，UTM)和军用网格参考系统(Military Grid Reference System，MGRS)。这些坐标系使探测车能够计算出它的位置，并且这个位置很容易被其他探测车找到。然后使用地图来描述这些位置数据。用二维地图表示地球会带来一些问题，具体来说，是指在二维地图上定义曲面会产生扭曲。只有一种地球模型才能保留所有的品质，并尽量减少失真。这个问题可以通过使用投影来解决，投影包括圆柱投影、圆锥投影和方位角投影。现在你应该了解了大地测量学背后的一些关键原理。

制图学是利用大地测量学和其他学科的信息制作地图的学科。现代地图制图学使用计算机制作地图，在地图上我们可以显示许多不同类型的数据。这些地图是为最终用户设计的，制图产品可以是带有等高线、阴影浮雕、平面等要素的地形图。无论生成什么产品，最终用户将如何使用该产品都是地图制图学的主要关注点。难道飞行员有必要知道下水道格栅之间的距离吗？

地理信息学下的另一个学科则是测量学，测量学是使用诸如摄影测量地面控制、卫星导航定位系统和传统野外测量法等进行直接测量的学科。水平控制的传统现场服务技术使用遍历、三角测量和三边测量。在垂直基准上，采用微分和三角水准法。你已经见识到了地理信息学的复杂性，其中一个学科的知识需要其他学科的知识。

卫星导航定位系统是地理信息学用到的又一个系统，卫星导航定位系统简化了采集数据，并能显示地球表面上的位置，它利用源自 GIS、测绘以及大地测量的信息显示位置。总体而言，人们越来越依赖卫星导航定位系统，并能对其有了基本了解。卫星导航定位系统通过一组卫星，向地球发送信号，由卫星导航定位系统接收机接收，然后在移动地图上显示我们的位置。常用的全球导航卫星系统（Global Navigation Satellite System，GNSS）可以使用美国的 GPS，但也可以使用其他国家的卫星导航定位系统。我们选用 GNSS，因为它的精度更高。

接收机视野内的卫星越多，你得到的平均位置就越准确。任何卫星导航定位系统都有三个主要组成部分，首先是控制部分，控制部分监控卫星群的运行状况，并在必要时发送修正指令。第二个部分是航天部分，也就是卫星自身，卫星导航定位系统的卫星被放置在可以在任何时候覆盖整个地球的轨道上，这些轨道确保了使用最少数量的卫星就能定位你的位置。最后一部分是用户部分，这部分需要一个接收机，可以接收卫星导航定位系统卫星的特定信号。计算处理和显示也是该系统的一部分。卫星导航定位系统的主要功能是三角测量，并使用到达时间概念，卫星发射的信号从卫星传送到接收机，接收机将处理与该特定卫星的距离。卫星导航定位系统会用到这个距离以及与其他卫星的距离，然后接收机可以对你在地球上的位置进行三角测量。水平位置需要三颗卫星，如果还要获取垂直位置，则需要四颗卫星。

地理信息学的最后一个部分是遥感。遥感的核心在于非接触式数据采集，即在不直接接触目标物体的情况下获取分析数据，这可以借助传感器来完成。这些传感器既可以使用视觉光谱内的区域，也可以使用视觉光谱外的区域。有各种各样的传感器可用于遥感，包括电光、红外、多光谱、高光谱、化学、生物或核探测器，这些都是被动传感器，意味着它们只接收信息但不发送信息。主动传感器，如超声波、激光雷达和雷达等则会发送能量波束，所发送的能量波束从物体上反弹，然后被接收。如果把这些传感器连接到 AI 探测车上，能够提供两个好处，首先，这些传感器可以与 AI 感知相结合，以识别和避开可能阻碍探测车前进的物体；其次，所有采集到的数据都可以在探测车返回起点后进行分析。

多光谱和高光谱传感器在电磁光谱波段收集数据，并产生光谱特征。这种光谱特征可以与已知的光谱特征进行比较，以确定物体是由什么制成或由什么组成的，这在对物体/障碍物进行分类时是非常有益的。雷达、激光雷达和超声波传感器都是可以识别障碍物的主要传感器。

AI 探测车将使用各种传感器和附加组件来导航和绘制金字塔地下墓穴的地图。这一功能的核心需要应用了地理信息学的很多原理，因此，需要了解这些原理的核心机制。

AI 探测车面临的核心挑战在于已知环境和未知环境之间的显著差异。为探测车编写程序，让其在已知的地表空间中导航相对容易，只要让探测车获得其起始的卫星导航定位系统坐标，操作人员或 AI 以路径点的形式绘制出任务路径即可。自动驾驶仪和连接其上的任务规划软件协同完成所有必不可少的计算。AI 探测车开始执行任务，并随着任务的进展进行监控并进行修正。另外一个好处是，操作人员可以通过数据链路监控 AI 探测车的任务进展，并在必要时推翻其正在执行的任务或进行调整。地面、空气或海洋基本上都是无人系统操作人员采集数据的场所，在一个开放的空间内如果有操作人员和卫星导航定位系统，这种操作是理想的，并能更有效地采集地理空间数据。

可以采用一些不同的方法从金字塔未被探索的地下墓穴中采集数据。一台简单的探测车可以像第一代机器人真空吸尘器一样运行，这种机器人在碰撞到物体后会旋转设定好的角度，然后继续行进，由此形成随机覆盖的探测路径。但这种运作模式存在明显缺陷：若机器人误入相邻区域，可能导致大范围漏检。在地下墓穴中，这个机器人将无法自主返回起点。因此，所有采集到的数据仍将留在地下墓穴中，从而导致研究人员无法获取有效信息。

更好的方法是使用现有的地面探测车，这台探测车能够利用卫星导航定位系统定位自己在起点的位置。通过与实时动态定位(Real-Time Kinematics，RTK)相结合，探测车的定位精度能够达到厘米级。RTK 系统使用一个固定基站和一个移动基站，它们都接收卫星导航定位系统或 GNSS 信号，固定基站计算一个校正值，发送给 RTK 的移动基站以更新其位置。这里的问题是，我们是在一个洞穴中工作，那里的信号衰减或阻塞将会让探测车接收不到修正的信号。此外，由于在地下，RTK 的移动基站也接收不到卫星导航定位系统或 GNSS 信号。

最后一种可以采用的方法是有线探测车，该系统可以让操作人员手动操控探测车，它仍然需要使用车载传感器来识别物体。这里的主要问题是，连线需要很长，可能会遇到障碍。连线过长可能会导致探测车在地下墓穴内走失，但是该系统也有一些好处，比如通过连线可以为探测车供电，使其长时间运行下去。

上述这些方法都有各自的缺陷。因此，需要一个完全自主的、人工智能驱动的探测车，将地理空间导航和数据记录纳入其运行过程当中。

11.2 为何 AI 探测车需要知道自己身处何处

我们的 AI 探测车在一个几乎完全未知的环境中运行，在通电后会得到一个位置信息，这就是所谓起始位置。起始位置有许多与之相关的不同叫法，例如起始点、零点、返回点、初始位置等。有一个已知的起始位置有助于探测车在工作全程中有一个参照基准，参照基准是测量的参考坐标系，探测车上的所有系统都将使用它来导航、采集和导出采集到的数据。参照基准包括以元数据形式描述的坐标系和投影。

一旦 AI 探测车离开起始点，就会遇到未知环境，如不同的隧道、塌方地点、大型岩石、人造物，甚至探测车行进地面的成分都是未知的。为探测车编写程序的人将能够根据该地区的其他地下墓穴做出假设，然而，也只是假设而已，探测车还需要能够感知周围的世界。传感器有多种形式，如超声波测距、激光雷达以及立体视觉系统。

超声波传感器采用的是一种回声定位方式，类似于蝙蝠和鲸鱼。这类传感器发出人类无法听到的声波，声波撞到一个物体，然后将一些能量反射回发射源。这种声波的反射就被用来计算距离物体的距离。

激光雷达和雷达是类似的远距离感知手段。这两种传感器之间的区别在于其主动传输的是电磁频谱的哪一部分。激光雷达使用光，而雷达使用无线电波。这两种方法都使用飞行时间的概念来计算到障碍物的距离。回波的多次传递可以用来创建点云。这两种传感器的缺点是它们会产生大量的数据，需要额外的数据传输和存储以供进一步分析。但是，如果只是用于导航，则不需要额外的存储空间。

立体视觉系统是机器人版本的眼睛。人类已经教会计算机“看”。这种传感器包含两个间隔距离已知的光电传感器。然后，它们使用视差误差的概念来计算探测车和障碍物之间的距离，这个原理正是人类处理深度感知的方式。

这些传感器能感知障碍物并生成原始地理空间数据。地理空间数据由两种信息组成：物体相对于参照基准的位置和物体的属性。然后将地理空间数据发送给 AI，以便针对该物体做出决策。如果它是一块岩石，那么探测车应该转向哪条路来避开它？如果这是两条不同的隧道，那么接下来它会继续往下走哪条隧道？这些都是探测车需要立即做出的决策。然而，AI 探测车接收这些原始数据并做出决策，仅是确定其自身空间位置过程的一个环节。AI 探测车还需要存储原始的地理空间数据，并创建障碍物位置的详细地图，然后使用这些数据来规划最有效的返航路径。还有一个好处是，可以从探测车上下载地图和其他数据，供考古学家用于他们研究地下墓穴。

11.3 地理信息系统如何为陆基探测车提供帮助

地理信息系统(GIS)的核心是接收数据并对其进行处理、可视化、分析和发布的软件和硬件。装载在 AI 探测车上的 GIS 软件将从传感器和机器人操作系统(ROS)中获取原始地理空间数据，然后，这些数据被处理成有用的信息，AI 可以使用这些信息进行导航，并创建可供研究人员使用的地下墓穴地图。GIS 允许创建地图，并提供分析或查询数据的能力，以回答我们可能提出的问题。高度和距离是可以通过 GIS 采集的信息。地理信息系统本质上是一个反复迭代的体系，我们提供给软件的数据越多，它生成的产品和答案就越好。因此，探测车将不断向软件提供信息，反过来，它将创建可用于 AI 探测车导航的地图。

11.4 我们会使用哪个 GIS 软件包，它能和基于 ROS 的探测车结合使用吗

有很多可与 AI 探测车一起使用的 GIS 软件包，你可能听说过其中的一些，例如 Google Earth 或 ArcGIS。载入到探测车当中的软件是 QGIS，QGIS 是一个开源的 GIS 软件，发布于 2002 年。之所以选择该软件，是因为它很容易集成到 ROS 中，以访问由传感器生成的实时数据。这是一个至关重要的功能，因为传感器将为 QGIS 提供实时数据。QGIS 是基于插件的，可以在各种不同的平台上运行，如 Linux、Ubuntu、Windows 和 MacOS。

11.5 能把 GIS 嵌入到 AI 探测车中吗

简而言之，这个问题的答案是“肯定可以”。有很多 GIS 软件可供选择与探测车搭配使

用，也可以针对探测车自行编写代码实现 GIS 功能。然而，简单性和成本是这里的关键。使用像 QGIS 这样的开源产品可以将 GIS 嵌入到探测车中，QGIS 有很多插件选择，我们将在 AI 探测车中使用其中一个插件——QGISROS。这个简单的插件可以将 ROS 与 QGIS 关联起来，并且不需要任何编写代码的能力，只需将插件加载到 ROS 中。一旦加载，ROS 就可以访问强大的 GIS 软件。

11.6 本章小结

我们生活在一个空间世界中，物体有一个地理位置，可以被测绘、分析、处理和发布，但是需要一个共同的参考坐标系，这就是地理信息学背后的基本原理。利用地理信息技术工具，我们的探测车能够在未知的环境中运行。AI 探测车需要跟踪其位置并采集可用于 GIS 软件进一步分析的数据。使用像 QGIS 这样的开源产品意味着我们可以经济有效地完成任务，通过 QGIS 插件将 AI 探测车的 ROS 集成进去作为其核心，意味着数据已经格式化，可以在任务完成后轻松分析。

11.7 拓展阅读

1）请在 https://vimeo.com/293539252 上观看有关将 QGIS 集成进 ROS 的视频。

2）QGIS 是开源的，请从下面的链接下载该软件，并利用相关的教程和视频了解该软件的接口与操作：

①http：//www.qgis.org。

②手册：https://docs.qgis.org/3.10/en/docs/training_manual/index.html。

③教程/培训：https://training.datapolitan.com/qgis-training/Introduction_to_GIS_Fundamentals/#1。

3）请在 GitHub 上下载插件 QGIS-ROS：https://www.Github.com/locusrobitics/qgis_ros。

4）如果你发现 GIS 令人兴奋，并希望了解更多相关信息，请联系当地的社区学院、大学或在线大学，并参加入门课程。一个人专攻的职业可以有很多选择。

CHAPTER 12

第12章 Noetic ROS 的深度分析与解析

我们将对机器人操作系统(ROS)生态系统领域进行进一步探索，以仔细研究 Noetic ROS 可用的功能。本章将更深入地介绍 ROS 特性、实用程序、基础设施和工具，并对第 3 章和第 4 章的内容进行了扩充。

12.1 本章目标

关于 ROS，本章将完成以下学习目标：

- 理解 ROS 的基本原理、设计哲学和应用目标。
- 研究 ROS 的实用程序，例如图像、roscore、catkin_make、包、rosrun、roslaunch 以及工作空间。
- 研究 ROS 的主题、服务和操作。
- 对树莓派 4 的 ROS1 和 ROS2 进行对比和比较。
- 用 rqt_console 调试出错的 ROS 程序。

12.2 ROS 设计哲学

Noetic ROS 背后的基本理念是允许人们无须重新发明轮子就能创建机器人应用程序，这种能力包括共享代码、算法、库和思想，以有效地创建更复杂的机器人应用程序。ROS 拥有 2000 多种硬件和软件应用程序，其中包括从传感器(例如 LiDAR)接收数据并向探测车的执行器发送命令的驾驶仪。我们还有一个扩展的算法集合，允许用 ROS 实现 SLAM、导航、图像处理、目标检测、路径查找以及神经认知解决方案。Noetic ROS 分配计算需求，并在多个 ROS 程序或节点之间划分工作负载，但是，我们必须注意内存约束，并保持节点总数不超过 7 个。ROS 在发现错误行为后，使用多个调试工具纠正分布式工作流，这些工具可以对运行多个 ROS 节点程序的复杂性进行管理。ROS 的这些优点可以让 ROS 开发人员节约资金和投入研究的精力，最重要的是能节省时间。

与其他 ROS 环境(Kinetic、Indigo 等)类似，Noetic ROS 环境允许使用 UNIX 的软件开发哲学。UNIX 的哲学理念旨在创建稳定、模块化和可重用的软件。另一种说法是，它有助于构建只做一件事的小程序，而且做得很好，ROS 通过 ROS 节点程序来实现这一点，其中每个节点程序只做一件事，比如 SLAM 或物体检测，并且做得非常好。以下介绍了 ROS 适用 UNIX 哲学进行软件开发的许多方法：

1)ROS 系统由称为节点的小型计算机程序组成，这些程序之间彼此交互并交换信息。

这些数据和命令消息在每个程序节点之间建立连接。无须中央路由服务来管理这些消息，这使得 AI 探测车的 ROS 应用程序可以进行扩展，我们可以通过添加 SLAM、认知、物体视觉检测以及感知和回避作为单独的节点来逐步做到这一点。许多开发环境(如 Python Pycharm 和 GNU 工具集)都支持 ROS 节点开发。

2)ROS 既包含开源软件，也包含专有软件，以使机器人具有更强大的能力和功能。Noetic ROS 还鼓励开发人员使用外部库，例如 TensorFlow，它们可以用于向其他 ROS 节点程序发送和接收消息。然后，我们可以让这些库离线，并在 ROS 节点之外对其进行测试，以确定库是否正常工作。Noetic ROS 还支持开源和专有软件库，这两种类型的软件可以通过在 ROS 节点内运行而实现互操作。

12.3 ROS 基础

在本节中，我们将快速学习一下 Noetic ROS 的底层架构。ROS 允许多个不同的程序之间通过消息相互通信。现在，我们将更仔细地研究允许这种情况发生的底层架构。我们还将看到如何为 ROS 引入经过良好测试的软件。软件的重用将使我们能够解决 AI 探测车可能面临的许多挑战。

激发 ROS 创建的最初动因之一是“拾取物体”挑战。这一挑战与 AI 探测车最初的任务的需求非常相似，即探索金字塔地下墓穴，并找到并识别这些地下墓穴中的文物。主要区别在于，AI 探测车没有机器臂，但它有相机、激光/激光雷达传感器、陀螺仪和惯性测量单元。我们可以很容易地给 AI 探测车添加一个机器臂，但这会给本书增加额外的复杂性。我们将为本书提供一个支持网站，该网站会介绍有关利用末端工具和机器臂安全地拾取 AI 探测车在环境中发现的物体的相关知识。探测车的任务是在一个环境中导航，找到一个物品，识别一个物品，并定位一个物品的位置。一旦找到所有物品，漫游车必须返回初始起点。AI 探测车的这一基本任务将对控制它的软件应用程序提出许多特殊的和古怪的要求。有关 AI 探测车的机器人软件开发的一些更详细的要求如下所示：

1)Noetic ROS 应用程序必须被分解为独立的子系统，例如：导航、视觉、感知与避障、路径查找、决策分析以及决策执行。

2)我们还可以重复利用上述子系统，将它们应用到其他机器人应用程序当中，例如军用巡逻与安保应用程序。

3)我们应该能够在不改变底层源代码，或者只是做少许修改的情况下，就能让相同的子系统在不同的机器人硬件平台上运转起来。

我们应当学习的第一个 ROS 组件是 ROS 节点图，它可以让我们描述并发运行的程序，这些程序相互发送和接收消息。我们将使用图形来描述被称为节点的 ROS 程序之间的相互连接，这种图可以让我们对 ROS 应用程序的复杂性进行管理。在这些节点之间定义的线条图形描述的是消息在节点之间传输数据和命令的地方。因此，通过使用 ROS 应用程序的图形化展示，我们可以立即看到整个应用程序的复杂性和特性，我们还可以了解其功能以及哪些节点正在向其他节点传输数据或命令以及这些数据或命令的类型。我们可以看到，每个 ROS 程序都是一个特定的节点，它只是一个复杂机器人系统的一部分。

ROS 图形节点表示自我维持的 Python 程序，该程序会发送或接收数据或命令消息。连接这些节点的相同消息表示一个图边。ROS 节点通常是可移植操作系统接口(POSIX)进程，边缘是带有 IP 地址的 TCP 以太网连接。将控制 LiDAR、相机、IMU、陀螺仪和神经处理的

Python 源代码分离到单独的 ROS 节点中，可以使 ROS 应用程序更能远离故障。因此，如果单个或多个 ROS 节点发生故障，这些故障不会导致整个 ROS 应用程序失败。然而，我们需要检查所有 ROS 应用程序的一个潜在的“阿喀琉斯之踵”，那就是 roscore。roscore 是主要的 ROS 主节点程序，它允许每个 ROS 节点相互查找，形成 ROS 的一种操作系统内核。

roscore 主节点类似于 OS 内核，因为它为 ROS 节点提供信息服务，以便向其他 ROS 节点传输和接收数据和命令消息。roscore 节点对于任何 ROS 应用程序而言都是至关重要的，因为这个主节点允许与其他节点形成正确连接。在上电和初始化阶段，roscore 主节点接收并记录所有其他 ROS 节点所需的消息流。roscore 节点还将新的 ROS 节点添加到主 ROS 应用程序中。roscore 节点将在新添加的 ROS 节点和其他需要连接的节点之间形成正确的消息流。

注意　我们需要清楚一点，在 roscore 主节点建立了节点之间的连接之后，roscore 节点不会直接处理节点之间的数据和命令的交换，这可以防止 ROS 应用程序（AI 探测车）中的数据阻塞问题。只有当 roscore 节点本身必须完全处理消息的交换时，才会出现数据阻塞的问题。相反，ROS 节点会处理彼此之间的数据交换和命令消息。roscore 交互只在节点建立了联系时才会发生。

---

roscore 主节点程序是所有 ROS 应用程序（探测车）的基础，它允许节点在 ROS 应用程序中查找其他节点。roscore 主节点还提供了一个参数服务器，它允许配置 ROS 节点。参数服务器允许节点存储和检索任意数据结构，例如神经网络的学习率参数。任何 ROS 应用程序（探测车）都需要考虑以下重要的基本内容：为驻留的 ROS 应用程序源代码创建工作空间、ROS 包的组织以及带有 catkin 的 ROS 构建系统如何运行。

12.4 Noetic ROS Catkin 系统

ROS 构建系统或 catkin 系统是 ROS 用来为 ROS 应用程序（AI 探测车）生成可执行程序和库的一组工具。我们将要使用的库包括 TensorFlow 或 Keras 库，这些库为 AI 探测车开发了深度神经网络例程。由于我们主要只使用 Python 作为 AI 探测车的开发语言，因此不需要像使用 C/C++等编译型编程语言那样了解 catkin 的编译过程。如果想了解在 C/C++系统中进行 catkin ROS 构建的相关信息，请参阅 http：//wiki. ros. org/catkin? distro-noetic。

catkin ROS 构建环境使用一套工具集、CMake 宏和 Python 程序来增强 Unix CMake 工作流，以创建独特的 ROS 应用程序。CMake 生成两个关键文件，CMakeLists. txt 和 package. xml，其中包含 ROS 正确工作所需的特定信息。我们将快速学习如何创建这两个文件，以及向其中增加信息，以成功创建 ROS 所需的工具。

现在我们对第 3 章中创建的 catkin 工作空间 catkin_ws 做进一步测试。我们可以创建多个工作空间，例如，在第 6 章中，我们就能把 Python 和启动源代码划分进了单独的控制器和仿真工作空间当中。但是，在任何时候，我们都只能在一个工作空间中开发和测试源代码。

我们必须再次进行检查，以确定在第 3 章中创建的系统域内的 ROS 设置脚本文件 STARTrosconfig. sh 是否仍然能正常工作。在创建或编译任何工作空间目录之前，我们需要始终执行此脚本，如图 12-1 所示。有关创建设置脚本的更多信息，请参阅第 3 章。

我们还必须确保能够创建和初始化 catkin 工作空间，然后输入如图 12-2 所示的命令。

```
ros@ros-VirtualBox: ~/catkin_ws 65x52
ros@ros-VirtualBox:~/catkin_ws$ source STARTrosconfig.sh
ros@ros-VirtualBox:~/catkin_ws$
```

图 12-1　第 3 章中创建的 STARTrosconfig. sh

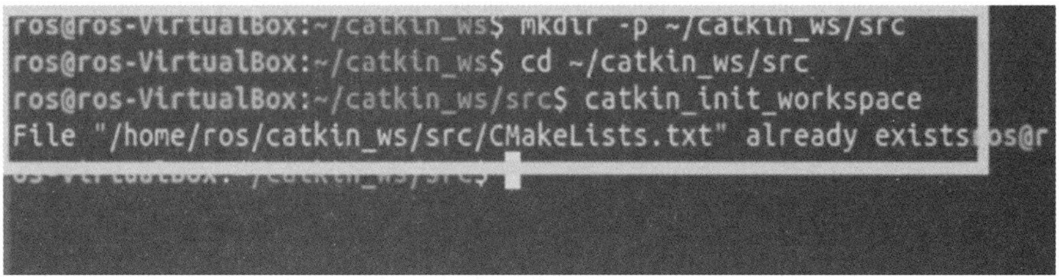

```
ros@ros-VirtualBox:~/catkin_ws$ mkdir -p ~/catkin_ws/src
ros@ros-VirtualBox:~/catkin_ws$ cd ~/catkin_ws/src
ros@ros-VirtualBox:~/catkin_ws/src$ catkin_init_workspace
File "/home/ros/catkin_ws/src/CMakeLists.txt" already exists ros@r
os-VirtualBox:~/catkin_ws/src$
```

图 12-2　初始化 catkin 工作空间

一旦创建了工作空间目录和源代码目录(/src)，catkin_ws 就会初始化。同样，这个源代码目录是 ROS 应用程序(探测车)源代码所在的目录。然后，catkin_ws/src 目录需要 catkin_init_workspace 命令，该 ROS 命令将在/src 目录下生成 CMakeLists. txt 文件，如图 12-2 所示。生成的 CMakeLists. txt 文件包含一组描述 ROS 项目(探测车)源文件和目标(可执行文件、库或两者都有)的命令和指令。当创建一个新的项目或工作空间时，catkin_init_workspace 命令会自动生成 CMakeLists. txt 文件，并将其放在项目根目录(~/catkin_ws/src)中。你可以用编辑器选中 CMakeLists. txt 文件，并选择“Open as Project.”，将其作为一个项目打开。

我们会生成(/build)和(/devel)目录，以允许 catkin 系统保存用 C/C++编程语言开发的库和可执行程序。但是，由于我们将使用 Python 编程语言，因此我们只会偶尔使用(/build)目录。为了生成(/build)和(/devel)目录，现在必须输入图 12-3 方框中的命令。

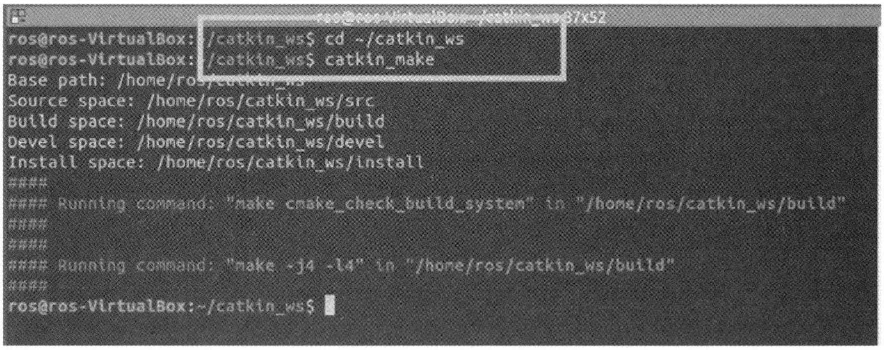

```
ros@ros-VirtualBox: ~/catkin_ws 87x52
ros@ros-VirtualBox:~/catkin_ws$ cd ~/catkin_ws
ros@ros-VirtualBox:~/catkin_ws$ catkin_make
Base path: /home/ros/catkin_ws
Source space: /home/ros/catkin_ws/src
Build space: /home/ros/catkin_ws/build
Devel space: /home/ros/catkin_ws/devel
Install space: /home/ros/catkin_ws/install
####
#### Running command: "make cmake_check_build_system" in "/home/ros/catkin_ws/build"
####
####
#### Running command: "make -j4 -l4" in "/home/ros/catkin_ws/build"
####
ros@ros-VirtualBox:~/catkin_ws$
```

图 12-3　catkin_make 命令

12.5　Noetic ROS 中的包

探测车的 ROS 软件是以包的形式组织的，所有的 Noetic ROS 包将驻留在工作空间的/src 目录中，包括 CMakeList. txt 文件和 package. xml 文件。这两个文件都描述了 catkin_ws

应该如何与任何 ROS 包交互，以此作为 ROS 应用程序的基础。这些包还包含代码、数据和文档。要创建 ROS 包，需要使用以下命令：

```
cd  ~/catkin_ws/src
catkin_create_pkg ai_rover rospy
```

所有包都必须放置在/src 目录中，以保持源代码文件的有效组织。我们已经调用了 catkin_create_pkg 来创建 ai_rover 包。但是，每个 ROS 包还高度依赖于 ROS 包依赖项，例如 rospy，还有许多其他 ROS 依赖的例子，如 NumPy、TensorFlow 和 OpenCV。另外，如果主 ROS 依赖(rospy)需要其他库作为附加依赖(OpenCV)，可以在命令终端中用如下所示的方式列出它们：

```
cd  ~/catkin_ws/src
catkin_create_pkg ai_rover rospy opencv
```

catkin_create_pkg 命令会用同样的名称(ai_rover)创建一个目录以及文件 package. xml 和 CMakesLists. txt，还有用于以后存放 AI 探测车 Python 脚本文件的目录/src。在本章的后面，我们将详细介绍 packages. xml 和 CMakesList. txt 文件中的元数据(即有关数据的数据)。

我们已经创建了一个 ROS 包，现在可以将 Python 节点(神经网络、视觉处理、感知和避障功能)放入 ROS 包的/src 目录中。我们还可以很方便地开发出用于启动、世界和机器人的 URDF 描述文件，将它们存放到各自特定的单独目录中。在已创建的/src 目录中存放 Python 脚本节点后，需要进一步掌握 ROS 的终端命令集，以执行这些控制 AI 探测车的 Python 节点。

12.6 Noetic ROS rosrun

ROS 的整个基础架构依赖于我们在前一节所创建的包。ROS 包是集中在一起构建和分发的 Python 源代码、启动文件、世界模型和机器人描述文件的集合。这样可以让我们为 ROS 开发并发处理系统，因为每个包都可以包含多个可以并行执行的经过不同编译的 Python 脚本例程，每个编译好的 Python 脚本文件都被放入一个 ROS 节点。因此，我们可以同时启动和管理任意数量的不同 ROS 节点，以此为 AI 探测车创建智能。

如果我们重温第 3 章，就会看到“发声者”和“监听者”两个 ROS 测试节点示例，它们在第 3 章中首次用于测试 Noetic ROS 的安装是否成功。这两个 ROS 节点都附加到了 rospy_tutorials 包中。包存在查找或定位其目录的问题，我们使用 ROS 命令实用程序 rosrun 来查找所需的目录。

注意　要想了解更多有关“发声者”和“监听者”示例的信息，请参阅第 3 章中的相关内容。

一旦我们启动了“发声者”节点，让其向“监听者”节点发送消息，就可以使用 ROS 查询终端命令行工具来确定 ROS 系统(AI 探测车)的当前状态。最主要也是最强大的 ROS 查询命令行工具之一是 rostopic。rostopic 命令将当前活动主题的列表打印到控制台，这是确定 ROS 系统是否工作的关键信息。如果我们打开并运行 roscore 的三个终端窗口(即“发声者”

和“监听者”节点)，那么可以接着打开第四个终端窗口，并输入命令 rqt_ graph 在输入该命令后，我们应该可以看到如图 12-4 所示的界面。

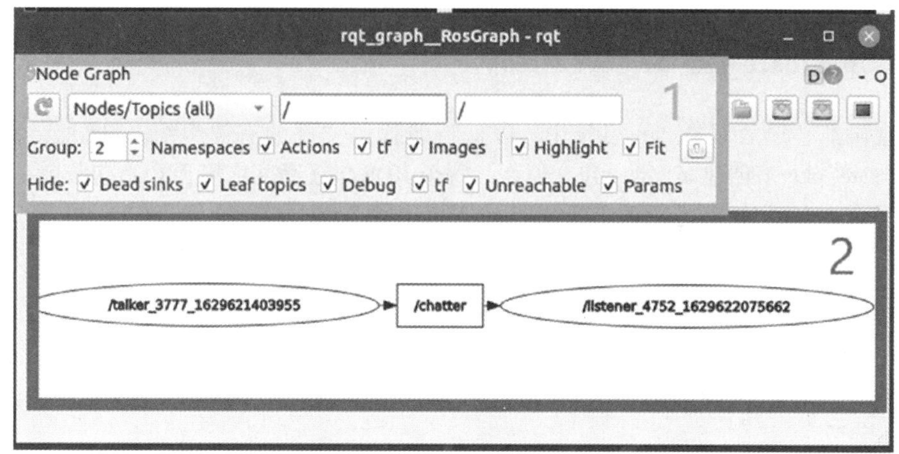

图 12-4　rqt 图形工具图

一旦看到图 12-4 所示的界面，明智的做法是首先单击方框 1 左上角的自动重生成图标，这样做是为了获得在当前 ROS 系统中传递的所有消息的最新版本。每次从 ROS 应用程序中删除 ROS 节点，或者向 ROS 应用程序中添加 ROS 节点时，我们同样也要单击自动重生成图标。自动重生成图标如图 12-5 所示。单击自动重生成图标后，我们看到的方框 2 中的图形应该是最新且当前处于活动状态的 ROS 应用程序。这些工具将帮助我们在 Raspberry Pi 4 上开发、测试和部署 ROS1 和未来的 ROS2 应用程序。树莓派 4 将成为 AI 探测车的“大脑”。

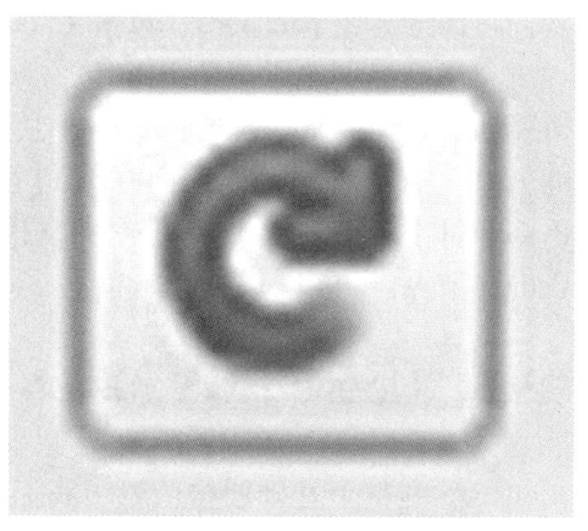

图 12-5　自动重生成图标

12.7　构建探测车的大脑

本书到这里已经快要结束了。现在我们必须为树莓派 4 安装 Raspbian 操作系统或 Ubuntu 20. 04 LTS，这两个操作系统都支持 ROS1 Noetic。如果用的是 ROS2 或 Foxy，则只需安装 20. 04 版本的 Ubuntu 服务器。作为安装 ROS1 或 ROS2 的一个环节，我们必须能够通过开发笔记本计算机或台式计算机连接到树莓派 4，以控制和监控探测车，因为它搭载了预装的树莓派 4 来执行任务。但首先我们必须学习一下 ROS1 和 ROS2 的不同之处，以了解针对特定的探测车任务，究竟要加载哪个版本的 ROS。如果探测车的任务不是关键任务，那么 ROS1 Noetic 可能会更好。如果软件开发冗长或复杂(涉及多台探测车之间的群体智能)并且需要面向对象编程，则可能需要 ROS2 Foxy。

12. 7. 1　ROS1 与 ROS2 的对比

你可能会问 ROS1 和 ROS2 有什么不同？什么是 ROS2，它能为探测车带来什么优势？

本节将从实践角度做一个简要介绍，让你了解哪些有所变化，哪些又是新的特性。我们将用简洁的语言重点讨论 ROS1 和 ROS2 之间的主要区别。

一般而言，在讨论机器人操作系统(包含其生态和社区)时，我们只会使用术语 *ROS*。但在本节中讨论特定的 ROS 版本时，我们则会使用 ROS1 和 ROS2。

自 2007 年以来，ROS1 开发团队根据他们多年的经验和教训确定了要添加的特性和所需要做的改进。不幸的是，如果将所有这些修改添加到 ROS1 中，会导致 Noetic ROS1 不稳定。因此，ROS2 是从头开始开发的，是一个全新的 ROS。这个 ROS 的新改型从 ROS1 中吸取了经验教训。ROS1 需要改进的领域包括功能安全和信息安全。在进入工业应用之前，ROS 需要解决这些问题。

12.7.2 选择 ROS1 还是 ROS2

如果我们仔细研究一下，就会发现 Noetic ROS1 和 Foxy ROS2 主要在三个方面有所区别。首先我们应当想到，用于探测车的 Noetic ROS1 是 ROS1 的最后一个改型，对它的支持将在 2025 年 5 月结束。Noetic ROS 提供了对 Python 3 的支持，并且拥有大量用于 LiDAR 等传感器的开发库，这些库需要一些时间才能被移植到 Foxy ROS2 上。同时，对 Foxy ROS2 的支持只会持续一年，因为每年都会有新版本的 ROS2 可用。ROS2 现在稳定了，所以我们可以拓展探测车的任务。Noetic ROS1 和 Foxy ROS2 的一个区别涉及 ROS 节点。

1. ROS1 的 Nodelets 包或 ROS2 的组件

为简单起见，我们不会探究利用 C/C++编程开发 ROS 节点。在本节和第 12 章的其他节中，我们只关注 Python 语言的细节。有关利用 C++开发 ROS 应用程序的详细信息，请参阅 ROS. org 网站上的相关内容。

由于 ROS1 节点的基础是在类节点中调用 ROS 回调函数，因此，ROS1 节点的开发是非结构化的。然而在 ROS2 中，可以使用节点对象的类模板进行结构化开发。ROS2 从节点的基类继承其功能，它利用良好的面向对象编程和模块化方法来创建节点，这有助于节点的创建者处理潜在的复杂节点交互。ROS2 与面向对象开发的兼容性要好得多。ROS2 还允许你将节点组转换为组件。节点组件也可以表示为 UML 图，这进一步增强了 ROS 中的模块化设计。

ROS1 节点是一个可执行文件，同时也是一个 ROS1 的 Nodelets 包，Nodelets 包能够使用单个启动文件在同一个可执行文件中启动多个节点，非常适合有限的硬件资源或在节点之间发送消息。在 ROS2 中，这些软件实体被称为组件。组件只是根据 OOP 稍微修改过的节点类。如果使用 ROS2，那么你就可以利用组件处理来自同一可执行文件的多个节点。

ROS2 组件允许我们创建高效的 ROS2 应用程序。Python 脚本允许从启动文件、终端或其他可执行文件启动组件。此外，还有可编程的内部进程通信，可以消除任何强制的 ROS2 通信开销。

2. ROS1 和 ROS2 中的启动文件

ROS1 和 ROS2 的启动文件允许从一个文件启动所有节点，你可以启动单个节点、一组节点或者一个组件。ROS1 中的启动文件是用 XML 编写的。

现在在 ROS2 中，则采用 Python 编写启动文件。Python 允许你启动一个或多个节点，Python 还能让启动文件更适应不断变化的机器人需求，比如改变探测车上的传感器，甚至用备用设计方案取代探测车的原有设计。

ROS2 的启动文件既可以用 XML 编写，也可以用 Python 编写，这取决于你的想法，但是采用 Python 编写启动文件，更有利于进行模块化开发，并且已经成为 ROS2 中编写和初始化启动文件的标准过程。后文的两个链接分别介绍了如何为 ROS1（http：//wiki. ros. org/roslaunch）和 ROS2（https://roboticsbackend. com/ros2-launch-file-example/）编写启动文件。

3. ROS1 和 ROS2 中的通信

ROS1 和 ROS2 的一个重要区别是在 ROS2 中不存在 ROS 主节点。在过去，在 ROS 应用程序启动之前，ROS1 必须启动 ROS 主节点。ROS1 主节点也充当了 ROS1 节点之间的消息主体的控制器。然而在 ROS2 中，ROS 主节点不复存在。由于没有主节点，因此可以实现异步分布式行为，因为每个节点都可以与其他节点进行交互。ROS2 中的每个节点都是独立的，而不依赖于全局主节点。

4. ROS1 和 ROS2 中的服务

在 ROS1 中，服务只能是同步的，这意味着 ROS 主节点必须对 ROS 响应节点做出快速响应，否则响应就会失败。然而，在 ROS2 中，所有服务都是异步的。你可以添加一个回调函数，该函数仅在所调用的节点或服务响应时才会触发。这个特性防止了在 ROS1 应用程序中出现的资源耗尽问题和排队问题。此外，ROS2 服务也可以同步。

5. ROS1 和 ROS2 中的动作

在 ROS1 中，主节点的核心功能从未包含动作，动作是在主题上层被集成到 ROS1 中的。这种解决方案对服务非异步且没有反馈或取消机制的问题进行了处理。在 ROS2 中，动作是 ROS2 核心的一部分。ROS2 中的 Python API 与 ROS1 中的 Python API 几乎相同，所以不存在遗留代码的问题。

6. ROS1 和 ROS2 中的包

ROS1 中的构建系统是 catkin，你可以利用 catkin_make 或者 catkin build 创建 ROS1 的包。在 ROS2 中，catkin 不复存在，新的构建系统是 Ament，除此之外，你还可以利用命令行工具 colcon，在 ROS2 工作空间中利用 colon build 命令可以快速编译包。

7. ROS1 和 ROS2 中的命令行工具

ROS1 和 ROS2 的大多数命令行工具几乎都是相同的。在 ROS1 中，rostopic list 命令会列出所有的主题，而在 ROS2 中，ros2 topiclist 则会产生同样的效果。在大多数情况下，你需要记住在 ROS2 中使用命令行工具时，工具名称之前要加上 ros2，就像你在 ROS1 中使用命令行工具时所做的一样。

8. ROS1 和 ROS2 的操作系统的系统支持

ROS2 对于非基于 Ubuntu 的机器人平台来说更容易访问。ROS1 仅支持 Ubuntu Linux 操作系统（与 Noetic ROS1 对应的版本是 20.04）。然而，ROS2 现在支持 Ubuntu、macOS 和 Windows 10，上述操作系统中都可以实现互操作。有了 ROS2，探测车可以基于树莓派 4 和 Ubuntu 构建，而地面控制站则只使用 Windows。

9. ROS1（ros1_bridge）和 ROS2 之间的连接

如果既想使用遗留的 ROS1 代码，又需要利用 ROS2 新的开发特性，可以通过使用 ROS2 的包 ros1_bridge 来实现。这个包为 ROS1 和 ROS2 应用程序之间提供了通信，顾名思义，它是 ROS1 和 ROS2 之间的桥梁。随着 ROS1 Noetic 在 2025 年 5 月达到服务终止期，这个 ROS2 包将是必不可少的。因此，现在就请开始将你的 ROS1 应用程序移植到 ROS2 系统。要想了解更多信息，请参阅 https://github. com/ros2/ros1_bridge 和 https://index. ros. org/p/ros1_bridge/上的相关内容。

12.8　ROS1、Ubuntu、Raspbian 和树莓派 4

在树莓派 4 上，有三个主要的操作系统都能支持 Noetic ROS1 系统，分别是 Raspbian 以及 Ubuntu 20.04 桌面和服务器操作系统。需要注意的是，确定所有应用程序都能正常工作的最佳方法是使用 **8 GB 内存版本的树莓派 4**，并且只使用 Ubuntu 20.04 桌面版或精简版的 Ubuntu 服务器操作系统。你肯定希望确保所有应用程序及其库都是完全可用的，正如你在笔记本计算机或台式计算机上的标准 Ubuntu Linux 系统上开发 ROS1 Noetic 应用程序时所期望的那样。以下是一个参考资料列表，可以帮助你在 8 GB 的树莓派 4 上安装 ROS1、Ubuntu 或 Raspbian 操作系统：

https://roboticsbackend.com/install-ubuntu-on-raspberry-piwithout-monitor/。

https://learn.sparkfun.com/tutorials/how-to-use-remotedesktop-on-the-raspberry-pi-with-vnc/all。

https://ramith.fyi/setting-up-raspberry-pi-4-withubuntu-20-04-ros-intel-realsense/。

12.9　ROS2、Ubuntu 和树莓派 4

树莓派 4 上只有两个操作系统支持 ROS2 系统，即 Ubuntu 20.04 桌面版和服务器操作系统。请注意，确定所有应用程序正常工作的最佳方法是使用 **8 GB 内存版本的树莓派 4**，并且仅使用 Ubuntu 20.04 服务器来最大限度地提高树莓派 4 系统上的内存利用率。以下是在树莓派 4 模块上安装 ROS2 的正确方法的参考资料列表：

https://singleboardblog.com/install-ros2-on-raspberry-pi/。

https://ubuntu.com/blog/ubuntu-20-04-lts-is-certified-for-the-raspberry-pi。

https://docs.ros.org/en/foxy/How-To-Guides/Installing-on-Raspberry-Pi.html。

https://medium.com/swlh/raspberry-pi-ros-2-camera-eef8f8b94304。

12.10　ROS1、ROS2、树莓派 4 和探测车

使用 ROS 环境的基本理念是，一旦你在标准 Ubuntu（ROS1）或 Ubuntu、Windows、macOS（ROS2）操作系统上调试了应用程序，就应该能够将你的设计转换为实际的探测车。无论你决定使用哪种版本的 ROS（ROS1 或 ROS2），以及支持的操作系统，都可以让你创建探测车的大脑。然而，在我们将树莓派 4 连接到探测车之前，需要确信我们可以通过 SSH 连接将笔记本计算机无线连接到树莓派 4 上。如果我们要在 Ubuntu 笔记本计算机或台式计算机上使用 Rviz 环境连接到树莓派 4，这一步将是至关重要的，树莓派 4 充当探测车的中央处理器。下面是可以在互联网上找到的参考资料列表：

https://roboticsbackend.com/install-ubuntu-on-raspberry-piwithout-monitor/。

https://medium.com/@nikosmouroutis/how-to-setup-your-raspberry-pi-and-connect-to-it-through-ssh-and-your-local-wifi-ac53d3839be9。

https://medium.com/swlh/raspberry-pi-ros-2-camera-eef8f8b94304。

https://www.hackster.io/techmirtz/connect-raspberry-pi-to-your-laptop-screen-and-keyboard-a8a2a7。

12.11 本章小结

我们现在已经对将具有认知深度学习系统的 ROS1 系统移植到探测车平台上的基本概念进行了学习，树莓派 4 模块将帮助我们对任何环境(金字塔地下墓穴)都能实现真正的自主性探测。

12.12 本章练习

1) ROS1 和 ROS2 之间存在哪些差别?

2)如果要将遗留程序从 ROS1 迁移至 ROS2 运行，需要进行哪些工作?

3)请在互联网上查找实验性算法，并告诉我们如何使用这些算法来优化树莓派 4 上的 ROS 应用程序?

4)ROS2 中的命令行工具属于良好的内置工具吗?

CHAPTER 13

第 13 章 进一步思考

既然你已经了解并构建了自己的 AI 探测车，那么你可能很想让它马上投入到执行地下墓穴探索任务中去。然而，“先爬后走，先走后跑”这句谚语是适用的。你最不希望发生的就是探测车执行任务后一去不复返，因此，需要对探测车进行适当的测试。本章涵盖以下主题：

- 用陆基无人平台调查和定位事故原因。
- 了解无人驾驶系统和人工智能的未来。
- 了解无人驾驶系统如何创造更美好的未来。

13.1 设计第一个任务

探测车在受控条件下应当执行的测试任务如下所示：

1）手动控制。

2）平坦地形上的简单通道。

3）不平坦地形上的复杂形状的通道。

4）不平坦地形上带有障碍物的复杂通道。

5）按需进行额外的测试。

上述每一项任务都允许隔离和测试探测车的特定功能，因为编程、设计、构建和其他未知因素中的错误都可以得到纠正，所以进行这些测试将降低任务失败的风险。每一项测试任务都应在开阔场地中进行，这样可以让探测车在出现问题时能够安全回收或中止任务。

13.1.1 手动控制

该任务很简单，只有当你在探测车上安装了遥控接收器时才适用，简单地说，就是开着探测车到处转，测试探测车的所有驱动控制装置，我们称为可控性评估。通过前进、倒车、左右转弯，你可以确定探测车的线路是否存在问题。

13.1.2 平坦地形上的简单通道

该任务对传感器和 AI 进行测试，用硬纸板或者利用过道搭建一条笔直的通道。使用接口程序，控制探测车从通道的一端开始，移动到通道的尽头。这个任务对驱动系统和 AI 协同工作的能力进行了测试。

13.1.3 不平坦地形上复杂形状的通道

该任务对传感器和 AI 进行进一步的测试。使用针对上一个任务创建的通道，在两侧添加硬纸板，以创建不平坦的边界墙和不平坦的地形。添加到墙上的硬纸板需要有曲折变化，这可以通过利用地毯、坡道等形式进行。然后再一次规划探测车从通道的一端开始，移动到另一端。

13.1.4 不平坦地形上设有障碍的复杂开放式通道

最后一项测试任务整合了探测车在地下墓穴中的众多问题。修改为上一个任务所创建的通道，增加更多的曲折和转弯，并添加更复杂的地形。此项任务还包含了探测车必须绕过的障碍物。在探测车的路径上放置物体，然后再一次让探测车从通道的一端出发，移动到另一端。这个最后的任务如果成功，就意味着你有了一台功能齐全的探测车。

13.1.5 按需进行额外的测试

如果你选择安装不同的传感器，可能需要进行额外的测试。要对每个附加传感器进行单独测试，这样可以让你分离出可能出现的任何问题。如果存在问题，一次性执行所有测试会难以分离出引发问题的特定子系统。

13.2 AI 探测车崩溃时该怎么办

探测车可能会遇到许多问题，这些问题可能导致其崩溃。崩溃可以是软件崩溃，也可以是撞上障碍物后的物理崩溃。我们要依靠系统的组件协同工作而非依靠人在回路中进行控制以防止碰撞。其关键是从碰撞中采集数据，以制造出更好的 AI 探测车。一些问题可以在软件中纠正，其他则与硬件相关。例如，如果其中一个驱动马达发生故障，那么探测车将绕圈行驶。如果系统崩溃了，那么我们就需要分析数据以查明问题所在。

Pixhawk 自动驾驶仪会自动创建一个日志文件，并存储在非易失性存储器中。可以从自动驾驶仪上下载该文件，并加载到开源的任务规划软件或其他旨在分析日志以隔离问题的软件中。自动日志扫描和手动日志扫描都可以帮助你解决问题。这样可实现对主驱动器系统的全面故障诊断。

13.3 任务理念

本书所聚焦的任务是对从未被探索过的金字塔地下墓穴进行探索，该任务并非你能为 AI 探测车编写程序让其执行的唯一任务，接下来的几小节介绍了可以让探测车执行的若干任务的实例。

13.3.1 丧尸猎手

在该任务中，你将为 AI 探测车编写程序，以识别荒郊野外的亡灵，并利用你新发掘的地理信息系统(GIS)技能绘制它们的位置。为了完成这项任务，探测车的 AI 必须使用感知和避障系统将丧尸从人类中识别出来，具体来说，你必须训练 AI 来区分人类和丧尸，然后在 GIS 软件中记录它们的位置。为了确认你的程序是成功的，请打印出丧尸和人类的小图像，这些图像不能比探测车本身高，并在前文所述的通道上放置它们。从通道一头启动任务，如果探测车能走到通道尽头，并正确地识别和显示丧尸和人类的图像，就表示任务成功了。

13.3.2 送货上门

该任务就和它听起来一样简单。探测车的程序使用 SLAM 传感器将货物投递到你房子的其他区域。该任务要考虑的一个因素是探测车的装载能力，超过这一能力将导致航程减少或全部任务失败。

13.3.3 住宅安保

对于该任务而言，你要编写程序让探测车在你的房子里巡逻。对于任何检测到的运动，探测车都可以触发警报并记录图像或视频。你需要考虑激活警报的阈值，以防止误报。

13.3.4 其他任务

AI 探测车可用于很多不同的任务，你的想象力是唯一的限制因素。在执行实际任务之前，继续使用测试和评估方法来确认你的系统已经编写好程序，并且工作完全正常。

13.4 无论喜欢与否，我们正生活在天网时代

技术正在迅速发展。曾经被认为属于科幻小说的东西正迅速成为现实。1865 年，儒勒·凡尔纳在科幻小说《从地球到月球》中谈到了用大炮把人类送上月球，他完全不知道在 104 年后，人类真的登上了月球。今天，我们在火星上有探测车和无人机系统(Unmanned Aircraft System，UAS)，而旅行者号正在太阳系外冒险，此外，在地球和太空中还有可以采集大量数据的望远镜。科幻小说正迅速成为许多行业的现实，我们有了自动驾驶汽车，可以使用机器人进行各种应用，还可以通过互联网获得集体知识。天网能被创造出来吗？它在《终结者》系列中所呈现的世界末日场景会成真吗？答案是不确定的，这取决于 AI 设计师和程序员如何阻止这种情况的发生。

13.5 未来的战场和天空将出现无人系统

自从在战场上发明和采用无人系统以来，国防工业中的很多人一直在研究和开发可以进一步挑战极限的系统。UAS 过去只用于情报、监视和侦察，它们正用无数的传感器穿透战争的迷雾。这使战场指挥官和士兵能够实时感知战场态势，并做出决策来赢得战斗。其他的机器人系统已经在开发当中，一种被称为多用途通用/物流和装备车辆(Multi-Function Utility/Logistics and Equipment Vehicle，MULE)的探测车系统设计了三种改型，包括运输型、反击型和轻型攻击型。该项目最终被军方取消，但它充分说明了一个事实，即机器人系统可以以多种不同的方式在战场上服役。无人驾驶机器人系统可以满足空中、海上和地面的需求，这种需求是指减少人员的危险性。如果无人驾驶的机器人坦克在战斗中被摧毁，损失的只是坦克的制造成本，而不是驾驶坦克的人。语音操作员所积累的所有培训和经验都不会丢失，他们所要做的就是连接到另一辆坦克上，继续战斗。未来的战争将不会以生命为代价，而是以金钱为代价。这些战斗的赢家拥有深厚的制造业基础，可以继续生产这些机器人系统，同时还能维持在战斗中为机器人系统提供支持的后勤和维修场所。

13.6 必要的对策

一项新技术的发展总会催生一个对头行业，个人电脑就是一个很好的例子。在20世纪末，个人电脑的价格变得可为大众所接受，再加上访问互联网的便利性，黑客和心怀不轨的人创造出了病毒和恶意软件。为了保护用户，一个新的行业诞生了，这个行业不断地与病毒进行着斗争，保护计算机系统免受黑客攻击。一旦杀毒软件识别、阻止和删除了病毒，新的病毒就会被编写出来，或者新的漏洞得以发现。这是一场持续不断的战斗，而且很可能永远不会结束。

针对无人系统的对策正在开发和部署当中，目前这个对头行业关注的热点是飞机系统。人们很快意识到，任何人都可以操控无人机飞到敏感或限制区域，例如：白宫、军事基地、发电厂等。于是，对头行业就诞生了。

反无人机行业正在寻找很多不同的方法来阻止或识别无人机，下面列出了目前正在开发或部署的许多系统中的一些代表：

1)雷达识别和定位。

2)声学识别和定位。

3)红外识别。

4)识别传感器的组合。

5)捕获网。

6)频率干扰。

7)GNSS干扰或欺骗。

8)微波脉冲。

9)使用无人机拦截和捕获。

10)广播系统杀伤码。

11)还有更多系统正在开发当中。

本书试图将无人系统和人工智能融合在一起。无人系统的对头行业已经开始萌芽。然而，目前人工智能仍然相对较新。国防工业的许多人都在思考反人工智能的问题，并在制定系统化的策略。不管这个策略的内容如何，它都处于高度保密状态。

13.7 对更先进的AI无人系统的最后一点思考

科技极大地改善了人类的生活，人工智能和无人系统只是又一项能够提高人类生活质量的技术。总有一天，人类将不需要学会开车，并会拥有家用机器人来完成所有的清洁、洗衣和洗碗工作。这两项技术能带来很多好处，同时也会引发很多问题，目前正在制定相关对策。尽管如此，人工智能和无人系统仍将持续发展。

13.8 本章小结

本章的重点在于始终在受控环境中对系统进行测试，这可以防止探测车完全失效。系统崩溃和物理崩溃不可避免，这就需要我们在任务规划和人工智能系统中练习分析日志文件以便发现问题，针对不同的任务为探测车重新编写程序。

参考文献

"Welcome To The QGIS Project!" (2022). Qgis.Org. https://www.qgis.org/en/site/.

"Github - Locusrobotics/Qgis_Ros: ROS QGIS Plugin Prototype." (2022). Github. https://github.com/locusrobotics/qgis_ros.

"Roscon 2018 Madrid: Unleashing The GIS Toolbox On Real-Time Robotics." (2022). Vimeo. https://vimeo.com/293539252.

"QGIS Training Manual — QGIS Documentation Documentation." (2022). Docs.Qgis.Org. https://docs.qgis.org/3.10/en/docs/training_manual/index.html.

"Introduction To GIS Fundamentals - NYC DOT." (2022). Training. Datapolitan.Com. https://training.datapolitan.com/qgis-training/Introduction_to_GIS_Fundamentals/#1.

"Rover Home — Rover Documentation." (2022). Ardupilot.Org. https://ardupilot.org/rover/index.html.

"When Problems Arise — Rover Documentation." (2022). Ardupilot.Org. https://ardupilot.org/rover/docs/common-when-problems-arise.html.

"Logs — Rover Documentation." (2022). Ardupilot.Org. https://ardupilot.org/rover/docs/common-logs.html.

"Multifunctional Utility/Logistics and Equipment (MULE) Vehicle Will Improve Soldier Mobility, Survivability and Lethality." (2022). Asc.Army.Mil. https://asc.army.mil/docs/pubs/alt/2008/2_AprMayJun /articles/27_Multifunctional_Utility-Logistics_and_Equipment_(MULE)_Vehicle_Will_Improve_Soldier_Mobility,_Survivability_and_Lethality_200804.pdf.

APPENDIX A

附录 A 贝叶斯深度学习

处理不确定性是贝叶斯网络的专长。贝叶斯高斯混合模型用到了 BayesianGaussianMixture 类，它能够通过给出等于(或接近)于零的权重来去除不必要的簇，而不是手动搜索最优的簇数量。本附录提供了一份有关贝叶斯网络原理的速成教程。

A.1 贝叶斯网络概述

将簇的数量设置为 n_components，你有充分的理由相信 n_components 大于最优的簇数量(假设你对手头上的问题有所了解，但了解不多)，算法将自动剔除不必要的簇。

例如，我们将簇的数量设置为 10，来看看会发生什么：

```
>>> from sklearn mixture .import BayesianGaussianMixture
>>> bgm = BayesianGaussianMixture(n_components=10, n_init=10,
random_state=42) >>> bgm.fit(X) >>> np.round(bgm.weights_, 2)
array([0.4 , 0.21, 0.4 , 0. , 0. , 0. , 0. , 0. , 0. , 0. ])
```

结果很完美：算法自动检测到只需要三个簇。

在该模型中，簇参数(包括权重、均值和协方差矩阵)不被视为固定的模型参数，而是作为潜在的随机变量，就像簇分配一样(见图 A-1)。所以 z 现在包含了簇参数和簇分配。

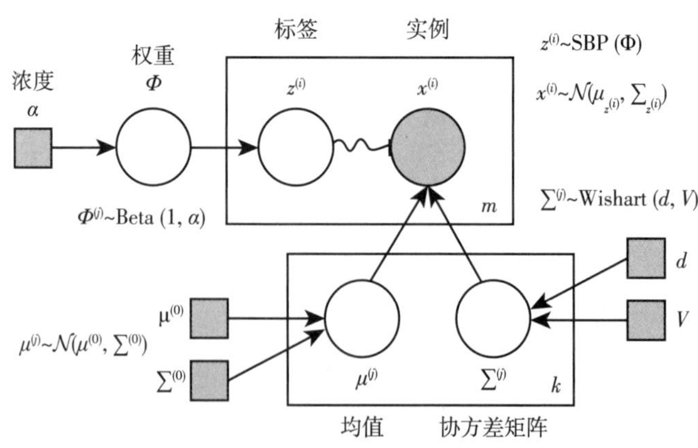

图 A-1 贝叶斯高斯混合模型

A.2 有关概率论的两个阵营，你支持哪一方

频率论者将概率视为长期预期的发生频率，即 $P(A)=n/N$，其中 n 是事件 A 在 N 次机会中发生的次数。

"概率"=长期的比例就说明了上述特性。

从贝叶斯的观点来看，概率与信念度有关，它是对一个具有不完备知识的事件的合理性的一种度量。贝叶斯论者认为只有数据才是真实的，总体均值是一种抽象，因此，基于数据和他们先前的信念，一些值比其他值更可信。

"概率"=可信度。

A.3 贝叶斯决策理论

1)用于分类的基本统计方法。

2)量化分类决策之间的权衡；

①概率。

②决策成本。

3)需要：

①已知先验概率。

②先验概率。

③似然概率密度函数：

$$P(c_i|x)=\frac{P(x|c_i)P(c_i)}{P(x)}$$

A.3.1 贝叶斯定理

贝叶斯信念网络(Bayesian Belief Network，BBN)属于概率图模型(Probabilistic Graphical Model，PGM)，表示随机变量之间的条件依赖关系。

A.3.2 BBN 条件属性

条件概率是指当给出其他随机变量时，一个随机变量发生的概率，它表示为：

$$P(X|Y)$$

如果这两个随机变量之间存在依赖关系，则：

$$P(X|Y)=\frac{P(X,Y)}{P(Y)}$$

如果这两个随机变量之间是互相独立的，则：

$$P(X|Y)=P(X)$$

A.4 信念网络的数学定义

信念网络中的概率可以利用如下所示的公式计算得到：

$$P(X_1,\cdots,X_N)=\prod_{i=1}^{N}P(X_i\mid \mathrm{Parents}(X_i))$$

正如你从上述公式中所看到的那样，要想计算联合分布，我们需要知道由网络表示的条件概率。但进一步而言，如果我们知道了联合分布，那么就可以开始回答一些有趣的问题。信念网络函数代码如下：

```
# create the nodes
season = BbnNode(Variable(0, 'season', ['winter', 'summer']),
[0.5, 0.5])
atmos_pres = BbnNode(Variable(1, 'atmos_press', ['high',
'low']), [0.5, 0.5])
allergies = BbnNode(Variable(2, 'allergies', ['allergic', 'non_
alergic']), [0.7, 0.3, 0.2, 0.8])
rain = BbnNode(Variable(3, 'rain', ['rainy', 'sunny']), [0.9,
0.1, 0.7, 0.3, 0.3, 0.7, 0.1, 0.9])
grass = BbnNode(Variable(4, 'grass', ['grass', 'no_grass']),
[0.8, 0.2, 0.3, 0.7])
umbrellas = BbnNode(Variable(5, 'umbrellas', ['on', 'off']),
[0.99, 0.01, 0.80, 0.20, 0.20, 0.80, 0.01, 0.99])
dog_bark = BbnNode(Variable(6, 'dog_bark', ['bark', 'not_
bark']), [0.8, 0.2, 0.1, 0.9])
cat_mood = BbnNode(Variable(7, 'cat_mood', ['good', 'bad']),
[0.05, 0.95, 0.95, 0.05])
cat_hide = BbnNode(Variable(8, 'cat_hide', ['hide', 'show']),
[0.20, 0.80, 0.95, 0.05, 0.95, 0.05, 0.70, 0.30])bbn = Bbn() \
    .add_node(season) \
    .add_node(atmos_pres) \
    .add_node(allergies) \
    .add_node(rain) \
    .add_node(grass) \
    .add_node(umbrellas) \
    .add_node(dog_bark) \
    .add_node(cat_mood) \
    .add_node(cat_hide) \
    .add_edge(Edge(season, allergies, EdgeType.DIRECTED)) \
```

```
.add_edge(Edge(season, umbrellas, EdgeType.DIRECTED)) \
.add_edge(Edge(season, rain, EdgeType.DIRECTED)) \
.add_edge(Edge(atmos_pres, rain, EdgeType.DIRECTED)) \
.add_edge(Edge(rain, grass, EdgeType.DIRECTED)) \
.add_edge(Edge(rain, umbrellas, EdgeType.DIRECTED)) \
.add_edge(Edge(rain, dog_bark, EdgeType.DIRECTED)) \
.add_edge(Edge(rain, cat_mood, EdgeType.DIRECTED)) \
.add_edge(Edge(dog_bark, cat_hide, EdgeType.DIRECTED)) \
.add_edge(Edge(cat_mood, cat_hide, EdgeType.DIRECTED))

with warnings.catch_warnings():
    warnings.simplefilter('ignore')

    graph = convert_for_drawing(bbn)
    pos = nx.nx_agraph.graphviz_layout(graph, prog='neato')
    plt.figure(figsize=(20, 10))
    plt.subplot(121)
    labels = dict([(k, node.variable.name) for k, node in bbn.
    nodes.items()])
    nx.draw(graph, pos=pos, with_labels=True, labels=labels)
    plt.title('BBN DAG')
```

参考文献

Chang, T.H., Hsu, C.S., Wang, C., & Yang, L.-K. (2008). On board measurement and warning module for measurement and irregular behavior. *IEEE Transactions on Intelligent Transportation Systems, 9*(3), 501–513.

Clark, J.D., & Harbour, S.D. (2019). Unpublished.

Clark, J.D., Mitchell, W.D., Vemuru, K.V., & Harbour, S.D. (2019). Unpublished.

Dayan, P., Abbott, L.F., & Abbott, L. (2001). Theoretical neuroscience: computational and mathematical modeling of neural systems.

Friston, K., & Buzsáki, G. (2016). The functional anatomy of time: what and when in the brain. *Trends in cognitive sciences, 20*(7), 500–511.

Friston K. (2018). Am I Self-Conscious? (Or Does Self-Organization Entail Self-Consciousness?). *Frontiers in psychology, 9*, 579. doi:10.3389/fpsyg.2018.00579

Gerstner, W., & Kistler, W. (2002). *Spiking Neuron Models: Single*

Neurons, Populations, Plasticity. Cambridge University Press.

Harbour, S.D., & Christensen, J.C. (2015, May). A neuroergonomic quasi-experiment: Predictors of situation awareness. In Display Technologies and Applications for Defense, Security, and Avionics IX; and Head-and Helmet-Mounted Displays XX (Vol. 9470, p. 94700G). SPIE.

Harbour, S.D., Rogers, S.K., Christensen, J.C., & Szathmary, K.J. (2015, 2019). Theory: Solutions toward autonomy and the connection to situation awareness. Presentation at the 4th Annual Ohio UAS Conference. Convention Center, Dayton, Ohio. USAF.

Harbour, S.D., Clark, J.D., Mitchell, W.D., & Vemuru, K.V. (2019). Machine Awareness. *20th International Symposium on Aviation Psychology*, 480-485. https://corescholar.libraries.wright.edu/isap_2019/81

Kidd, C., & Hayden, B.Y. (2015). The Psychology and Neuroscience of Curiosity. *Neuron, 88*(3), 449-460.

Kistan, T., Gardi, A., & Sabatini, R. (2018). Machine learning and cognitive ergonomics in air traffic management: Recent developments and considerations for certification. *Aerospace, 5*(4), article no. 103.

Loewenstein G. (1994). The Psychology of Curiosity: A Review and Reintrepretation. *Psychological Bulletin, 116*(1), 75-98.

Mitchell, W.D. (February, 2019), private communication.

Murphy, R.R. (2019). *Introduction to AI robotics*. MIT press.

Rogers, S. (2019). Unpublished.

Sharpee, T.O., Calhoun, A.J., & Chalasani, S.H. (2014). Information theory of adaptation in neurons, behavior, and mood. *Current opinion in neurobiology*, 25, 47-53.

Li, L.S., Hansman, R.J., Palacios, R., and Welsch, R. (2016). Anomaly detection via Gaussian mixture model for flight operation and safety monitoring, *Transportation Technologies, Part C: Emerging Technologies, 64*, 45-57.

Pour, A.G., Taheri, A., Alemi, M., & Meghdari, A. (2018). Human-Robot facial expression reciprocal interaction platform: Case studies on children with autism. *International Journal of Social Robotics, 10*(2), 179-198.

Vemuru, K.V., Harbour, S.D., & Clark, J.D. (2019). Reinforcement Learning in Aviation, Either Unmanned or Manned, with an Injection of AI. *20th International Symposium on Aviation Psychology*, 492-497. https://corescholar.libraries.wright.edu/isap_2019/83

Xu, S.T., Tan, W.Q., Efremov, A.V., Sun, L.G., & Qu, X. (2017). Review of control models for human pilot behavior, *Annual Review in Control, 44,* 274–291.

Zhao, W.Z., He, F., Li, L.S., & Xiao, G. (2018). An adaptive online learning model for flight data cluster analysis, In *Proc. of 2018 IEEE/AIAA 37th Digital Avionics Systems Conference, IEEE-AIAA Avionics Systems Conference* (pp.1–7). London, UK.

APPENDIX B

附录 B

OpenAI Gym

OpenAI Gym 对于任何对机器学习和人工智能研究感兴趣的人都是开放的，它是由 Elon Musk、Sam Altman 等人于 2015 年共同承诺投资 10 亿美元创立的。其理念是让人工智能领域的研究成果更容易获取，并以一种有益于整个人类的方式促进和发展友好的人工智能(https://en.wikipedia.org/wiki/OpenAI)。

强化学习是一种机器学习方法，涉及做出一系列决策。强化学习包含了一套数学理论，并且已经投入一系列实际应用当中。最近将深度学习与强化学习相结合的进展，使得该领域的研究者们产生了极大的乐观情绪。很明显，像策略梯度和 Q 学习这样的通用算法能够在复杂问题上实现突破，且无须针对特定问题进行专门设计。为了在强化学习方面取得最新进展，分析社区希望建立创新基准体系以验证算法效能。

我们已经发布了一系列基准测试，比如街机学习环境(Arcade Learning Setting，ALE)，它将一套 Atari 2600 游戏转化为强化学习问题，以及最近发布的 RL Lab 持续管理基准测试，我们打算向读者介绍一下可供备选的若干 RL 基准测试。Open AI Gym 的目标是将之前这些基准测试集中最有效的组件融合在一个方便易用的软件包中，它包含多种任务(称为环境)，这些环境采用标准化的接口，并且可以随着时间的推移而发展。环境的版本控制方式将确保结果能有意义和可再现，因为软件包是定期更新的。除了软件包库，OpenAI Gym 还包括一个网站(gym.openai.com)，在该网站上可以查看所有环境的记分牌，显示用户提交的结果。我们鼓励用户提供 ASCII 文本文件的链接以及如何复制其结果的说明。强化学习假设一个智能体被放置在一个环境中，在每一步中，智能体采取某个行动，并从环境中获得观察和奖励(参见 https://developer.nvidia.com/blog/train-reinforcement-learning-agents-openai-gym/上的"在 OpenAI Gym 中训练强化学习智能体")。因为智能体会与环境交互，因此强化学习公式会最大化智能体总奖励的某些时长。在强化学习中，环境会被形式化为部分可观察马尔可夫调用方法(Partially Observable Markov Decision Process，POMDP)。

OpenAI Gym 专注于强化学习的情景设置，其中智能体的专业知识被压缩表示为一系列情节。在每一情节中，智能体的初始状态都是不加选择地从分布中采样，因此会产生交互作用，直到环境达到最终状态。情景强化学习的目标是最大化每一情景的总奖励预期，并在尽可能少的情节中获得高水平的表现。下面的代码片段显示了具有 100 个时间步长的情景，它假设有一个 agent 对象在每个时间步长进行观察，此外还有一个称为 env 的对象。OpenAI Gym 的设计依赖于其创建者在开发和检查强化学习算法方面的专业知识，以及对之前基准集的处理经验。在这个附录中，我们将对我们的风格决策做一个总结。环境，而不是智能体。这里的两个核心理念是智能体和环境。

我们选择仅为环境提供抽象，而不为智能体提供抽象。这种方案为用户提供了最大的便利，并允许他们实现完全不同类型的智能体接口。首先，人们可能会想到“在线学习”的方式，其中智能体在每个时间步长都将(观察、奖励、结果)作为输入，并逐步执行学习更新。智能体会被命名，并将观测数据以“批量更新”模式作为输入。因此，奖励信息是由强化学习公式单独收集的，并作为后续更新的标准依据。通过单独指定智能体接口，我们倾向于允许用户使用这两种设计中的任何一种编写他们的智能体。要重视样本质量，而不仅仅是最终表现。强化学习公式在一个环境中的表现可以从两个方面来衡量：第一，最终表现；第二，学习所需的次数——样本质量。更具体地来讲，最终表现指的是学习完成后每一情景的典型奖励。学习次数可以用多种方式来衡量，其中一种方式是在超过平均表现强度水平之前计算情景的数量。强化学习为基准测试提出了新的挑战。表现是在监督学习环境中通过查看测试集上的预测准确性来衡量的，其中正确的输出对智能体是隐藏的。在强化学习中，性能评估不太直接，除非在不可见的环境中运行用户的代码，这会导致计算成本高昂。虽然可以看到测试集，但应该证明算法在其测试问题上没有产生“过拟合”(例如，通过参数调优)。我们更推荐采用一种裁判方法来破译用户提交的结果。

因此，OpenAI Gym 要求用户提供学习形式。OpenAI Gym 包含一组可以随时间增长的环境(即一组部分可观察马尔可夫决策过程)。在 Gym 最初的测试版本发布时，包括以下环境：

1)经典的管理文本：源自强化学习相关文献的小型任务。

2)计算任务：执行计算，如多位数字相加或反转序列，大多数这种任务都需要内存，不同的序列长度可以选择其对应的内存分配方式。

3)Atari：经典的 Atari 游戏，以屏幕画面或内存作为输入，街机学习环境的高难度之作。

4)棋类游戏：目前，我们已经在 OpenAI Gym 中引入了棋盘格为9×9 和 19×19 的棋类游戏，两者都用到了 Pachi 引擎。将来我们希望在多个方面发展 Open Gym。

5)多智能体环境：该环境引人注目，最终体现为智能体与其他智能体合作或竞争完成的任务。

6)学习和迁移学习的课程：现在这些任务应当从头开始解决，之后，如果能考虑到任务序列则更加吸引人，因此应当在一个任务上训练得到公式(OpenAI Gym - arXiv Vanity：https://www.arxiv-vanity.com/papers/1606.01540/)。在这里，我们将生成一系列越来越困难的任务，这些任务应该被解决。

7)现实世界的操作：最终我们要把 gym API 和机器人硬件集成起来，在现实世界中验证强化学习算法。

B.1 OpenAI Gym 入门

OpenAI Gym 是开发和比较强化学习算法的工具，它对智能体的结构不做任何假设，并且与所有数值计算库(例如 TensorFlow 或 Theano)都兼容。

OpenAI Gym 库是各种环境的大集合，你可以用这些环境弄清楚强化学习算法。这些环境有共享的接口，可以让你记下常规的算法。

要想使用 OpenAI Gym，必须安装 Python 3.5 以上版本，利用如下所示的 pip 命令安装 OpenAI Gym：

```
pip
install pip install gym
```

如果你想的话，可以直接克隆 gym 的代码库，这样做对你修改 gym 自身的代码或添加环境会很有帮助。请使用如下所示的命令检出并安装 gym 的代码库（参见 https://gym. openai. com/docs/上的“Gym-OpenAI 入门”）：

```
git
clone https://github.com/openai/gym
cd gym pip install -e.
```

稍后可以通过执行 pip install -e. [all] 命令来进行包含所有环境的完整安装。这需要许多相关的依赖库，以及 CMake 和最新版本的 pip（参见 https://gym. openai. com/docs/上的“Gym-OpenAI 入门”）。

B. 2 环境

这里给出一个能运行的最小示例，该示例能将 CartPole-v0 环境的关联实例运行 1000 次，每一次都会对该环境进行渲染，你应当能够看到一个弹出式窗口，在这个窗口中会模拟展示经典倒立摆问题的过程（参见 https://gym. openai. com/docs/上的“Gym-OpenAI 入门”）：

```
Import gym env = gym.make('CartPole-v0')
env.reset() for
_ in range(1000):

   env.render()

  env.step(env.action_space.sample()) # take a random action
  env.close()
```

通常我们会在倒立摆离开屏幕之前结束模拟，请忽略有关 step( )的警告信息，即使假设该环境已经回到了 done=True 的状态。

如果你希望看到另一个环境运行，可以用更高级的环境来取代 CartPole-v0，例如 MountainCar-v0、MsPacman-v0（需要 Atari 依赖），或者 Hopper-v1（需要 MuJoCo 依赖）。环境都是从基类 Env 继承而来。

注意　如果找不到依赖库，参见 https://gym. openai. com/docs/**上的“Gym-OpenAI 入门”。**

你可以看到有帮助的出错信息，告知你缺少了哪些依赖。由于缺乏解决依赖缺失问题的明确说明，这可能会给你带来困难。添加依赖通常非常简单。对于 Hopper-v1，你需要 MuJoCo 许可。

B.3 观测

如果你想做的不仅仅是在每一步都采取随机行动，那么明智的做法是了解你的行动对环境所产生的影响。

环境的各步会精确地返回我们想要的内容，动作会返回四个值，第一个值是观测(Observation，对象)：它是与特定环境相关的对象，表示你对环境的观测，例如，来自相机的组件信息以及机器人的关节角度和关节速度(参见 https://gym.openai.com/docs/golem 上的“Gym-OpenAI 入门”)，甚或是室内游戏中的棋盘状态(参见 https://gym.openai.com/docs/上的“Gym-OpenAI 入门”)。第二个值是奖励(Reward，浮点数)：前一个动作所获得的奖励数量，尽管环境的大小各不相同，但是目标通常都是提升总的奖励值。第三个返回值是是否完成(Done，布尔值)：是否应当重置环境，大多数(但不是全部)任务场景被划分为定义明确的若干情节，done 为 True 表示情节结束。例如，倒立摆由于摆杆倾斜得太多而倒下，由此场景结束。第四个返回值是信息(Info，字典)：有助于调试的诊断信息，它通常会有利于学习(例如，它会包含导致环境最后一次状态变化背后的最初原因)。然而，智能体的官方评估流程似乎不允许使用它来学习。

这是经典的“智能体-环境循环”的相应实现，在每一个时间步长，智能体选择一个相关的动作，环境返回相应的观测结果和奖励。

reset()启动进程，它会返回初始状态的观测。

编写上面的代码有很多正确的方法，但是都必须遵循 done 标记的处理逻辑：

```
import gym
env
= gym.make('CartPole-v0')
for
i_episode in range(20):

  observation = env.reset()

  for t in range(100):

      env.render()

      print(observation)

      action = env.action_space.sample()

      observation, reward, done, info = env.step(action)

      if done:

          print("Episode finished once timesteps".format(t+1))
          break
env.close()
```

上面的代码会输出一个视频，还会输出如下所示的内容，你应当能够看到在何处发生了复位：

```
[-0.061586 -0.75893141 zero.05793238 one.15547541]
[-0.07676463 -0.95475889 zero.08104189 one.46574644]
[-0.0958598 -1.15077434 zero.11035682 one.78260485]
[-0.11887529 -0.95705275 zero.14600892 one.5261692 ]
[-0.13801635 -0.7639636 zero.1765323 one.28239155]
[-0.15329562 -0.57147373 zero.20218013 one.04977545]
The episode finished after fourteen timesteps
[-0.02786724 zero.00361763 -0.03938967 -0.01611184]
[-0.02779488 -0.19091794 -0.03971191 zero.26388759]
[-0.03161324 zero.00474768 -0.03443415 -0.04105167]
```

B.4　空间

我们从环境动作空间中随机抽取了 10 个以上的动作样本。但是，这些动作的基本单位是什么？每个环境都带有一个 action_space 以及对应的 observation_space，这两个属性都带有类型为 house 的基本单位，它们描述了有效动作和观测的格式，如下所示：

```
import
gym
env
= gym.make('CartPole-v0')
print(env.action_space)
#>
Discrete(2)
print(env.observation_space)
#>
Box(4,)
```

离散 house 允许固定范围的非负数，因此在这种情况下，有效的动作单位为 0 或 1。box house 表示一个 n 维数据框，因此，有效的观测是由 4 个数字组成的数组，我们要对数据框的边界进行检查：

```
print(env.observation_space.high)
#>
array([ two.4 , inf, 0.20943951, inf])
print(env.observation_space.low)
#>
array([-2.4 , -inf, -0.20943951, -inf])
```

这有助于编写适用于许多不同环境的通用代码。box 型和离散型基本单位是两种主要的基本单位，你需要从一个基本单位进行抽样，或者确保某个样本属于该基本单位。

在 gym 中采用如下所示的方式导入区域：

```
space
= houses.Discrete(8) # Set with eight components
x
= space.sample()
assert
house.contains(x)
assert
house.n == 8
```

对于 Carole-v0 环境而言，其中一个动作强制倒立摆的摆杆向左，另一个动作则强制摆杆向右(你能猜出究竟是哪个动作吗?)。

幸运的是，你的学习公式越高级，需要自己去解释这些数字的次数就越少。

B.5 可用的环境

OpenAI Gym 提供了从简单到复杂的无数环境，这些环境涉及许多不同类型的信息。可以通过环境列表以鸟瞰图的方式观察这些环境。

经典控制与字符游戏环境：完成小规模任务，这些任务主要来自强化学习的相关文献，这也是你入门之处。

算法环境：执行计算，例如多位数相加或者反转序列。这些任务有一个特殊的性质，即很容易通过改变序列长度来改变问题。有人可能会反对说，这些任务对 PC 来说太简单了，但其挑战其实在于从实例中确切地找发掘算法。

Atari 环境：玩经典的 Atari 游戏，我们已经将街机学习环境(它对强化学习研究产生了巨大影响)整合成了易于安装的形式。

封闭区域单元的一些环境则来自加州大学伯克利分校的研究人员(顺便说一句，他们在今年夏天将加入我们的团队)最近提出的测试基准。

二维和三维机器人环境：在模拟中控制机器人。这些任务用到了 MuJoCo 物理引擎(请在 https://www.programmersought.com/article/90548893021/参阅“Strengthening the GYM of Learning-Programmer Sought”)，该引擎被设计用于快速准确的机器人模拟。MuJoCo 是带有专利权的软件包，但它提供了免费试用许可。

注册 Gym 的主要目的是提供各式各样的环境，这些环境对外提供版本化的标准接口和区域单元，以便进行比较。要想列出你安装好的 Gym 所带的环境，可以使用 athletic facility. envs. registry 对象：

```
From athletic facility import envs
print(envs.registry.all())
#> [EnvSpec(DoubleDunk-v0), EnvSpec(InvertedDoublePendulum-v0),
```

```
EnvSpec(BeamRider-v0), EnvSpec(Phoenix-ram-v0),
EnvSpec(Asterix-v0),
EnvSpec(TimePilot-v0), EnvSpec(Alien-v0), EnvSpec(Robotank-
ram-v0), EnvSpec(CartPole-v0),
EnvSpec(Berzerk-v0), EnvSpec(Berzerk-ram-v0), EnvSpec(Gopher-
ram-v0), ...
```

上面为你提供了一份 EnvSpec 对象清单，清单中的每一项都定义了特定任务的参数以及要执行的实验的数量和步骤的数量。例如，EnvSpec(Hopper-v1)定义了一个环境，其目标是让一个二维模拟机器人跳起来，而 EnvSpec(Go9x9-v0)则在 9×9 的棋盘上定义了一个棋类游戏。

环境的 ID 区域单元被当作不透明的字符串，为了维持长期有效的比较，环境永远不会以影响性能的方式改变，只能由较新的版本取代。我们给每个环境添加版本后缀，以便其可以被调用，如 v0、v1、v2 等。

注册你自定义的环境并将其放到环境市场当中非常简单，只需要在加载时调用 gym.make()：register()即可。

B.6 背景

为什么会选择 2016 年才发布的 OpenAI Gym？强化学习是机器学习的一个子领域，涉及更高级的认知处理和控制。它同样也需要学习，但它的智能体学习的是如何在一个复杂不确定的环境中实现目标，这一点令人兴奋。

强化学习非常普遍，包含了涉及创建决策序列的所有问题，例如：控制机器人的电机，使其能够奔跑和跳跃；做出商业选择，如评级和库存管理；或者参加电子游戏和棋类游戏。强化学习甚至将应用于具有连续或结构化输出的监督学习问题。

强化学习算法已经开始在几个令人棘手的环境中取得了不错的成绩。强化学习具有悠久的历史，在深度学习取得进展之前，它需要大量针对特定问题的工程学知识。DeepMind 的 Atari 测试结果、Pieter Abbeel 团队的 BRETT 以及 AlphaGo 都使用了深度强化学习算法。

首先是对更高测试基准的需求。在监督学习中，学习过程是由海量的带标签的数据集(如 ImageNet)驱动的。在强化学习中与之最接近的是庞大并且多样的环境分类。然而，目前强化学习环境的 ASCII 文本文件集合没有足够的多样性，而且基本单位通常甚至很难出现和使用。

其次，出版的相关文献中所使用的环境缺乏标准化。在定义上潜在的微小差异(如奖励、性能或动作集合)会极大地改变任务的问题。这个问题使得执行出版物分析和比较不同论文的结果困难重重。

OpenAI Gym 致力于解决每一个问题。

B.7 无人系统的 Gym 环境

本书的代码仓库中包含一个可用 pip 获取的包，它是一个 OpenAI Gym 环境，可用于无人系统通过强化学习进行学习。它还引入了交互式强化学习的理念。

安装 OpenAI Gym。通过 pip install -e 安装这个包，然后按照如下所示的方式创建环境：

```
import gym
import gym_pull
gym_pull.pull('github.com/jnc96/drone-gym')
env = gym.make('Drone-v0')
```

请在 https://github.com/matthiasplappert/keras-rl/tree/master/examples 上查看若干示例。

B.8 依赖

整个生态系统极大依赖于 TensorForce(https://github.com/tensorforce)，在环境的创建中同样也可以用到 OpenAI Gym(https://gym.openai.com/)。

要对 Alexander Kuhnle 在这个框架的开发过程中所提供的帮助表示特别的感谢。

B.9 自定义创建环境

整个环境利用 OpenAI Gym 定义的框架来自定义创建。环境包含地形梯度值的网格。环境的奖励是预测覆盖率，它是作为智能体所采取行动的线性函数计算得到的。

B.9.1 在现实生活当中

整个系统的主要目的是研究人类交互如何影响传统的强化学习框架。编写自定义脚本可以让这一点更易于进行，并且还修改了几个 TensorForce 脚本。这些可以在自定义脚本文件夹中找到，该文件夹需要手动提取并放置在 TensorForce 包目录中。

它是由 Jia Ning 在 2019 年创建的(https://github.com/jnc96)。

注意　该代码仓库的主分支正在积极开发当中，请经常使用 git 进行拉取，并随时发现有关不希望的、意外的或(可能)不正确的行为的问题(https://github.com/utiasDSL/gym-pybullet-drones/issues)。谢谢！

B.9.2 gym-pybullet-drones 示例

这是一个基于 PyBullet(https://github.com/bulletphysics/bullet3)的简单的 OpenAI Gym 环境(https://en.wikipedia.org/wiki/KISS_principle)，用于基于四旋翼无人机的多智能体强化学习。

默认的 DroneModel.CF2X 动力学是基于 Bitcraze 的 Crazyflie 2.x 微型无人机的(https://www.bitcraze.io/documentation/hardware/crazyflie_2_1/crazyflie_2_1-datasheet.pdf)。

所有在 $ 后面的内容都要在终端中输入，所有在>>>后的内容都要发送给 Python 解释器。

要想更好地理解 PyBullet 后端是如何工作的，请参考其《快速入门指南》。

欢迎分别以问题(https://github.com/utiasDSL/gym-pybullet-drones/issues)和拉取请求(https://github.com/utiasDSL/gym-pybullet-drones/pulls)的形式提出建议和修正。

B.10 为何是四旋翼无人机控制的强化学习

众多有关连续动作的最新强化学习研究聚焦于策略梯度算法以及 Actor-Critic 架构上（https://lilianweng.github.io/lil-log/2018/04/08/policy-gradient-algorithms.html）。四旋翼无人机是一种易于掌握的移动机器人平台，其控制可以看作是一个连续的状态和动作问题，但此时问题的维度不止一维，其复杂性将导致许多候选策略陷入不可恢复状态，进而违背马尔可夫链上存在平稳状态分布的假设。

B.10.1 概述

gym-pybullet-drones 项目
AirSim（https://github.com/microsoft/AirSim）
Flightmare（https://github.com/uzh-rpg/flightmare）

物理引擎
PyBullet
FastPhysicsEngine/PhysX
Ad hoc/Gazebo

渲染
PyBullet
Unreal Engine 4
Unity

语言
Python
C++/C#
C++/Python

RGB/深度/片段视图
是
是
是

多智能体控制
是
是
是

ROS 接口
ROS2/Python

ROS/C++

ROS/C++

硬件在环模拟

否

是

否

完全可步进物理特性

是

否

是

气动效应

阻力，下洗流，地面效应

阻力

阻力

OpenAI Gym((https://github.com/openai/gym/blob/master/gym/core.py)接口

是

是(https://github.com/microsoft/AirSim/pull/3215)

是

RLlib MultiAgentEnv(https://github.com/ray-project/ray/blob/master/rllib/env/multi_agent_env.py)接口

是

否

否

B.10.2 性能

在以下情况中，模拟相对于墙上钟时间推进：

1)每架无人机使用 240Hz(模拟时钟)的 PyBullet 引擎。

2)每架无人机进行 48Hz(模拟时钟)的 PID 控制。

3)在障碍附近，并且有中等复杂程度的背景(见 GIF)。

4)每架无人机可以进行 24FPS(模拟时钟)、64×48 像素的 6 通道截图。

渲染

OpenGL

基于 CPU 的 TinyRender

单架无人机，无视觉

15. 5x
16. 8x

单架无人机，有视觉
10. 8x
1. 3x

多无人机(10 架)，无视觉
2. 1x
2. 3x

多无人机(5 架)，有视觉
2. 5x
0. 2x

80 架无人机分布于 4 个环境当中，无视觉
0. 8x
0. 95x

注意 要想获得更好的性能，请按照这样设置：gui=False，aggregate_phy_steps=int(SIM_HZ/CTRL_HZ)。

虽然很容易有意识或无意识地挑选统计数据(https://en.wikipedia.org/wiki/Cherry_picking)，但 PyBullet 物理引擎(5kHz，仅使用 CPU)比 AirSim(1kHz)(https://arxiv.org/pdf/1705.05065.pdf)更快，比 Flightmare 的 35kHz 简单的四旋翼飞行器动力学模型更精确(https://arxiv.org/pdf/2009.00563.pdf)。

利用并行计算(80 架无人机分布于 4 个环境当中，参见脚本 parallelism.sh，https://github.com/utiasDSL/gym-pybullet-drones/blob/master/experiments/performance/parallelism.sh)，可以让 PyBullet 引擎以大约 20kHz 的速率更新。

在 CPU 渲染下，多智能体六通道视频捕获的速率约为 750KB/s，可与 Flightmare 的 240 RGB 帧/s 相媲美(https://arxiv.org/pdf/2009.00563.pdf)，并且在 Ubuntu 上使用 OpenGL 渲染的速度要快一个数量级。

B.11 需求和安装

该代码仓库是在 macOS 10.5 上，在 conda(https://github.com/JacopoPan/a-minimalist-guide)环境下利用 Python 3.7 编写的，并在 macOS 11 和 Ubuntu 18.04 上进行了测试。

B.11.1 在 macOS 和 Ubuntu 上

主要的依赖包括 gym(https://gym.openai.com/docs/)、pybullet(https://docs.google.

com/document/d/10sXEhzFRSnvFcl3XxNGhnD4N2SedqwdAvK3dsihxVUA/edit）、stable-baselines3（https://stable-baselines3.readthedocs.io/en/master/guide/quickstart.html）以及 rllib（https://docs.ray.io/en/master/rllib.html）：

```
pip3 install --upgrade numpy Pillow matplotlib cycler
pip3 install --upgrade gym pybullet stable_baselines3 'ray[rllib]'
```

视频录制需要在 macOS 上安装 ffmpeg（https://ffmpeg.org/）：

```
$ brew install ffmpeg
```

在 Ubuntu 上则是：

```
$ sudo apt install ffmpeg
```

该代码仓库被组织为一个 gym 环境（https://github.com/openai/gym/blob/master/docs/creating-environments.md），可以利用 pip install -editable 命令安装：

```
$ git clone https://github.com/utiasDSL/gym-pybullet-drones.git
$ cd gym-pybullet-drones/
$ pip3 install -e
```

而在 GPU 可用的 Ubuntu 上，可以去掉 BaseAviary.py 的第 203 行的注释（https://github.com/utiasDSL/gym-pybullet-drones/blob/fab619b119e7deb6079a292a04be04d37249d08c/gym_pybullet_drones/envs/BaseAviary.py#L203），以使用 eglPlugin（https://support.google.com/drive/answer/6283888#heading=h.778da594xyte）。

B.11.2 在 Windows 上

请查看 Karime Pereida 博士为 Windows 10 编写的分步操作指南。

B.11.3 示例

在 examples/中有两个模板脚本：fly.py 和 learn.py。fly.py 利用在类 DSLPIDControl 中实现的 PID 控制执行独立的飞行任务（https://github.com/utiasDSL/gympybullet-drones/tree/master/gym_pybullet_drones/control/DSLPIDControl.py）：

```
$ cd gym-pybullet-drones/examples/
$ python3 fly.py # Try 'python3 fly.py -h' to show the script's
customizable parameters
```

注意 使用 GUI 的滑动条和按钮，使用 GUI RPM 用交互式输入改变控制。

learn.py 则是一个强化学习示例，利用 stable-baselines3 的 A2C（https://stable-baselines3.readthedocs.io/en/master/modules/a2c.html））或 rllib 的 PPO 学习起飞：

```
$ cd gym-pybullet-drones/examples/
$ python3 learn.py # Try 'python3 learn.py -h' to show the
script's customizable parameters
```

在示例文件夹中还有其他一些脚本。

downwash. py 是一个有两架无人机的飞行脚本，用于测试下洗流模型：

```
$ cd gym-pybullet-drones/examples/
$ python3 downwash.py # Try 'python3 downwash.py -h' to show
the script's customizable parameters
```

compare. py 则用于对存放在 example_trace. pkl 中的航迹（https://github. com/utiasDSL/gym-pybullet-drones/tree/master/files/example_trace. pkl）进行回放和比较：

```
$ cd gym-pybullet-drones/examples/
$ python3 compare.py # Try 'python3 compare.py -h' to show the
script's customizable parameters
```

B. 11. 4 实验

文件夹 experiments/learning（https://github. com/utiasDSL/gym-pybullet-drones/tree/master/experiments/learning）包含带有模板学习管道的脚本。对于单智能体强化学习问题而言，利用 stable-baselines3（https://stable-baselines3. readthedocs. io/en/master/guide/quickstart. html），按照如下所示的方式执行训练脚本（https://github. com/utiasDSL/gym-pybullet-drones/blob/master/experiments/learning/singleagent. py）：

```
$ cd gym-pybullet-drones/experiments/learning/
$ python3 singleagent.py --env <env> --algo <alg> --obs
<ObservationType> --act <ActionType> --cpu <cpu_num>
```

执行回放脚本（https://github. com/utiasDSL/gym-pybulletdrones/blob/master/experiments/learning/test_singleagent. py），以可视化的方式展示训练得最好的智能体：

```
$ python3 test_singleagent.py --exp ./results/save-<env>-
<algo>-<obs>-<act>-<time-date>
```

对于多智能体强化学习问题而言，利用 rllib（https://docs. ray. io/en/master/rllib. html）执行训练脚本（https://github. com/utiasDSL/gym-pybullet-drones/blob/master/experiments/learning/multiagent. py）：

```
$ cd gym-pybullet-drones/experiments/learning/
$ python3 multiagent.py --num_drones <num_drones> --env <env>
--obs <ObservationType> --act <ActionType> --algo <alg> --num_
workers <num_workers>
```

执行回放脚本(https://github.com/utiasDSL/gym-pybulletdrones/blob/master/experiments/learning/test_multiagent.py)，以可视化的方式展示训练得最好的智能体：

```
$ python3 test_multiagent.py --exp ./results/save-<env>-<num_
drones>-<algo>-<obs>-<act>-<date>
```

B.11.5 BaseAviary 类

一架(或多架)四旋翼无人机的飞行竞技场可用 BaseAviary()的子类创建：

```
>>> env = BaseAviary(
>>> drone_model=DroneModel.CF2X, # See DroneModel Enum class
for other quadcopter models
>>> num_drones=1, # Number of drones
>>> neighborhood_radius=np.inf, # Distance at which drones are
considered neighbors, only used for multiple drones
>>> initial_xyzs=None, # Initial XYZ positions of the drones
>>> initial_rpys=None, # Initial roll, pitch, and yaw of the
drones in radians
>>> physics: Physics=Physics.PYB, # Choice of (PyBullet)
physics implementation
>>> freq=240, # Stepping frequency of the simulation
>>> aggregate_phy_steps=1, # Number of physics updates within
each call to BaseAviary.step()
>>> gui=True, # Whether to display PyBullet's GUI, only use
this for debbuging
>>> record=False, # Whether to save a .mp4 video (if gui=True)
or .png frames (if gui=False) in gym-pybullet-drones/files/,
see script /files/videos/ffmpeg_png2mp4.sh for encoding
>>> obstacles=False, # Whether to add obstacles to the
environment
>>> user_debug_gui=True) # Whether to use addUserDebugLine and
addUserDebugParameter calls (it can slow down the GUI)
And instantiated with gym.make()—see learn.py for an example
>>> env = gym.make('rl-takeoff-aviary-v0') # See learn.py
Then, the environment can be stepped with
>>> obs = env.reset()
>>> for _ in range(10*240):
>>> obs, reward, done, info = env.step(env.action_space.
sample())
```

```
>>> env.render()
>>> if done: obs = env.reset()
>>> env.close()
```

B. 11. 6　创建新的飞行竞技场类

一个新的强化学习问题可被创建为（BaseAviaryhttps://github. com/utiasDSL/gym-pybullet-drones/blob/master/gym _ pybullet _ drones/envs/BaseAviary. py）的子类（即 class NewAviary(BaseAviary)：...），并实现如下所示的 7 个抽象方法：

```
>>> #### 1
>>> def _actionSpace(self):
>>> # e.g., return spaces.Box(low=np.zeros(4), high=np.ones(4),
dtype=np.float32)
>>> #### 2
>>> def _observationSpace(self):
>>> # e.g., return spaces.Box(low=np.zeros(20), high=np.ones(20),
dtype=np.float32)
>>> #### 3
>>> def _computeObs(self):
>>> # e.g., return self._getDroneStateVector(0)
>>> #### 4
>>> def _preprocessAction(self, action):
>>> # e.g., return np.clip(action, 0, 1)
>>> #### 5
>>> def _computeReward(self):
>>> # e.g., return -1
>>> #### 6
>>> def _computeDone(self):
>>> # e.g., return False
>>> #### 7
>>> def _computeInfo(self):
>>> # e.g., return {"answer": 42} # Calculated by the Deep Thought
supercomputer in 7.5M years
```

请通过 CtrlAviary（https://github. com/utiasDSL/gym-pybullet-drones/blob/master/gym _ pybullet_drones/envs/CtrlAviary. py）、VisionAviary（https://github. com/utiasDSL/gym-pybullet-drones/blob/master/gym _ pybullet _ drones/envs/VisionAviary. py）、HoverAviary（https://github. com/utiasDSL/gym-pybullet-drones/blob/master/gym_pybullet_drones/envs/single_agent_rl/HoverAviary. py）和 FlockAviary（https://github. com/utiasDSL/gym-pybullet-drones/blob/master/gym_pybullet_drones/envs/multi_agent_rl/FlockAviary. py）查看相关示例。

B.11.7 动作空间示例

环境对动作空间的定义必须在 BaseAviary (https://github.com/utiasDSL/gym-pybullet-drones/blob/master/gym_pybullet_drones/envs/BaseAviary.py)的每个子类通过函数中实现。

```
>>> def _actionSpace(self):
>>> ...
```

在 CtrlAviary (https://github.com/utiasDSL/gym-pybulletdrones/blob/master/gym_pybullet_drones/envs/CtrlAviary.py) 和 VisionAviary (https://github.com/utiasDSL/gym-pybullet-drones/blob/master/gym_pybullet_drones/envs/VisionAviary.py) 中，它是 Box (4,) (https://github.com/openai/gym/blob/master/gym/spaces/box.py)的字典 Dict() (https://github.com/openai/gym/blob/master/gym/spaces/dict.py)，其中包含无人机的命令 RPM。该字典的键是 "0"、"1"、…、"*n*"，其中，*n* 是无人机的编号。

BaseAviary (https://github.com/utiasDSL/gym-pybullet-drones/blob/master/gym_pybullet_drones/envs/BaseAviary.py)的每个子类还需要实现一个预处理步骤，将动作转换为 RPM：

```
>>> def _preprocessAction(self, action):
>>> ...
```

CtrlAviary (https://github.com/utiasDSL/gym-pybullet-drones/blob/master/gym_pybullet_drones/envs/CtrlAviary.py)、VisionAviary (https://github.com/utiasDSL/gym-pybullet-drones/blob/master/gym_pybullet_drones/envs/VisionAviary.py)、HoverAviary (https://github.com/utiasDSL/gym-pybullet-drones/blob/master/gym_pybullet_drones/envs/single_agent_rl/HoverAviary.py) 以及 FlockAviary (https://github.com/utiasDSL/gym-pybullet-drones/blob/master/gym_pybullet_drones/envs/multi_agent_rl/FlockAviary.py)都能很容易地将输入转换为 MAX_RPM。

传递给 DynAviary.step()的 DynAviary 动作输入是 Box(4,)的字典 Dict()，包含以下内容 (https://github.com/utiasDSL/gym-pybullet-drones/blob/master/gym_pybullet_drones/envs/DynAviary.py)：

1)沿着无人机 *Z* 轴的所需推力。

2)围绕无人机 *X* 轴的所需扭矩。

3)围绕无人机 *Y* 轴的所需扭矩。

4)围绕无人机 *Z* 轴的所需扭矩。

根据以上数据，所需的 RPM 由 DynAviary._preprocessAction() 计算得到 (https://github.com/utiasDSL/gym-pybullet-drones/blob/master/gym_pybullet_drones/envs/DynAviary.py)。

B.11.8 观测空间示例

环境对动作空间的定义必须在 BaseAviary (https://github.com/utiasDSL/gym-pybullet-drones/blob/master/gym_pybullet_drones/envs/BaseAviary.py)的每个子类中实现。

```
>>> def _observationSpace(self):
>>> ...
```

CtrlAviary (https://github.com/utiasDSL/gym-pybullet-drones/blob/master/gym_pybullet_drones/envs/CtrlAviary.py)是一个字典 Dict()(https://github.com/openai/gym/blob/master/gym/spaces/dict.py), 该字典由数据对{"state": Box(20,), "neighbors": MultiBinary(num_drones)}组成。

该字典的键是"0"、"1"、…、"n", 其中, n 是无人机的编号。

每个 Box(20,)(https://github.com/openai/gym/blob/master/gym/spaces/box.py)包含无人机的:

1)WORLD_FRAME 坐标系下的位置 X、Y 和 Z(单位为 m, 3 个值)。

2)WORLD_FRAME 坐标系下的四元数旋转值(4 个值)。

3)WORLD_FRAME 坐标系下的横滚、俯仰和偏航角(单位为 rad, 3 个值)。

4)WORLD_FRAME 坐标系下的速度矢量(单位为 m/s, 3 个值)。

5)WORLD_FRAME 坐标系下的角速度(3 个值)。

6)发动机的速度(单位为 rad/min, 4 个值)。

每个 MultiBinary(num_drones)(https://github.com/openai/gym/blob/master/gym/spaces/multi_binary.py)包含多机器人系统邻接矩阵(https://en.wikipedia.org/wiki/Adjacency_matrix)中无人机自己所在的行。

VisionAviary(https://github.com/utiasDSL/gym-pybullet-drones/blob/master/gym_pybullet_drones/envs/VisionAviary.py)的观测空间与 CtrlAviary(https://github.com/utiasDSL/gym-pybullet-drones/blob/master/gym_pybullet_drones/envs/CtrlAviary.py)的观测空间相同, 但还包含了键 rgb、dep 和 seg(在每架无人机的字典当中)组成的矩阵, 这个矩阵包含无人机的 RGB、深度以及片段视图。

要想填充/自定义 obs 的内容, BaseAviary(https://github.com/utiasDSL/gym-pybullet-drones/blob/master/gym_pybullet_drones/envs/BaseAviary.py)的每个子类都需要实现以下内容:

```
>>> def _computeObs(self, action):
>>> ...
```

请查看 BaseAviary._exportImage()(https://github.com/utiasDSL/gym-pybullet-drones/blob/master/gym_pybullet_drones/envs/BaseAviary.py), 以及如何利用它在 VisionAviary._computeObs()(https://github.com/utiasDSL/gym-pybullet-drones/blob/master/gym_pybullet_drones/envs/VisionAviary.py)中将帧保存为 PNG 图像。

B.11.9 障碍

可以在方法_addObstacles()中利用 loadURDF(或者 loadSDF、loadMJCF)将物体添加到环境当中:

```
>>> def _addObstacles(self):
>>> ...
>>> p.loadURDF("sphere2.urdf", [0,0,0], p.getQuaternionFromEul
er([0,0,0]), physicsClientId=self.CLIENT)
```

B. 11. 10 阻力、地面效应和下洗流模型

可以通过 physics=Physics. PYB_GND_DRAG_DW 初始化 BaseAviary( )，将阻力、地面效应以及下洗流模型引入仿真当中，这样做的依据是 Forster 在 2015 年提出的系统辨识理论(http：//mikehamer. info/assets/papers/Crazyflie Modelling. pdf 中的公式 4. 2)，还有 Shi 等人在 2019 年提出的比较基准分析模型(https://arxiv. org/pdf/1811. 08027. pdf 中的公式 15)，以及 DSL(https://www. dynsyslab. org/vision-news/)的实验工作。

请查看 BaseAviary(https://github. com/utiasDSL/gym-pybullet-drones/blob/master/gym_pybullet_drones/envs/BaseAviary. py)中_drag( )、_groundEffect( )以及_downwash( )的实现，以了解更多详细信息。

B. 11. 11 PID 控制

文件夹 control(https://github. com/utiasDSL/gym-pybullet-drones/tree/master/gym_pybullet_drones/control)中包含了两种 PID 控制器的实现：用于 DroneModel. CF2X/P 的 DSLPIDControl(https://github. com/utiasDSL/gym-pybullet-drones/blob/master/gym_pybullet_drones/control/DSLPIDControl. py)和用于 DroneModel. HB 的 SimplePIDControl(https://github. com/utiasDSL/gym-pybullet-drones/blob/master/gym_pybullet_drones/control/SimplePIDControl. py)。可以按照如下所示的方式使用它们：

```
>>> ctrl = [DSLPIDControl(drone_model=DroneModel.CF2X) for i in
range(num_drones)] # Initialize "num_drones" controllers
>>> ...
>>> for i in range(num_drones): # Compute control for
each drone
>>> action[str(i)], _, _ = ctrl[i].computeControlFromState(. #
Write the action in a dictionary
>>> control_timestep=env.TIMESTEP,
>>> state=obs[str(i)]["state"],
>>> target_pos=TARGET_POS)
```

对于高级控制，可以通过 gym. Env 将速度输入 VelocityAviary(https://github. com/utiasDSL/gym-pybullet-drones/blob/master/gym_pybullet_drones/envs/VelocityAviary. py)与 PID 控制整合来实现。

setPIDCoefficients (https://github. com/utiasDSL/gym-pybullet-drones/blob/master/gym_pybullet_drones/control/BaseControl. py)方法可被用于改变给定的某个 PID 控制器的参数，以及用于解决目标为参数调优的学习问题(参见 TuneAviary(https://github. com/utiasDSL/gym-pybullet-drones/blob/master/gym_pybullet_drones/envs/single_agent_rl/TuneAviary. py))。

B. 11. 12 Logger 类

Logger 类(https://github. com/utiasDSL/gym-pybullet-drones/blob/master/gym_pybullet_drones/utils/Logger. py)包含一些辅助函数，用于保存和绘制仿真数据，如下面的示例所示：

```
>>> logger = Logger(logging_freq_hz=freq, num_drones=num_
drones) # 初始化logger类的实例
>>> ...
>>> for i in range(NUM_DRONES): # 记录每架无人机的信息
>>> logger.log(drone=i,
>>> timestamp=K/env.SIM_FREQ,
>>> state= obs[str(i)]["state"],
>>> control=np.hstack([ TARGET_POS, np.zeros(9) ]))
>>> ...
>>> logger.save() # 将数据保存到文件当中
>>> logger.plot() # 绘制数据
```

B. 11. 13 ROS2 的 Python 包装器

工作空间 ros2(https://github.com/utiasDSL/gym-pybullet-drones/tree/master/ros2)包含两个 ROS2 Foxy Fitzroy(https://index.ros.org/doc/ros2/Installation/Foxy/)Python 节点：

1) AviaryWrapper(https://github.com/utiasDSL/gym-pybullet-drones/blob/master/ros2/src/ros2_gym_pybullet_drones/ros2_gym_pybullet_drones/aviary_wrapper.py)是无人机 CtrlAviary(https://github.com/utiasDSL/gym-pybullet-drones/blob/master/gym_pybullet_drones/envs/CtrlAviary.py)环境的包装器节点。

2) RandomControl(https://github.com/utiasDSL/gym-pybullet-drones/blob/master/ros2/src/ros2_gym_pybullet_drones/ros2_gym_pybullet_drones/random_control.py)读取 AviaryWrapper 主题 obs，并将随机 RPM 发布到该主题上。

利用安装好的 ROS2(或者在 macOS 或 Ubuntu 上，相应地编辑 ros2_and_pkg_setups.(zsh/bash))，执行以下命令：

```
$ cd gym-pybullet-drones/ros2/
$ source ros2_and_pkg_setups.zsh # On macOS, on Ubuntu use
$ source ros2_and_pkg_setups.bash
$ colcon build --packages-select ros2_gym_pybullet_drones
$ source ros2_and_pkg_setups.zsh # On macOS, on Ubuntu use
$ source ros2_and_pkg_setups.bash
$ ros2 run ros2_gym_pybullet_drones aviary_wrapper
In a new terminal terminal, run
$ cd gym-pybullet-drones/ros2/
$ source ros2_and_pkg_setups.zsh # On macOS, on Ubuntu use
$ source ros2_and_pkg_setups.bash
$ ros2 run ros2_gym_pybullet_drones random_control
```

B. 11. 14 急需之物/半成品

1)利用 PyMARL 编写的模板脚本(https://github.com/oxwhirl/pymarl)。

2)Google Collaboratory(https://colab.research.google.com/notebooks/intro.ipynb)中的示例。

3)由众多人员编写的可作为替代的下洗流效应。

B. 11. 15 引用

如果你想的话，可以通过 https://arxiv.org/abs/2103.02142 引用我们的工作，引用格式为:

```
@INPROCEEDINGS{panerati2021learning,
      title={Learning to Fly---a Gym Environment with PyBullet
      Physics for Reinforcement Learning of Multi-agent
      Quadcopter Control},
      author={Jacopo Panerati and Hehui Zheng and SiQi Zhou and
      James Xu and Amanda Prorok and Angela P. Schoellig},
      booktitle={2021 IEEE/RSJ International Conference on
      Intelligent Robots and Systems (IROS)},
      year={2021},
      volume={},
      number={},
      pages={},
      doi={}
}
```

参考文献

Michael, Nathan, Daniel Mellinger, Quentin Lindsey, and Vijay Kumar. (2010). *The GRASP Multiple Micro UAV Testbed* (http://citeseerx.ist.psu.edu/viewdoc/download?doi=10.1.1.169.1687&rep=rep1&type=pdf).

Landry, Benoit. (2014). *Planning and Control for Quadrotor Flight through Cluttered Environments* (http://groups.csail.mit.edu/robotics-center/public_papers/Landry15)

Forster, Julian. (2015). *System Identification of the Crazyflie 2.0 Nano Quadrocopter* (http://mikehamer.info/assets/papers/Crazyflie Modelling.pdf)

Luis, Carlos, and Jeroome Le Ny. (2016). *Design of a Trajectory Tracking Controller for a Nanoquadcopter* (https://arxiv.org/pdf/1608.05786.pdf)

Shah, Shital, Debadeepta Dey, Chris Lovett, and Ashish Kapoor. (2017). *AirSim: High-Fidelity Visual and Physical Simulation for Autonomous Vehicles* (https://arxiv.org/pdf/1705.05065.pdf)

Liang, Eric, Richard Liaw, Philipp Moritz, Robert Nishihara, Roy Fox, Ken Goldberg, Joseph E. Gonzalez, Michael I. Jordan, and Ion Stoica. (2018). *RLlib: Abstractions for Distributed Reinforcement Learning* (https://arxiv.org/pdf/1712.09381.pdf)

Raffin, Antonin, Ashley Hill, Maximilian Ernestus, Adam Gleave, Anssi Kanervisto, and Noah Dormann. (2019) *Stable Baselines 3* (https://github.com/DLR-RM/stable-baselines3)

Shi, Guanya, Xichen Shi, Michael O'Connell, Rose Yu, Kamyar Azizzadenesheli, Animashree Anandkumar, Yisong Yue, and Soon-Jo Chung. (2019). *Neural Lander: Stable Drone Landing Control Using Learned Dynamics* (https://arxiv.org/pdf/1811.08027.pdf)

Samvelyan, Mikayel, Tabish Rashid, Christian Schroeder de Witt, Gregory Farquhar, Nantas Nardelli, Tim G. J. Rudner, Chia-Man Hung, Philip H. S. Torr, Jakob Foerster, and Shimon Whiteson. (2019). *The StarCraft Multi-Agent Challenge* (https://arxiv.org/pdf/1902.04043.pdf)

Liu, C. Karen, and Dan Negrut. (2020). *The Role of Physics-Based Simulators in Robotics* (https://www.annualreviews.org/doi/pdf/10.1146/annurev-control-072220-093055)

Song, Yunlong, Selim Naji, Elia Kaufmann, Antonio Loquercio, and Davide Scaramuzza. (2020). *Flightmare: A Flexible Quadrotor Simulator* (https://arxiv.org/pdf/2009.00563.pdf)

Bonus GIF for scrolling this far

University of Toronto's Dynamic Systems Lab (https://github.com/utiasDSL) / Vector Institute(https://github.com/VectorInstitute) / University of Cambridge's Prorok Lab (https://github.com/proroklab) / Mitacs (https://www.mitacs.ca/en/projects/multi-agent-reinforcement-learning-decentralized-uavugv-cooperative-exploration)

APPENDIX C

附录 C

人工智能和机器学习研究的未来

未来需要进行旨在彻底改变人工智能(AI)和机器学习(ML)的研究。自从 1994 年 Yann LeCun 提出卷积神经网络和深度学习以来，人工智能和机器学习基本上一直停滞不前，随着 LeNet 5 的出现，它们才在 1998 年取得了一些进展。虽然硬件和软件都取得了一些小小的进步，但人工智能在很大程度上一直陷入了“传统的”统计学习和模式识别窠臼，无法进行推断和预测。为了推动人工智能和机器学习的发展，该领域必须突破这一障碍，进入人工智能的“第三次浪潮”，这需要创新性的剧变。第三次浪潮包括这样一些系统，它们能针对现实世界的各种现象构建上下文解释模型，这将为解决意外查询(Unexpected Query，UQ)问题打开大门。

人工智能的第三次浪潮。位于法国里昂的市场调查公司 Yole Développement 在最近发表的一份报告中声称：“面对数据带宽的限制和不断增长的计算需求，感知和计算必须通过模拟神经生物学架构(和过程)来重塑自己。”(2019，https://www.embedded.com/making-the-case-for-neuromorphicchips-for-ai-computing/)。因此，神经形态计算和尖峰神经网络异军突起，最近在强化学习方面也取得了一系列进展。强化学习策略的鲁棒性提升了向尖峰神经网络平台转换的可行性。然而，很明显，这项研究必须包括对人类大脑和思维方式的探索，因此，重点被放在“模拟神经生物学架构(和过程)”上。应该注意的是，这也意味着包含了神经认知过程，因为如果没有包含神经科学研究，这种迈向人工智能第三次浪潮的革命是无法完全实现的。根据神经科学家、Deep Mind 联合创始人 Demis Hassabis 在 2019 年发布的研究，对尖峰神经网络、强化学习和神经形态计算的研究至关重要，对神经科学进行一丝不苟的研究也十分必要。从神经元细胞水平到宏观认知思维过程水平，学习我们的大脑究竟如何工作也是重中之重，这项工作可以借助神经形态学完成，这类似于当前 ToM 中的 I 型和 II 型过程。

情境适应工程师创建系统，为现实世界的各种现象构建解释性模型。在遇到新的任务和情况时，或者当机器和人之间进行自然交流时，AI 系统就会进行学习和推理。

要做到一点，当人(有意识和/或潜意识地)执行任务时，必须利用脑电图、大脑的磁共振成像以及功能性红外成像，同时结合人工智能和机器学习来进行实验。因此，必须购买这类设备。

未来的人工智能第三次浪潮的相关技术包括人机共生、自动全系统因果模型、持续学习、嵌入式机器学习和可解释 AI。

TABLE OF TECHNICAL ABBREVIATIONS

技术缩略语表

英文全称	英文缩略语	中文说明
Adaptive Monte Carlo Library	AMCL	自适应蒙特卡罗库
Adaptive Monte Carlo Localization	AMCL	自适应蒙特卡罗定位
Adrupilot Mission Planner	AMP	AdruPilot 任务规划器
Air Traffic Flow Management	ATFM	空中交通流量管理
Air-Traffic Management	ATM	空中交通管理
Application Programming Interface	API	应用程序编程接口
Arcade Learning Setting	ALS	街机学习环境设置
Areaof Interest	AOI	感兴趣区域
Artificial Intelligence	AI	人工智能
Augmented Finite-State Machine	AFSM	增强有限状态机
Bayesian Belief Network	BBN	贝叶斯信念网络
Controller Area Network	CAN	控制器局域网总线
Convolutional Neural Network	CNN	卷积神经网络
Deep Learning Planning	DLP	深度学习规划
Deep Learning System	DLS	深度学习系统
Degrees of Freedom	DoF	自由度
Differential-Drive Controller	DDC	差分控制器
Extensible Markup Language	XML	可扩展标记语言
Finite State Machine	FSM	有限状态机
Gaussian Mixture Model	GMM	高斯混合模型
General Purpose Inputand Output	GPIO	通用输入输出
Geographic Information System	GIS	地理信息系统
Geographical Information Science	GIS	地理信息科学
Geo-Spatial Information	GIS	地理空间信息
Global Navigation Satellite System	GNSS	全球导航卫星系统
Global Positioning System	GPS	全球定位系统
Ground Control System	GCS	地面控制系统
Hue Saturation Value	HSV	色调、饱和度和亮度
Human-Machine Interface	HMI	人机接口

（续）

英文全称	英文缩略语	中文说明
Image Signal Processor	ISP	图像信号处理
Inertial Measurement Unit	IMU	惯性测量单元
Integrated Development Environment	IDE	集成开发环境
Inter-Integrated Circuit	I2C	集成电路互连总线
Laser Range Scanner Plug-in	LRFP	激光测距扫描器插件
LightDetection and Ranging	LiDAR	激光雷达
Military Grid Reference System	MGRS	军用网格参考系
Multi-Function Utility/Logistics and Equipment Vehicle	MULE	多用途实用/物流和装备车辆
Object-Oriented Programming	OOP	面向对象编程
Occupancy Grid Map	OGM	占据格网地图
Open Source Computer Vision	OpenCV	开源计算机视觉
Orbital Angular Velocity	OAV	公转角速度
Partial integral derivative	PID	偏积分导数
Partially Observable Markov Decision Process	POMDP	部分可观察马尔可夫决策过程
Point ofView	POV	视点
Probabilistic Graphical Model	PGM	概率图模型
Proportional Integral Differential	PID	比例、积分、微分
Real-time Kinematics	RTK	实时动态定位
Reinforcement Learning	REL	强化学习
Robotic Operating System	ROS	机器人操作系统
Semi-MarkovDecision Process	SMDP	半马尔可夫决策过程
Serial Peripheral Interface	SPI	串行外设接口
Simultaneous Localization and Mapping	SLAM	即时定位与地图构建
Situated Awareness	SA	情境感知
Software Specifications and Requirements	SSR	软件需求规格说明
Spiking Neural Network	SNN	尖峰神经网络
SpinAngular Velocity	SAV	自转角速度
SubsumptionCognitive Architecture	SCA	认知包容架构
Universal Modeling Language	UML	统一建模语言
Universal Transverse Mercator	UTM	通用横轴墨卡托
Unmanned Aerial Systems Traffic Management	UTM	无人驾驶航空系统交通管理
Unmanned Aircraft System	UAS	无人机系统
XML macro	Xacro	XML 宏

推荐阅读

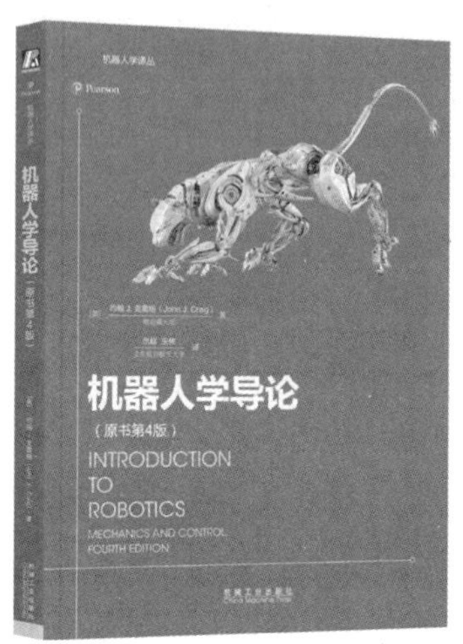

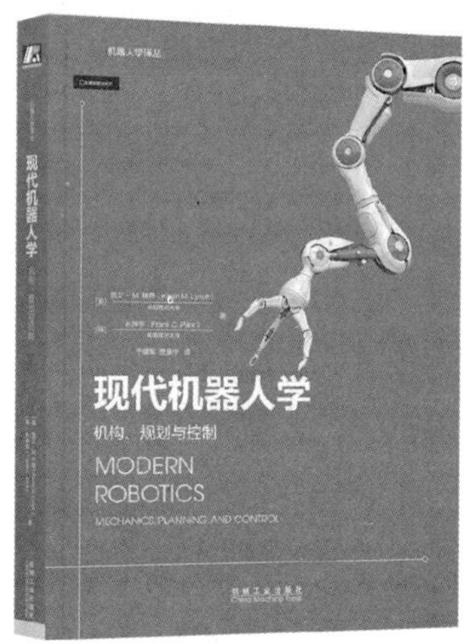

机器人学导论（原书第4版）

作者：[美] 约翰 J. 克雷格（John J. Craig） 译者：贠超 王伟

ISBN：978-7-111-59031-6 定价：79.00元

本书是美国斯坦福大学John J.Craig教授在机器人学和机器人技术方面多年的研究和教学工作的积累，根据斯坦福大学教授“机器人学导论”课程讲义不断修订完成，是当今机器人学领域的经典之作，国内外众多高校机器人相关专业推荐用作教材。作者根据机器人学的特点，将数学、力学和控制理论等与机器人应用实践密切结合，按照刚体力学、分析力学、机构学和控制理论中的原理和定义对机器人运动学、动力学、控制和编程中的原理进行了严谨的阐述，并使用典型例题解释原理。

现代机器人学：机构、规划与控制

作者：[美] 凯文 · M. 林奇（Kevin M. Lynch）[韩] 朴钟宇（Frank C.Park） 译者：于靖军 贾振中

ISBN：978-7-111-63984-8 定价：139.00元

机器人学领域两位享誉世界资深学者和知名专家撰写。以旋量理论为工具，重构现代机器人学知识体系，既直观反映机器人本质特性，又抓住学科前沿。名校教授鼎力推荐！

“弗兰克和凯文对现代机器人学做了非常清晰和详尽的诠释。”

-------哈佛大学罗杰 · 布罗克特教授

“现代机器人学传授了机器人学重要的见解…以一种清晰的方式让大学生们容易理解它。”

-------卡内基 · 梅隆大学马修 · 梅森教授